文化遗产背后传承的智慧

○ 徐向阳 著

中国商业出版社

图书在版编目(cip)数据

文化遗产背后传承的智慧/徐向阳著. -- 北京:中国商业出版社, 2018.8

ISBN 978-7-5208-0456-1

Ⅰ. ①文… Ⅱ. ①徐… Ⅲ. ①中华文化－文化研究

Ⅳ. ①K203

中国版本图书馆CIP数据核字(2018)第146648号

责任编辑：常　松

中国商业出版社出版发行
010-63180647　www.c-cbook.com
（100053　北京广安门内报国寺1号）
新华书店经销
河南金雅昌文化传媒有限公司
*
787×1092毫米　12开　24印张　450千字
2018年8月第1版　2018年8月第1次印刷
定价:368.00元
* * * *
（如有印装质量问题可更换）

序言

白振国

白水子先生是我的文友、诤友和好兄弟。几年前，我在朋友袁祖雨的引荐下结识了他。他送了我一本他刚出版的《问道武当山读无字天书》。看一看，有许多不懂，不懂不能装懂，所以漠然。因此能看出他当时的失望——袁祖雨当然是对双方都进行了歌颂之后才引见的吧。“一友难求啊”，我想这当是白水子先生当时的感慨！

随着交往的时间愈久，次数愈多，友谊愈厚，他渐渐在我面前打开了自己。我也越来越觉得他给我打开的是中华传统文化的一座宝库。我也越来越积极地走进这座宝库，虽然还有点儿懵懵然。

两年前，他告诉我，他已经勾勒成熟，要出一套关于地舆伏藏的书，诠释、解读老子《道德经》的智慧。书名叫《老子的伏藏》。我劝慰他欣逢盛世应早著华章，多出经典为中华文明增砖添瓦。在我的鼓励和支持下，他决定先出版一卷。于是，他把第一卷《文化遗产背后传承的智慧》纸质的书样给了我。嘱我两件事，一是为该书作序，二是敬请二月河老师题写总书名。他说解读老子的伏藏是一个很大的工程，只是主干至少就需要四卷书：写南阳盆地还需要一卷，明代应用老子伏藏的方法创立了一个典型案例，建立北京与南阳盆地的呼应关系，且用《西游记》赋予了这一应用体系灵魂；还有老子西行的成就，那是中华民族最完整的一部《无字天书》；还需要写人与自然的同步关系，为《黄帝内经》《伤寒杂病论》等做理论支撑，进一步用古人的视角探索中国能源分布与潜力。其他还有九州的每一州，少数民族地区的应用等，全部完成需要许多卷。他说生命短暂没把握全部完成，只有顺其自然，只要活着就尽力去做。近日他告诉我，中国商业出版社已经完成了出版第一卷的前期工作，催我尽快完成序言，我便毫无犹豫地开笔。说句实在话，凭我？为这本作者付出了巨大心血、汗水和智慧的浩浩巨篇写序？自感有点不自量力。但我为何欣欣然而为之呢？

王子朝奔楚事件是2500多年来中国历史，尤其是中国文化史上天大的悬案、疑案、错案。从《左传》《公羊传》《谷梁传》到《史记》《皇览》的历代正史大书，对该事件的记述都是寥寥数语且有相悖的观点。再查一查野史俾说，更觉蹊跷，莫大的一个事件，怎么少有人传说和演绎呢？遑论专门研究者了。而更让人一声叹息的是，而今晁姓人，私下时公论其始祖为王子朝，而公开时公祭其祖为晁错。

多变环境有不变之道，复杂事物有至简之理。一桩奔楚悬案，几多诡谲云烟。作为这个事件的发现者、研究者和揭秘这个事件的组织者、推动者。我对王子朝奔楚事件进行了较为系统的、全面的、深入的研究。今年5月11日至13日，中国先秦史学会在南阳召开了王子朝奔楚暨南阳先秦古遗址保护学术研讨会。中国先秦史学会会长、著名历史学家、中国社会科学院学部委员宋镇豪先生亲临会议。《南阳晚报》5月14日以《“不见冢”里“见”什么：“见”了七个硕果》、《南阳日报》5月18日以《考察古遗址定论王子朝》、《科技日报》5月18日以《中国历史上的千古悬案：王子朝奔楚与周室典籍失踪之谜》、《河南日报》5月24日以《千古

“奔楚”谜案的南阳之问》对会议盛况及取得的成果先后做了整版大篇幅的深度报道，在此不再赘述。同时，中国先秦史学会王子朝奔楚暨南阳先秦文化研究会成立，我被任命为会长；中国先秦史学会王子朝奔楚暨南阳先秦古遗址保护研究基地建立。这当是中国先秦史研究的盛事，更是南阳文化研究的幸事。而恰逢其时，白水子先生的《老子的伏藏》横空出世，我从中找到了证据，找到了信心，找到了定力。

从盘古开天辟地，到伏羲一画开天；从《易》的诞生到昆仑构架完善；从大禹别划九州，再到嬴政同轨同文。中华文明走过了漫漫的苦难旅程。上万年的悠久历史像黄河像长江一样，日夜奔腾不息从未断流，这是任何国家、任何民族、任何文明无可比肩的壮举，这是我们祖先们无与伦比的智慧的结晶。“天行健，君子以自强不息”，华夏民族之肇始、华夏文明之滥觞，无不体现着龙凤精神之健与美、瑞与祥。

华夏民族的文华由自身生存环境的自然现象而衍生，表现在地舆特征、地名、神话传说故事、民俗文化活动等现象中。对文化遗产进行修饰，加入伏藏的理念，从而达到文化传承的效果，这是老子的智慧。读《老子的伏藏》让人长知识、开眼界、拓视野。作者跨越时空，穿凿历史，两眼放光芒，左目与夏禹碰撞，右目与老子接壤。串地舆地望为珍珠，联天象文字为项链，用另一个视角看这边风景独好，解那边独好风景。想读通，上仰星空查天象，下勘地舆对名称，远较文字初始状，近比当今人事情。初读又玄又疑，半读半信半疑，全读解惑释疑。我相信，真正能耐着性子，认真研读的人一定受益匪浅。

南阳，自古文化圣地，军事要冲，交通枢纽，人才重镇，政治中心，自成文化单元，自成地理单位，独处天地之中，四面环山的一方盆地、宝地。想当年，老子作为周之典藏史，他紧紧跟随他所无比忠于的王子朝“奉周典以奔楚”，那是一种必要和必须。拨开历史迷雾，回归理性思考。老子隐居是真，因为如今仍是“谜”。老子长寿是真，王子朝奔楚时他应已是年近花甲之老人。司马迁说他“盖老子百有六十余岁，或言二百余岁”应是猜想和妄说。

必然必然必然，未必未必未必，我们用实事求是的态度来分析：老子随王子朝奔楚之后，职责所系，他需要整理管理“周典”。面对当时复杂而危险的“国际国内”环境，他需要凭借他的智慧让中华文明传承下去。怎么传承？

老人家必然是多策并举：培养学生，传道授业；编纂经典，浓缩精华；遴选佳处，藏匿保存；跋山涉水，智慧伏藏……当然，我们也不排除其他可能：昏君将其付之一炬，奸佞将其抢夺窃取，土匪将其肆意破坏。

会看戏看门道，不会看戏看热闹。我细细研读《老子的伏藏》，我想，一门学问，一个命题，一例悬疑，上有天象，中有气象，下有形象，角度、维度、高度、尺度、厚度，有度的东西最有力度。

老子选择了南阳盆地，这是南阳之福。解读他在南阳做的伏藏，不由得想起一则广告语：一个梦想，两个梦想，三个梦想，千万亿个梦想，一个民族的梦想！套用这一段话，就是：一处伏藏，两处伏藏，三处伏藏，千万亿处伏藏，一部中华文明史的伏藏！

灵山秀水上苍赋赐，厚重文化祖先恩典。感谢老子做了伏藏，感谢白水子先生解读了老子的伏藏。

词以恭而贺之：

水龙吟・老子伏藏

老子隐逸伏藏，慧眼开物大中央。西依秦岭，东抚桐柏，南临汉江。伏牛北枕，界分南北，天然一状。姜子牙封神，五羖大夫，周秦兴，麒麟岗。

九架孤山独峙，清冷渊，霜钟自响。泗水河畔，孟山脚下，三鸦路旁。札札竹简，册册木椟，鼎声绕梁。看屈草自履，经堂入奥，永续华章。

可为序乎？是为序也。

戊戌年六月初六于得德居

缘起

童年的夏日，躺在乡村的院子里，遥望着浩瀚的星空，听着外婆讲牛郎织女的故事入睡。常常在想，天边有多远？外婆说，天没边的。我无法理解，心想不管什么东西，总要有个边吧？但是，如果天有边，那么边外是什么呢？我使劲往远处想，想着想着就睡着了……

牛郎与织女的故事早已会背。外婆认识的星星，一眼就能找到。但是，天边到底有多远呢？仍然想得很累很累。

随着年龄的增长，这个问题慢慢淡化了……

认识字后，我从一本发黄、残缺的书中看到了不知是谁演绎的《一枕梦黄粱》的故事。

在一顿黄粱饭还没有做好的时间，主人翁已在梦中进入“大槐安国”，度过了幸福曲折的一生。他醒后按照梦中的感觉，找到了大槐树下的蚂蚁王国，又找到了征战的沙场和大量的蚂蚁尸体。

蚂蚁的国度，是一个管理严谨的国度。从蚁后到工蚁，分工明确，各负其责。它们工作、生活、繁衍、建设家园、保护领地、防范外敌侵略等井然有序。它们有预知灾难的能力，在大雨来临之前，它们快速搬家，为领地之争它们拼死作战。想象它们的国度，是否有法律、警察、军队，甚至宗教……

生活在三维空间的人类，在放大镜下观察着同样生活在这里的蚂蚁，按蚂蚁们的“科技”，它们做梦也想象不到有一种三维空间的高级生命在观察它们。

用卫生球画一道线就阻止了蚂蚁的前进，吐口痰也许就是蚂蚁的飞来横祸。一脚踩下去，就会封住它们的大门，也许蚂蚁们认为是天外的力量……

是否有四维空间的高级生命，像人类观察蚂蚁一样，观察着人类？无限的遐想，带来了更多的困惑……

有一天，车祸让我经历了一次死亡。就在我认为自己要死去的瞬间，时间压缩了，在一秒或千分之一秒的瞬间，成长——生存——竞争清晰回放。生死就是一瞬间，没有痛苦，没有悲伤，也没有遗憾，非常平静、坦然，就是那么平常。

我没有死去，开始了与世无争的生活……

我成长的时代是唯物论的教育，家庭环境受中国传统文化思想的熏陶，我受这两种思想的影响较深。我研究道家文化，也学习宗教知识。对未知的世界，我不知道要走向哪里，在寻找什么。我能做到的只有观察、思考……

自从人类诞生，对宇宙真理的探索就没有间断。不同的地域、对大自然的认识角度不同，出现了不同的文化、不同的哲学、不同的宗教。那么中国的古人是如何认识宇宙的呢？远古时代没有文字记载，但有神话故事传承着远古的信息。符号及象形文字出现，又有大量的碎片隐约讲述着古人的智慧。

请跟随我一起，逃离繁华滋扰，回到远古生产力状态下，用古人的视角认识世界。同时，借助现代化的科学手段，共同开启中华民族的历史智慧。

作者简介

徐向阳，字泰和，笔名白水子。中石化石油工程地球物理华北分公司员工。独立学者，摄影家。

作者以发掘散落在中华大地的文化遗产为己任，以崭新的视角系统阐述出中华文化遗产变迁历程，自成一家之言。

中华文化概述

一、中华文化的根源

中华民族的祖先崇尚自然，遵循自然界运行法则，追求与大自然和谐共处，是一个偏重安逸的民族。无论外族入侵，还是被异族统治，最终都融入中华地舆的文化之中，成为又一次民族融合。

中华民族为何屡次被异族统治，不仅没有灭亡，反而越来越强大，直至成为一个多民族融合的大家庭？这要归结于来自自然环境中的中华文化。

现代科技掌握的自然界，是一个物质的世界，而古人则是用情感来感悟世界，赋予了大自然生命。古人认为，人类寄生于大自然生命体中，必须遵循大自然的运行法则。久而久之，总结出了人与自然和谐共处的理论体系。生活在这一地舆的人们，必然融入这一地舆的文化之中。

中华民族又是一个善于适应且包容性很强的民族，适应中不断吸纳他人文化精华，同时，包容所有外来者，最终把对方变成了自己。这就是中华文化的魅力，这就是民族融合的根源所在。那么中华文化根源是什么？理论体系在哪里？

当代把中国、中华、华夏列为同义词，包括“汉”也被列入同一范畴。把中华文化的研究重点放在诸子百家之后的文化结晶。其实中国、中华、华夏、汉所包含的地舆范围都不同。中国是一个宏观概念，是古代昆仑三级的总称；中华更靠近东部，属于古代昆仑中级和昆仑下级，按当代三级阶梯地理分布属于第二阶梯和第三阶梯，即长江流域和黄河流域；华夏处于古代的昆仑下级，即黄河流域；汉处于当代三级阶梯地理分布的第二阶梯，即四川盆地与黄土高原南北一线，包括云贵高原、吕梁山脉和太行山脉。这四个概念范围不同，但其中有个交集，即黄土高原加吕梁山和太行山。

中华文化主要表现是地舆文化，这些文化早已失传，但没有丢失。《周易·系辞上》：“仁者见之谓之仁，知者见之谓之知。百姓日用而不知，故君子之道鲜矣。”中华文化散落在中华地舆中，早已融入在中华民族的血脉之中。这本书将引领读者探索发现，贯通散落在中华地舆中的中华文化。

二、中华文化的历史阶段

笔者将中华文化分为四个阶段进行深入探索。

第一阶段，传说时代。用《山海经》《竹书纪年》《淮南子》等记载的神话传说故事，与现代科技掌握的地质事件比类，探索神话故事中传达的地质事件，力图复原古人眼中的中国地舆宏观影像与结构分布。

第二阶段，伏羲时代。以《太一生水》《太一将行图》为参考，系统阐述《易》在地舆中的形成原理与应用，揭开河图洛书的神秘面纱。

第三阶段，夏禹时代。老子在夏禹以南阳盆地微观管理实现九州宏观调控的基础上，用道和名两种状态精细化展示“域中四大”天、地、人、道的运行法则，将道家完整的理论体系用地舆伏藏的方法留给了后人。

第四阶段，道家时代。后人以《道德经》为理论指导，将“域中四大”的运行法则应用于中华地舆的案例探索。

三、中华文化进程概述

考古发现最早的人类化石距今有约280万年的历史。中国元谋人大概出现在170万年前左右。

已被现代科学证实的地壳运动这一重大历史事件，中国的古人都有记载。只是先民们没有文字，没有先进的科学手段，把一些不理解的事物赋予了神明，留给我们许多貌似荒诞不经的神话传说故事。这些神话传说故事，传达着许多远古的信息，默默阐述着古人对宇宙的理解。

古人用取象比类的视角认识世界。用象形的表示方法，勾画出了抽象的中华地舆影像。用神话故事赋予了大自然灵魂。

古人认为，盘古开辟了天地，万物来自于阴阳对立统一。把天、地、人比作三皇，把金、木、水、火、土比作五帝。用神话人物的故事讲述着重大历史事件。这就是原始的取象比类思维的产物。

在历史发展进程中，对于那些对人类作出重大贡献的人物，或受爱戴的人物，后人喜欢把他们敬为神仙，比作仙人下凡。根据他们的功绩，把他们匹配为远古某位类似特征的神仙下凡。随着历史进程的延伸，三皇五帝都有了对应的历史人物。也就有了三皇五帝的历史纪元。不同时期对相同神明的崇拜，造成考古中时常出现时空错位的现象。

古人的地图和现代不同，他们没有距离概念，不像现代人的地图，用比例尺，古人则是大概方位。西边有山，就画座山，东边有海就画个海，山中有扶桑，就画棵树。山像一个动物，画出来的山就不是山了，而是一个你没有见过的怪物。

古人认为万物皆有生命，大地是由无数的生命体组成的。这些生命体在天成像在地成形，想象了许多你没有见过的生命体。用现代人的逻辑思维，不易读懂古人。

经过历史长河的淘洗，古人总结出了一套宇宙观，找到了生存的规律。象形图的简化，出现了简单的象形文字。对自然科学开始用符号表示，定了历法。这些积累，是一个漫长的历史时期，后人把它归结为一位神明所为，把这个荣誉给了伏羲。

伏羲仰观天象，俯察地理，分辨了阴阳，定出了四时，创立了天、地、人学说，完善了五行理论等。把大自然的运行规律用符号表示，展示出一个大自然周期性变化的模型。这个周期是地球绕太阳公转一周的变化周期，称为《易》。

伏羲时代已经应用了太阳历和月亮历。后人不知符号的来源及其表达的内涵，赋予它河出图洛出书的神话，让《易》蒙上了神秘的面纱。

古人把一个运行周期内的时间点划分四时，分配八卦，细分为六十四卦，进一步演变为三百八十四个时间点。每一个点代表一个时空状态，这是中国有记载的最早的时空状态解析。

古人同样采用取象比类思维，将《易》应用于宏观趋势的掌控或微观具体事件状态的参考。大概这就是人类最早的数学模型吧。笔者给它起了个洋气的名字，叫时空模型。

地球绕太阳公转是一个相对持续稳定的运行状态，由此展示的时空模型是一个理想的稳定状态。

地球要受到月球引力影响，同时中华地舆要受到所处北半球气候特征与西高东低的阶梯状地理特征等影响，《易》已从理想的运行状态，演变为与中华地舆同步的状态。这种状态受月球引力、环境、气候等影响，已不再稳定，是一个变化多端的状态。后人将这种从理想到实践的转化称为先天八卦演变为后天八卦。

到夏朝为止，中华民族的文化已自成体系。星象与地舆结合已应用于生活，已开始使用干支纪元法。国家管理已开始应用阴阳五行平衡法则，开始划分都邑，开始应用天人合一的思路以微观管理实现宏观调控。

伊尹应用五行平衡法则，用“以鼎调羹”的思路治理天下。“治大国，若烹小鲜”，辅佐商汤王灭掉了夏朝，成就了一代盛世。

商末周初，西伯侯姬昌根据中华民族所处地理位置的地舆特征，引用现实社会中的事件，用取象比类的方法，把《易》注解得更通俗易懂，后人称为《周易》。

中华民族认识世界是采用取象比类的方法，对大自然体验、总结、积累。从宇宙的诞生到《易》的应用，总结了一套天人合一的理论体系，包括大自然从无到有，再从有到无，周行而不殆，生生不息的轮回，以及中华地舆形成到稳定的过程和稳定后的应用。

《易》是对天人合一的应用，为《易》作理论支撑的理论体系是什么？是中华民族古人的宇宙观，早已构成完整且成熟的理论体系。

四、串起散落的文化

周朝末年，周典迁楚。国家图书馆的馆藏失踪，先民们认识自然的理论体系遭受损失，从此不再完整。但中华地舆文化中却伏藏着中华文化传承的血脉。

在《道德经》中老子提出了两个概念：一个是道，一个是名。如果说宇宙万物运行的规律为道，那么与之对应的中华地舆的地名、神话传说故事、民俗文化活动等便可称之为名。两千五百年来，人们重视《道德经》的哲学体系而忽视了中华地舆中名的存在，从而让道家理论体系隐藏至今。

如果把名比作散落在中华大地的一颗颗珍珠，那么道就是串起这些珍珠的一根神奇的丝线。

我们遵从《道德经》的理念，进入老子的思维空间，让道和名珠联璧合，试图复原中华地舆中伏藏的历史智慧，让中华民族的后人了解自己的文化来源与祖先的宇宙观。

五、南阳盆地中的伏藏

在中华昆仑三级分布中，南阳盆地不属于任何一级，也不在九州之列。是一个独立的浮游于海内的龟蛇盘结状态的神鳌。女娲断鳌足立四极，让这只神鳌定位。从此中华地舆进入稳定状态。

古人将南阳盆地看作一个通往人、神、冥三界的大门。其中有两棵相互扶持的扶桑树，贯通三界。

南阳盆地的扶桑树上落着十只鸟，后羿射日射落九只，化为南阳北部九座孤山，剩余的一只在地成形为太子山。

后羿射日时踩断了一棵扶桑树，封住了三界的通路。从此三界不通，南阳盆地也只剩下一棵扶桑树。

南阳盆地以北部太子山为中心，看作宇宙在地成形的天中央。周边分布着宇宙的三大星系。太子山象形北天极的紫微星，中心区域展示了一个天帝的家族——天宫。天宫中居住着东方帝、皇后娘娘以及天帝的家族成员等。

九座孤山构成北斗七星加左右辅佐大臣的星阵。古代称为“帝车”。《史记》：“斗为帝车，运于中央，临治四乡。”夏禹建都南阳，将都城设在帝车之中。借喻“乘坐帝车，治理天下”，用天人合一的方法治理九州，以南阳盆地微观管理实现九州宏观调控，成就了夏代盛世。

南阳盆地北部九座孤山与淯水所处的方位，对应着星象的时空状态，用牛郎织女的神话伏藏了大自然一个运行周期。

南阳盆地四角有四条山脉，被看作断掉的鳌足。每只鳌足上都有一座高山被看作定位的四极。太子成道路的故事将鳌龟的四极与首尾贯通，赋予这只神鳌鲜活的生命。

刘秀君权神授，用南阳雉衡山得二雉者得天下，并流传有大量王莽撵刘秀的神话故事。司马徽用雉衡山二雉设了三国鼎立的局。吴承恩为赋予明嘉靖皇帝“治世玄岳”的灵魂，以南阳盆地的地舆特征为基础写了《西游记》。

南阳盆地伏藏着中华民族许多失传的古老文化，是古人留给后人的一笔巨额的文化遗产。

古人眼中的南阳盆地，听起来似乎是荒诞不经的神话故事。当你读懂了中华地舆的玄妙就会发现，这些神话是用另一种表达形式，展示着南阳盆地乃至中华地舆的重重玄机。

六、出版结缘

寻找散落在中华地舆中的文化，是一个非常庞大且精细的工程，逐步探索发现，需要写很多集。笔者靠匹夫之勇几乎无法完成这一工程。这本书以征求意见的思路，概述中华文化进程的第一阶段和第三阶段。重点阐述探索方法，展示应用案例，希望得到同道的指导性意见。爱好者可与笔者合作，亦可按笔者讲述的方法独立完成相对独立单元的应用。如：用《太一生水》理论解释《易》在地舆中从诞生到应用的过程；老子西出函谷关在秦晋地舆展示的“域中四大”的运行周期；华夏巨型莲花在地舆中从播种、施肥、营养补给到花开盛世的详细过程；九州的每一州从诞生到兴旺的微妙应用等。

内容提要

《文化遗产背后传承的智慧》一书通过对先秦经典的解读，如《春秋》《道德经》《山海经》等，结合古代神话传说、地舆地名、地方风俗、姓氏文化等民俗或文化活动，考证地理形势、尤其是南阳地区的地形特点，并与甲骨文、金文等象形文字中深刻的文化内涵相印证，系统总结出潜伏在地名、民俗等文化现象背后的中华文明智慧。

目 录

序言……………………………………………………1
缘起……………………………………………………3
作者简介………………………………………………4
中华文化概述…………………………………………5
内容提要………………………………………………8
甲 道与名的状态………………………………………1

王子朝之乱，周典失踪，中华文明史断代。

老子作为周朝守藏室之史，对《三坟》《五典》《八索》《九丘》等为代表的早期文明颇为熟悉，并体现在所著《道德经》之中，这也为后人了解伏藏在中华地舆中的古人认识自然的理论体系，留下了开启中华民族历史智慧的钥匙。

第一章 周典入楚，中华文明记载隐世…………3
第二章 让文化无形的传承……………………9
第三章 开启中华民族历史智慧的钥匙
——《道德经》……………………15
乙 神话传说中的地质事件……………………………21

采用古人取象比类思维的方法，用现代科技认识的地质学与《山海经》等神话传说故事比类，来分析神话传说故事与板块碰撞时代发生的地质事件的相似性，以此推理古人看到了什么，是如何理解的，进而探索中华远古地质事件的真相。

第四章 宇宙诞生的神话…………………………23
第五章 喜马拉雅造山运动………………………27
第六章 沧海变桑田………………………………31

丙 巍巍昆仑……37

根据中华地舆初步稳定时的地貌特征，勾画出古人眼中的昆仑，进一步探索昆仑的奥秘，追踪道家文化的起源，粗略勾勒出中华地舆的宏观影像。

第七章 昆仑的神话……39

第八章 龙的传人……45

第九章 天地定位……51

丁 文明东移……57

随着印度板块撞击欧亚板块，中华地舆东部继续抬升，南阳盆地由东海逐步变为陆地。中华文明中心开始向东转移。随着东部沧海变桑田，南阳盆地逐步成为文化中心。

第十章 南阳盆地的诞生……59

第十一章 神农与伏牛的状态……63

第十二章 相随而从的状态……69

第十三章 龙九子出生与成长的状态……73

戊 平水患定九州……79

夏禹时代，古人已确定了昆仑的性质，分辨了昆仑三级，划分了九州，建立了都邑，制定了历法。中华民族进入了一个逐渐强大的昌盛时期。

第十四章 昆仑三级与乾坤变化……81

第十五章 禹别九州的原则……85

第十六章 九州地舆范围与命名……91

第十七章 马王堆“非衣”……97

己 南阳盆地调和天下……103

夏禹以南阳盆地为独立单元，与中华九州宏观地舆同步，确立了南阳盆地的中华调和中心地位。老子以夏禹的应用为基础，将“域中四大”的运行规律展示在南阳盆地

第十八章 南阳盆地的中心调和地位……105

第十九章 南阳盆地的宏观格局……109

第二十章 南阳盆地的“域中四大”……113

第二十一章 南阳盆地的扶桑树……119

第二十二章 后羿与嫦娥……127

庚 紫微垣的天帝家族 ……………………………………133

夏禹以南阳盆地紫微垣为中心，部署了一个天帝家族的地舆。牛郎织女的神话传奇，赋予了地舆灵魂，同时暗藏了一个平民的人生法则。

第二十三章 九座孤山的妙用……………………135
第二十四章 天庭地舆的奥秘……………………139
第二十五章 北戴斗极为崆峒的展示……………147
第二十六章 帝车与银河的时空点………………155
第二十七章 七夕的神话…………………………161

辛 星垣与神鳌的应用 ……………………………………169

紫微垣左右分列太微垣与天市垣，三星垣分别以天、地、人、道的对应关系分布。南阳盆地象形于女娲斩鳌足立四极的神鳌。太子修道路的神话正好将星垣与神鳌结合，展示了一个独立的太极平衡体。

第二十八章 太微垣的呼应关系…………………171
第二十九章 天市垣在地成形……………………177
第三十章 鳌龟的神话……………………………183
第三十一章 大臣行走三界的状态………………189

壬 夏禹的管理状态 ………………………………………199

夏禹以南阳盆地北部九座孤山组成的帝车为中心，建都南阳。夏禹应用帝车“运于中央，临制四乡”的原理，以南阳盆地微观管理实现九州宏观调控，构建了南阳盆地地舆文化体系。

第三十二章 帝车与禹都…………………………201
第三十三章 天子五百里地………………………207
第三十四章 夏禹的改革与祭祀…………………213
第三十五章 博望的状态…………………………223
第三十六章 古代南阳盆地的经济特征…………229

癸 道家文化经典应用实例 ………………………………239

在中华地舆中分散传承着道家理论体系。这些理论应用于实践，便衍生出了精彩绝伦的道家文化。

第三十七章 汉画像石与地舆抽象图……………241
第三十八章 水镜先生与三国……………………247
第三十九章 佛教应用道家文化案例……………255
第四十章 探秘古神道……………………………259
第四十一章 黄帝诞生地舆应用示例……………263
第四十二章 老子隐逸伏牛山……………………269

老子文化廣場
道法自然
厚德載物

鹿邑老子文化广场

甲

道与名的状态

王子朝之乱，周典失踪，中华文明史断代。

老子作为周朝守藏室之史，对《三坟》《五典》《八索》《九丘》等为代表的早期文明颇为熟悉，并体现在所著《道德经》之中，这也为后人了解伏藏在中华地舆中的古人认识自然的理论体系，留下了开启中华民族历史智慧的钥匙。

第一章 周典入楚，中华文明记载隐世

一、周典南奔

公元前770年，内乱和犬戎频繁入侵，周平王被迫将国都从镐京（西安）东迁至东都洛邑（洛阳）。此后历史上称为东周。

从东周开始，中国历史进入春秋时期。各诸侯之间战争频繁，史称春秋争霸。

古代选京都是很讲究的，是按中华地舆(yǔ)宏观布局的理论选址。建都一般是在改朝换代，或者自立门户时，根据领地范围及地舆特征选址。迁都多是逃亡，不得已而为之。周平王东迁标志着周室的衰微，虽然保有天下共主的名义，但是已没有实际控制能力。

本章主要讲的是发生在公元前520年至公元前516年前后发生在东周的一个重大历史事件——王子朝之乱。

在历史长河中，争夺王位事件屡见不鲜，为什么要讲王子朝之乱？

因为王子朝逃亡时带走了周朝国家图书馆的全部典籍，最终造成周典失踪。这个事件历史上称为：“周典南奔”。

周景王病逝。王子猛、王子朝、王子匄三兄弟争夺王位。嫡长子王子猛死，嫡次子王子匄为王（谥号敬王）。庶长子王子朝赶走了王子匄，自立为王。王子匄在晋国的帮助下又赶走了王子朝回到王城。

公元前516年王子朝逃向楚国，带走了周朝国家图书馆的全部典籍。从此周典下落不明。

东周的国家图书馆，是中华民族的历史文化宝库。周典的失踪，是中华民族文明史中的一次巨大损失。甚至有学者认为，中华民族五千年文化记载从此断代。

二、周典失踪于南阳盆地

王子朝带着家眷、亲信大臣及残余部队，从洛阳出发一路向南，浩浩荡荡进入南阳盆地，投靠楚国。

是年，楚平王去世，楚国在继位问题上产生动荡。

王子朝一行无法得到楚国的帮助，就滞留在南阳盆地，安居下来。

据传，王子朝经三鸦路进入南阳盆地，后人留在南阳西鄂一带，即今南阳盆地石桥镇一带。

十年后（前505年），周敬王派人到南阳盆地找到了王子朝。王子朝没有交出周典，被来者杀害。《皇览》记载说王子朝葬于西鄂县。

王子朝到死也没有说出周典的下落。周典的下落成为中华民族的千古之谜。

三、周典有什么

按推理，周典应该有中华民族起源与发展进程的历史记载；有中华民族认识自然、应用自然的理论体系；有中华地舆形成到稳定的过程；有被赋予灵魂后中华地舆的抽象图形；有时人所认知的自然界周行而不殆的运行规律；有天人合一的应用理念，等等。传说包含《三坟》《五典》《八索》《九丘》等理论书籍，还有基础理论凝聚的精华《易》。这些理论与记载被古代皇家作为帝王之术，不传于民。

其他应是一些如规制、人文等关于各种学科的典籍。

四、一个神秘人物——老子

在周典南奔过程中，始终有一位神秘人物存在，此人最终隐逸而去。此人就是中华文化史上一位最神秘的人物——老子。

说起老子，几乎家喻户晓。因为老子写了一本五千字的《道德经》，对道家文化系统总结。他被称为中国古代伟大的哲学家和思想家，道家学派创始人。

老子，又称老聃(dān)、李耳，字伯阳，是楚国苦县厉乡曲仁里人。老子生活于公元前571年至公元前471年前后，大约活了一百岁。

关于老子的记载不多，且很零散。只说事件未讲年份的较多。许多记载是后人为之，推理的成分较大。

有记载说：公元前521年，老子做了东周王室守藏室之史，相当于东周国家图书馆的馆长。公元前518年老子守丧期满返周。

证明王子朝逃亡时老子在任，是年56岁。

有学者研究认为，关尹子函谷关任关令，时间大约在周敬王二十三年，即公元前497年。老子出关必然在这个时间之后。有一点是可以肯定的，老子出关时已是一位白发老人。

有推理说老子在公元前486年或者公元前489年出关，如果这个推理正确，那么有30年左右老子下落不明。此时的老子已是一位耄耋老者。

30年对于人生来说，是一个漫长的过程。老子出关前的大约30年，是老子知天命之后思想成熟的时间段。这段时间老子在做什么？说法不一。

王子朝之乱发生时，老子离周隐去是不可能的。因为老子作为守藏室之史，是周朝皇家图书馆的最高行政长官。周典南奔，需要整理、转运等工作量巨大且技术性很强。王子朝不可能留下图书馆的“第一责任人”。何况这样学识渊博的学者是皇家必争的。

老子即使留下，他将面对的有两个出路。一是被砍头，因为跟随王子朝的人回到周最后都被砍了头。二是周朝在民间收集典籍，老子即使不死，必将担负著书和收集典籍的责任，但没有这类信息的记载。告老还乡？依然会被找到，不可行。西行出关？那是大约30年以后的事情。

凭老子的智慧，他不会放弃记载中华民族历史智慧的典籍于不顾。老子唯一的出路是随周典入楚。

五、周典传承的困惑

周典失踪，其中的基础理论等普通典籍传承并不是问题，因为在夏、商、周及之前几千年以上的文明时代，已被广泛应用并逐步优化，重新建立并不是没有可能。

历史的断代，各诸侯国有一部分记载，还可以通过后代的考古发现来弥补。历代的考古学家们都在逐步修复完善着。20世纪国家组织的夏商周断代工程，就是修复这一缺失的攻关项目。关于普通的典籍，不排除有部分被转入楚国，从而带来了楚国的飞速发展。

唯独古代宇宙观形成的理论体系不能保证顺利传承。若出现缺失则理论不能成体系，是一个巨大的损失。

传世的只有一本《山海经》。《山海经》按方位详细记述了中国远古地貌形成过程和稳定后的状态，是一本地理书。

《山海经》记述方法是以生命体取象比类。后人不懂取象比类的方法，定性为神话故事，认为荒诞不经，反而起到了保护性传承的作用。读神话故事的内容，不要只读故事的本身，而要读其阐述的精神，从中寻找到一些重大地质事件的信息。

六、《春秋》

曾有孔子想把鲁国典籍存入东周国家图书馆被老子拒绝的说法。《庄子·天道篇》："孔子西藏书于周室，子路谋曰：由闻周之征藏史有老聃者，免而归居，夫子欲藏书，则试往因焉。孔子曰：善。往见老聃，而老聃不许。"

大概当时老子已开始整理典籍，为南奔做准备。老子预料到典籍失踪的风险性，从而保留了鲁国典籍的传承。

当时鲁国史官把各诸侯国发生的重大事件，按年、季、月、日记录下来。一年分春、夏、秋、冬四季记录。把这部编年史命名为《春秋》。孔子依据鲁国史官所编《春秋》加以整理修订。从此，《春秋》成为中华历史上存在最早的历史典籍，被后人称为儒家经典之一。

关于老子仅存的信息，大都来自于孔子家书，或道学派后人所记，再后来，多是推理，猜测。

《史记》中也提到了老子。《史记》是西汉司马迁所著，被称为"善序事理，辩而不华，质而不俚"。《史记》对之前的历史同样带有推理的成分。

七、《易》

周典失踪，东周无奈，只好重新收集民间典籍。但结合地舆特征的理论体系和《易》等是古代皇家帝王之术，在民间是不可能找到的。即使家贼自古就有，但是有盗窃庞大理论体系的智慧，根本不用做盗贼。

有少量懂《易》的人，服务于周朝及各诸侯国。但他们只是应用，不能确定他们是否能够掌握其全部精华，更不能确定是否能够顺利传承。

孔子晚年得到了《易》，从此孔子好《易》，《易》从皇家独享转入民间生活。

有记载说公元前490年和公元前489年，孔子连续两次遇隐者。地址在南阳盆地东缘，很可能隐者是老子或老子的弟子。老子将《易》交给了孔子。没隐者详细信息是因为老子已隐姓埋名，不便于透露。老子说明缘由，孔子不仅会支持，而且会更增加对恩师的崇拜。孔子对恩师不作详细记载，只用"隐者"这个词，大概就是这个原因。另有说法认为，孔子曾派弟子子路、子贡去南阳盆地寻找老子。

如果当时老子与孔子见面存在，不排除老子同时赠给孔子部分典籍的可能性。

人们不理解，《易》与儒本不是一个学科。孔子如此的大儒，怎么会好《易》？《易》不是孔子的专业，和儒家思想甚至风马牛不相及。

如果是为了文化传承老师交给孔子的使命会如何呢？那就容易理解了。孔子会用毕生所学，竭尽全力去完成它。

孔子用生命的最后时光，完成了对《易》的研究，并写了《十翼》，就是现在看到的《周易》版本。

《易·系辞上》："河出图，洛出书，圣人则之。"说明孔子采用了神话隐藏方法，让哲学蒙上了神话的色彩。

孔子通过研究《易》，明白了道，感慨曰："朝闻道，夕死可矣。"

《易》传于世，只是应用部分，基础理论并不是神话。古人"近取诸身，远取诸物"，理论源自于中华地舆。

八、老子与中华地舆

中华民族认识自然的理论来自于居住环境的实践与总结。认为在天成像在地成形，天、地、人具有同步关系。所以在中华地舆中可以完整展示认识自然的理论体系。

古人已经勾画出了类似《山海经》的中华地舆的模糊影像，包括地貌、物产、文化、自然变化规律等全方位的资源信息，在古代相当于超级的军事地图。

《山海经》中的神话，留下了远古地貌形成的信息和抽象图形的传承。地貌稳定后的系统应用必然包含完整理论体系及影像。老子作为当时国家图书馆的馆长，也是第一责任人，必然熟知这一理论体系。因此，在他的著作中，不管是有意还是无意，都或多或少保留着一些这一理论的影子。通过研究以老子《道德经》为首的道家文化，配合中华地舆中伏藏的对照物，我们今天亦可揭开这一神秘理论体系的面纱。

九、周典去向

不排除周典散落民间或被楚国上层分散得到的可能性。也不排除王子朝死后部分大臣回到洛阳，将部分典籍献给王子匄。即使这种现象存在，也只是局部，因为道家文化没有完整的得以传承。

道家有秘传的现象存在，得到珍贵典籍不外传，从而在分散传承。

在20世纪考古发现的马王堆楚墓中出土了非衣帛画。郭店楚墓中，出土有《太一生水》和《道德经》。

非衣帛画是中华地舆宏观完整图形的抽象画，是赋予灵魂的中华地舆的宏观画卷。

《太一生水》是伏羲画卦的原理，是中华地舆中人类起源的核心内容。读不懂，是因为没有结合地舆特征。

这些信息表明，中华地舆的玄机依然在分散传承着。

老子无法控制周典的去向。即使地舆玄机散落民间，无法连贯起来，同样有失传的风险性。老子能做到的只是用自己的方法传承。

200年后，黄石公写的《青囊经》应用了老子留下的理论体系及地舆信息，应用于民间堪舆。

300年后，楚国刘向组织写了《淮南子》。此书揭示了中华地舆玄机的理论主干。

十、王子朝的后人

王子朝的后人留在了南阳西鄂一带。用了朝(chāo)的名讳，用其音与意，改姓为晁。

如今镇平县有晁陂(cháo bēi)镇，鸭河工区有晁庄村。晁氏后人称自己是王子朝后裔。笔者勘察晁陂镇，没有找到晁姓后人，也无人知晓。晁庄是一个小村落，没几户人家。村旁有冢曰晁坟，似乎是守墓的后人，也没有晁姓人家。村庄附近散落的近代残碑中有晁姓人物的名字，似乎近代仍有晁姓人士居住。

王子朝死后许多后人回到洛阳，最终被王子匄杀害。没去洛阳的晁姓人大都流落他乡。

从晁陂地名研究，其中暗藏玄机。

甲骨文朝字：

晁与王子朝的朝同音。朝在甲骨文中是会意字形，从日在草中，从月。象太阳已出草中，而月亮尚未隐没。朝另一个读音(zhāo)，本意是早晨。

“晁”是一个象形字，甲骨文没有，篆文写为：

上面旦，象形日出地平线，代表阳气上升，和朝字意义相同。下面同样是一个象形字，是古代的一种蛙，水陆两栖动物。“陂”为池塘，为水，结合起来是一个卦象。

早晨代表震卦，是雷。与水结合起来是雷水解卦。中间暗藏的蛙暗示王子朝后人。带有王子朝当时的期待，和对后代的期望。

王子朝藏书是权宜之计，是要找机会东山再起。只可惜时不再来。

元代灭亡时，在中原留下许多部族，其中有一支王族，扎根在晁陂一带。

成吉思汗曾邀请道教全真道的丘处机西行。是否丘处机给元朝透露了周典的玄机？是否这支蒙古王族是为周典而留下？有兴趣的爱好者可以研究一番。

就在本书即将付梓之时，中国先秦学会在鸭河工区成立了王子朝奔楚地研究保护机构。确立了王子朝奔楚地与中华晁氏发祥地处于鸭河工区及周边地舆的论断。这一成就为笔者的研究提供了非常有力的证据。也为笔者多年来孤独的研究带来了新的生机。

十一、关于老子的推理

公元前516年，随着周典的失踪，56岁的老子随之销声匿迹，似乎从人间蒸发了。

之后，关于老子的下落，被公认且没有争议的露面，只有函谷关，成为一个“紫气东来”精彩天象的传奇。

其他时间老子去了哪里？

公认是隐逸，但他做了什么？没人知道。

老子的神秘是他的隐逸。老子的成就是《道德经》的学说。其他都是神话传说故事，皆无据可查。

本卷书写老子著作中体现的伏藏，同样缺少历史记载的证据。只能通过少量有效信息，结合地名、地舆玄机，通过逆向思维来推断。所以本书不能作为论文考证来写。那算什么类型呢？

首先不能称为小说，因为不是故事，似有虚构的倾向，但中华地舆特征，重要部位的命名等不是巧合，是真实存在的完美应用。这些应用是谁做的呢？同样没有记载。传世的只有貌似荒诞不经的《山海经》和民间神话故事。

寻找证据的工作量太大，以一己之力难以完成。人生短暂不敢怠慢。所以不在观点论证上下大工夫，直接通过道与名的结合，尽力复原古人眼中中华地舆的原貌。目的不是证明历史事件的正确性，而是阐述中华民族远古的宇宙观。只是透过现象看本质，贯通道家理论体系，探索中华地舆的玄妙。

笔者面临的最大问题是因没有记载而不被学术界接受。但历史记载丢失，后世的记述确实存在谬误。王安石在《游褒禅山记》中写道：“又以悲夫古书之不存，后世之谬其传而莫能名者，何可胜道也哉！此所以学者不可以不深思而慎取之也。”

笔者参照司马迁：“亦欲以究天人之际，通古今之变，成一家之言。”遵从《淮南子》：“故言道而不言事，则无以与世浮沉；言事而不言道，则无以与化游息。”

十二、老子的神奇

老子在后世的名气来自于《道德经》。《道德经》是中华民族认识自然应用自然理论体系的概述，是中心思想，是理论主干，是中华民族天人合一的精髓，被后人敬仰是必然的。但《道德经》的理论并不是老子发明的，老子只是做了总结，命了名。笔者这样写不是小看老子，因为老子的成就不仅仅是《道德经》，比《道德经》更大的成就是其著作中伏藏的中华地舆，这一给后人的中华民族的历史智慧才是老子对中华民族最大的贡献。

关于老子的传说，包括其他各类传说故事等。这些传说故事大都是宣传社会正能量，启发人民遵循大自然运行规律，积极向上，追求人类和平共处。一些自然现象被人们加入精神的向往而成为神话。这些神话并不是迷信，而是人们向往和平的美好愿望。这些文化的默默传承，是民族发展的无形动力。

大自然确实存在着许多难解之谜，有待科学的进步。本书不研究精神空间，只从哲学的角度研究中华民族先民们对自然现象的理解。道家文化不是宗教而是哲学，是中华民族的祖先认识自然的哲学体系。

十三、老子之争

后人敬仰老子，在旅游开发的经济时代，老子的足迹具有经济价值，从而出现了关于老子出生地鹿邑与涡阳之争，还有老子隐居地之争，等等。

两千五百年了，微观地貌在不断发生变化，平原沉积层在加厚。河道三十年河东转河西，像龙、蛇一样“摇头摆尾”。黄河中下游平原三角洲内唯一未改变中轴线的城市是开封，但开封海拔高度也在抬升。鹿邑、涡阳原址都发生了变迁。相距几十千米的距离，孰是孰非需要争辩吗？不用争辩，你们都是正确的。

鹿邑老君台

鹿邑老君台是天宝二年（743年）始建。宋真宗大中祥符七年（1014年）追封老子为“太上老君混元上德皇帝”，故名老君台。

1938年6月1日上午，侵华日军认为这座高高耸起的老君台是一处军事据点，用迫击炮向它一连发射了13发炮弹而未爆炸。

1983年，一位日本老兵来到鹿邑。他说：“我就是当年炮击老君台的那个炮手。”他是来请求中国的老祖先原谅，请求中国人民原谅，向中国老祖先和人民忏悔请罪。

这13发未炸的炮弹都被后人逐一找到，既证实了事件的真实性，也给老君台增加了神秘色彩。

这个故事反映了人们反对战争、热爱和平的向往。

河南鹿邑老君台

江苏句容市茅山老子铜像

这尊高33米、重106吨的老子铜像，左手心下有一蜂窝。建造时一夜之间出现了蜂窝。建筑工人将它戳掉，第二天又出现，并且筑巢速度很快。最终这个蜂窝留在了老子的掌心。蜂窝本没有什么意义，人们加入美好愿望，想象为兴旺发达的征兆，赋予了蜂窝灵魂。旅游开发称为：“蜂拥而至”，以示人气旺盛。

在笔者眼中，蜂群是一个管理非常严谨的国度，蜂们分工明确，各负其责，是老子追求的自然平衡、无为而治的管理模式。万物负阴抱阳冲气以为和，蜂群的位置迎合了冲气为和的平衡状态。

江苏句容茅山老子像

第二章 让文化无形的传承

一、伏藏

伏藏，道家和佛家都用这个词，但读音不同。佛家读fú zàng，道家读fú cáng。

本书研究道家文化，读fú cáng。汉语字典解释为隐藏，匿藏。为了通俗易懂，笔者按地舆应用思路，给一个简单定义。若想深入了解，可以看佛家与道家的应用。

将一些深奥的理念用隐藏的手法，以另一种较通俗的形式表现，藏匿在生活中。普通人看到的是正常生活，爱思考的人从中体会到另一种理念。不同的境界，不同的认识角度，理解的意义和深度都不同，从而起到对各个层次人群相应的教化作用。这种隐藏在社会表面，带有隐秘玄机的现象，称为道家的伏藏。

《西游记》《红楼梦》《儒林外史》《聊斋志异》等许多经典名著，都做有伏藏。南阳土话叫："藏有秘意。"老人们常说："会看看门道，不会看看热闹。"就是这个道理。

二、了解中华地舆(yǔ)

在这里，首先要对中华地舆有一个初步了解。

古人视角的中华地舆图形和现代的卫星影像图不同，和现代的地图更不同。古代的中华地舆图距离概念不清，方位模糊。古人没有测绘设备，对大自然的理解，靠感悟、靠交流、靠传承等积累而来。

比方说，笔者住在南阳盆地中心，北边伏牛山笔者没有去过，你告诉笔者北边有个太子山，笔者相信，笔者就知道了，北边有太子山。

你又说，听说太子山北边有雉衡山，笔者也相信。

你再说，传说雉衡山再向北还有个玉皇顶，玉皇顶北面就是分水岭了，笔者仍然相信。

你还说有个老辈传下来的传说，说分水岭下有个铁牛庙，是嫦娥家的牛跑了钻到地下，牛角在那里露了个尖。笔者全相信你的说法，包括你听来的说法，传说的故事。古人靠这种方法，相互交流，上一代传给下一代，逐步积累，对自己居住的空间在大脑中就有了一个模糊的概念。想象的图形中就出现了雉鸟、牛等的信息。

在人类发展的进程中，出现一些好奇心很强的人，经济条件又允许，就要去实地看看，把模糊概念逐步清晰化。就这样中华民族对自己居住的空间有了比较充分地认识，积累、总结出了一整套虽不系统却相当丰富的理论。

前面讲的北面的地名，笔者不怀疑。但传说故事令笔者好奇，笔者就去了一趟铁牛庙，那里确实有个与众不同的石头，是天外之物，一块巨大的陨石。说明这个传说故事是有缘由的。

好奇心强，去现场看一看，这一类人自古到今都有。

西部高原，地域广大，常人无法到达，神话为帝之下都和西王母的国度。由于条件限制，始终没有系统勘察过。

周朝出了个周穆王，要去寻找西王母，看看昆仑山到底是什么样子，去找一找那位神话中的王母娘娘到底在哪里。皇家实力雄厚，完成了历史上的第一次远行。

到古代的中华地舆图隐世为止，帝之下都，也就是天山山脉，还没有研究者系统勘察。后来张骞出使西域是以经济为主。司马迁在《史记》中称其为“张骞凿空”，开通的是丝绸之路。张骞只做了地理特征勘察，没做专业性的地舆勘察。刘细君公主嫁给乌孙国也只是为邦交。

元朝时，成吉思汗西征，邀请道教全真道的丘处机去天山。丘处机认为：此乃天意也，终于有机会实地勘察天山地舆。丘处机毫不犹豫地答应了。这一去在天山勘察了三年。现在新疆伊犁州特克斯县的八卦城，就是当年丘处机的成就。天山是帝之下都，也叫帝王之虚。

古人认识的中华地舆，是一个理念，只是相似，是一个模糊的影像，而无法形成精确的图形。所谓的相似，也不是象形，只是把大地看作生命体并赋予神明，勾画的模糊影像是运用取象比类的方法，出现许多抽象的生命体。

本书开始就出现一个名词，地舆。为什么不是地理或者地域？而用地舆？这里插入这个概念。

三、地舆

地理，是地球表面的各种自然现象和人文现象。

地域，是区域，是一个范围。

地舆，《说文》：“舆，车舆也。”地舆是把地象形为车，承载着万物。《淮南子》：“以地为舆，则无不载也。”地舆的外延更广，内涵更深，涵盖天地人的运行规律。

还有一个常用词叫堪舆，堪是一个会意字，“土”加“甚”。甚意为饮酒作乐，堪的造字本义是在土台上祭祀、庆典。《淮南子》：“堪，天道也；舆，地道也。”这个解释为堪舆定了性。解释为天地之道也算说得通，但不严谨。堪不完全代表天道，带有人为寻求天道的因素，有探索发现的倾向。《史记》将堪舆家与五行家并行，有仰观天象俯察地理之意。也许司马迁与笔者的理解相同。

通俗地讲，地舆承载着大自然运行规律，堪舆则是寻求并应用地舆中的自然规律。堪舆家的职责是实地勘察地舆特征，探索地舆玄机所在，应用于生活。

传说民间堪舆与古代皇家堪舆认识角度不同，且互不相传。这是民间的说法，其实不是不相传，而是古代皇家堪舆不传于民。古代皇家堪舆师是懂民间堪舆的。

古代皇家堪舆讲的是道、德、物、势，应用不是民间的能量汇聚点，而是能量转换点，老子起了名字叫玄牝之门。当然，民间堪舆选择的能量汇聚点也包含在玄牝之门之中。研究中华地舆伏藏的古文化，必须深入理解玄牝之门的含义。关于玄牝之门的应用，会贯穿在整卷书之中。

四、抽象的图形

古人认识地舆是用取象比类思维对大自然象形的理解。受古人原始意识形态的限制，对天象和地形加入了主观意识，勾画出心目中想象的图形。这图不仅有模糊的山水图像，还有赋予灵魂之后的抽象图形。这种图已从模糊的影像中抽象为一种清晰的图形，并赋予了灵魂。如伏羲女娲、龙生九子、扶桑树、青龙白虎，等等。这些抽象图形根据不同人的理解角度差异，表现形式也不同。比如伏羲女娲图，就有很多类型。

这就是所谓的境随心转。但文化源泉是相同的，传达的信息必然也是相同的。

右图是南阳市汉画馆收藏的一块汉画像石:《伏羲女娲》。若告诉你这是昆仑宏观地舆抽象图，怎么能读懂？看这样的图形，不系统了解道家的理论，不容易读懂。

耐心读完本书，你就可以读懂这些抽象图形了。

汉画像石《伏羲女娲》

五、汉画与《山海经》

《山海经》通过取象比类抽象出地舆象形生命体，用神话故事表现，讲述远古中华地舆的形成过程与初步稳定后的状态。偏重中华地舆形成的初级阶段，主要是大荒中的景象。内容主要包括“共工怒撞不周山”“夸父追日”“女娲补天”“精卫填海”等发生在远古的重大地质事件。表现手法是看图说话。抽象图本身就难懂，图又丢失了，只看文章，更不易懂。

南阳学术界有一种说法，认为南阳盆地出土的汉画像石有《山海经》中的图像。这种说法具有合理性。因为汉画像石是死者的房屋，代表着生者对死者回归自然的精神寄托，追求回归自然。它不是原始的《山海经》图像，而是对赋予灵魂的地舆的抽象应用。与《山海经》所讲的神话应用方法相同。

汉画像石关于回归自然部分大多来源于中华地舆抽象图。汉画像石遍布九州，南阳盆地最密集。石头是组合的，许多墓穴被发掘后乱了顺序，读起来费劲儿，笔者没有作为专题研究，只是少量运用。

中华地舆的图像不仅存在于汉画像石，也存在于一些壁画、锦帛画中。

1972年至1974年，先后出土的马王堆汉墓属西汉初期的楚国。一号墓和三号墓各有一幅“T”形帛画，叫“非衣”，覆盖在棺盖上，保存完好。“T”形帛画是一个中华地舆的宏观抽象画。专家们推理、猜想，作了解释，也出了书。按笔者的视角，这幅画和汉画像石的思路一样，但这幅画是个整体，这就非常完美了。

更准确地讲，汉画的图像是中华地舆特征的抽象应用。《山海经》中地舆稳定后的状态，有与汉画相关联的信息。

残荷

六、画面的灵魂

一幅优秀的摄影作品，需要起一个名字，配一首诗或讲一段故事，让画面马上生动起来。作品只是一幅图像，一幅简洁的画面，可以读出无限的精彩。这就是赋予画面灵魂的魅力。

例如：笔者的一幅摄影作品——《残荷》。

一个非常简洁的画面，从中能读到什么？

一般视角看到的是残荷、几何图形、铮铮傲骨，很普通的画面。

如果用名字赋予灵魂，画面就会生动起来。

假如命名《回忆》，就会品出味道来，可以看到影子是一朵莲台，暗示着曾经的辉煌。

如果赋予积极向上的正能量，命名《轮回》，激发读者发挥想象：莲台的种子已落入水中，暗藏着新生命的开始。冬去春来，将有一个或几个新的莲台诞生。想象着“小荷才露尖尖角，早有蜻蜓立上头”。暗藏的是生生不息的轮回，是积极向上的精神。

如果命名《余晖》，则带有消极情绪。最后的辉煌，带有悲壮的倾向。

取象比类读中华地舆时，同样与读者心境有关。中华民族的祖先，读出的中华地舆，带有民族生生不息，逐渐强盛的向往，多是积极向上的正能量。传承的是责任和担当。

中华地舆图，特别是抽象图，被道家理论体系赋予灵魂。根据地舆特征命名，地名起到了画龙点睛的作用。这正如《道德经》中道与名的关系。这种赋予画面灵魂的思维方法，就是取象比类思维。关于取象比类思维的概念，可以查阅其他书籍。

七、老子的伏藏

夏禹以南阳盆地为中心调控天下，认为微观的南阳盆地与宏观的中华地舆同步。以南阳盆地为基础，在夏禹应用的基础上做伏藏，可以取象比类做出一部浓缩的道家理论体系。老子跟随王子朝进入南阳盆地，身在其中，是一个非常有利的条件。既然民族认识自然的理论体系在南阳盆地丢失，那就让南阳盆地将理论体系还给后人。于是，这一理念也在《道德经》即老子思想中获得体现。

当时，中华宏观地舆的许多理念已经应用，如何把宏观应用传承下去？于是乎就有了《山海经》的传承。

古代交通信息等不发达，各地信息不易被连贯起来，最终能够起到隐藏的作用。

现代许多地名，当地人也说不清楚出处，到处都有推测寻源的现象。大多推理到山或水的地名，说用了山或水的地名。那么山或水的地名是怎么来的？知其根源者甚少。

也有许多地名来自于某一个传说，为什么有这个传说？传说想表达什么？又说不清楚了。其实，这些地名伏藏着中华地舆中的中华文化。

八、《道德经》的伏藏

《道德经》开篇：“道可道，非常道。名可名，非常名。”这十二个字迷惑了老百姓两千五百年。

马王堆版本将常写为恒。《说文》：“恒，常也。”本意相同。

其实老子说的非常明白：“无名天地之始。有名万物之母。故常无欲以观其妙。常有欲以观其徼。此两者同出而异名，同谓之玄。玄之又玄，众妙之门。”

这段话中有两个概念，可以应用于地舆伏藏。其一是道，主要表现是《道德经》。其二是名，主要表现是地貌特征、地名、神话传说故事、民俗文化活动等。

道，是大自然运行规律，是《道德经》所讲的道家理论体系。名，是提取中华地舆特征与内涵，在中华地舆对应的位置，通过地名、神话故事、民俗文化活动等，传达当地的玄机。名在夏商周已应用了一部分。

《道德经》告诉我们，“无名是天地之始”，是道。从无名到有名是认识世界的方法。认识了形并理解了名，即理解了对应地舆的玄机。

看问题要无象“观其妙”，有象“观其徼”。

道为无象，名为有象。“观其妙”是心，是修炼的境界，是心境，是道。“观其徼”是形，是抽象的形，是地舆特征，是名。

境随心转，抽象的形表达的内涵需要一定的心境，才能把道与名结合起来。二者完美地结合，就能复原中华地舆中的玄机。道和名同出于中华地舆，《道德经》讲的是理，用名从边角挈入，用理观其玄妙。读懂大自然的玄妙，找到名的玄机所在，就能进入众妙之门。这就是老子的良苦用心。

九、《无字天书》

传说《无字天书》记载着中华民族的起源以及宇宙的基本变化规律，是一部关于律法的书。上面有各种秘密的图案，没有文字，被世代相传，保存在方岩山上，始终没有人看到过。这给后人留下了又一个千古之谜。

首先来分析一下方岩山的概念。

方是一个象形字，本义是并行的两船。在太极图中阴阳鱼有两船并行的特征。天地在地成形都有太极图的象形特征，天地都有方的性质。

又山石为岩，大地承载着“山、石”。可以理解为，方岩山代表中华地舆承载着万物。

在应用中，天圆地方，强调了方为地，不仅有两舟并行，还有方形的边缘。天南地北，《无字天书》隐藏在地，在中华北部，即秦岭以北地区，从天水大阪延伸到黄土高原、吕梁山脉和太行山脉。大部分属秦、晋，是老子西行的活动区域。《淮南子》称为：“背方州，抱圆天。”

在天成像在地成形，在天国四川同样可以读出一部完整的《无字天书》。后人应用老子的方法，在九州都有微妙的应用。

在中华北部代表地的地舆应用非常完美。这里隐藏了伏羲一画开天，诞生了河图洛书，完善了天、地、人三坟理论，演绎了一生二、二生三、三生万物的原理，展示了大自然周行而不怠的演变过程及华夏的来源等。

其中理论体系环环相扣，纵横关联，配合严谨。即使部分地貌遭到毁坏，地名被变更，也不影响这部《无字天书》的传承。

喜马拉雅造山运动之后，地壳基本趋于稳定。平水患定九州之后，至少五千年来，中华宏观地貌没有出现大的地质改变。这部《无字天书》依然世代相传。

可以这样说，即使《道德经》失传，这部《无字天书》也不会失传。

伏藏《无字天书》地舆的表现较直接，解读用地形图或卫星影象图都可以。这里的地名环环相扣，去掉一部分地名也无关大局。这里的理论涵盖了道家理论的完整思想与应用。

有一点可以肯定。无论是秦始皇焚书坑儒，还是“破四旧”；无论金、元朝的统治，还是清朝的变革。中华地舆的伏藏没有受到太大损伤。

老子在《道德经》开篇就强调道与名的伏藏。《无字天书》是对《道德经》伏藏的实际应用，作为神话传说来传承，起到提示作用，提示名不仅存在，而且还有完美的表现。《无字天书》的内容是《道德经》中道与名的展示，其表现形式是地貌特征、地名、神话传说故事、民俗文化活动等。所以笔者说，这些文化遗产传承的背后，无形的传承着中华民族的历史智慧，传承着《道德经》的伏藏。这就是老子的良苦用心，笔者称其为老子的伏藏。

第三章 开启中华民族历史智慧的钥匙
——《道德经》

一、老子留下的钥匙

若要开启中华民族历史智慧，需要掌握四个核心内容，即《道德经》《山海经》《太一生水》和马王堆非衣帛画。

《道德经》是老子所作，已被公认。《太一生水》是对伏羲画卦作理论解读，并加入了道的思想，让《易》的天、地、人应用升华为域中四大的运行。其语法特征和阐述的思想体系与《道德经》一致。《山海经》和《太一生水》不能确定作者。

笔者将这三卷书加一幅画称为“开启中华民族历史智慧的四把钥匙”。按域中四大命名：《道德经》为“道”，即理论主干；《太一生水》为“天”，即天道；《山海经》为“地”，即地舆形成过程与稳定后的特征；非衣帛画为“人”，即人与自然的同步关系。

二、读懂《道德经》

想要知道《道德经》是如何赋予中华地舆灵魂的，首先必须读懂《道德经》。

查阅历史上关于《道德经》的解读如汗牛充栋。翻阅少许，大多以字义解读，理解角度各有差异。例如张道陵著《老子想尔注》，后又有王弼的注解，虽很有影响，但均只是为了应用。

张道陵是老子弟子传承中出现的人物，创立了道教正一派。王弼年纪尚轻，但见解也超越了一般人。

《道德经》的解读普遍存在仰视的视角，带有崇拜的成分，鲜有人站在宏观立场来解读。

古人仰观天象，俯察地理，认为在天成像在地成形，取象比类看世界并赋予世界灵魂。中华文化起源是古人对中华地舆特征与自然现象的理解。符号、文字等来源于象形，记述理论的方法同样运用象形的思路。伏羲画卦运用了这一方法，老子同样以此为基础。取象比类思维，像中华民族天生的思维方式似的，早已融入中华民族的血脉之中。

从宏观角度讲《道德经》，不用去关心详细的字义。直接阐述《道德经》表达的宏观思想即可。

宇宙诞生的过程与运行规律，融入在历史发展进程中，并逐步总结完善。老子经过系统整理，总结完善，写了《道德经》。所以《道德经》可以作为古代认识自然的理论体系的主干，也可以称为中心思想。逆向思维，就能复原中华民族的历史智慧。

三、《道德经》的理论主干

顺行

道家认为，大自然是从虚空逐步演变而生成万物的。虚空中出现微粒，能量逐步汇聚，形成能量团。能量团逐步膨胀，轻清者上升为天，重浊者下降为地，中间开一气形成天、地、人，进而生万物。它类同于现代的宇宙大爆炸学说。这是自然界的运行规律，是从无到有的过程，进一步到万物昌盛的人类和谐社会。这个过程的运行规律叫顺行。

逆行

事物发展到极限，则物极必反。万物生命到了顶峰，就会进入衰微阶段，从有又化为无。象征着一次大爆炸的结束。世界又进入虚空状态，能量重新汇聚，将是一个新的轮回。从而实现大自然周行而不殆的运行。

古人想象，既然能够顺行成人，那么设法反向运行就能够把有化为无，人类就能返回虚空化为神明，成为神仙。古人运用逆行的方法控制衰微阶段，在能量转换进入虚空时脱离轮回，升华为神明。

人们遵循大自然从有化为无的运行规律，进一步探索返回虚空的方法，统称为逆行。

道

顺行或逆行构成一个轮回，让大自然周而复始地运行。如此解释大自然的运行规律，命名曰：“道”。这个道是人类直接可以感受到并要遵循的道，叫常道。更深层次的道是什么呢？

古人认为，大自然周期性运行有一个终结与起始的转换点，通过这个转换点可以进入另一个人类正常视角无法感知到的状态。是生命还有其他存在形式？还是有三维空间之外的多维空间？其中必然有一个人类无法理解的真相，也是人类一直在不断寻求的真理。

老子提出了一种状态：除天、地、人之外还有一个状态“虚空”，合称“域中四大”。老子说：“吾不知其名，强字之曰道，强为之名曰大。”天、地、人早已被应用，老子加入了道，总结为“域中四大”。

老子用的“道”字是“首”加一个“走”。“首”代表大脑中心思维机构，是智慧的象征，“走”是运行。用大脑思考产生智慧就是“道”，也可以称为智者的境界。这种“道”的状态，在原始的天地人应用中还没有提到，是老子的创新。从此，完善后的理论体系被称为道家文化。

人类生活需要遵循天、地、人、道轮回的大自然运行规律。这个规律是前人用智慧总结的法则，按照这个法则走，是人生进步的捷径。人们都按照这条捷径走，就出现了路，叫人生道路。这条道路就是人们所要遵守的人生道德行为规范。《道德经》的“道”指明了道路，“德”教你如何走好这条路。

四、《道德经》的目标

顺行成人是常人能够感知的道，称为常道。逆行成仙是人类追求的理想的道，叫非常道，这是直观的解释。《道德经》开篇的非常道与此不同，那是道与名的伏藏。

非常道是道教修仙的理论，本书主要以常道为主。《道德经》中的常道教化人民遵循的是宇宙万物的法则。

金、木、水、火、土五行相生相克，相互赖以生存，又相互制约，构成自然界的阴阳平衡。人类以小的单元体存在，相互赖以生存，又相互制约，相互构成一个较大的平衡的单元体，这叫小国寡民。较大的单元体再构成更大的平衡的单元体，最终实现人类和平共处。这个和平共处还要遵从天、地、人、道的规律，构成大自然的和谐统一。老子将这种自然平衡的状态称为无为而治。无为而治不是不治，只是治理简单化了，叫治大国乃烹小鲜。

五、《道德经》的精华

《道德经》的精华是“域中四大”的第四大：“道大”。这个道不仅包括你理解的常道和非常道。在有与无轮回的周期性变化中，其中存在一个有与无的能量转换点，叫“玄牝之门”。通过玄牝之门可以进入道的智慧空间或称境界。那才是老子最终想要讲的道。

明白了前面讲的四个部分、一个目标和一个精华，想必大家应该都能按这个新的视角读懂《道德经》了。理解了道，再结合地名，就能读懂中华地舆玄机，进一步贯通中华道家理论体系。

六、语言障碍

关于语言障碍，南阳同乡冯友兰先生《中国哲学史》中讲得很好，这里原文摘录：

一个人若不能读哲学著作原文，要想对它们完全理解、充分欣赏，是很困难的，对于一切哲学著作来说都是如此。这是由于语言的障碍。加以中国哲学著作富于暗示的特点，使语言障碍更加令人望而生畏了。中国哲学家的言论、著作富于暗示之处，简直是无法翻译的。只读译文的人，就丢掉了它的暗示，这就意味着丢掉了许多。

一种翻译，终究不过是一种解释。比方说，有人翻译《老子》中的一句，他就是对此句的意义作出自己的解释。但是这句译文只能传达一个意思，而在实际上，除了译者传达的这个意思，原文还可能含有许多别的意思。原文是富于暗示的，而译文则不是，也不可能是。所以译文把原文固有的丰富内容丢掉了许多。《老子》《论语》现在已经有多种译本。每个译者都觉得别人的翻译不能令人满意。但是无论翻译得多好，译本一定比原本贫乏。需要把一切译本，包括已经译出的和其他尚未译出的，都结合起来，才能把《老子》《论语》原本的丰富内容显示出来。

公元五世纪的鸠摩罗什，是把佛经译为汉文的最大翻译家之一。他说："翻译工作恰如嚼饭喂人。一个人若不能自己嚼饭，就只好吃别人嚼过的饭。不过经过这么一嚼，饭的滋味、香味肯定比原来乏味多了。"

笔者不对《道德经》作注解，只讲某种角度的理解方法，也是出于这种思路。笔者的创作动机是抛砖引玉。

究其原因，当代人思维方式偏重逻辑思维，中国先民是取象比类思维。其他民族各自都有他们的文化特征。冯友兰站在逻辑思维的角度看问题，符合当代思维方式。所以这里借用一下他的观点。

三才、阴阳、五行是学习道家文化最基础的概念，将在下一篇做简单介绍。只是对于玄牝之门较为抽象，需要做些解释。那就先单独介绍一下玄牝之门。因为在中华地舆中，玄牝之门被广泛应用，在本书中同样会被反复提到。

七、玄牝之门

《道德经》第二十五章："有物混成，先天地生。寂兮廖兮，独立而不改，周行而不殆，可以为天地母。吾不知其名，强字之曰道，强为之名曰大，大曰逝，逝曰远，远曰反。故道大，天大，地大，人亦大。域中有四大，而人居其一焉。人法地，地法天，天法道，道法自然。"

看了前面的内容，基本可以清楚《道德经》的意图，这段话就不用解释了。常道运行于天、地、人三才，通过玄牝之门进入非常道，就是域中四大所说的"道大"。

道家域中的天、地、人是物质的，同时赋予有神明。在天成像，在地成形。与之并列的第四大"道大"，也应该在天成像，在地成形。这个"道"就是周行而不殆的天地之母。在天成像是宇宙的中心，有紫微垣的天宫，是天庭的首脑机构。在地成形是伏羲女娲的首，有帝王之丘与帝王之虚。这些问题本书都要作专题来讲。

回过头来再看《道德经》第六章："谷神不死，是谓玄牝。玄牝之门，是谓天地根。绵绵若存，用之不勤。"其中玄牝之门，是有与无轮回的能量转换点，也可称为常道与非常道的沟通通道。

玄牝之门从字义解释是母亲的生殖器官。事实上被广泛应用。看似"用之不勤"，实际上每人都要用到。如何运用是很有讲究的。

道教认为，在人类居住的空间之外，有相同空间存在，有十大洞天和三十六小洞天。这些洞天世界相互之间有洞口可以互通。这个洞口就是玄牝之门，神仙可以出入，人类无法看到。但在特殊的时空点，有人类误入洞天世界的传说。道教的洞天世界，来源于道家的玄牝之门。

八、老子传道图

老子传道图不知出自何时、何人之手。可以肯定，原创作者是一个有智慧的人。

南阳画家村的村长郑嵩山老师为笔者义务画了这幅《老子传道图》，在此表示感谢。

这幅画是《道德经》“域中四大”的典型写照：天、地、人、道。这只老虎迷惑了许多学者。

头上是天，脚下是地，天地不用画，可以想象得到。画面主要表现的是人和玄牝之门。

圆形的部分象形一个大门、通道。用老虎与后面的通道配合，来代表玄牝之门。

老子不是在给老虎讲“道”，而是在给听众讲玄牝之门的“道”。讲述进入玄牝之门，就进入一个“道”的境界。

玄牝之门具有多面性，有凶残的一面，也有温顺的一面，它可以伤害你，也可以为你所用，所以用虎来代表。

在太子修道路的神话传说中，南阳盆地四周多处都有太子修道骑虎的神话。如房山有老虎洞，武当山有黑虎洞等。太子修成正果飞升成为玄武神后骑龙巡游，明代在武当山修建了龙头香。

老子传道图

九、武当山龙头香

在武当山南岩，有一个很有名气的地方，叫龙头香。南岩面向悬崖修了一道门，一条巨龙头伸向门外悬崖，龙头上放了一个小小的香炉，叫龙头香。烧这柱香需要点胆量。自古烧香掉下悬崖的事故时有发生。为了保护香客们生命财产的安全，烧龙头香被官方禁止。

道家理论体系被浓缩在武当山中，讲述域中四大的运行规律，被嘉靖皇帝命名曰“治世玄岳”。它是明代皇家出资，用天人合一的方法，建造的一部浓缩版的《无字天书》。

这部《无字天书》包含天、地、人、道。

武当山以玄武大帝的成功之路为基础，按照太子出生净乐国，到民间修炼，最终修成玄武神的神话。从净乐宫开始到南岩崖壁，设计了一条人生成功之路，隐藏了人生必须遵循的道德行为规范，到南岩崖壁达到飞龙在天的能量转换点。在这个转折点上设计了一个龙头香，把玄机隐藏其中。

龙头香伸出悬崖，面向金顶。从龙头香出去，玄武大帝飞升成仙，骑龙巡游三界。

不遵守道德行为规范者，达不到金顶，做不了神仙。有罪之人烧龙头香会掉下悬崖，摔得粉身碎骨。

《西游记》中孙猴子不守法则，扰乱三界秩序，就跌入了万丈深渊，被压在猴面崖下。这是一个人造的玄牝之门，是一个典型的案例。

龙头香这道门同样具有多面性。这里的“龙”与老子传道图的“虎”如出一辙。

明白了这些道理，中华地貌的形成、《易》的诞生、华夏的来源、《道德经》的内涵等就会迎刃而解，中华地舆中的历史智慧就会重现眼前。

龙头香

龙头香下猴面崖

泌阳盘古山夜色

乙

神话传说中的地质事件

采用古人取象比类思维的方法，用现代科技认识的地质学与《山海经》等神话传说故事比类，来分析神话传说故事与板块碰撞时代发生的地质事件的相似性，以此推理古人看到了什么，是如何理解的，进而探索中华远古地质事件的真相。

第四章 宇宙诞生的神话

一、人类起源

中华民族自诞生以来，一直在追问一个类似的问题：宇宙是怎么来的？将去向哪里？

在童年的成长过程中，自从有了自我意识，就会不断地问长辈：人是从哪里来的？宇宙是什么样子？

生从何来，死往何去？不仅是中华民族，世界上许多古老的民族同样面对这一问题。

中华民族的古人认为开天辟地的是盘古，传说故事流传于民间。

很久以前没有天地之分，整个宇宙混沌一团，它没有上下左右，也不分东南西北，样子好像一个浑圆的鸡蛋。盘古盘睡在里面，大约过了一万八千年，他醒来发现周围一团漆黑，于是就用随其生成的金斧把宇宙劈开了，沉寂千万年的混沌黑暗被搅动，其中轻又清的东西慢慢上升变成了天空，厚重浑浊的东西则慢慢下降变成了大地。从此，宇宙间就有了天地之分。

盘古出世后，头顶天，脚踏地，挺立在天地之间。以后，天每天增高一丈，地每天增厚一丈，盘古也每天长高一丈。这样又经过一万八千年，天高得不能再高，地深得不能再深，盘古自己也变成了“九万里”长的顶天立地的巨人。

盘古长到极限。呼出的气变成了清风和云朵，发出的声音变成了轰鸣的雷霆。他的左眼变为太阳，右眼变为月亮。头发和胡须变成了夜空的星星。他的身体化为昆仑山岳。血液化作江河淮渎。筋脉变成了山川道路。皮肤肌肉化作了肥田沃土。牙齿、骨骼变成了地下矿藏。精液和骨髓变成了宝石美玉。皮肤上的汗毛变成了草木。流下的汗水变成了润泽万物的甘露，就连寄生在他身上的各种小虫，受了暖风的吹拂，也变成了生活在大地的黎民百姓和鸟兽。

“盘古开天地”的故事起自何时已无法考证，但所传达的宇宙起源的理论，早已被认可，一直被传承着。我们从盘古开天地故事中提取有效信息，来分析古人给我们留下了什么。

二、盘古开天地中的哲学

中华民族的先民认为，宇宙最初什么也没有，是一个空寂虚无的世界。

随着时间的推移，虚空中出现了微粒，微粒逐渐汇聚形成了一个混沌的能量团。能量团逐步扩大，形成巨大的能量场。这个能量场的状态似一枚鸡蛋，里面孕育了一个生命体，叫盘古。盘古的生命过程，比类为天、地、人的形成过程。

清者相对较轻，向上运行形成了天。浑浊者，相对较重，向下运行，形成了地。随着长期的清升浊降，天无限远，地无限大。

清者为天，为阳；浊者为地，为阴。就此分出了阴阳。从此，阴阳成为万物之始。

天之下，地之上，有一个适合人类生存的空间，分出了天、地、人，命名曰：三才。

关于宇宙的起源，不同的地域有不同的理解，现代人借助高科技观察宇宙，观测到宇宙正在加速膨胀。出现了一种最有影响的学说，宇宙大爆炸学说。中华民族祖先的理论与现代宇宙大爆炸学说惊人的相似。

盘古开天地这个荒诞不经的故事，被公认为是中华民族智慧的结晶。随着社会的进步，对宇宙的理解更形象更精细。

盘：从皿，放在器皿中有约束的含义。舟具有漂浮性和运动性。在局限的范围内，回旋、回绕、屈曲、交错，象征能量汇聚与盘旋。从后人演绎的太极图可以看出，“盘”具有太极图的特性。“古”代表时间的久远与漫长。

盘古其实是一种状态，一种初始的能量场，这个能量场由天、地、人组成，代表空间和时间。这种能量场太抽象，不易理解，用盘古的神话来讲述，让人们容易接受，并记忆深刻。

三、盘古与中华地舆的关系

盘古垂死化身，把生命融入天地。中华民族的祖先们发挥无限的想象，把天地看作生命体，用取象比类的方法看世界。逐步形成了“在天成像在地成形”的理论，成为中华文明的原始视角。

首先，盘古身体化为昆仑，确定了中华地舆是一个具有生命特征的整体。

血液化作江河淮渎。筋脉变成了山川道路。认为昆仑内部具有流淌的血脉，类似一个鲜活的生命体。

把与大地生命体对应的皮肤肌肉比作肥田沃土；牙齿、骨骼比作地下矿藏；精液和骨髓比作宝石美玉；皮肤上的汗毛比作草木。

既然是生命体，昆仑表面象形肌肉、皮肤、毛发等具有新陈代谢的特征，内部的血脉必然在流淌。

大地上的黎民百姓和鸟兽等生命，是昆仑地舆中的寄生生命。

四、中间开一气诞生天、地、人

混沌初开，天地已分，天地阴阳各有代表。太阳属阳，代表天。月亮属阴，也叫太阴，代表地。盘古完成了开天辟地，天地相去甚远。

在天上，“他的左眼变为太阳，右眼变为月亮。头发和胡须变成了夜空的星星。”日月星辰都是盘古化身。

“盘古呼出的气变成了清风和云朵，发出的声音变成了轰鸣的雷霆。”在天地之间，诞生了一个适合人类生存的空间。

这个空间有空气，人们可以呼吸，飞鸟可以在空中翱翔。再高就没有空气了，飞鸟也上不去，就进入了日月星辰的天界。

地之上，天之下，有空气，人、鸟等可以生存的空间称为“中间开一气”，从而诞生了天、地、人，称为三才。天、地、人在地成形都有对应的位置，叫“开一气衍三坟”。盘古包含了天、地、人，是一个天、地、人一体的太极平衡体。

五、什么叫衍三坟

一说坟，都认为是埋葬死者的墓葬。其实坟的原始意义不是墓葬。

坟，古写作：墳，从土，上面很厚的草，草下有宝贝。

通俗地讲，地上隆起的地方，上面有土、草等覆盖物，下面埋藏有玄机。

那么在天上，空气中，怎么会有坟呢？非也！

盘古是一种状态，包括了天、地、人的三维空间。盘古轰然倒塌，化作大地，天、地、人在地上都有对应的位置。古人把这种理解方法叫“在天成像在地成形”。在中华地舆中，主体是昆仑，其中包含有天、地、人所对应的在地成形的地舆，叫三坟。由于三坟是地舆形成后的衍生物，所以叫衍三坟。

六、中华启蒙教育

千百年来，中华民族启蒙常把生命的启蒙放在开篇。最典型的是《幼学琼林》。我们就以《幼学琼林》开篇为例讲一下古代启蒙的知识。

首先了解一下《幼学琼林》书名的含义。

“琼”的本意是美玉。

《说文》：“琼，赤玉也。”

“琼林”，顾名思义，就是有许多的美玉与珍宝。

《幼学琼林》的名字，引起成人的重视，激起孩子读书的兴趣。这就应了一句古话：“书中自有黄金屋，书中自有颜如玉。”

《幼学琼林》开篇：

“混沌初开，乾坤始奠。气之轻清上浮者为天，气之重浊下凝者为地。日月五星，谓之七政。天、地与人，谓之三才。日为众阳之宗，月乃太阴之象。虹名蝃蝀(dì dōng)，乃天地之淫气，月里蟾蜍是月魄之精光。”

中华民族的后人，从童年时代就对天地人、日月、五行等宇宙的基本构成有一个初步认识。

《幼学琼林》开篇不是神话，直接讲天、地、人三才生成的理论，又讲：“日月五星，谓之七政”的理论，既通俗，又有内涵。

七、五星与七政

古人观星象，看到白天有太阳，晚上有月亮。其余都是星辰。中华民族观星象较早，早就发现有五颗星围绕太阳在一个横向的平面上运转。由于经线与纬线分别表示纵向与横向，“五星”在横向的平面上，叫五纬。

金、木、水、火、土这五星是人的肉眼最容易观察到的行星。古人以地球为中心，一切星象是为我服务。所以地球不在星辰中。

“五星”叫五纬，同时还叫五曜，曜的本意是明亮。这五颗行星因为明亮，最容易被人的肉眼所观察到，所以又叫五曜。五星加上太阳和月亮，一共七颗星，那就顺理叫成七纬或是七曜，同时也叫七政。

为什么叫七政？

这七颗星，遵循宇宙规则，运行于天，构成平衡。这种不变的平衡规则叫做“正”。国家的管理讲究持续稳定的平衡叫“政”。《说文》：“政，正也。”七星命名就叫“七政”。

八、阴阳五行

七政的运行规律在地成形，都有对应的状态。太阳和月亮对应天地、阴阳。五星对应构成万物的五种物质，同时对应东、西、南、北、中五个方位。以此确立了阴阳五行的性质。大自然运行的理论以此为基础，所以必须对阴阳五行简单了解。

阳具有刚健、向上、生发、展示、外向、伸展、明朗、积极、好动等特性。阴具有柔弱、向下、收敛、隐蔽、内向、收缩、储蓄、消极、安静等特征。任何一个具体的事物都具有阴阳的两重性，且阴中有阳，阳中有阴。

五行之间存在着相生相克的关系，生克是矛盾的两个方面，也即是阴阳的两个方面。大自然在阴阳五行相生相克的过程中运行发展。这里需要掌握五行的生克关系。

参照五行生克图（下图），了解一下五行的生克关系。想深入学习，可参阅其他书籍。

水生木，木生火，火生土，土生金，金生水。
水克火，火克金，金克木，木克土，土克水。

九、霓虹与蟾蜍

《幼学琼林》曰："虹名螮蝀，乃天地之淫气；月里蟾蜍，乃月魄之精华。"这句话不难理解。彩虹又称为螮蝀，是天地之气交汇浸淫而形成的；月宫里的蟾蜍，是月亮的精华所凝聚而成的，天地之间是可以相通的。

彩虹是一种大气现象，在雨后或是在多水的地方，阳光照射在水蒸气中的小水滴上形成折射，就有了七色的彩带，这个彩带就叫彩虹。由于折射的方式不同，又分为虹与霓。按赤、橙、黄、绿、青、蓝、紫的顺序，从外往内排列称为虹，从内往外排列称为霓。虹与霓时常同时出现。

霓虹是阴阳交合的产物，同样有阴阳两个方面的性质，阳者为七彩的绚丽，阴者为淫气。正面是美好，负面是淫逸。启蒙教育加入了正、负能量的引导。

古人启蒙教育，开始就讲自然科学，这里顺便也学习了一下古代小孩子都懂的知识。

"三才"、"七政"形成。中华地舆见雏形。

十、传说故事中的地质事件

地球形成的初期，火山喷发不断，板块漂移碰撞，小行星撞击地球等。中华地舆内居住的先民们，经历了地球远古时代重大地质事件的发生。他们观察天象与地貌的变化，经历着生死存亡的灾害与磨难。他们没有科学手段解释奇异的天象，就把无法解释的现象赋予神明，演绎了许多神话故事。没有文字就口口相传，传承着历史的变迁。在历史发展进程中，不乏一些智者，对故事进行分析，重新认识，逐步润饰，让神话传说故事更合理。不知经历了多少年、多少代，神话故事一直代代相传。没有文字，神话故事就是载体，传承着远古的信息，让文明不断传承下去。

关于宇宙诞生到稳定的神话大部分收录在《山海经》中。缺少的部分在《竹书纪年》中可以找到，之后的诸子百家中多有引用。西汉时，淮南王刘安集众人之长写了《淮南子》，对宇宙诞生的神话进行了系统整理和解释。

神话故事是后人的说法，古人不认为是神话，而认为是天文自然现象。想要找到中华民族文化进程，就必须剥去神话的外衣，撩开神话故事神秘的面纱，逆向思维，提取事件的真相，还原历史的本来面目。

喜马拉雅山脉之纳木错天生的浪漫

第五章 喜马拉雅造山运动

一、板块碰撞

印度板块和欧亚板块的撞击事件被认为是地球历史上最伟大的一次造山运动——喜马拉雅造山运动。

这次造山运动至今还未停止，青藏高原仍然在以约每年1厘米的速度抬升。喜马拉雅造山运动的结果：青藏高原隆起，成为世界上最大、最高的高原。矗立在青藏高原南侧的喜马拉雅山脉，以平均海拔7000米的高度横亘在亚洲大陆和印度次大陆之间，其主峰珠穆朗玛峰高度达8848米，成为世界最高峰。喜马拉雅造山运动，极大地改变了地球历史的面貌，强烈地影响并决定了亚洲的气候格局，中国的整个地理和气候格局，均属于喜马拉雅造山运动形成的格局。

二、喜马拉雅运动第三幕

印度板块与欧亚板块的碰撞，使中国东西地势高差增大，季风环流加强，自然地理环境发生明显的区域差异。

青藏高原隆起成为世界最高的高原。第三纪的热带、亚热带环境被高寒荒漠取代；西北地区因内陆性不断增强而处于干旱环境；东部成为湿润季风区。

一般认为，喜马拉雅造山运动分为三幕：第一幕发生于始新世末、渐新世初，青藏地区成为陆地，从而转为剥蚀区；第二幕发生于中新世，地壳大幅度隆起，伴以大规模断裂和岩浆活动；第三幕发生于上新世末、更新世初，青藏高原整体强烈上升，形成现代地貌格局。中国所有高山、高原现今达到的海拔高度，主要是喜马拉雅运动第三幕以来上升的结果。

中华民族古人的神话故事传承的重大地质事件，发生在喜马拉雅运动第三幕。即上新世末、更新世初，时间大约在258.8万年左右。当代考古发现的人类化石是280万年，已有人类存在的证据。

三、不周山与四海

《山海经·大荒西经》云：“西北海之外，大荒之隅，有山而不合，名曰不周。”

《山海经》所讲的中华地舆，不仅是中华地貌稳定后的地舆，还包括中华地貌的形成过程。

《山海经》中的四海是欧亚板块稳定初期的状态。中原还在一片汪洋之中，称为东海，包含南阳盆地。西海，是现在的塔克拉玛干大沙漠。北海是黄土高原。南海是四川盆地。西海与北海之外的不周山，是帕米尔高原与天山山脉。

山石属金，金由土而生。南天山存在大量的盐碱土，说明这里的土生金不完善，所以造成帕米尔高原与天山不周。不周包含两层含义，其一，土生金不完善；其二，形状不周，有明显断裂分割。

四、共工怒撞不周山

《淮南子·天文训》：“昔者共工与颛顼争为帝，怒而触不周之山，天柱折，地维绝。天倾西北，故日月星辰移焉；地不满东南，故水潦尘埃归焉。”

共工是天神，西北洪水之神，与颛顼争帝，颛顼是北方之水神。结果共工战败。共工一怒之下撞不周山自杀身亡。这是一个水与水相战的故事。两水相斗，小水汇入大水。

又有水神共工氏和火神祝融氏之战，共工败。水克火，水大于火才能灭火，一方小水神，与强大的火神相斗，是力不从心的。这里讲述一个道理，五行相生相克需要势均力敌才能构成平衡。悬殊太大不能起到相互制约的作用。在传承中，后人倾向于共工与颛顼之战，或者是两次战斗。

传达的信息，其一，小水必将汇入大水，造成西海变荒漠；其二，弱水不能克强火，进一步使大漠干旱。

五、共工怒撞不周山反映的地质事件

喜马拉雅造山运动第三幕造成西部隆起，帕米尔高原与天山山脉结合部成为受力点，两山系受挤压分别快速抬升。由于反作用力，压力释放，山体再次下降，加上冰川融化，在帕米尔高原形成高原谷地。

天山山脉主要成分为盐碱土，极高后容易崩塌，加上冰川融化的冲刷，山体急剧下降，形成南天山亚肯斜背地貌。大量水土流向西海，形成塔克拉玛干盆地。

帕米尔高原与天山山脉的结合部，出现豁口，两山脉不同的地质结构，形成明显的反差，类似“不周”。两山脉结合部的谷地成了中国与西部国家沟通的通道。南天山的下降，象形倒下的不周山。

西部的整体抬升相对来讲东南降低。“水潦尘埃归焉”说明西海之洪水带着天山山脉的泥土向东部狂泻，顺着河西走廊倾注向北方大泽。也就是现在的黄土高原。千里河西走廊是茫茫的戈壁滩，外形形似干涸的河床。如此共工与颛顼两水之战也就合理了。

帕米尔高原与南天山的挤压与抬升过程，必然伴随火山喷发，火山的高温加速了冰川融化，进一步加剧了塔克拉玛干的干旱。从而又有了水神共工氏和火神祝融氏之战。

六、昆仑山脉

帕米尔高原与昆仑山脉连贯，没有断裂的痕迹，现代将帕米尔高原与延伸到青藏高原的山系统称为昆仑山脉。天山与昆仑山脉有明显的断裂带，形成中国通向西部国家的空中走廊，地上为丝绸之路之一。

天山原来不叫天山，叫昆仑之虚。古人所指的昆仑山范围比今天要大，包括了天山山脉。不周而倒下的天山部分是一个巨大的土丘。《说文》：“虚，大丘也。昆仑丘谓之昆仑虚。今俗别作墟，非是。”后来把昆仑之虚叫做天山，是有故事的，在后面有详述。相对而言，帕米尔高原高大，叫昆仑之丘。

南天山挤压褶皱地貌

喜马拉雅山脉之念青唐古拉山

七、黄土高原的形成因素

关于黄土高原的形成，学术界有争议。多数倾向风积说。学术界称黄土高原在800万年前曾是一片湖泊，经过百万年沉积，湖水干枯，渐渐地累积成为平原。这一论据证实了笔者提出的远古北部大泽，或叫大荒之中的北海。

从外形看，黄土高原的黄土与南天山的土质类似。共工怒触不周山使天倾西北，形成西高东低的地貌，西海之水向东倾注。这次重大洪水事件按传说故事推理是存在的。

下面结合地貌特征，用神话传说故事与地貌对照分析远古时代地质事件的合理性。

不周山倾倒，大水带着天山盐碱土，倾倒向西海，西海之水带着盐碱土向东南方向倾注。东南有青藏高原阻隔，西海之水顺着河西走廊向东，倾注向北部大泽。天山倒下与水向东倾注是同步进行，所以盐碱土首先注入北部大泽。东部有吕梁山和太行山的阻隔，北部大泽很快注满。

随着洪水逐步减小，大泽西部沉积成为沙漠。民间有句谚语：“大水挖，小水压。”是说河水大时冲出深潭，叫“挖”。河水小时，水中泥沙淤积填平深潭，叫“压”。共工怒撞不周山的地质事件起初是大水，带走南天山的盐碱土，随着水流的减弱，带走的是黄沙。从东向西，土地含沙量逐步增加。

西海之水干涸，河西走廊的河床裸露，千年风沙带走了最后的泥沙，形成茫茫戈壁。在内蒙古的沙漠中，同样留下许多大水冲刷的痕迹，形似干涸的河床。

勘察南天山亚肯斜背

“水潦尘埃归焉”，西海之水归入北部大泽，象征西北洪水之神共工的死亡，北部水神颛顼的胜利。干涸的西海变成了塔克拉玛干大沙漠。这个故事暗藏着水、火、土、金的生克关系。

八、女娲补天

伏羲女娲是中华民族出现较早的神明崇拜。女娲生九子，在地成形化为九州，养育中华民族，称为龙的传人。伏羲女娲在地成形称为昆仑。九州的稳定与女娲有直接关系。女娲补天的神话包括中华地舆的稳定到文明东移、沧海变桑田的全部过程。在中华地舆形成过程未讲完之前，直接讲女娲补天，听起来很抽象。按地貌形成顺序，本章需要讲女娲补天，暂不细讲，只概述女娲补天的思想，读完地域形成过程后，再看女娲的功绩。

传说中的女娲版本甚多，时间先后次序不同，但平息灾难的事件近似。作者带有自己的见解，各自在表达自己的理解。这里不评判孰是孰非，以《淮南子》为主，阐述部分思想。《淮南子》认为，女娲补天发生在共工怒撞不周山之后。四极废，九州裂之后，才有女娲补天。

《淮南子·览冥训》：“往古之时，四极废，九州裂，天不兼覆，地不周载。火爁(làn)炎而不灭，水浩洋而不息。猛兽食颛(zhuān)民，鸷(zhì)鸟攫(jué)老弱。于是女娲炼五色石以补苍天，断鳌足以立四极，杀黑龙以济冀州，积芦灰以止淫水。苍天补，四极正，淫水涸，冀州平，狡虫死，颛民生。背方州，抱圆天。”

古人取象比类思维，把天看作圆顶的房屋，有四柱支撑。共工撞倒不周山，四个天柱报废了，天不能覆盖大地。九州板块相错，大地不能正常载物。火山喷发，猛兽横行，洪水泛滥，天地间灾难不断。

古时的天地在地成形都有对应的位置，以秦岭与大巴山为界，天南地北，天圆地方，各有相对应的位置。女娲的使命是平息天地间的水患与后期的天地稳定。主要功绩是补苍天、立四极、杀黑龙、止淫水。补苍天是治理四川水患。立四极是中华地貌的整体稳定。杀黑龙是削弱北方水神的力量。止淫水是芦草拌石灰修筑堤坝，有阻止与疏导的作用，最终协助平息汾渭谷地水患。立四极发生在文明东移沧海变桑田之后。女娲的最大功绩不仅是补天，更是让整个中华地舆稳定。

九、四川盆地

距今二百多万年的第四纪，受喜马拉雅造山运动的影响。地壳再次发生构造运动。巫山两侧水系溯源侵蚀，共同切开巫山，形成举世闻名的长江三峡，盆地之水纳入长江水系。从而四川盆地由内流盆地变为外流盆地，由封闭的内流区变为外流区，由以堆积为主变为以侵蚀为主，经历了海盆、湖盆、陆盆的沧桑之变，逐步形成了适合人类生存的天府之国。女娲补天的神话故事，传承着这一漫长的稳定过程。

西部地貌形成，水汇入北部大泽，黄土高原再次成为北海，那么南部是什么情况呢？南方是成熟最早的扬子地台。印度板块撞击欧亚板块，受力点在喜马拉雅山脉，扬子地台相对升高缓慢，古人理解为地不满东南。

四川盆地水患不断是众所周知的。共工怒撞不周山，再次引发地壳运动，四川盆地之水顺着长江三峡向东倾注也是有可能的。水量就像天被捅了一个大洞似的。

第四纪冰川广布的时代，四川盆地西部高原发育大量冰川。冰川消融后，大量沉积物由岷江、沱江等携带，堆积在西部的凹陷区，即以前的蜀湖之中，最终形成了成都平原。这个过程中，水是主要媒介，水患是四川的最大隐患。

随着青藏高原的抬升，冰川融化，从西部峡谷注入四川盆地的水量也很大，也好似天被捅了个“大洞”。随着青藏高原的稳定，进入四川盆地水量减少，成就了女娲补天的神话故事。相对于四川或相对于长江中下游，天上洞的位置不同，但反映的水患灾害是相同的。如今雅安还流传着女娲补天的神话，女娲补天留下一道缝隙，构成雅安多雨的特征，称为“雨城天漏”。但古人眼中真正用五彩石补天的大石头在哪里呢？在四川盆地的龙门山。

十、龙门山

龙门山在四川盆地西北缘，广汉市与都江堰市之间。它是西部高原进入四川盆地的要塞。

龙门是道家常用的名词，是通向天界的玄牝之门。在许多能量转换点被广泛应用。四川的龙门山是龙的传人的第一龙门，还有黄河的龙门、天水去秦川的龙门、崆峒去雍州的龙门等，各有玄妙，笔者以后会逐个探索。

四川的龙门山脉构造带距离较远，北东端至广元，南西达泸定，全长约500千米，宽30至70千米。该构造带是扬子准地台与特提斯海的交接部位，是推覆、滑覆的构造带。

龙门山周边断裂带明显，上面分布众多的飞来峰、古冰川遗迹、典型地层剖面等地质遗迹。在古人眼中是一个独立的玄机重重的大山。被称为女娲补天的五色石。严格意义上讲，女娲补天不仅仅是龙门山，而是龙门山脉构造带。

十一、杀黑龙止淫水

共工怒撞不周山，西海之水向东倾注，气势似一条凶猛的黑龙。女娲斩杀黑龙代表了北部洪水的发生与削弱过程。

南部四川的水患平息，北部水患减弱，但北部大泽之水仍是隐患。于是乎就有了《夸父追日》《大禹治水》的神话传说故事。积芦灰以止淫水与大禹治水同步。

古人把四川盆地比作天，把黄土高原比作地，叫“天南地北，天圆地方”。天地稳定，万物负阴而抱阳叫“背方州，抱圆天”。

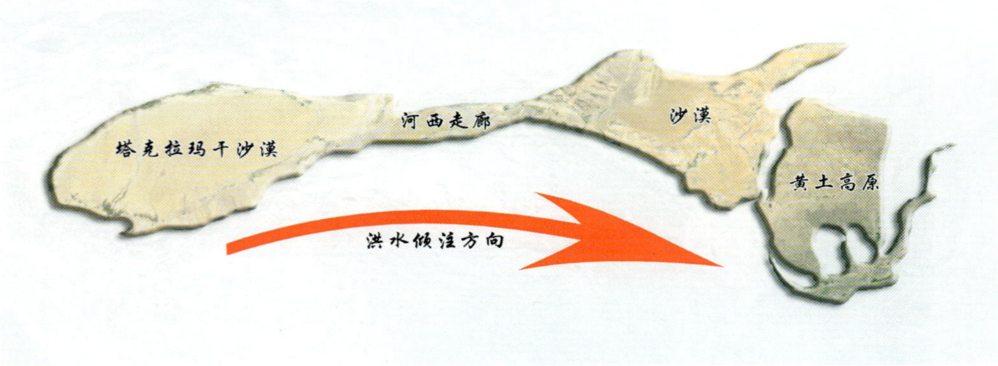

共工怒撞不周山水东南倾

十二、断鳌足立四极

传说鳌浮游海内而造成地动山摇。《竹书纪年》：“惟女娲斩鳌足而立四极。”

立四极是天、地、人三界的四极。四极稳定，不是把鳌足移走，而是将鳌足斩断，让鳌无法移动。那么这只神鳌在哪里呢？是如何应用的呢？后面我们将会讲到。

第六章 沧海变桑田

一、中华地舆初步稳定

共工怒撞不周山和女娲补天的神话故事，阐明了喜马拉雅造山运动中板块受压抬升到稳定的过程。中华整体地貌已初步稳定。此时北部的黄土高原还在一片汪洋之中。中原大地还是东海。下一步将是黄土高原与汾渭谷地的形成过程。夸父追日的神话故事，讲述黄土高原与汾渭谷地的形成过程。大禹治水的神话故事，讲述平水患定九州的过程。

二、夸父追日

《山海经·海外北经》："夸父与日逐走，入日。渴，欲得饮。饮于河、渭，河、渭不足，北饮大泽。未至，道渴而死。弃其杖，化为邓林。"

《山海经·大荒北经》："大荒之中，有山名曰成都载天。有人珥两黄蛇，把两黄蛇，名曰夸父。后土生信，信生夸父。夸父不量力，欲追日景，逮之于禺谷。将饮河而不足也，将走大泽，未至，死于此。应龙已杀蚩尤，又杀夸父，乃去南方处之，故南方多雨。"

三、夸父追日中传达的信息

"后土生信"，土生金，所以信属金。金生水，"信生夸父"，所以夸父属水。水克火，夸父水与火战是使命，怎叫自不量力？这里运用了共工水神与火神祝融之战的思路。水虽克火，但悬殊太大还是无法胜利的，叫自不量力。求助渭河、大河，仍然不是太阳的对手。即使加上北部大泽也不会战胜太阳。但是它没有走到大泽，黄土高原仍然在汪洋中。这是讲述北部大泽之水削弱的过程。虽然夸父没有能力平定水患，但他削弱了大泽的力量。

四、汾渭谷地现形

夸父之水死，水生木，水助拐杖化为邓林，为木。建邑铸鼎祭祀叫"邓"，是文明的象征。林是适合人类生存的地舆，也叫桃林。夸父的拐杖化为邓林，创造了一片适合人类生存并存在文明的谷地。汾水和渭水谷地是中华民族最早生存的谷地，邓林就是汾渭谷地。曰："邓林弥广数千里焉。"

夸父追日讲述着北部大泽变为黄土高原的初期，夸父虽未完成黄土高原形成的使命。但拐杖化为中华民族起源的汾渭谷地。为中华民族的生存，提供了原始的能量。拐杖属木，在汾渭谷地之下，储藏着大量的煤炭。地下的煤炭为人类提供了能源。地上为桃林，成为农业主产地。

夸父未到大泽，但已削弱了大泽，大泽之水患犹在，变为名副其实的沼泽地。这就成就了大禹神，就有了《大禹治水》的神话故事。在讲大禹治水之前，先来了解一下，此时中华大地的地貌情况。

夸父的拐杖示意图
太原
洪洞
西安
宝鸡
汾渭谷地

五、南阳盆地出现

从昆仑山向西逐步稳定。四川盆地已稳定，黄土高原与汾渭谷地水患犹在。东部大中原还是一片一望无际的东海。此时，还有一个不容忽视的小而精的重要位置，南阳盆地。

南阳盆地随着欧亚板块的受压抬升也在抬升，加上沉积已形成内陆，成为东海岸。

六、大禹治水

女娲补天，四川盆地稳定，女娲杀黑龙，削弱了北部大泽之水的力量。夸父追日为黄土高原形成打下了基础，黄土高原北部由北海变为沼泽。夸父拐杖幻化的汾渭谷地相对较低。洪水依然四处横流。神话版的大禹治水是将北部大泽之水引向东海，黄土高原形成，汾渭谷地逐步稳定的过程。

大禹首先是天上的神仙，到下界是为治水而来。黄河流域重大的无法解释的豁口形成等地质现象，成绩都是大禹神的。随着黄河中下游沧海变桑田，治水事件不断，后人把这一功劳都给了夏部落的首领夏禹。把神话人物大禹逐步演绎成现实中有血有肉的人物夏禹。

鲧用围堵的方法治水，效果不佳，鲧的儿子禹用疏通的方法，打开龙门，疏通轩辕山，把黄河引向东海，完成了黄河上游的治水任务，然后对小河流同样运用疏通的方法，平定了水患，稳定了九州。

这里还有个应龙的存在。应龙是古代汉族神话传说中一种有翼的龙，相传禹治洪水时有应龙以尾画地成江河使水入海。

南天山前盐碱滩

新疆盐碱地变良田

大禹从天上到下界，在天地结合部天之涯地之角系舟，那里有系舟山。当时汾渭谷地洪水滔天，有“地角枕流”之说。那里算是大禹治水的起始点。《山海经》：“欲饷，闻鼓声乃来。”天涯山有天涯石鼓。要解开这千古之谜，请往下读。老子在南阳盆地和西出函谷关在忻州做的伏藏都要讲到。

大禹治理了水患，汾渭谷地进入文明时代。中华大地开始进入稳定时期，叫平水患定九州。

七、淡水带走盐碱

西海之水带着南天山的盐碱土汇入北部大泽。在北部大泽沉积成为黄土高原。大泽之水溶解了盐碱，流向东部，进入大海，带走了大部分泥土和盐碱，形成了黄河下游的冲积平原。所以在黄河故道有南天山同样的盐碱土质。

黄河下游的冲积平原是中原文化的中心，这里是一片肥沃的土地，养育着中原人民。但在黄河故道上存在着大片的盐碱地。

河南省兰考县出了一个好县委书记焦裕禄，为治理盐碱地献出了自己的生命。清朝，在山东夏津，为了治理盐碱、风沙，在黄河故道上种植了大片桑林。上世纪末期，桑林被无知的村民砍伐。尚留少量古桑林已被保护起来。大片古桑林也证明了桑林抗风沙的优势。

黄河故道的盐碱地证明了黄河水在早期曾含有大量盐碱成分。再次证明了西海之水向东倾注地质事件的存在。

在新疆，人们运用盐碱溶于水的特点，用“井”字形平整土地，大面积开垦盐碱地，然后用水浇灌、浸泡土地。在“井”田的四周挖深沟排水，让水溶解盐碱再渗入深沟，带走泥土中的盐碱。当地人叫排碱。用此方法开垦了新疆大片盐碱地，被称为西部大粮仓。这些应用充分证明了水带走盐碱是科学的。

改良后的新桑田

采桑夏津古桑林

东方紫酒业已应用了夏津黄河故道上的古桑林，并扩大桑树种植规模，建起了东方紫酒产业。用桑树抗风沙、盐碱的同时，把浑身是宝的桑树产业化，可谓一举多得的举措。在此，感谢东方紫总裁陈薇伊女士和南阳总代理孙君敏女士对笔者沧海变桑田地舆勘察的支持。

八、精卫填海

西海干旱变大漠，北方大泽化为黄土高原，四川盆地水患消除，大地已初步定型，进入稳定阶段。西、北、南三方已稳定。东部大海随着印度板块对欧亚板块继续加压，仍在继续升高，加上黄河的冲积作用，沧海正逐步变为桑田。精卫填海的神话传说故事，讲述着这个漫长历史时期的演变过程。

《山海经·北山经》：发鸠(jiū)之山，其上多柘(zhè)木，有鸟焉，其状如乌，文首，白喙(huì),赤足，名曰："精卫"，其鸣自詨(xiào)。是炎帝之少女，名曰女娃。女娃游于东海，溺而不返，故为精卫，常衔(xián)西山之木石以堙(yīn)于东海。漳水出焉，东流注于河。

精卫填海中传达的信息：

随着中原板块的抬升加上黄河长期冲积改道，再冲积再改道。经过漫长的过程终于沧海变桑田。东部变平原，高处的水流向低处，出现了无数条向东流的河流，这些河流井然有序，似一曲乐章。《说文》："章，乐竟为一章。"加上水的偏旁，称为漳水出焉。

人类的力量无法抗拒大自然的运行，同时用巨大的反差暗示无为与徒劳。精卫衔石，比人之徒劳。同时也代表沧海变桑田的时间漫长。

人类追求和谐社会的同时，开始有仇恨出现。复仇的欲念注入人类灵魂，为兵家开启了原始的动力。仇恨是一个很可怕的东西，是战争的原动力。这就是人类与动物的区别之一。

水患平息，沧海变桑田，中华地貌稳定，人民安居乐业。人们开始观察自然，应用自然。经过长期积累，人们开始对自己居住的环境有初步的认识。

到此时平水患定九州，中华民族开始了安居乐业的生活，同时进入了漫长的文化积淀阶段。

古人对九州稳定及稳定后的中华地舆有独特的理解。这就回到了盘古垂死化身的故事。把中华地舆看作生命体，开始了在天成像在地成形的应用。

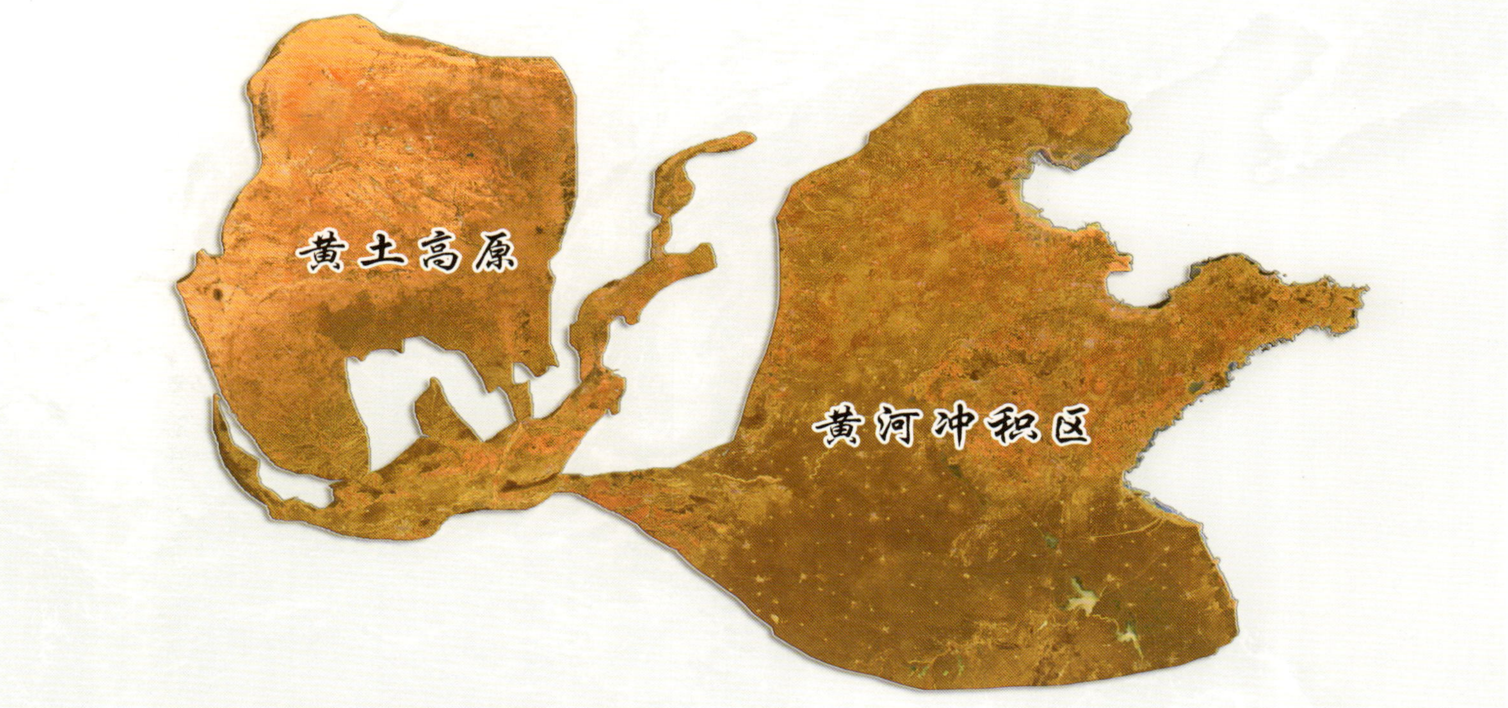

沧海变桑田示意图

西部高原挤压褶皱地貌

丙

巍巍昆仑

根据中华地舆初步稳定时的地貌特征，勾画出古人眼中的昆仑，进一步探索昆仑的奥秘，追踪道家文化的起源，粗略勾勒出中华地舆的宏观影像。

第七章　昆仑的神话

一、中华宏观地貌

中华地貌初步稳定，西高东低的阶梯形特征已构成。广阔的中原地舆依然是一片海洋。这时的南阳盆地从东海逐步变为东海岸。中华民族经历了重大灾难之后，人口主要聚集在汾渭谷地、四川盆地和东部的山顶上。中华文明从此进入持续的积累与发展阶段，直至今日。

先来了解一下当时的地貌特征。

鸟

将西部青藏高原与帕米尔高原山体边缘用画笔勾勒出来，可以看到一只鸡或鸟的图像。头部是帕米尔高原，脊椎是昆仑山，尾巴是秦岭。

龙

避开帕米尔高原，将青藏高原与天山山脉山体边缘用画笔勾勒出来，可以看到一恐龙的图像。头部是天山山脉，尾巴是大巴山。天山从昆仑山下方潜出，龙身在鸟身之下。

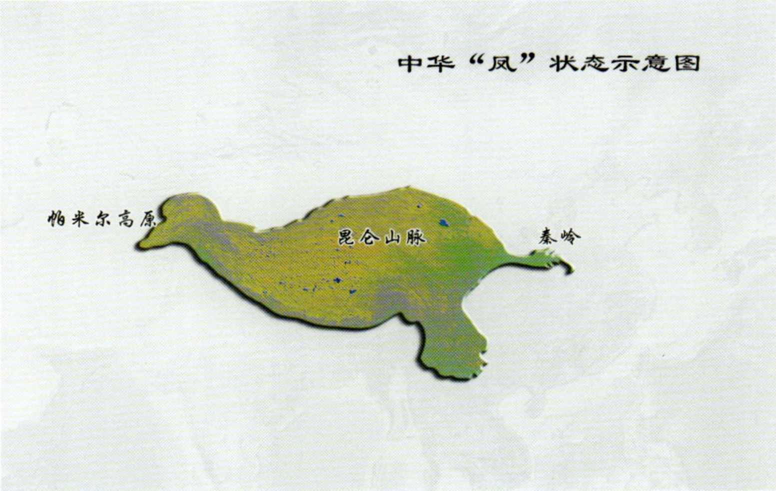

中华始祖鸟

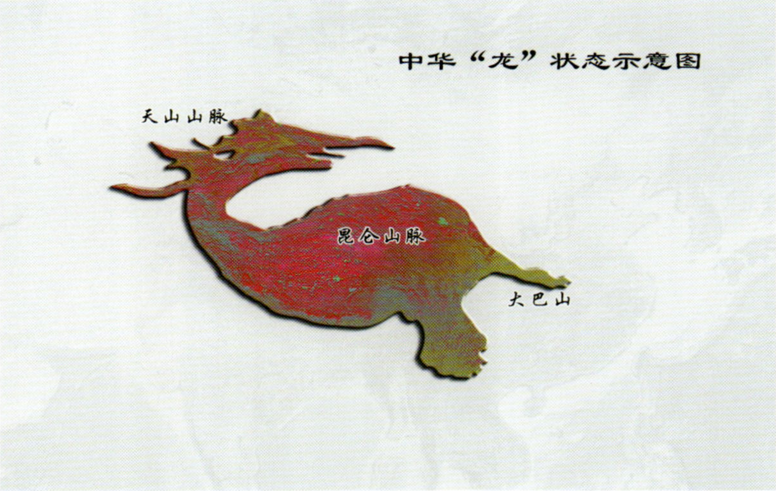

中华始祖龙

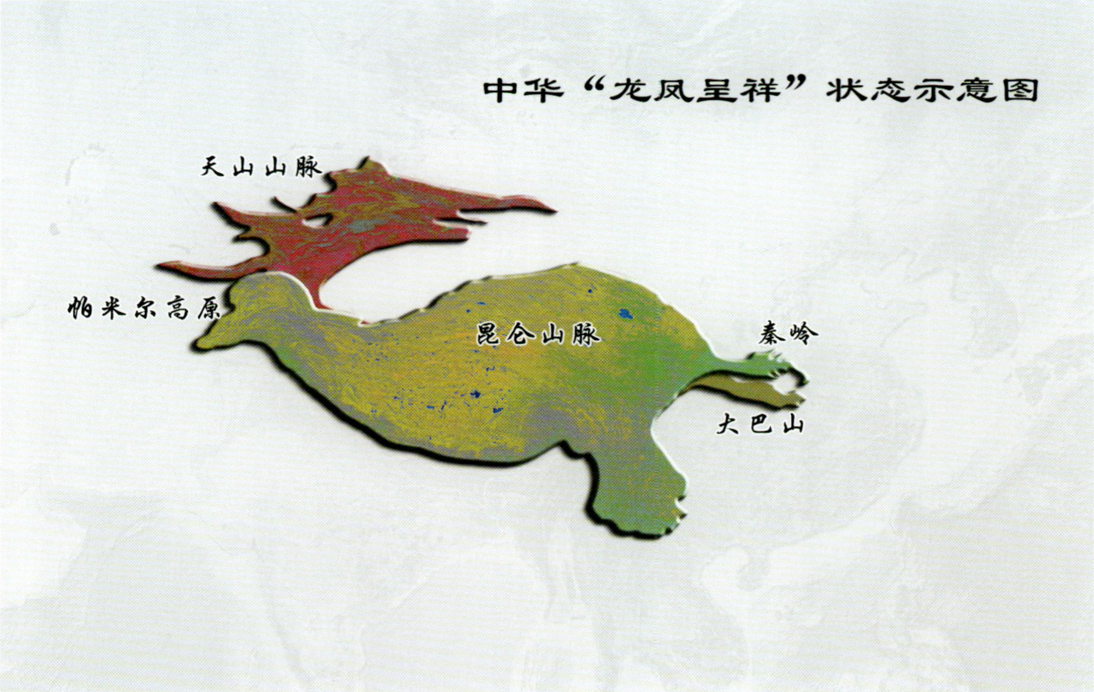

伏羲女娲在地成形

昆仑山

二、龙凤呈祥

将两幅图像合成，就得到一幅龙凤呈祥的图像。古人把这一地貌特征神话为伏羲与女娲的形象。可以理解为凤在上龙在下，两尾缠绕。

北方太昊系伏羲龙图腾，南方少昊系女娲凤或鸡图腾，与此有着密切关系。这两个地貌象形的生命体，是神话中最早的龙凤，称得上中华“始祖鸟”与中华“始祖龙”。

天、地、人之中，人类看到的天只有日月星辰。认为天地阴阳是相呼应的，有阴必有阳，地上有的在天上就一定有对应的存在。想象在地有形，在天必然有对应的像。地上有阴阳五行，天上有日月五星。地上有国度，天上也有国度。地上有皇宫，天上必然也有天宫。于是想象了一个东方帝与西王母的国度。在天有东方帝与西王母统领三界，在地成形有伏羲女娲养育中华民族。

三、昆仑山

昆仑山是中华西部高原，象形伏羲女娲的身躯。由于距离镐京（西安）路途遥远，海拔又高，后人少有问津。

从考古发现以及传说故事传承下来的信息表明，在远古时代，那里曾经有过文明。随着地球重大地质事件的发生，文明消失。

据传说，西部西王母的国度与黄帝、尧、舜以及商周保持长久的友好关系。直至最后融入统一的多民族国家。

曾有西王母献地图的说法。这说明中原人对西部地貌已有初步了解。

《山海经》中记载的昆仑山，是古人取象比类思维抽象出的形状。它的真实面貌一直带着神秘的面纱。

古人把天国神话为东方帝和西王母的国度。在地成形抽象出伏羲与女娲的地舆，代表天地阴阳对应关系。天地之间开一气衍生三坟，形成了中华民族生存的广大地舆。这个广大地域统称为昆仑。

昆仑山黄羊疑似天山

昆仑山中天山大峡谷地貌

戈壁、土山、石山、沙丘交错

昆仑山是伏羲女娲庞大的身躯，伏羲女娲的阴阳交合生了九个儿子，象形东部九座相对独立的山体。这九座山形态各异，就有了龙生九子各不同，或龙生九子不成龙的说法。

龙九子各霸一方，构成东部九州世界的格局，夏禹以此作为分都邑划九州的参照，进一步划分了九州。

中华民族在九州繁衍生息，称自己为龙的传人。中华民族的文化也以此为基础，开始积累发展。

四、伏羲与女娲

道家认为，天庭在天成像有东方帝和西王母，在地成形为伏羲与女娲，相互之间能够通过玄牝之门连通。玄牝之门具有多重的用途，可以贯通三界。

由于对西部高原没有深入的了解，对昆仑的理解思路不一，学术界各持己见，争议不断。从太昊系的龙图腾和少昊系的鸟或鸡图腾表明，远古时代已掌握了西部高原的基本特征。在后期的应用中虽然出现争议，但共同之处是伏羲女娲人首蛇身没有改变。这一应用特征表明，古人抽象的图形夸张了昆仑山脉，认为伏羲女娲分别有独立的身躯，且两尾相互缠绕。人首代表道的智慧空间。

道教在应用中，寻找中华地域中的玄牝之门，把昆仑之丘和昆仑之虚列入十大洞天之中，但不能确定其位置所在，以至于使昆仑之丘与昆仑之虚成了千古之谜。

《洞天福地记》：

"第三西城山洞 ，周回三千里，号曰太玄总真之洞天。未详所在，属上宰王君治之。"

"第四西玄山洞，周回三千里，号三元极真洞天，恐非人迹所及，莫知其所在。"

按道教的说法推理，这两个洞天世界在女娲的头部帕米尔高原与伏羲的头部天山。这里可以进入"道"的智慧空间。

道教认为，西城山洞是昆仑之丘，属西王母的国度，是帕米尔高原。西玄山洞在帝之下都，属昆仑之虚，是天山。说明道教对这一问题的理解没有错，只是对帕米尔高原与天山精确位置不敢确定。

五、西王母的国度

关于昆仑的信息是古人传承下来的，实际的面貌始终是个谜。古人靠个人的力量无法完成实地考察。到周朝时，出了一位游侠周穆王。周穆王探秘昆仑山，寻访西王母，决心揭开昆仑的神秘面纱。

周穆王于公元前964年，乘坐着八匹骏马拉的车子，带着一队人马，浩浩荡荡渡过黄河，沿太行山西麓向北挺进，直达阴山脚下，转而长途西行，到了天山，到了帕米尔高原，到了西王母之国。对昆仑山地貌有了进一步了解。完成了中原王朝最高统治者历史上第一次盛大的出访活动。有意思的是周穆王没有直接向西行，首先顺黄河而上向北行，似乎是按中华地舆的玄机而行。

中华地舆隐藏的玄机是帝王之术，不传于民，《穆天子传》用了游记的形式，没有叙述西部高原地舆特征，只从一个母系社会的角度讲述。道教不知是否从穆天子的行动方向分析，把昆仑之丘的位置锁定在帕米尔高原。

笔者实地勘察了昆仑山东段。看到的是平缓的冰川，其形蜎蜎，象形于生物脊椎。昆仑是龙之脊椎毋庸置疑。

进入昆仑山口，发现昆仑山是两道山系，中间峡谷有昆仑河。北部单斜山地貌偶显南天山亚肯斜背风格。是双脊椎？是双蛇身相互缠绕？或雌龙在上，雄龙在下？境随心转，怎样理解都有道理。

六、帝之下都

昆仑之虚，是帝之下都，象形天国在地成形。所以叫天山，也叫天柱。对于天山，始终没有人作专业性质的地舆勘察。道教在确定洞天世界时说"恐非人迹所及，莫知其所在"。在道家应用中，对天山没有深入的记载。

前面讲共工怒撞不周山时，已讲了天山大量盐碱土的地舆特征。在空地上堆土为墟，墟为丘。所以把倾倒的昆仑废墟叫昆仑之墟。虚墟同意，天界是虚空界，这里作为帝之下都，墟字去掉了土字旁，带有空的意思，为昆仑之虚。虚与墟有天地呼应的成分。《说文》的理解有些含糊，让丘与虚显得混淆。

昆仑之丘与昆仑之虚的关系是西王母和东方帝一阴一阳的关系，一坤一乾并列存在。

七、天山

天山山脉中部的山间盆地中，是抽象的伏羲龙头口腔到咽喉的部位，是一个神奇的地方。那里一改西部的荒凉，是一片片连续的一望无际的大草原。

最著名的是东部的巴音布鲁克草原，四周为雪山环抱，是中国第二大草原。

巴音布鲁克蒙古语意为“富饶的泉水”，草原地势平坦，水草丰盛，是典型的禾草草甸草原，也是新疆最重要的畜牧业基地之一。那里不但有雪山环抱下的世外桃源，有“九曲十八弯”的开都河，更有优雅迷人的天鹅湖。

草原水源补给以冰雪融水和降雨混合为主，部分地区有地下水补给，形成了大量的沼泽草地和湖泊。巴音布鲁克草原共有大小13处泉水、7个湖泊和20条河流。

八、开都河

草原上的额尔宾山，东西绵延170千米，南北宽约50千米，将巴音布鲁克大草原一分为二，形成两个盆地。这条山系就是龙之舌。千余眼泉水分布于整个草原，与冰雪融化的涓涓细流汇集盆地，像口腔里的唾液，形成巴州的母亲河——开都河。古老的开都河穿越两盆地之间，使草原上形成大大小小的牛轭（è）湖、沼泽湿地。开都河滋润着大草原，孕育着草原上一代又一代生命。

开都，意为开辟帝下之都。这片盆地就是帝之下都，有此可以进入洞天世界，通向东方帝的国度。所以开都河又名通天河。

舌尖的部位对应火焰山。火焰山气温明显高于周边，又是一个美妙的应用。

九、八卦城

对天山的认识只是古代的传说，信息模糊，所以天山一直是一个神秘的地方。

元朝时，即1219年5月，成吉思汗邀请丘处机西行。丘处机说：“我循天理而行，天使行处无敢违。”于是，他欣然同意前往。

丘处机是道教主流全真道掌教，被奉为全真道“七真”之一。丘处机一言止杀救苍生等功绩就不说了。西行有一个不为人知的意图：实地勘察帝王之虚的天山。

丘处机带着十八个弟子西行，用了三年的时间。在会见成吉思汗的同时，勘察了天山地貌。

丘处机在龙首相对的咽喉部位，即新疆伊犁州特克斯县建了一座八卦城。也许这里在丘处机眼中是一个玄牝之门。

丘处机确定了坎北、离南、震东、兑西四个方位，规划了特克斯八卦城最原始的雏形。700多年后的1936年，有一位叫邱宗浚的人，扩建成了现在的八卦城。

开都河

鸟瞰特克斯八卦城

特克斯八卦城（摄影：徐照营）

第八章　龙的传人

一、何为昆仑

昆：上下结构，上为日为天，下为地为比。《说文》：“比，密也。二人为从，反从为比。”

《说文》：“仑，思也。”

通俗地讲：昆仑意为天之下有两个神秘的非常态的人物在思考交流。

繁体字为“崑崙”或“崐崘”，加上了山的偏旁。

古代地名与山水有关的都要加上山或水的偏旁。就像“崆峒”、“岱嶽”等山都以山做偏旁。“江水”、“河水”、“济水”、“淮水”等以水为偏旁。

昆仑与山有关系，就加了山的偏旁，简化后去掉了山。解读名字需要去掉偏旁，读其原始的意义。

昆仑所说的两个神秘而非常态的人就是一龙一凤的象形，抽象为伏羲与女娲。汉画像石中人首蛇身，两尾相互缠绕，就是伏羲女娲抽象图。

伏羲女娲的“思考”暗示了“道”的存在。思考需要大脑，昆仑之虚与昆仑之丘皆在龙首，通过龙首的玄牝之门可以进入“道”的智慧空间。东方帝与西王母的智慧空间就是道教追求的“道”。

回过头再来看中国卫星影像图，看伏羲女娲交融的身躯。两首栩栩如生，伏羲尾巴从下面潜出在南部，北部是女娲的尾部。伏羲女娲两尾巴卷曲形成一个盆地，叫南阳盆地。龙两尾分界南北，加上东部大平原，就是初步稳定的中华宏观地貌。

二、玄牝之门与龙的传人

中华龙在世界东方，称作东方帝，叫俊，和王母娘娘结为夫妻，在地成形叫伏羲女娲。他们生了十个儿子。进入人间九个儿子，相对于人间称龙生九子。龙九子围绕在伏羲女娲两尾周围，在地成形化作九州，分布在昆仑东部地区。

古人把伏羲女娲看作生命体，阴阳交合必然要有新生命诞生。象形生殖器官的位置，就是道家所说的玄牝之门。位置在四川盆地从广元到泸定一线的龙门山构造带上，正处于传说最神秘的北纬30度地带。

中华民族自称龙的传人，来自于古人对中华地舆取象比类的理解。认为伏羲女娲生九子养育了中华民族。

中华民族是礼仪之邦，对于性具有隐秘性，含蓄且羞涩，只能意会不可言传。并不是当代一些学者理解的生殖图腾。

对于巨龙的生殖同样无法说出口，应用或回避或隐藏，非常含蓄，给龙生九子的应用蒙上了神秘的面纱。

伏羲女娲的生殖器官区域是龙门山脉，这个龙门就是龙生殖的玄牝之门。如此难以启齿的玄机，如何应用呢？

古人的智慧，把龙门山一线演绎了无穷的奥妙。

道教把龙的玄牝之门的中心位置应用在了青城山。龙门山和雅安应用比较含蓄，似乎在有意回避。青城山在中华民族文化进程中其地位显赫，被道教排在十大洞天之第五洞天。《洞天福地记》：“第五青城山洞。周回二千里，名曰宝仙九室之洞天，在蜀州青城县，属青城丈人治之。”

丈人在这里不是女娲之父，《说文》：“丈，十尺。”九是最大数，十回到了零，是一个轮回的转折点，暗示了玄牝之门的存在。

青城山的应用自有妙处，许多玄机暂且不讲。泰安古镇有一玄机，暗示了玄牝之门的应用。

泰安古镇在都江堰旁的青城后山，是古往今来的交通要道，是后期道教应用的重要场所之一。

泰安古镇的山门和泰安寺的大门旁，各有一对石麒麟。

这里的麒麟与别处不同，对生殖器官运用了夸张的手法，暗示龙的生殖。

麒麟作为中华民族灵兽之一，与四象青龙、白虎、朱雀、玄武同等地位，代表中心位置，属土。古人把雄性称麒，雌性称麟。宇宙的中心是“北戴斗极”的玄牝之门，北极有勾陈星座，麒麟也称“勾陈之象”。麒麟代表中心的阴阳交合天地沟通，有麒麟送子之说，以示生子的高贵。

麒麟代表天中心于人的沟通，古镇石牌坊外的麒麟夸张的生殖器官，与伏羲女娲在地成形龙凤呈祥的地貌等比例取象比类，就是开启龙的传人奥秘的钥匙。

泰安古镇山门

泰安牌坊雄麒麟（东侧）

泰安牌坊雌麒麟（西侧）

三、含蓄的玄牝之门

西部高原进入四川盆地的最后一道山岭是龙门山脉。龙门也是玄牝之门的代名词。传说跨越龙门就可以进入仙界。

龙门山是一个独立的山系，周边有深断裂带，好像是一扇可以移动的大门。断裂的谷地有茂县和汶川。门的本身不是龙子，也不是洞天世界，只是天地之间的大门，也可称为天门。在门边上有一座山，隔着都江堰与龙门山对峙，这座山被命名青城山。道教把龙门山应用为玄牝之门，将青城山列为十大洞天之一，为洞口所在，两山都是道教圣地。

前面讲女娲补天时，说五彩石是龙门山，读到这里，算是解答了这一问题。

麒麟的暗示告诉我们，古人认为龙九子真正出生地在雅安。

道教在应用中有意回避了雅安，将都江堰到绵阳一线，作为玄牝之门的中心。并且有意隐藏雅安的应用。

在四川盆地西南部有一座神秘的城市——雅安。由于多雨，一年四季云雾缭绕，被称为“雨城”。传说女娲补天时，留了个小洞没有补齐，又累得筋疲力尽，最终留了个缝隙，称为“天漏”。“雨城天漏”成为雅安的一张名片。由于雅安海拔较高，云层就在身边，雨在云层中形成，雨滴若有若无，人称雅雨。湿润的气候出美女，人称雅女。雅雨、雅女是当代的说法。

青城山后山雄麒麟

青城山后山雌麒麟

四、羞涩的雅安

雅是一个会意字，是用惊讶的符号和鸟字的组合。说文：“雅，楚乌也。”雅安是始祖鸟女娲生殖的玄牝之门，雅含有龙鸟出生的惊喜之意。安是房中有女子，有娶妻生子的含义。

在雅安南北两侧，有蔡山和蒙山对峙。蔡是草，有祭祀的成分。蒙是盖子下有鸟，覆盖的意思，引申为最大的女萝草，属地衣类植物。综合解释，蔡蒙有祭祀、覆盖、隐藏的意思，其下有龙鸟，含蓄而神秘。

《禹贡》：“蔡蒙旅平，和夷底绩。”记载蔡蒙之间旅途平坦，可以进入西部深山，是远古的一条古道。蔡蒙中间是雅安市，处于精确的北纬三十度线上。

出雅安有两道天然屏障，像遮羞布一样严密地包裹着女娲始祖鸟的玄牝之门。

第一道屏障叫总岗山。小小的一道岗，地名如此霸气，何故？中华龙九子皆出生于此，九只鸟所化九州的龙脉皆发源于此，其中暗藏了许多奥妙，称为总岗山名副其实。

第二道屏障叫龙泉山脉，也叫分栋山。从绵阳龙门山到乐山贯通了成都平原，其中亦是玄机重重。如果把蜀国比作一座瓦屋，那么分栋山就是屋脊的栋梁……

古人将总岗山看作一支长柄戈，分栋山看作一支长柄的钺，守卫着伏羲女娲巨龙。这种状态叫“我”，造字本义：“手持大钺，呐喊示威。”戈和钺头上有孔，可以系缨装饰。峨眉山就像这把长柄钺装饰的缨，故称为峨眉。总岗山戈头上的装饰称老峨。

峨眉地名来自于秀甲天下的身姿的说法已被公认。这美丽的身姿是为了装饰“我”。用于山名要加上山的偏旁，即“峨”也。

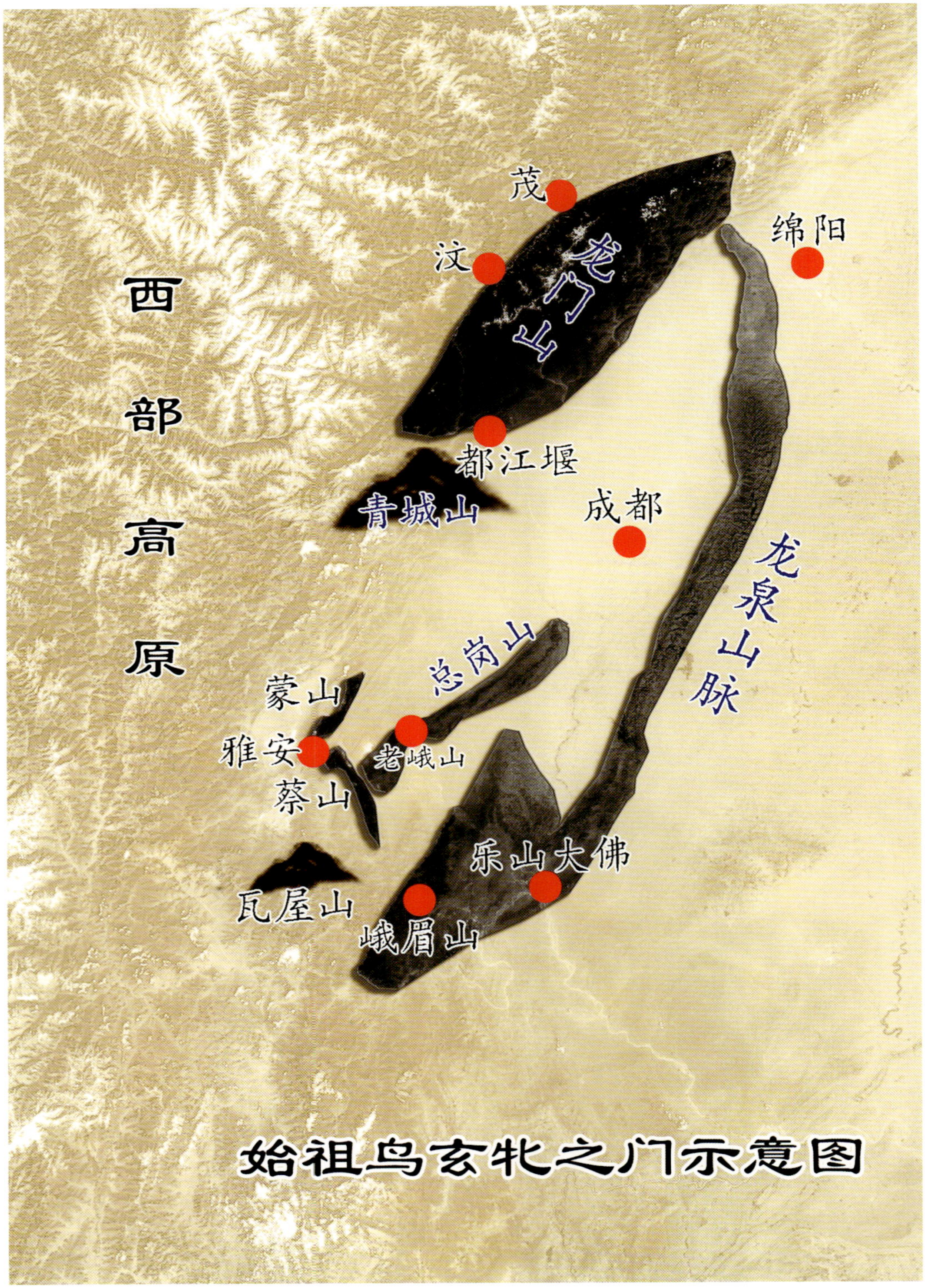

五、天成之都

雅安具有含蓄隐秘性，道家直接的应用是龙门山与青城山中间的隘口，古名玉垒山。传说鳖灵开凿隘口治水时已开始改造这一隘口。秦昭王五十六年（前251），秦蜀郡太守李冰父子在鳖灵治水的基础上组织修建了都江堰水利工程。龙门山与青城山是相随而从的用法，叫治世之门，后面有专题来讲。

在都江堰到分栋山中间有一座城池，在长柄钺的下面，名字采用了地舆特征象形字“成”。

甲骨文成：

古人认为这座城是天造地设的，是地舆形成时直接生成的适合建城池的地方，代表天国的城池，是天成之都，所以称为成都。成都因此而得名。

《山海经》写夸父时，称为“成都载天”，意为成都承载天道。同时也证明夸父是天上的神仙。

成都并不是单一的四川成都。在玄牝之门之外，第一道屏障之内建城池是道家典型的用法，称为龙城。道家认为是天成之城，多有天然武器守护。地名多取成、龙、武等字样。城外屏障地舆特征大都与武器有关。

例如山西的龙城太原、甘肃天水的武山县、陕西陇县的天成镇等九州多地都有类似的应用。

六、天南地北 天圆地方

平水患定九州，大地进入稳定时期。中华民族活动区域以龙的尾巴为中心，在周围繁衍生息。

南部是伏羲的尾巴，从地下潜出，起名也直截了当，叫大巴山。北部是女娲的尾巴，叫秦岭。秦岭的名字就含蓄点，有些讲究了。女娲代表大地，承载万物，有母仪天下之德。中华民族以农耕为主，这里就用了农民劳作的象形文字。秦在甲古文中，上从双手执杵，下从禾，代表着耕作。

甲骨文秦：

秦岭下面是秦川，是中华文明起源的中心。秦岭与大巴山从气候特点看，有个奇妙的地方，它们隔断了南方暖湿气流与北方寒冷气流的相遇，成为南北气候分界带。同时，秦岭又是黄河流域与长江流域的分水岭。秦岭作为天地的分界妙不可言。

由于中华民族处于北半球，人口密集的中心地带在北回归线以北四季分明的区域。太阳总在南面运行。人们向南方走气温升高，向北方走气温下降。古人认为在天成像，在地成形。就在大地上寻找天、地、人的对应位置。认为南方热，属阳，象形天，对应天上的太阳。北方冷，属阴，象形地，对应月亮。这样就确定了天地的方位，称为“天南地北”。

两条尾巴的南部是雌龙女娲神秘的生殖区域。是四川盆地（巴蜀）与贵州高原（黔地）。北部是从黄土高原到太行山脉。其中玄妙是中华文明的重点，是道家文化的精髓所在。这里先读其外形。

从直观看，四川是高山围成的圆形盆地。由于山势险峻，与外界隔绝，自古就是一个相对独立而又神秘的地方。加上对女娲神的崇拜，龙的传人们顺理成章地将女娲神生殖部位比作天。更巧的是，按比例，生殖器官出口的位置，在地球神秘的北纬30度线上。这条线上有四大文明古国，有埃及的金字塔，有百慕大三角洲，有许多现代科技无法解释的谜团。而在中国这里的玄机未被现代科学发现。事实上道家把这里作为玄牝之门，早已在悄悄地应用。

古人把四川盆地比作天府之国，把蜀道比作鸟道。李白“蜀道难难于上青天”的诗句，就是比喻外界与四川沟通的难度。

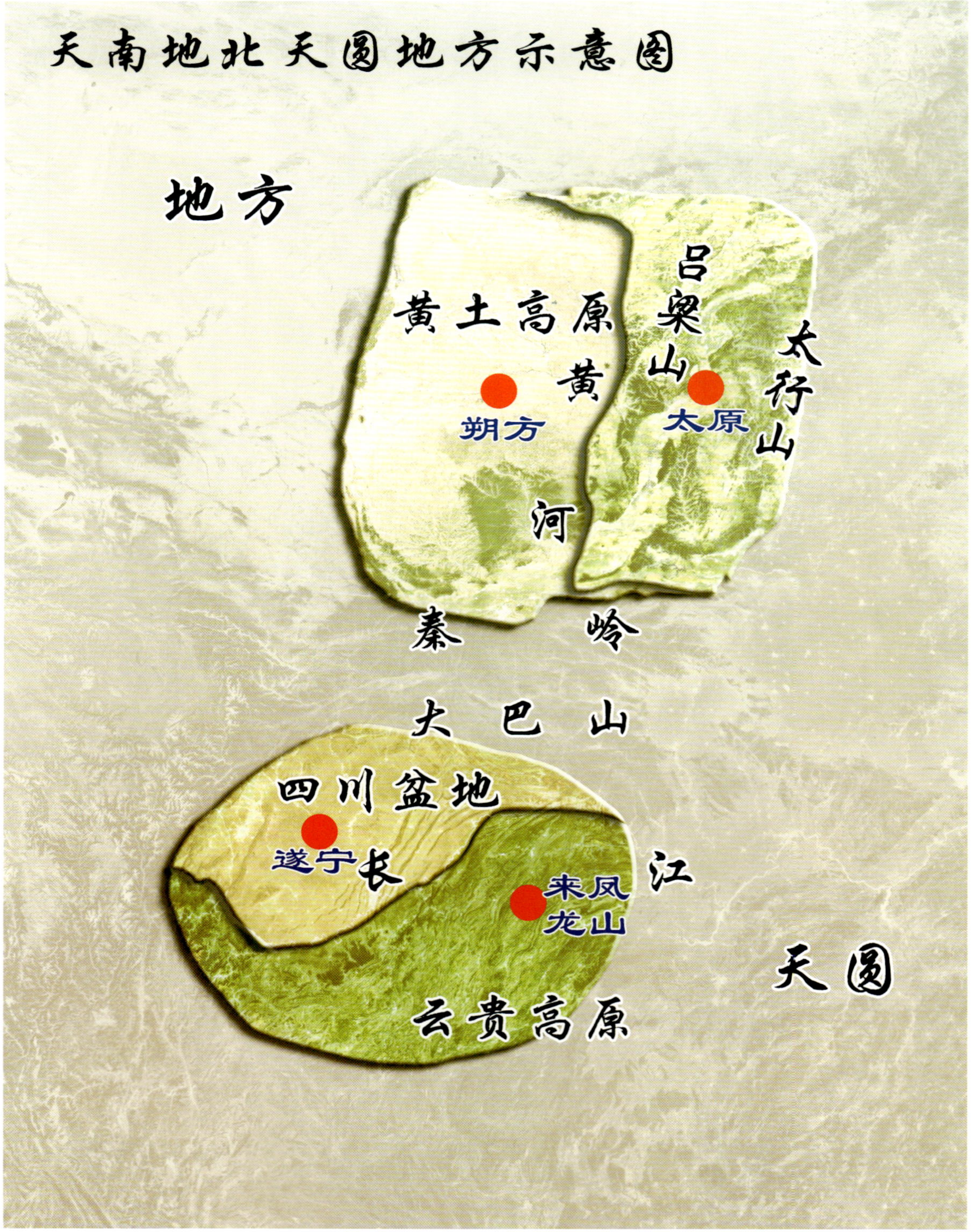

在秦岭北部，黄河“几”字形绕黄土高原行走，渭水也就是秦川把“几”字封口形成一个方形的地舆。天南地北，这里顺理成章是地了。理解到这里，“天南地北，天圆地方”的概念初步形成。

古人进一步观察天象，认为阳中有阴，阴中有阳。最突出的表现是月亮，月中有阴影，阴阳分界明显。象形于月亮的阴阳分布，把地向东扩大范围，把吕梁山脉、太行山脉纳入其中，形状仍然是方形。让山区和高原对应，高山隆起为阳，高原相对于高山较低，为阴。黄河“几”字形，形成天然分界，把方形的地等量分割，巧妙地形成一个天然的太极图。

按这个思路，地有阴阳，天当然也有阴阳，天地是相对应的。四川盆地低洼属阴，和贵州高山配合就有了阴阳之分。长江无意间担任了阴阳分界的重任。加上贵州山区，天仍然是圆形，和地对应，天同样是一个天然的太极图。地的太极图顺行，天的太极图逆行，构成天地间的巧妙呼应。

天地由此而分开，“天南地北，天圆地方”由此而得名。龙的传人以此为中心繁衍生息。

第九章 天地定位

一、中国诞生

天地分开，中间开一气是人类生存的空间，天、地、人在地有对应的位置，叫衍生三坟。天南地北已确定，代表人的一气地舆在哪里呢？

天地分界是以龙的两个尾巴大巴山和秦岭为界。在分界附近能够代表人的地舆有两个：一个是两尾之间的峡谷地带，是汉水上游的谷地，汉中盆地。另一个是渭水谷地。渭水谷地在地的南部边缘地带，按天在上、地在下区分，渭水谷地在地之上，与地相连。地之上是人类活动空间。再往上汉中盆地是空中飞鸟的空间，统称为一气。秦岭代表地上有高山，将代表人的一气的两层贯通。

在地的中心有一道岭叫子午岭，把地一分为二。隔过渭水谷地，沿着子午岭方向向南，进入秦岭有一条道路叫子午道。这条路穿过秦岭进入汉中盆地，经午子山，又穿过大巴山进入四川。成为从地开始，经过人，通向天国四川的通道。这条路从天到地统称为子午道。这条路也叫蜀道。由于山高路险难以攀登，只有飞鸟可以自由往来，也称为鸟道。“蜀道难难于上青天”，主要说这条路。

子午道从天到地，一气贯通，就有了甲骨文的象形字：

这个字就是“中”字。象征一气贯通天地，调节天地人的平衡。

《说文》：“中，和也。”与地舆特征相一致。境随心转，甲骨文写法虽有差异，但意义相同。

还有一种古文中常见的写法：

《说文》作者不理解这种写法，觉得此字可疑。认为“岂浅之人误以为曲中之虫也”。

古代文人用字是很讲究的。用之必有缘由。

伏羲女娲两条尾巴中间的谷地代表一气的人，用“口”表示。天南地北，北部秦川是渭水谷地，相对于地之上，属于一气的范围。子午道在渭水谷地中断，谷地东侧是黄河，象形不完整的“口”字。所以“中”字在下部没有贯通。可见这种写法是藏着玄机的。

中华地舆衍生三坟象形天地人，“中”字象形中华天地人的地貌特征。中的本意是一种状态，而不代表三坟的地舆。这种状态是天、地、人的平衡状态，所以把中华地域称作中国。

二、天汉银河

天地贯通已有了“中”字，代表调和天、地、人的平衡关系，将“中”字细化，进一步又造了“汉”字，代表天南地北的天、地、人地舆。

关于汉的解释比较含糊。许慎也不知其含义，《说文》中只说是汉水。这里来分析一下汉的造字本意。

甲骨文汉：

三坟上部是天，画了一个代表天的口，象形四川盆地。下部是地，用山或土表示，代表黄土高原。

地之上是代表一气的人。人分两层，站在地上的空间和空中飞鸟的空间。分别有渭水谷地和汉中盆地代表。就用了两个上下叠加的人。人之上的圆代表银河。天、地、人、银河结合起来就是一个汉字。这时的汉还没有水的偏旁。

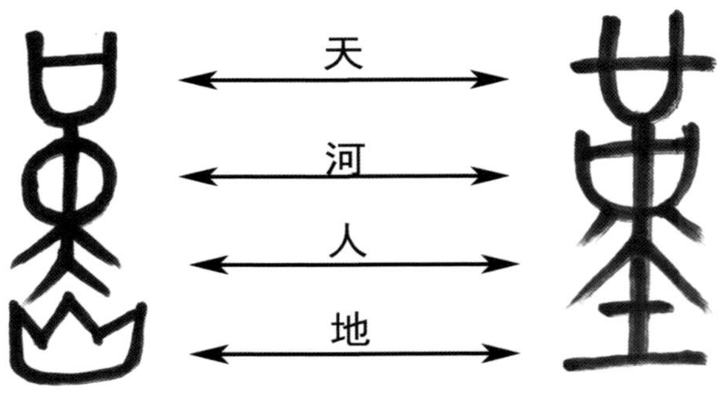

在天地人之间，人生活在地上，代表人的气与地可以沟通。但在人与天之间古人是无法沟通的。古人把天上的银河系想象为一个天然分界，称天汉。

天地人在地成形为三坟，在三坟的天地之间有一条水系，分割了天地，银河系在地成形就有了对应的河流，这条河流起到了天地分界的作用，于是又有了汉水的地名。

“汉”的造型包含了中华天地人的地舆特征。从上到下是四川、汉水、汉中、秦川、黄土高原。“汉”代表银河贯通天地。汉水是河流，加上了水的偏旁。“汉”字就这样完成了。银河的这 一段就叫天汉银河。

三坟定位，确立了三皇，中华民族祖先对自己居住的地舆有了初步了解，确立了中华文明的文化核心。以三坟为文化中心的民族，称为汉族。三坟的中心点地名随之产生，叫汉中。三坟地舆为中华文化的发展确定了风向标。汉中成为文明早期的三坟调和中心。三国时的诸葛亮曾选择驻扎汉中盆地，因创建了一个完美的盛世而被传为佳话。可见选址是很讲究的。

三、天地定位午子山

天、地、人构成一个平衡体，像太极图一样周行而不殆的运行。太极运行包含阴阳五行的运行，在五行相生相克的运行过程中实现平衡。

（下面要用到《易》中乾坤的两种状态的变化关系，先了解大意即可）

大自然宏观的阴阳五行平衡是相对稳定的状态。这个平衡是先天的地天泰状态，是一个理想化的天界的状态。在地成形后是伏羲女娲的宏观状态，是道的状态。龙生九子进入天南地北的格局，开始出现阴阳不交，变为天地否的状态。

天地否的状态是漂浮不定的，衍生的三坟已不是理想状态。加上受月球引力和中华地舆特征的影响，需要通过气象变化或地质事件等来调节平衡，这种调节叫“负阴抱阳，冲气以为和”。

既然不平衡，古人认为天地人中间需要一个定位。来固定这个不平衡状态，从而实现三坟的稳定。

随着板块运动碰撞，大地最终实现了平衡，古人认为这个平衡必然有个定位的位置存在。

按照三玟位置，天是四川，地是黄土高原，人是汾渭谷地和秦巴谷地。按这个思路推理，在秦巴谷地汉中一带应该有个天地定位的点。这个点在哪里呢？

大自然就是那么玄妙，就有那么一个神奇的小山头，在子午道的中心位置，象形一朵花蕾，独自绽放。花蕾左右山系环抱，像花萼一样保护着这朵即将绽开的花心。以花蕾为中心形成一个太极回旋的能量汇聚点。这座山座南朝北，也就是座午朝子，命名曰：午子山。

午子山在汉中市东部的西乡县。在道教应用中，建有顶观，腰观和地观，与天、地、人三才同步。

午子山的作用是一个天地定位的作用。在后来的应用中，如修塔镇河妖等，都是起到定位的作用。神话的天地定位，如东海有定海神针，被孙悟空借去作金箍棒。

天地定位，中华民族地舆稳定，人民进入稳定生活时期。中华民族在以天南地北为中心的地舆繁衍生息，逐步强胜。

从此，子午道成为天、地、人之间沟通的主要通道，通过经济、文化等的交流，调和着南北地舆平衡及文明的发展。

以子午道为中心调和天下的状态叫中。调和的中心地舆包括天南地北的三玟地舆叫汉。以汉为中心，伏羲女娲生九子的宏观地舆称为中国。以龙生九子地舆特征划分九州养育的群体称为龙的传人。

午子山顶观

午子山山门

天地定位午子山

南阳新城

丁

文明东移

随着印度板块撞击欧亚板块，中华地舆东部继续抬升，南阳盆地由东海逐步变为陆地。中华文明中心开始向东转移。随着东部沧海变桑田，南阳盆地逐步成为文化中心。

第十章 南阳盆地诞生

一、申

随着沧海变桑田，南阳盆地从东海变为东海岸。东部平原逐渐形成并昌盛。地舆中心向东移，文明中心也向东移。

文明中心的东移，甲骨文的“中”字发生了变形。

“中”字拉伸变形叫“申”。

申是中的变形字，形似一个委婉的太极图。随着文化的进步及地舆的扩大，三坟也在延伸，变得优雅委婉。

地舆扩大象形中字的拉伸，有外力的作用。伏羲女娲两尾巴卷曲束缚形成的南阳盆地有约束的含义。

《说文》：“申，束身也。”是按地貌特征定义。

“申”由此而来。古代南阳曾经叫申。申国、申姓均来自南阳盆地地舆特征，称为发源于此。

二、吕

天地中间开一气的汉中平原为“口”，向东延伸，东海抬升加上沉积形成南阳盆地，一气又增加了一个“口”。两口连起来，就有了“吕”。

甲骨文吕：

两口是伴随龙的两尾而行，尾巴是脊椎的延伸，有节律形的骨骼，古人以“吕”为音律命名。古代用十二个标准音与十二月对应，分阴阳两类，阳数称六律，阴数称六吕。总称六律六吕，简称律吕。

尾巴与脊椎相连，“吕”也代表脊梁。

吕是随南阳盆地的诞生而来。封诸侯国时以南阳盆地地舆特征封“吕国”。曾出了一位名人吕尚，就是人们常说的谋圣姜子牙，被称为南阳五圣之一。

三、曼、邓、应

申、吕，进一步发展，出现了象形字“曼”。

甲骨文曼：

天地人向东延伸，形成南阳盆地。曼，上为天，下为地，中间代表人，其中多了一只眼睛。象形人间的玄牝之门。曼含有域中四大，范围更广，包含了南阳盆地。其中多出的玄牝之门就是南阳盆地，是可以通往三界的玄牝之门。

说文：“曼，引也。”有引导、延伸、扩大的倾向。

曼在南阳盆地为姓，集中在邓国。

《说文》：“邓，曼姓之国。今属南阳。”

邓是专为南阳盆地祭祀造的一个字，意为在玄牝之门建邑铸鼎祭祀。前面讲夸父拐杖化为邓林时曾提到邓，这里详解邓的含义。

邓是会意字，甲骨文没有，金文有：

邓，上面是华盖，下面一个邑字，代表人口聚集。一个登字，表示手捧装满丰收的粮食的盛器，走上祭台敬献神灵。从字意看，邓不仅是邓州，还是一种状态。

曼含有南阳盆地的玄牝之门，其中南阳盆地“北戴斗极为崆峒”的方位在北方，皇家祭祀中心点在北方，也就是说祭坛在南阳盆地北方。严格意义上讲，皇家祭祀是全民的事情，古代曼和邓以北部为中心，应包含整个南阳盆地。

天地人形成，中华地舆稳定。龙的传人诞生。龙九子从南阳盆地的玄牝之门进入神州。后人为这种状态造了一个字，叫应。

金文应：

上面代表广大的天界，下面为鸟。是龙生殖的状态，怀胎玥满，瓜熟蒂落，是必然的结果，是当然的事情。龙生九子进入人间的区域叫应。引申义为当。《说文》：“应，当也。”

四、尾闾

随着东部的整体抬升，加上沉积，盆地已变为一片沃土。南阳盆地海拔高度要比黄河冲积平原高出几十米，海水退去，南阳盆地首先露了出来，成为东海岸。

南阳盆地的海水去了哪里？古人不会测海拔高度，更不知道板块的碰撞，认为海水进入地下。庄子也曾说，反正水没了，这里应该是海水所归之处。海水归去，去了哪里？只有用玄牝之门解释，去了洞天世界，去了另一个空间。

前面刚刚讲了，南阳盆地的诞生为吕，海水归处为玄牝之门，吕与门结合为闾。《说文》：“闾，里门也。”更详细地讲，盆地内为门里。盆地为伏羲女娲两尾卷曲而成，所以门里的位置叫尾闾。尾闾代表海水所归聚之处。

在人体尾椎骨尖与肛门之间有一个穴位叫尾闾穴。在道家修炼中是一个重要穴位。这是天人合一的应用。尾闾，也是伏羲女娲的尾闾穴，在南阳盆地。

此海水所归之处还叫“沃焦”，后面讲《后羿射日》用到“沃焦”时再讲。

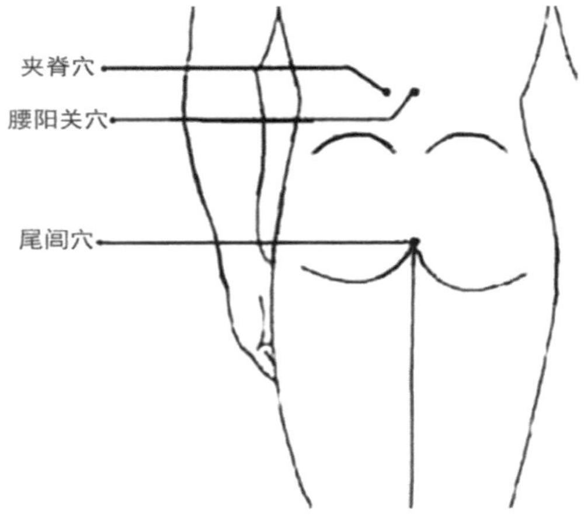

五、比

“昆”字本意为天下有两个人伏羲与女娲，从伏羲女娲的头部到尾部，是从天界到人间的轮回。首尾相通，代表从天界到人间的沟通。所以昆仑之丘与昆仑之虚是玄牝之门，南阳盆地也是玄牝之门。伏羲与女娲两尾相交处仍然是两个人的身躯，两尾交接点命名为比。

两尾相交处的水叫比水，向盆地内流。比水出处有比阳，就是现在的泌阳。比水也改名泌水。

比是最小的单元，古代以比作为管理的基础，《周礼·地官·大司徒》：“令五家为比，使之相保，五比为闾，使之相受。”比、闾为古代户籍编制基本单位。后以“比闾”泛称乡里。这就是五行平衡小国寡民应用的最小单元。比闾的名称来源于此。

六、慎

伏羲女娲两尾巴相接之处“比”的位置没有交叉，是一条缝隙，实际地貌也是一个断裂带。东部平原从这个缝隙进入南阳盆地，象形进入玄牝之门就可以进入天庭。

如何能进入玄牝之门呢？

有一个字解释了其中的奥妙，这个字就是“真”。

真是会意字，甲骨文没有，金文有：

《说文》：“真，仙人变形而登天也。”

真，下面是座几，即带靠背的凳子，中间为目，代表玄牝之门，上面是匕，代表着凶险。仙人坐上座几进入玄牝之门有两面性。会成仙，也会下地狱。这就需要境界的支撑，所以加上竖心偏旁，为慎。说明进入玄牝之门需要一定的境界才能成为神仙，延伸意为谨慎。在泌阳东方的区域，盆地与中原相通，相邻的地舆古代称慎国。达到慎的境界，通过比的位置可以进入玄牝之门。

七、从

“二人为从，反从为比。”“相随而从，相对而比。”伏羲女娲两尾闭合处为比，与比对应的南阳盆地西部，两尾分开进入南阳盆地处为从。伏羲女娲两尾缠绕，共同盘结出南阳盆地，是一个相随而从的状态。与比对应，是龙尾形成南阳盆地时一开一合的对应关系。

汉水进入南阳盆地，两岸都有玄牝之门的应用，伴随大巴山是汉水进入盆地的玄牝之门，展示天界到人间相互沟通的状态。北岸淅川境内伴随秦岭有一个太极峡和一个石鼓，进入盆地有禹山和汤山，展示大禹治水和龙九子诞生的过程。也就是说，汉水进入南阳盆地，在两侧的大巴山和秦岭都有玄牝之门的应用。伏羲女娲共同开辟一片天地，这是相随而从状态的典型应用。

两个玄牝之门的中间地带有一道山岭相隔，这道山岭从郧阳东部汉水一个回旋处的南山开始，到淅川南水北调渠首南部的杏山结束，全长约70千米，是一个南北挤压形成的褶皱带，中间有两处断裂将这道岭分为三段。一处为习家店断裂带，一处为凉水河断裂带。

这道山脉没有整体的名字，从理论上讲，这道隔断两个玄牝之门的山岭应该有名字。譬如从山、分纵山或者横山等，哪怕叫太白山也算合理。古人怎会忽略这一重要地舆呢？笔者只是路过一次，没有查到远古留下的信息。是信息失传？还是根本就没有名字？还需有缘人进一步探索。

与杏山相伴的是三尖山，神话传说祖师爷去武当山路过此地歇脚，这座山颤了三颤，觉得这里不稳，马上离开了。后来这座山就叫三颤山，当代改名三尖山。这个神话暗示了两个玄牝之门中间结合部具有能量交合的颤动。

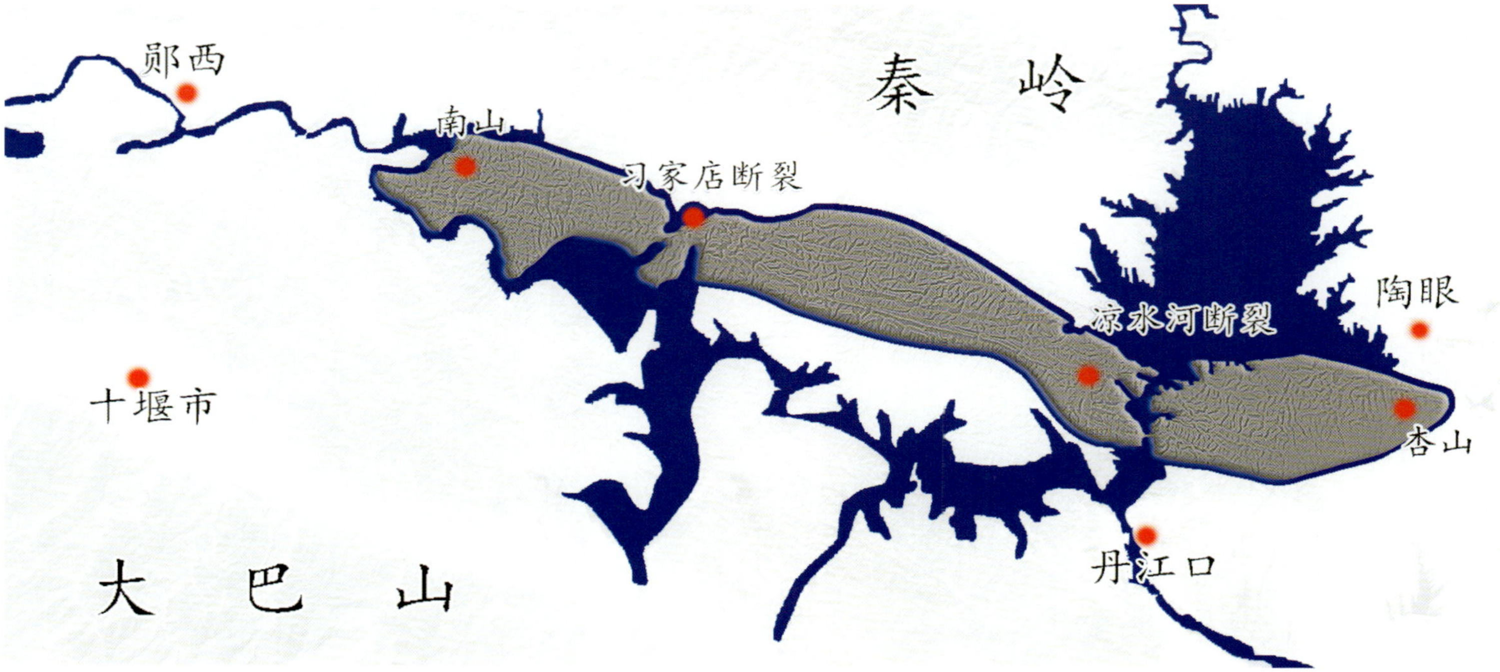

“三颠山”褶皱带

八、宛

文明东移，南阳盆地成为中华民族地舆扩大后的中心。对南阳盆地所处的伏羲女娲两尾交合的状态，起了一个象形的名字叫“宛”。

甲骨文宛：

神话传说中有盘古毛发化作草木的说法。伏羲女娲两尾必然有毛发，在地成形象形草木。两尾卷曲象征草木覆盖，所以叫宛。

《说文》：“宛，曲草自覆也。”

“宛”具有神秘感，其中藏有许多奥秘。“宛”中进一步出产粮食，加上“米”，诞生了“奥”。

九、奥

小篆奥：

下面禾苗，上面生长了米，上部包围代表天。与曲草自覆状态类似，但里面增加了果实。果实给人类生存带来了食物，增加了宛的神秘色彩，内涵比宛更丰富。

《说文》：“奥，宛也。室之西南隅。”

从相对位置看，宛是豫州的西南隅。豫州是五岳的中心，是五帝之黄帝的辖区。室则是黄帝的居所。

从“宛”到“奥”出现了果实，这个果实是神农尝百草带给人间生存的粮食。神农在宛的西南隅，演变为西南隅是藏奥秘的地方。

第十一章 神农与伏牛的状态

一、神圣的处女地——神农架

古人把天、地、人赋予了神明，都有相应的领导者。天上有天皇，地上有地皇，人间有人皇。中华民族是伏羲女娲两位神明的传人，也叫龙的传人。把伏羲女娲敬为天地之尊，伏羲为天皇，女娲为地皇，那么中间的人皇是谁呢？

有一个叫神农的神仙，尝遍百草，找到了人类赖以生存的植物。五谷杂粮可以充饥，草药可以治病。救民疾夭，教民稼穑。为人类生存作出了巨大贡献。神农尝百草成为美丽的传说，神农也被敬为人皇。神农有炎帝、赤帝、农皇等说法，后人又称为药王、五谷王、五谷先帝、神农大帝等。无论名字怎么称呼，其人皇的性质没变。

伏羲女娲都有对应的地舆位置，那么人皇在地成形的地舆在哪里呢？人皇必然在人的生存环境内，就是代表一气的地舆。一气的地舆有两层，最合理的位置应在靠近天的地舆，即大巴山与秦岭之间。

在伏羲尾部大巴山有一座高山，是大巴山的最高峰，因山高路险，不易攀登，如今还是一片原始森林。人们把这里敬为人皇的神山，有神农尝百草的神话故事传承。地方志记载这一带叫老君山，最高峰叫神农架，也叫神农山。1970年命名为神农架林区。

人类生存需要天地阴阳平衡。中间一气风调雨顺，利于万物生长。天皇有伏羲，地皇有女娲。神农的性质是操控风调雨顺，让人民五谷丰登。

伏羲女娲是人首蛇身，神农应该也是人首蛇身的神仙。在地成形应用中有以蛇的形象出现。将神农架山脉主体勾勒出来，即是一条蛇的图像。蛇首在神农架，蛇尾恰巧在午子山，看来天地定位的点是神农的身体。陪伴大禹治水的应龙去了南方，其特征与神农相符。民间也称其为神龙山。

神农调和天下，以农耕为主的地舆，雨水调节是丰收的关键。在神农架的高山上有大九湖存在，似乎在暗示是神农调和九州雨水的法宝。

中华民族尊重大自然，从文化起源时便一直主张天人合一，文化的根源都在保护大自然。人们将“三皇”敬为神明，是不敢随便惊扰的。

伏羲女娲的昆仑之丘与昆仑之虚是神山，山高路远，人迹罕至。神农架虽然近在咫尺，仍不敢惊动。道教在地舆应用中，所有被认为是玄牝之门的地舆都被巧妙利用，包括佛家建寺院，选址同样遵循道家的理论。唯独保留了神农架这块神圣的净土，道教高层或名家都不敢涉足此地。人皇的纯净，标志着人间的纯洁。到现代为止，神农架仍是一片处女地。

二、伏牛山

大巴山是伏羲的尾巴，与大巴山对应的是秦岭，是女娲的尾巴。在大巴山有神农架，与之相对应的秦岭的末端叫伏牛山。伏牛与神农相伴，完成一气空间的调和作用。

生产力的发展，以生产工具的进步为标准，秦川文化中心以代表先进工具的镐命名，叫镐京。可以看出古人对生产工具的重视。生产力的进步有一个突出成就，就是耕牛驯化，以牛代替人类的重体力劳动。

牛被驯化为人类服务，考古发现有万年历史。但记载只有两千余年，这还是周典失传造成的。从对神农与伏牛地舆特征的应用、神话传说故事及折射出的地名等应用之完美程度分析，伏牛山地名本身便是伏藏所在。

即使在20世纪70年代。中华人民共和国成立后，耕牛也被作为农业的支柱力量，划为公有财产，被立法保护。那时私自屠宰耕牛是犯法的。在中华民族文明进程中，耕牛一直是耕作的主要力量。直到20世纪80年代，随着机械化耕作的推广，逐渐取代了耕牛的主力地位。耕牛退出耕作主力仅仅30年。在不便于机械化的山区等地，时至今日仍然在使用耕牛作业。

伏牛山的外形并不像伏牛，在传说中这是一个潜入地下的牛，只有牛角露出地面，一只角是伏牛山最高峰，名叫犄角尖，另一只角在铁牛庙，那里有一个巨大的铁陨石。这头牛是一个境随心转的产物，也可以看作耕牛驯化记载较早的信息。老子西行强调骑牛，也正是在传达耕牛驯化的信息。

不敢高声语 恐惊羽人居（摄影：吕亚军）

三、神农架与伏牛山的呼应关系

三皇伏羲、女娲和神农，是同步存在的。伏羲女娲的身体占据的地舆代表天地。神农的性质是通过伏羲女娲两尾的呼应关系，实现一气空间的调和作用。神农到人间带来五谷的同时，也带来了先进的生产力。老子伏藏中的神农具有三个特点：其一，人首蛇身；其二，与耕牛相伴；其三，有泉水相伴。玄牝之门应用必然有谷物信息存在。

神农与伏牛的对应关系，是一个中心调和的作用，是老子所说的一个独立的“负阴抱阳，冲气以为和”的状态，在运行中调和天下。神农与伏牛中间所抱之阳为三阳，对应地舆有紫阳、旬阳、郧阳，是三阳开泰状态的宏观应用。三阳开泰较复杂，需要逐步理解。

神农调和天下，责任是天下太平，万民安康。在神农象形蛇首的口腔前端地名叫保康，保安康是神农的职责。那么调和结果呢？在代表人间一气的地舆，与三阳相伴有一个地名叫安康，是神农调和的结果。神农的职责是保康，成就是安康，且在地舆中实现首尾相接。

老子骑青牛成为较早的牛驯化的信息之一。后人就把老子与青牛相连，演化出老子的坐骑是神牛。伏牛山也不例外，唐太宗将犄角尖旁遥相呼应的景室山更名为老君山，让老君与伏牛相伴，在老君山建了供奉老子的道场。神农架区域也曾叫老君山，也是应用这一特征。

老君山观伏牛

四、神农尝百草与庸国

神农如何做到保康的职责实现安康的成就？

从保康到安康有一条谷地，是大巴山与武当山的结合部。这一地舆是古代著名的庸国，地舆范围大致包括今天的房县、竹山、竹溪、平利和岚皋五个县。这条谷地展示了神农送给人间必要的生活条件，让人类集体生活等信息。

甲骨文庸：

这个字是唐与同两个字的结合。上部近似于唐，代表人低头用桶取水（参照110页唐字），下部代表众人夯地的多柄夯桩（参照83页桐字）。另一种写法加入了持械击打的动作。庸字的造字本义是取土掺水兴夯砌墙。通俗地讲叫有效利用诸物建设家园。《说文》：“庸，用也。从用从庚。”后来加上了土的偏旁为墉。庚原为“脱谷的农具”，也代表秋天成熟的季节。主要表现特征是对神农所传达信息的应用。

从保康经房县向安康方向延伸，地舆主要展示神农送给人间百草和生产力。神农在地成形是一条蛇，蛇嘴在保康，神农尝百草体现一个尝字。从理论上讲，神农尝百草的神话故事诞生于保康地舆。神农确定百草性质后，信息经房县沿着谷地向人间传递。房县是百草应用的起始地舆，整个谷地的主要表现特征是应用，以用的地舆特征命名叫庸。

庸国以房县为基点向西延伸，到安康为止，是庸国的中心地带。古庸国资源丰富，应用神农送给人间的信息生存发展，是一个小而精的强国。

房代表建设家园，西周之前房县曾叫彭。彭的甲骨文是一个象形字，象形以掌击鼓发出巨大的声音。《说文》：“彭，鼓声也。”彭具有以房县为中心向四周传递生存信息的特性。

一位叫张文明的安徽籍人士，应用现代高科技技术，以房县为基地开发百草，成立了湖北神农本草中药饮片有限公司。张先生巧妙应用了神农确定百草性质后的起始位置，让人肃然起敬。经济开发必然追求持续性发展，遵从自然界的运行规律，结合华夏民族的文化特征，是未来的发展方向。开发再生资源，保护神农架自然环境，是利于子孙后代的长久之计。

以保康为起始点到安康结

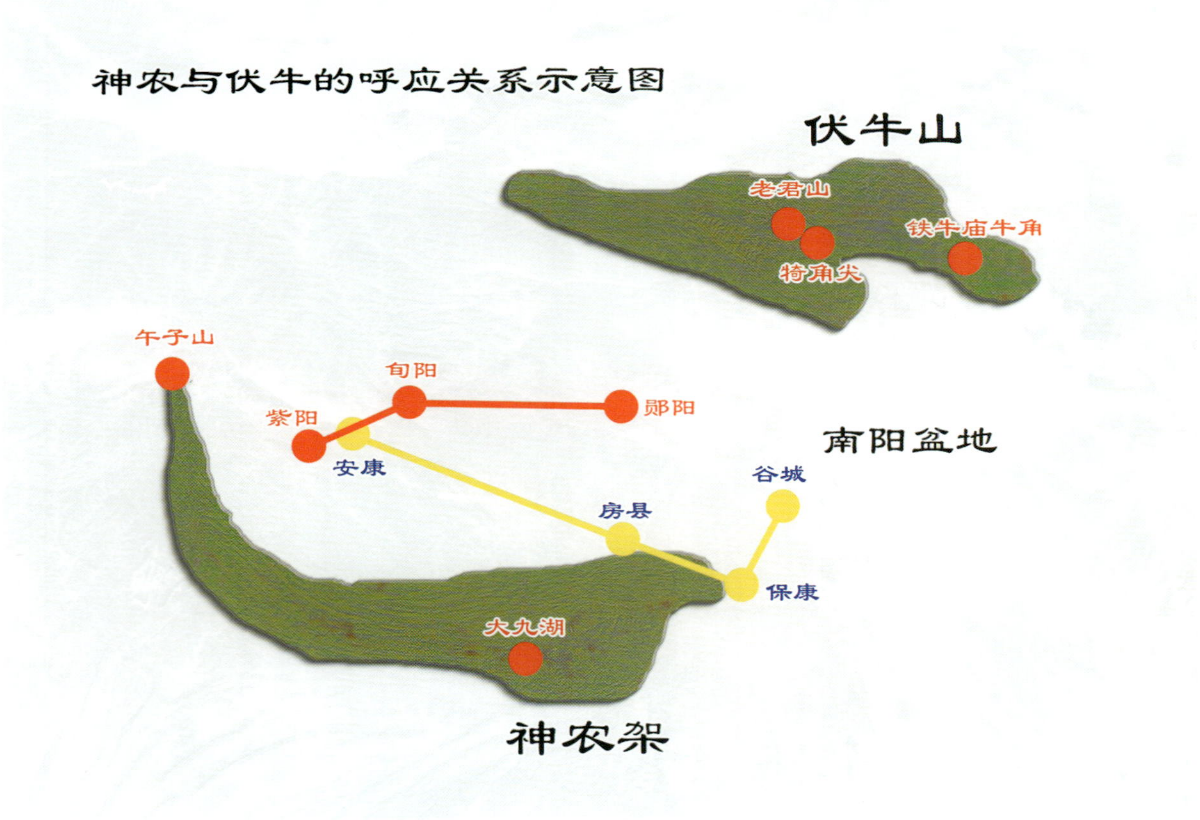

神农与伏牛的呼应关系

束，是天庭送给人间生存信息的玄牝之门。沿途地名和地舆特征玄机重重，内有擂鼓台、石门、天女散花等玄牝之门的应用特征。老子“负阴抱阳，冲气以为和”的状态在这一带都有完美表现，应用比较复杂，不再详细介绍。

按相随而从的理念，保康确定百草性质后经南河向南阳盆地输送五谷的信息，到谷城进入南阳盆地（参照187页南河）。

需要提示的是岚皋，岚是冲气状态，皋与伏牛山北部的九皋山相通。《诗经》：“鹤鸣于九皋，声闻于天。”与此有关。包括福、禄、寿的信息等，沿途各县都有银洞连通（参照264页九皋山）。

五、天地间的沟通

南阳盆地西通武关、郧关。武关进入黄土高原，郧关则进入天国四川。

从南阳盆地进入天国四川，沿汉水而上。“天汉银河”是一个天然屏障，也是一个通道。这个通道是天地之间沟通的典型应用案例。

从郧阳、旬阳到紫阳，这段路以旬阳为中心，演绎着天地之间如何沟通的玄机。

郧阳是地的边界，紫阳为天的边界，中间旬阳是天地结合部，是一个天然的太极回旋。

要从两个角度来理解这条路。一个是人间进入四川的文化交流之路，也叫丝绸之路。另一个是古人观念中人类进入天庭的成仙之路。

南阳盆地进入四川，要经过这三阳的艰难跋涉。牛郎织女见面需要跨越天河，同样要面对这三阳形成的天然屏障。古人神话了一个鹊桥，作为天地间的沟通。这个鹊桥只为牛郎织女使用，普通人是无法跨越这道屏障的。这三阳成为人类逆行成仙追求的境界，必须要通过修炼，达到三阳开泰的状态，与天庭同步才能进入天庭。

三阳是三条河流与汉水的三个交汇处，是三个古代比较繁荣的港口，称为关，是从内地进四川的三关。

六、三阳的状态

中华地名大多是以地舆特征命名的，以山和水为界，东方和南方是朝阳面为阳，西方和北方是背阴面为阴。

郧阳、紫阳没有明显对应的参照物，为什么叫阳？

只有旬阳有条旬河，旬河太极回旋，阴阳两面都有人居住。怎能叫阳？说明这三阳与周边地名没有关系。再次证明了三阳是神农与伏牛三阳开泰调和状态的应用。

泰的状态，是在中间阴阳交合。通过冲气的磨砺，最终达到三阳的境界。达到纯阳就可以冲出泰的状态升华为神仙，称为开泰。这个道理暂时不用深入理解，先记着这里有三阳开泰的应用，随着对乾坤变化的深入理解，会豁然开朗。

七、紫阳

紫是一个神奇的颜色，道家把仙人居住的宫殿叫紫府。紫气代表祥瑞，是天的象征。

紫阳是任河与汉水的交汇处。任河是汉水上游最大的支流。从大巴山的大燕山（古名万顷山）发源，流入汉水，交汇处形成了独具一格的“鸳鸯水”景观。

这里上通巴蜀，下接荆湘。在明清时有四川、福建、江西、湖南、湖北等省以及北五省都在这里建有会馆。

到达紫阳，从旱路和水路都能进入四川。向四川方向有万顷山，从字义看，万代表天国能量的汇聚，《说文》：“顷，头不正也。”本意为歪斜，有倾注之意。名字带有能量从天国倾注人间的迹象。与天的边界进入人间的出口，有必然联系。

八、郧阳

郧阳是堵河与汉水汇合处，古称郧关。堵河发源于神农架，是汉江第一大支流。

郧阳是天地沟通中人间的最前沿。顺水而上，向南可进入神农架，向西可进入天国四川。

郧是会意字，是员和邑的结合，是专为此地造的字。

甲骨文员：

原意是圆口的鼎。应用中意义延伸。《说文》：“员，物数也。”有虚拟人物之意。篆文中陨左面为阜，象形攀登石阶。郧右面是邑，代表城邑。简化后用耳的偏旁更形象。《道德经》曰：“万物负阴，抱阳冲气以为和。”南方为阳，所以面向南。西方代表极乐世界，东土代表人间。听西方之音必然要用右边的耳朵。陨石是天外来客，有天界探访东土的寓意，用左耳聆听下界。通俗的讲，郧是东土探寻西方天庭之意，陨则是天界探访人间的信使。

牛郎与织女相会要去天汉银河。于是郧阳借助郧西天河的地名开发牛郎织女的神话故事，开发七夕乞巧节文化，建了七夕广场。

九、旬阳

旬阳是天地结合部，旬河与汉水交汇处，是汉水上游仅次于任河的第二大支流。旬河发源于秦岭，与汉水交汇处形成天然太极城。这是一个典型的天然太极回旋的案例。

旬字更是玄妙，勹（bāo）在甲骨文上为交叉记号，表示由此开始，后来引长内曲，表示回环周遍。

一字交叉为二维空间，延伸回环进入三维空间。金文又加“日”。本义：十日。旬代表的是空间与时间，其内涵与道家定义的宇宙相似。

《尸子》：“上下四方曰宇，往古来今曰宙。”

旬字是时间与空间的结合，代表一个宇宙状态。旬阳的太极回旋同样代表这种状态。

形成三阳地舆的三条河流，分别发源于天、地、人的对应地舆。紫阳任河发源于大巴山，旬阳旬河发源于秦岭，郧阳堵河发源于神农架，同样代表天地人的沟通。三条河流各有玄妙。

旬阳太极回旋

第十二章 相随而从的状态

一、进入人间的状态

从天界走三阳进入人间，三阳是天汉银河的三个太极回旋，象形跨越银河的阶段。郧阳在西部山区，属于盆地边界。进入南阳盆地平原还有一段山区。神话故事说牛郎披着牛皮飞向天空，意味着过了郧阳关到达了郧西。王母娘娘情急之下画出一道天河，挡住了牛郎的去路。牛郎只能走到郧西，不能前行，最终还是回到人间。相对于盆地而言，郧关已在升天的途中，回到盆地要有一个过程。

天汉银河是固然存在的，遮挡了天庭与人间的沟通。王母娘娘画出的天河是为遮挡牛郎而新生的。不要把天汉银河与天河搞混。郧西有一条河流叫天河，流入汉水。

从郧阳开始进入盆地山区，这段山区与汉水相伴，被应用为从天庭通过玄牝之门进入人间的过程。牛郎能到达郧西是因为有神牛相助。古人据此用两个并列的玄牝之门，展示伏羲女娲相随而从的状态。

其一是应用一天中天亮前的时间段，展示一个自然界的运行过程；其二是展示龙生九子诞生南阳盆地的状态。

在地舆应用中，普遍应用相随而从的两个玄牝之门。与女娲为伴的玄牝之门，主要应用特征是生殖、孕育；与伏羲为伴的玄牝之门，主要应用特征是自然界的沟通，是《易》的运行，是治理天下的信息。为简便期间，后面将两个玄牝之门分别简称为“孕育”和“治世”。

例如，前面讲到的四川盆地伏羲与女娲身躯的两个玄牝之门。雅安是“孕育”的应用；都江堰与成都是“治世”的应用。进入南阳盆地与女娲身躯秦岭为伴是“孕育”的应用；与伏羲身躯大巴山为伴是“治世”的应用。

二、治世之门的生殖特征

治世之门传达时空运行状态时，也存在生命孕育成长的信息。出郧阳向东，大巴山与汉水相伴有三个突出的山峰，也可以读出一个新生命从孕育到出生的生殖过程。

从胎儿形成到出生，是从三阳的纯阳状态转化为人间的火水未济状态。首先是伏龙山，在十堰南方进山直线距离大约20千米。代表胎儿形成初期潜龙勿用的状态，称为伏龙。

武当山代表已形成胎儿，是水火既济的状态，这个状态的表现是保合太和，所以武当山也叫太和山。胎儿独立的太和状态像一个“人参娃娃”，因此武当山又名参上山。

随着胎儿的成熟，瓜熟蒂落，出玄牝之门进入人间。胎儿生殖的玄牝之门也叫天门，称为天门山。在浪河镇，有一座突出的山峰，古称天门山。

三、水火交融的状态

胎儿从天地的交合生成水火交融的格局，在水火既济与火水未济的状态下变化成长，逐渐形成健康的胎儿。

这里需要加入一个概念，水火既济与火水未济。这是《易》的两个卦象，一说到《易》，许多初学者觉得抽象。这里暂不说《易》，只简述一下基本原理。

水与火的变化状态是进入人间所处的状态。水的性质向下运行，火的性质向上运行。人体中肾脏属水，心脏属火。胎儿成形后头向下，此时肾水在上向下运行，心火在下向上运行，水火交融叫水火既济。胎儿出生后，直立行走，心火在上向上运行，肾水在下向下运行，火水不交叫火水未济。

人体处于火水未济状态则心肾不交，逐渐衰老，进入生老病死的轮回。道家练内丹，即是通过修炼调整心肾的交融状态。水火交融的理论是道教炼丹术的核心理论。

四、启明到天亮

《易》的一个运行周期是按一年四季变化的轮回排列的。在天人合一的应用中，一天四时和一年四季的状态是完全对应的。在懂《易》的人看来，采用任何角度都是相同的时空点，没有区别。

从天国进入人间，从时间角度讲，代表新的一天开始，伏龙山作为起始点，象形启明星挂在天上。从理论上讲，伏龙山应该也叫太白山或类似意义的地名。

一天的开始从东方启明星亮起开始。启明星就是人们常说的金星，也叫太白金星，是距离地球最近的行星，亮度是夜空中除月球之外是最亮。太白金星早上叫启明，晚上叫长庚。太白山象征一天的开始或者结束。

进入盆地的边缘，时间到了黎明，天开始亮了。所以出山的天门山也叫天明山。

与伏龙山对应，在桐柏山有个太白顶，是一个启明长庚的呼应关系。这两座山的应用是相对的。相对于天国进入人间，伏龙山是启明，太白顶是长庚。相对于盘古开天地，太白顶是启明，伏龙山是长庚。所以命名不能用启明与长庚，只有用公用的名字，太白。

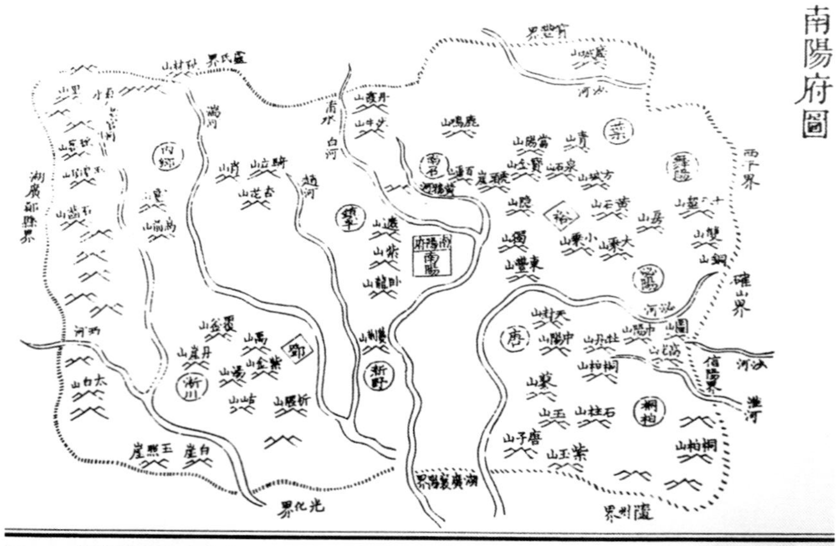

辑自道光二十九年（1849）《大清一统志》

清朝南阳府图

五、太白山与天明山

伏龙山现在的地名叫赛武当，大概是想借武当山的名气。山上有道教的天元观。《说文》：“元，始也。”天元，代表从天庭进入人间起始点的意思。用法与太白启明的意义相一致。

查阅历史资料，没有找到伏龙山也叫太白山的记载。笔者只找到了《大清一统志》中关于太白山的记载，附有南阳府地图。地图显示，太白山在南阳府西南角，地舆在沔水（汉水）南部。光化县是老河口，再向西汉水南部只有丹江口与十堰。西面是郧县界，说明十堰在南阳府西南角，当时在南阳府地舆内。十堰南部的伏龙山有可能就是太白山。

《大清一统志》文字记载：“太白山，在淅川县东南八十里，峰峦高峻，下临丹水，相近有玉照山，北有石壁高刃许，截然如削，其色青莹，其下潭水涟漪。”文字所述的太白山，在石鼓镇东方可能性较大。伏羲女娲相随而从，汉水两岸都有相同的应用。从石鼓镇出山，香严寺所在的山叫白崖山，进入盆地也能查到曾有太白山的信息，这样应用也是正确的，但精确位置已无法考证。淅川地址几经变迁，也许这个太白山是三颤山。

太白山地名不能确定，还叫伏龙山吧。研究中华地舆主要以地舆性质为主，地名只是信息提示，是一个切入点。进入众妙之门，还是要看地舆特征，这叫“常有欲观其缴”。

丹江口市浪河镇的天明山，也叫天门山，山上有古刹遗址，已荒废多年。因路难行，笔者没去实地勘察。

六、天门丹江口

相对于汉水进入盆地的玄牝之门，天门山是进入盆地的大门，位置在武当山东神道东方约10千米处。与之对应的是丹江口丹水与汉水交汇处。

丹江口水库的建成，让天地沟通的玄牝之门更加清晰。丹江口大坝成为典型的玄牝之门出口，与天明山相呼应，成为天地结合部。

从浪河口经丹江口到老河口一线，有牛郎织女的故事在民间传承。官方旅游开发牛郎织女的发源地，苦于找不到证据。牛河乡牛家河村没有一家姓牛的，认为是由牛郎居住地而来，但没有民间传说支持。

牛郎追织女受天河阻隔，只有回到人间等待七夕的到来，住在玄牝之门出口外是说得通的。丹江口及周边开发七夕文化在情理之中。

七、淅川的天涯地角

按相随而从的理念，顺大巴山出天门有玄牝之门。北部沿秦岭有并列的玄牝之门应用。

北部沿着秦岭出山，有一个天然太极回旋，太极峡是当代的命名，古代有一个传说故事，传承着太极峡的玄机。

传说东海龙王的儿子与南海龙王的女儿相爱。两条龙化作太极回旋的地貌。两座山一座叫青龙山，一座叫黄龙山，当地村民称为公龙山和母龙山。母龙山在东方阳面，公龙山在西方阴面。命名应用了阴中有阳、阳中有阴的布局。这似

丹江口大坝

乎是地舆伏藏的又一个完美应用。

当地旅游开发将太极回旋的地貌命名为太极峡，应用《道德经》打造道家文化之旅。景区将周边山岭按现代思维更名，只希望更名不要脱离原始文化思想。

在南阳盆地有大禹治水的故事传承。大禹治水的神话是华夏宏观治水的应用。在南阳盆地多处都有对应的微观应用。大禹从天界进入人间，在宏观应用时，忻州天涯地角有天涯石鼓，又有“地角枕流”之说，旁边还有系舟山。进入人间玄牝之门的通道叫阳曲。进入人间一气的起始点，叫太原也叫龙城。“欲饷，闻鼓声乃来。”天涯石鼓的鼓声是大禹妻子涂山氏送饭的信号。大禹是神仙，家在天上。大禹治水工作在人间，鼓声从天地结合部传来。

在南阳盆地淅川从天界进入人间的地方有一个“石鼓”，这个石鼓在20世纪70年代被开山取石时炸毁，石鼓已不复存在。庆幸的是石鼓的地名还在。据老人们讲，石鼓是平顶，和鼓很像。忻州天涯石鼓是一个鼓槌的形状，和淅川石鼓镇的鼓搭配，鼓和槌凑齐了。

淅川有“天涯地角”的神秘特征，同样存在“地角枕流”的特性。太极峡是天地结合部，和忻州进入太原的阳曲县地舆玄机相同。太极峡北部玄牝之门的母体是秦岭，太极峡处于从秦岭进入石鼓镇的东西向谷地。

八、淅川与忻州的姊妹关系

忻州和淅川的地名同样是老子隐藏的一个玄机。淅因水而加了水的偏旁，去掉三点水为析，《说文》：“析，破木也。”有开辟的性质，有劳动的意思。放在天地结合部的地舆，代表人类开始建设家园。

《说文》“忻，闿(kǎi)也。”闿代表欢乐，这个欢乐来自于忻的原始造字本意。忻，会意字，代表阴暗心情和斤斧，相当于一片遮天蔽日的森林，用斧头砍倒一棵，出现了光明。从天界进入人间是一个“闿”的快乐状态。忻州、淅川，还有以后在老子西行中要讲的山西闻喜，都是这种快乐状态的应用。

忻州与淅川的不同在于忻州代表盘古破鸿蒙，是人类起源的初始状态。淅川则是夏禹通过祭祀打开三界大门的状态，是天人合一的应用。淅川的应用非常复杂，三界大门有门板、门闩、虎头锁等，还有一把开锁的钥匙。后面讲夏禹的管理状态时再讲。

忻州与淅川同是天地结合部的玄牝之门，二者还是天之涯地之角的呼应关系。这是一对姊妹城市。实物有鼓槌和鼓；文化有天涯地角；玄牝之门通道有阳曲与太极峡；玄牝之门出口有系舟山与禹山、汤山；出玄牝之门古代都有龙城；还有一个传奇人物元好问，出生在忻州，任职在南阳。

石鼓镇太极回旋

太极峡天涯听涛

第十三章 龙九子出生与成长的状态

一、渠首陶眼的玄牝之门

进入南阳盆地有禹山与忻州系舟山相呼应。禹山承担了玄牝之门出口的作用，南水北调工程应用了这一地舆特征，将渠首建在玄牝之门的出口处。证明古人眼中的地舆与现代科技掌握的地理是一致的。

在杏山北部有一道突起的山岭，全长约8千米。西部叫汤山，东部叫禹山，两山之间谷地叫陶眼。南水北调专家将陶眼更名为陶岔，将渠首建在两山之间。

《说文》：“陶，再成丘也。”陶的造字本义为踩拌黏土，烧制瓷器。陶眼，暗示禹山、汤山天造地设、再成之丘，其中有玄牝之门为之“眼”，是一个隐藏的洞天福地。

玄牝之门具有生殖的特征，陶眼流出的水，相当于婴儿出生时的羊水，准确地说应为育水。婴儿出生需要热水洗浴，旁边汤山有温泉，《说文》：“汤，热水也。”汤山具有两层意义，其一育水，其二孟水。

汤山有温泉，古称汤泉。清《嘉靖南阳府志》记载：“有数坎，水四时常温，能令浴者怡神志祛痼疾。”地质部门记载：“水温32℃至33℃，流量0.5升/秒。”1975年南水北调的渠首挖断了地下的水脉，三个月后停止了流水。

渠首陶眼

渠首陶眼流出的水与南阳盆地北部鸭河口水库出水性质相同，并有相同的应用方法。两地都有汤泉流出，都包含“育”、“盂”的特征。将鸭河口、陶眼以及忻州的地舆应用配合来读，可以让这里的伏藏更通俗易懂。

忻州出阳曲是进入人间“一画开天”的原始点，叫太原，也叫龙城，是武城的用法（参照153页）。在陶眼出口外应该也有龙城的应用，或者叫武城，理论位置在今九重镇。

二、龙九子出生的状态

出陶眼有一道天然屏障，是一个丘陵地带。这道屏障没有名字，但流域的水名透出了玄机，水名叫刁河。

刁是一个象形字，为古代行军用具。一种有柄的小斗，白天可供一人烧饭，夜间敲击以巡更。

甲骨文没有刁，篆文有：

这道屏障的地舆特征为刁，用法和四川分栋山、总岗山

陶眼玄牝之门的状态示意图

长柄戈与长柄钺的用法相同，具有护卫与遮羞的作用。刁具有三层含义，其一为兵，其二为烧火做饭，其三为时间。

从天界进入人间，代表开始人类生活。这是一种喜悦的状态，这种天象有天女散花的陪伴，古代岗上遍布野蔷薇，花香无比，当地人以香花为名，今有香花镇。

陶眼与天然屏障之间是龙城的理论位置，在这道屏障的中心位置，为天地结合部。天有九重，地有九重。地的最上层与天相接处叫九重，今名九重镇。九重在地的尽头，理所当然成为地之角，如今的南水北调干渠发源于九重，九重具有“地脚枕流”的特点，可作为一个景观。九重为龙城只是地舆特征的理论位置，需要考古来证实，或许机缘成熟时历史将会重现。九重镇今改名为丹阳镇，缺乏理论支撑。因为丹阳与丹水为伴（参照218页），地舆特征相差甚远。

穿过刁河，是龙九子刚出生的状态，地名叫九龙，古有九龙村，今有九龙镇。穿越九龙地舆的河流叫得子河，象征龙子的出世。刁河、得子河都发源于永清山附近山区。

龙九子是女娲所生，女娲是鸟形，在南阳盆地龙九子是鸟的形象，称为九只鸦鹊。刚出生的鸦鹊还不会飞，要在窝中振翅演练飞行，这种状态叫習。九只鸦鹊长大后飞到扶桑树上，与《后羿射日》神话故事有密切关系。

甲骨文習：

習是一个象形字，鸟窝上有象形两只翅膀的羽。《说文》：“習，数飞也。”代表鸟在窝中反复振翅。

九龙附近以望城岗为中心，是理论的古刁国位置，或刁氏封地。现今周边有多处刁氏居民村落，古代只有白羽的地名记载。古刁国记载信息模糊。刁氏家谱记载的刁氏来源说法较多，还需进一步考证。在此算是为之提供一条线索。

三、陶眼与雅安的比类

陶眼与四川雅安具有龙九子出生的同步关系，陶眼的禹山、汤山与四川雅安的蔡山、蒙山用法相同，可按取象比类来对照。

蒙山的温泉称为“蜀山第一汤”。出雅安蔡蒙山口，有天女散花的香花乡，总岗山下有红岩乡，向北有九龙村，过戈、钺两道屏障仁寿县也有九龙村。

出陶眼有香花镇，九重天然屏障有红岩，民间传说是龙受伤流血而来。象征流血的红色岩石也是玄牝之门的通用特征之一。过刁河有九龙村。天然屏障的戈、钺、刁都是单兵配备的军用品。

如此比类出雅安少一个龙城。四川的龙城在哪里呢？

四川的龙城回避了雅安，应用了都江堰到分栋山中间的成都。分栋山象形一个长柄钺，贯通四川盆地，是雅安和都江堰共同的屏障。成都也可以作为二者共同的龙城。

按此方法比类，出丹江口到老河口东侧有一道屏障与三颤山相接。其中有“孟”的地名，内侧有“古城”的地名等，是相同的应用方法。

四、九龙口

龙之九子逐渐长大具有了飞翔能力，随之飞到扶桑树（盆地内有扶桑树，后面作专题讲）上。在进入南阳城区的潦河镇有九龙口的地名，相伴是一道岗。九龙口旁有泉眼，民间流传叫龙眼。泉水形成两个相邻的池塘，村民称为龙潭。20世纪70年代当地修堤坝蓄水灌溉。因民间行为设计不科学，夏季雨季时常被冲垮，加上泉水的逐步枯竭而被废弃。

龙九子通过九龙口进入扶桑树的地舆，代表龙长大能够飞上树了。从陶眼开始到九龙口结束，展示了龙生育与成长的过程。后羿射日龙九子转生人间，神话故事从此开始。

九龙口的岗上有两个古庙，一个叫大王庙，一个叫衡山庙。大王庙规模很小，“文化大革命”时拆除。传说衡山庙规模宏大，兴盛时有道人三百余人。

传说衡山庙初建于唐，金贞祐二年（1214年）衡山庙更名太乙观。衡山庙应在南岳衡山，建在这里似乎不伦不类。庙内供奉的主神是道教的斗姆元君和衡山神。斗姆元君是北斗九星的母亲，衡山神是龙九子之一，是母子关系。

原始的南岳是南阳雉衡山，雉衡山有二雉的神话在传承，代表两只飞走的龙鸟。用衡山庙的名字借用了龙九子的身份信息来作暗示。意在隐藏真正的身份。

当地老人们讲，有一通“金兀术重修衡山庙”的碑刻，兴修水利时被拉到南面的庙坡村修了去白河的桥。传说是宋朝末年，金兀术进攻中原经过衡山庙，认为到南岳衡山就等于占领了中原，随重修衡山庙。

民国十八年（1929年），时任河南省主席的冯玉祥“废庙兴学”，拆了衡山庙。据说拆下的建筑材料不仅用于重修玄妙观，还建了两所学校。

始建者用衡山命名是很高明的。改名太乙观是按飞龙在天的状态命名，其中隐藏了又一个巨大的智慧。

五、飞龙在天

从宏观角度来看九龙口是飞龙在天的阶段，而不是太乙阶段。按取象比类，四川过分栋山向东到重庆境内，长江两岸都有代表龙九子长大成人的飞龙庙。飞龙观才是这个庙的真实身份。为何取名太乙观，还要从“龙”的造字本意说起。

潦河九龙口

甲骨文龙:

下面是乙，上面是辛。代表从乙到辛等量分割地球一个公转周期（参照后面159页《时空状态参考图》春分与秋分之时乙与辛的对称关系）。

种子冲破甲壳的束缚，发出柔弱的嫩苗，春分时节到了。《说文》：“乙，草木冤曲而出也。象形。”

辛是果实成熟的季节，草木已长出尖刺，秋分时节到了。《说文》：“辛，大罪也。”“秋时万物成而熟，辛痛泣出，罪人之象。”

乙与辛相对于一天而言，是天明到天黑的时间段。日出而作，日落而息。乙与辛等分一天的黑白两个时间段。相对于一年，夏季万物生长，冬季万物潜藏。龙是《易》的一个运行周期的状态，分为万物生长的旺盛期和休眠期。

古人认为万物皆有生命，按取象比类赋予《易》的状态生命，就有了活灵活现的龙。旺盛期称飞龙在天，休眠期叫潜龙勿用。

《说文》：“龙，鳞虫之长。能幽能明，能细能巨，能短能长。春分而登天，秋分而潜渊。”

关于龙的相貌，后人发挥想象诞生了许多美妙的形象。

九龙口这道岗是南阳盆地扶桑树向西的分支，淯水遇此岗转向南。民间堪舆叫龙过峡。淯水西岸从衡山庙开始经九龙口向西北方向延伸。在这道岗的西侧有一个村庄叫辛店，地名出自何时已无从考证。由于衡山庙经九龙口到辛店的对应关系，太乙观的地名诞生了。乙到辛，中间是飞龙在天的状态。九龙口靠近太乙观，属于飞龙起飞还没有到树上的时间段。更名太乙观没有脱离原始所藏玄机的思想，反而更接近飞龙在天的特征。

从扶桑树分支地舆特征分析，时间段与地名不符，用法有些牵强，但可以暗示飞龙在天的状态。

龙鸟起飞的时间段是从陶眼开始的，老子做伏藏需要隐藏这个应用，所以衡山庙、太乙观的命名带有隐藏的意图，同时有暗示的特征。违背常理便会引起思考，思考就有发现玄机的可能。这也是地舆伏藏常用方法之一。

《南阳县地名志》记载：“如九龙聚饮白河水。”即九龙汇聚后入淯水之处。九龙口这道岗没有明显分段特征，衡山庙、大王庙都属于九龙口范围。衡山庙在这道岗入淯水之处，真实身份应叫飞龙观。

潦河衡山庙

黄河壶口瀑布

戊

平水患定九州

夏禹时代，古人已确定了昆仑的性质，分辨了昆仑三级，划分了九州，建立了都邑，制定了历法。中华民族进入了一个逐渐强大的昌盛时期。

第十四章　昆仑三级与乾坤变化

一、中华地舆成形

随着沧海变桑田，东部黄河流域逐步形成大平原。大禹治水平定水患，龙九子所代表的九座山脉周边逐步形成陆地。中华文明向东发展，文化中心随之东移，形成繁荣昌盛的大中原。这一过程的宏观状态叫平水患定九州。

从西部昆仑之丘与昆仑之虚开始，文明向东发展，地貌由高到低分三级，成阶梯状递减状态。

在道家文化应用中，同样按三级划分，但方法不同。道家称为昆仑三级。

二、《水经注》

古书记载的历史版本繁多，记述的观点理解不一，表现的地舆鱼目混杂。道家文化思想的主干理不清楚，就很难辨别是非。

郦道元写的《水经注》是值得信赖的一部书。他在记录地名时，从不加入自己的理解，所有的引用，直接注明出处。因此《水经注》具有较高的参考价值。从《水经注》可以找到许多原始的地名信息，这一点要感谢郦道元严谨的学者作风。

郦道元提到的《昆仑说》来源与下落均不明，出自郦道元的笔下，可信。

《水经注》：“《昆仑说》曰，昆仑之山三级：下曰樊桐，一名板桐；二曰玄圃，一名阆风；上曰层城，一名天庭，是为太帝之居。”这就是中华地舆的宏观布局，是地舆稳定后的宏观分级。

三、三台星座

昆仑三级是按古代星象学中紫微垣的三台来分级的。紫微垣是北天极的中心，代表天庭，天庭中有天帝的皇宫。进入皇宫需要经过三台星座，每台两颗星，称为三台，即上台、中台、下台，共六星。三台如天帝宫庭前的阶梯，叫天阶。三阳开泰即可打开天门，故三台又称泰阶。

三级台阶在地成形把昆仑分为三级。这三级象征着从人间进入天宫的三个台阶。通过三级可以进入东方帝的天宫，即道的虚空世界。

三才与三坟定义是有区别的，三才是天地人的统称，是宇宙空间，是广义。三才在地成形叫三坟。三坟在地舆中的表现是狭义。昆仑三级是对三坟的又一种划分方法。

现代科技解释的中华地理，遵循了西高东低的三个阶梯，会误认为四川盆地与黄土高原为中级，沧海变桑田的东部为下级，其实不然。

古人和现代人认识世界的角度不同，古人是取象比类思维，而不是逻辑思维。天地人三才，天尊地否，等级性是很强的，天地不混淆且有明显分界。

四、昆仑三级

伏羲女娲身躯代表天庭，就是《昆仑说》中的天庭。所以昆仑上级在龙身，包括整个西部高原。

伏羲女娲的头部称为昆仑之丘与昆仑之虚，象形天帝的皇宫和西王母的后宫。天帝的宫殿是在天庭中多出的一个独立单元，称为天宫，或紫微宫。天宫在天庭中且与天庭隔绝，同属于昆仑上级。伏羲女娲头部，是一个首脑机构，象征道的智慧空间，进入需要通过玄牝之门，被道教称为洞天世界。天宫通过玄牝之门可以通往天、地、人三界。

龙的传人以龙的两尾为界，天南地北，南部为天，以大巴山为首是中级。北部为地，以秦岭为首，为下级。人生活在地上，人与地是连通的一个空间，统一归属下级。

随着文明东移，龙的传人活动区域扩大，中级与下级范围同样扩大。向东以大别山为界，依然天南地北。大别山，还是南北气候的分界，站在大别山之颠，看南方春暖花开时，北方依然千里冰封。

昆仑上级为西部高原，是伏羲女娲的龙身，包括两个尾巴。伏羲女娲两尾结合部的东方，阳气上升的方位，有昆阳的地名，就是现在的叶县。也证明了古人把伏羲女娲作为昆仑整体应用。

昆仑中级为长江流域，昆仑下级为黄河流域。昆仑中级与昆仑下级分界分三个部分。西部由大巴山和秦岭共同承担。中部是大别山。东部无天然屏障，以淮河为界。龙的两尾之间就出现了纷争，特别是南阳盆地，理论上归属下级，因为代表人的一气统一归下级。盆地之水流入长江，属长江流域，属于昆仑中级也合理。

南阳盆地不在昆仑三级之中，它以独立的单元存在，被应用为中华民族调和中心，是一个浓缩的太极平衡体，被古人应用为三界联通的玄牝之门，理论较复杂，需要逐步讲解。

五、昆仑中级

中级叫玄圃，又名阆风。

玄圃，顾名思义，玄妙的菜园子。原本这菜园子只是四川盆地，随着龙的传人的壮大，这菜园子也随之扩大，扩大到整个长江流域。

阆风是什么？

《说文》："阆，门高也。"就是高大的门。门里有一个良字。《说文》："良，善也。"

善可以进入高大的门，这个门就是玄牝之门。

风，代表人的空间，有气，为风。以玄牝之门为界，外面是人类生存的空间，为气、为风，门内是另一个世界，生存环境不同，生命的存在形式就变化了。

这个门在哪里呢？前面已讲过，龙象形的生殖器官，青城山南北一线的龙门山脉。进入这道门，也象征上了一级台阶，进入昆仑上级。

阆是龙门山代表的玄牝之门，风是龙门山以东地区。阆风，是以龙门山为界的东部长江流域。

四川有阆中的地名，在龙门山外，已在大门口的中心地带了，再走一步就可进入大门了。

六、昆仑下级

下曰樊桐，一名板桐。

樊，代表篱笆。白话版《说文解字》解释的更贴切："樊，被羁绊而不能行走。"

板，是将木头分解成片。有人为因素，是人类开始使用工具，应用自然的象征。

现代汉语解释的桐字是后人应用的结果，是引申义，不能表达樊桐的原始意义。

甲骨文没有桐字，金文有：

上面是众人夯地的多柄夯桩，下面口，代表劳动号子，表示夯地的号子。

造字本义：众人在兴桩夯地时，用号子来统一用力节奏。在夯柄上面加木有两层意思，其一是土地平整后种植，其二是建筑。

把樊桐与板桐结合起来可以这样解释：

围起篱笆，平整土地，建房，种植，建设家园，集体生活。其意义与秦岭双手执杵劳作类同。这是中华民族开始群体生活的象征。

中华民族的文明，以镐京为中心，向东发展。这个樊桐代表中华地舆中人与地的地舆。

这时反过来再看《说文》的解释，就一目了然了。

《说文》："桐，荣也。"这个荣是欣欣向荣的意思。欣欣向荣的局面是人类集体生活的繁荣景象。

七、乾坤变化的整体概念

研究地舆伏藏，必须让中华地舆的宏观状态在大脑中有一个整体概念。同时，昆仑的范围、性质确定，对昆仑的运行变化特征必须有一个初步认识。

昆仑中的乾坤变化特征要用到《易》的知识。为了便于理解，这里简单讲一下几个变化状态。

乾坤的一个变化周期从虚空的能量汇聚开始，然后生成盘古，盘古开天地生成中华地舆，通过地舆变化的演变又返回虚空界，构成一个中华地舆的轮回周期。

八、初始状态天地否

盘古开天地，清升浊降天地分开，清气上升为天，为太阳，叫乾，用三条横线表示。浊气下降为地，为太阴，叫坤，用三条断开的横线表示。

三个阴阳符号排列组合有八个符号，称为八卦。每个符号代表一种大自然的状态，这种状态包括天地、阴阳、五行、天象、地舆、空间、时间等信息。

用两组八卦符号相配，排列组合出六十四种状态，称为六十四卦。每一卦都代表一种复杂的状态。理解了每一个状态的来源与构成，再学《周易》的应用，就可以无师自通。这里先了解概念，暂不细讲。

乾为天为阳为父亲，坤为地为阴为母亲。万物来自于乾坤阴阳交合。

大自然形成初期的混沌状态，清升浊降天地始分，天在上，地在下，就是乾在上，坤在下，称为天地否。

为什么叫否呢？

清升浊降是一个持续的状态。天在上越来越高，地在下越来越低，天地相去甚远，阴阳不交，所以叫否。这是盘古开天地最原始的状态。

九、在地成形地天泰

否的状态发展到极限便发生突变，盘古轰然倒塌地舆形成，称为盘古开天地。在天成像在地成形，天地否的天象在地有了伏羲女娲的象形。代表女娲头部的昆仑之丘在南方，代表伏羲头部的昆仑之虚在北方。中华民族居住的北半球遵从天南地北的理念，女娲代表坤，为地，象形的地舆在南方为上。伏羲代表乾，为天，象形的地舆在北方为下。这就构成了地天泰的状态。

为什么叫泰呢？地浊降向下运行，天清升向上运行，二气在中间交汇，叫交泰。老子称这一状态为："冲气以为和。"

十、人皇神农的冲气状态

伏羲女娲在地成形是地天泰状态。这个泰的状态在地成形对应于神农与伏牛的调和状态。

神农架与伏牛山相呼应，存在于伏羲女娲两尾之间，属于昆仑上级。是一个独立的调和单元。与伏羲女娲构成天地人三皇平衡关系。这个状态前面已讲过。

换句话说，神农与伏牛表现的冲气为和的状态，包含在西部地天泰的状态之中，是泰的状态的表现。

十一、天南地北天地否

伏羲女娲尾部缠绵方向发生了变化，伏羲的尾巴大巴山在南方，女娲的尾巴秦岭在北方。四川盆地与黄土高原天南地北，构成了天地否的状态。

从龙的象形生殖器官位置向东，进入人类文明的初级阶段。象形胎儿在腹中出生，由先天转入后天，即由地天泰转化为天地否的人类世界。天地否的龙的传人处于阴阳不交的状态之下，太极运行不稳定。古人在天地之间的中心位置，设置了一个天地定位的点——午子山，以此来实现平衡、稳定。午子山是神农的蛇尾，这个天地定位是神农的功劳。

十二、沧海桑田地天泰

文明东移，经过豫州广阔地舆调理之后向东则进入地天泰的地舆。东部有三州，淮水流域的徐州，为坤，在南方。济水流域的兖州为乾，在北方。中间交合生出青州，形成地天泰的格局。

道家认为，通过冲气交泰升华为纯阳的境界即可通往虚空界。伏羲女娲是神明，与之对应的是天帝的居所，是天界，是一个理想的空间。地天泰升华为纯阳即可打开天庭的玄牝之门，称为三阳开泰。

昆仑的乾坤变化到泰山则进入泰的状态，泰山被应用为洞天世界的洞口所在，泰的状态即接近洞口，进一步三阳开泰进入虚空界。虚空中能量汇聚生成盘古，盘古开天地人类起源，如此构成一个轮回周期。在地成形实现了伏羲女娲首尾联通的轮回。

古人将昆仑乾坤变化理论应用在地舆中，展示了大自然的一个轮回周期。这就是昆仑三级的运行周期。

十三、进入人间火水未济

从天南地北的天地否状态通过三阳，经伏龙、武当、天门进入南阳盆地。象形从天国进入人间。盆地内襄阳市的岘山与南召县太子山对应。岘山在南方，属火。太子山是水神玄武神的位置，属水。这就构成了进入人间的火水未济状态。同时也对应了胎儿出生后的火水未济状态。

昆仑的乾坤变化是先天八卦应用的演变过程。古人结合中华地舆特征重新布局八卦位置，按火水未济的状态重新布局，诞生了现代常用的后天八卦。中华民族居住的地舆，受后天八卦的影响，生活在火水未济的状态中。

第十五章　禹别九州的原则

一、三山五岳

中华文明主要在昆仑三级的中、下两级发生，统称为龙的传人。在东部天南地北的分布中，天有高贵的一面，是仙界的象征，有美丽的三山为代表。地是中华民族的文明中心，是人和地的区域，有东南西北中五个方位的五座山为代表，称为五岳。

三山五岳原本都属于东方帝俊的九个儿子，在地成形化为山岳各辖一方，养育着龙的传人们。夏禹以此为基准划分了九州。后期皇家根据政治需要，又受道教的影响，应用名山封禅祭祀，早已偏离了原始意图。三山五岳位置发生了变化，夏禹时代的原始位置似乎已被遗忘。

现代三山的选址和夏禹时代不同。有说峨眉山、庐山和黄山。也有说黄山、庐山和雁荡山。无论三山在哪里，都是道家向往的可以通向洞天世界的地方。所以又想象了三个神话的三山：蓬莱、方丈、瀛洲。

五岳有东岳泰山、南岳衡山、西岳华山、北岳恒山、中岳嵩山。五岳分别代表五帝，即东方青帝青龙、南方赤帝朱雀、西方白帝白虎、北方黑帝玄武和中心黄帝麒麟，也代表木、火、金、水、土五行。

三山五岳，加起来共八座山，怎么代表龙九子呢？

大禹时代的南岳是南阳的衡山，也叫雉衡山，上有一只长尾雉和一只短尾雉。一雌一雄两只，代表龙的两个儿子，如此凑齐了龙的九个儿子。

两只雉飞走化为济渎和淮渎，长尾雉化为济渎，属乾。短尾雉化为淮渎，为坤。

二、五岳迁移

公元前106年，汉武帝封天柱山为南岳。天柱山处于大别山中心的南北分界点，是最高峰。

隋文帝杨坚统一南北朝之后，于开皇九年（589年）诏定湖南衡山为南岳。

疆域扩大，边界移位，那是政治需要，是皇家的胸怀，笔者不做评论。但南岳的移位丢失了济和淮发源的传承信息。笔者要讲的是原始的南岳——南阳雉衡山。

北岳恒山，原本在保定的大茂山，古称恒山、常山、神仙山。清朝时它被迁到浑源，同样是政治需要。笔者要讲的也是原始的恒山——大茂山。

在应用中各家思路不一。历代政治需要的变动丢失了原始信息。也说明周典南奔后历代皇家并不完全掌握中华地舆的玄机。对此笔者不做争辩只讲原理，仅供参考。

三、《禹贡》

说到夏禹划分九州，首先要了解一下什么叫州。

甲骨文州：

在“川” 的中间加一个小三角或小圆圈，表示河川中央的冲积沙洲。《说文》：“水中可居曰州。”应用范围扩大，引申为平原。现代科学按其成因分为构造平原、侵蚀平原和堆积平原等。夏禹以山脉为骨架，分割相对区域的平原地带，划分九州。州又引申为行政区划。

《禹贡》：“禹别九州，随山浚川，任土作贡，禹敷土， 随山刊木，奠高山大川。”这是夏禹划分九州的原则，下面以此为基础来探索九州的分布方法。

首先看一下《禹贡九州图》。《禹贡》以水系为主干探索九州，首先从四渎流域图中寻找九州的信息。

南方水系伴随长江流域，养育着梁、荆、扬三州。北部黄河、济水、淮水变化交错，要分辨出剩余的六州相对要复杂得多。《禹贡九州图》抽象出了水系的主干，不太容易理解。夏禹划九州是以山脉为主干，这里就以山脉为主干来寻找九州的信息。

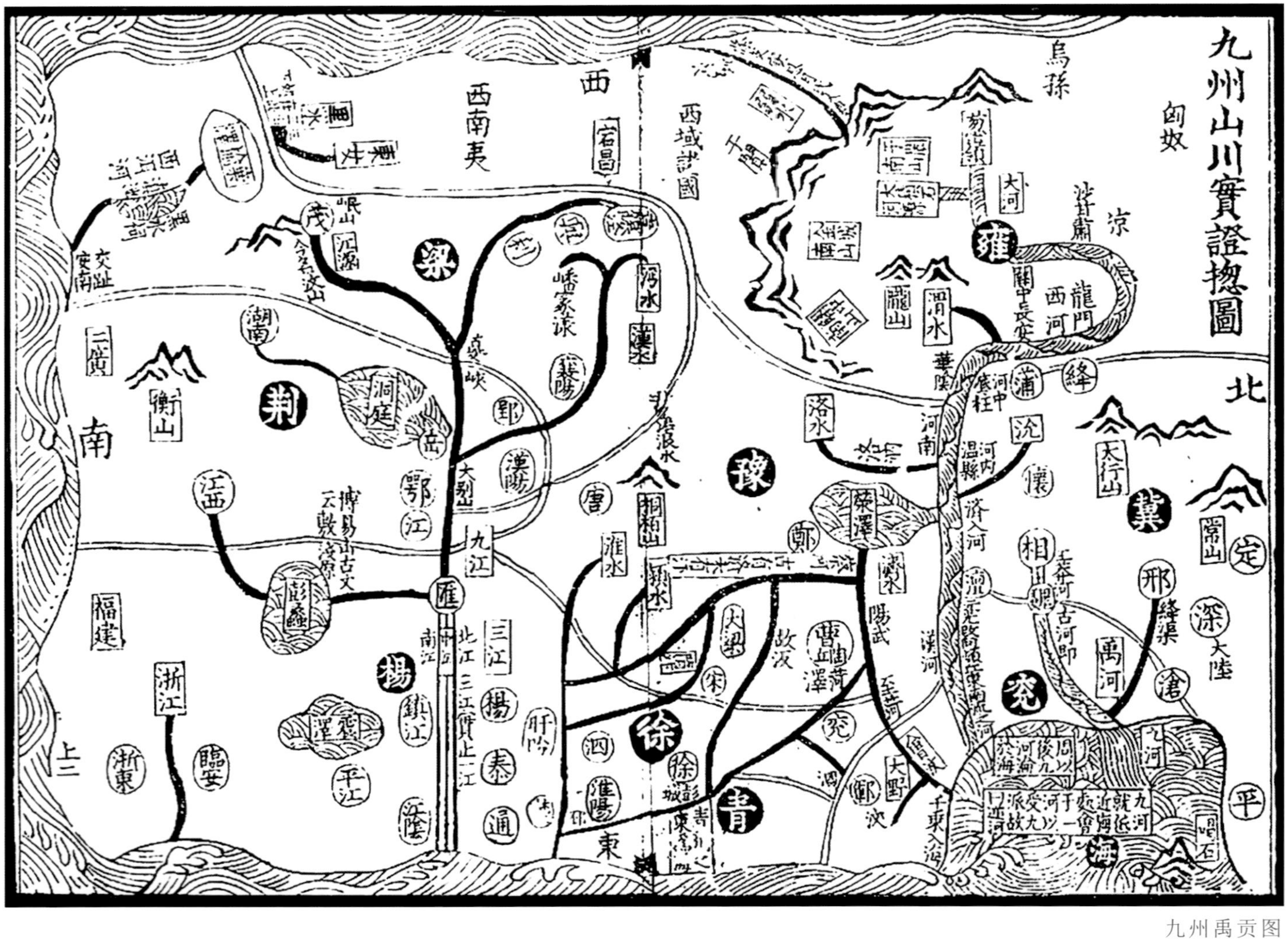

九州禹贡图

民间堪舆学中，水是伴随龙行走的，也就是说水和山脉是相呼应的。笔者以《禹贡九州图》水系对应的山川为主干，来探索中华地舆中山川与九州的关系。地舆伏藏绝不会忽略九州，《山海经》中必然有神话故事隐藏着九州的信息。其中，后羿射日的故事传达了三山五岳的划分原则。

四、扶桑树

古本《山海经》有后羿射日的故事：“尧时十日并出，尧使羿射十日，落沃焦。”

传说东海岸边有一棵扶桑树，树上落着十只鸟，是东方帝俊的十个儿子。羿射十日，落入沃焦九只。在地成形也有一棵扶桑树，上面落着九只鸟。剩余的一只在天上做太阳。

《山海经》没说这九只鸟是三足乌，应该是正常的两只脚的鸟。女娲宏观地貌象形是鸟，鸟当然要生鸟了，且都是两只脚的鸟。

乌代表乌鸦，也叫鸦鹊，乌鸦是一种很聪明的鸟。人与动物的最大区别是有思维、会制造工具。当代科学家发现，乌鸦也有思维能力，也会制造工具。古人早就发现这种聪明的灵鸟，把乌鸦称为神鸟。

东海岸的那棵扶桑树，在地成形是以大别山为主干的山脉骨架。这个骨架贯通东部地舆，成为昆仑中级与下级的骨架。大别山又是长江流域与黄河流域的主要分界，所以将大别山看作树干。

五、大别山

为什么叫大别山？要从《禹贡》“禹别九州”的“别”字说起。首先来看“别”的造字本意。

甲骨文与篆文别：

别字一边是屠刀，一边是骨头。

白话版《说文解字》讲的更清楚：“别，屠夫用屠刀将动物的骨与肉分离。字形采用‘冎(guǎ)、刀’会意字。”

明白了别字的本意，大别山就好解释了。

古人将中华东部地舆，即昆仑中级和下级的山脉骨架，看作一棵扶桑树，树上落着九只鸟象形九座与众不同的独立山体。山脉骨架下的平原地带，被这九只鸟各辖一方。夏禹以这九座神秘的山体为基准，分割了九块相对区域，由此划分了九州。

在地成形的九只鸟相对于人间叫龙生九子。要读懂龙生九子的地貌，必须剥除沉积的“肉”，露出“骨头”的山脉。这样扶桑树的骨架就出来了，树上九只鸟在地成形的九座山也就显露出来了。以这九座山为首，对应平原地带与水系就是九州。树干命名大别山，暗示将昆仑中级与下级大解剖。让山脉骨架显示出来，九州即一目了然。

以耕作为主的中华民族，最适合生存的地舆是平原。文明东移，东部大平原形成，叫沧海变桑田。九州就是适合耕作的平原地带。原始的山脉骨架不在九州之列，大部分山体是分界带。近代用分界线分割地舆，把骨架列入九州之中，淡化甚至遗忘了骨架的作用。

六、扶桑树的树干

首先看大别山象形树干的地貌特征。

树根在中华民族最古老的扬子地台，扬子地台是喜马拉雅造山运动唯一没有被造成重大伤害的地台。这棵大树就从扬子地台生根、发芽、成长。树干顶端是桐柏山，从桐柏山向两侧分支，贯通中华东部地舆。

扶桑树根部有许多名山大川，有许多洞天世界，但都不是龙的儿子，因为龙的儿子是鸟，在树上落着。

从外形看，大别山是扬子地台与中朝地台挤压形成的褶皱带，周边有明显的深断裂带。

地质界认为大巴山和秦岭是西部俯冲带，和西部高原相连。古人认为大巴山和秦岭是伏羲女娲身体的一部分，不在扶桑树中。

二雉仙去化济淮（摄影：孟延军）

《史记·封禅书》记载：秦文公得到一块像玉的石头，在陈仓北坡筑城祭祀。栖于雉衡山的雄宝雉经常在夜间光顾陈宝祠，从东南方向而来，其声如雷鸣，像流星一样光芒四射，集合在祠中。宝鸡也因此得名。《列异传》、《搜神记》先后也有神话故事记载。《水经注》卷三十一："关水又西南径雉县故城南，昔秦文公之世有伯阳者，逢二童曰舀，曰被。二童，二雉也。得雌者霸，雄者王。二童翻飞，化为双雉。光武获雉于此山，以为中兴之祥，故置县以名焉。"

神话的二雉出自雉衡山，雉衡山属于秦岭末端伏牛山。在中国秦岭腹地特有一和鸟类——红腹锦鸡。属雉科锦鸡属，别名金鸡。当代认为是凤凰原型的呼声很高。其特征与神话二雉相符。此作品拍摄于雉衡山西北方向30余千米，伏牛山分水岭一带。

大别山好像插入东部地台的一棵树，边界清晰可见。似乎是上天有意种植的一棵树。或者说是伏羲女娲种植的一棵扶桑树。被看作大树的完美应用，让人不得不赞叹中华民族祖先的智慧。

七、衡山二雉

雉衡山上有二雉，代表东方帝的两个龙子，是龙之九子最神秘的地方。为什么叫衡呢？

天上星星参北斗，以北极星为中心的状态，象形造了一个字——衡。

左双人，右双人，下面也是人，中间是眼睛或崆峒，可以理解为，所有人护卫着中间的玄牝之门，叫衡。衡的原意是以北天极为中心的平衡状态。在地成形天南地北，南方为天。用于南岳的命名，代表南天极。

衡山相对于昆仑下级是南方朱雀，是四象之一的神鸟，也称凤凰。

南召雉衡山

凤凰，亦作“凤皇”，古代传说中的百鸟之王。凤凰是神鸟，在现实生活中象形雉。古人把衡山比作两只雉鸟，一只长尾鸟，一只短尾鸟。它们代表着龙的两个儿子。一雌一雄的用法，是两只鸟阴阳的性质决定的。

传说天帝统领下界，让九个儿子作为诸侯，各霸一方。在天成像在地成形，这两位龙子也不例外，在下界任职。

衡山这两只雉一阴一阳，一乾一坤，都飞走了。短尾雉向南飞，飞到桐柏山化为大復山，今名太白顶。长尾雉飞向北方太行山，化为王屋山。大復山发源了淮水，王屋山发源了济水。復，有往返的意思。这三座山都有洞室，可以互通，往复通行。龙的九个儿子总算聚齐了。

山不在高有仙则名。雉衡山像一个界碑，插入昆仑下级的南端，象征着朱雀，象征着凤凰，象征雌雄二雉。神奇的是这座山顶端东部朝阳面为乱石，西部阴面却长有树木，呈现出一幅阳中有阴、阴中有阳的阴阳对称画面。

二雉飞走了，相对于南阳盆地，这座山象征紫微垣的皇后娘娘，代表皇宫的后宫。山北面有一个洞穴，当地人叫它蛤蟆洞，让人联想到月宫蟾蜍。它也应了龙九子的名山都有通往洞天世界的洞穴的说法。

汉画《禹划九州》

八、汉画《禹划九州》

如图是一幅出土于南阳的汉画像石拓片。这幅汉画像石将夏禹划九州应用南阳雉衡山二雉的玄妙表现的淋漓尽致。笔者把它命名《禹划九州》。

图像上面的人物是龙首人身，与四颗星有短线相连，代表北方五岳。这是二雉之一，还没有飞走，仍在南阳雉衡山。雉鸟飞到大腹山（桐柏山），化为淮水，南方三山又多出一山，画了四颗星。

那么这只雉鸟在干什么呢？既然有鸟存在，为何还画了一颗星？是否重复了呢？玄机就在这里。

请看那三条鱼。鱼是生长在水中的。这么大的三条鱼必然生活在大河中。上面那条与五岳相伴，必然是黄河，下面那条与三山相伴，当然是长江。那么中间呢？雉鸟与这条鱼有线相连，姿态是腾飞状态，象征在天庭正忙着化淮水呢。画面的龙九子是在地成形的抽象图，飞起的雉鸟在天庭。

飞往王屋山的雉鸟化为济水，但图中这只象龙的雉鸟没有飞走，也没有济水，说明还在雉衡山，应该与墓主人身份有关。汉画像石多是对死者回归自然的精神寄托。这是一位皇家血统的男子，回归天庭后继续掌管化济水的职责。

古人认为济水是一条看不到的暗河，这幅图没有画济水。男子来到人间，天上的位置在空缺着。这对龙凤一个在人间，一个在天庭。暗示男子回归天庭龙凤呈祥。

这幅拓片为二雉化济淮二水的理论提供了有力的证据。

汉画像石是中华地舆抽象的应用，但都是局部，无法对中华地舆系统解读。马王堆出土的金帛画展示了中华地舆的全貌。

第十六章　九州地舆范围与命名

一、扬州

从扶桑树根部开始，南方第一条水系，是彭蠡泽，就是现在的鄱阳湖。与鄱阳湖相对的西部山系叫罗霄山脉，是湘江和赣江的分水岭，是云贵高原向东伸出的一个分支。在这个树枝的梢部落着第一只鸟——庐山。

庐山管辖着庐山以东地舆。扶桑树干进入地下，是扶桑树吸取营养的地舆。东部地舆没有了大别山的天然屏障，亚热带气候向北延伸到淮河。淮河成为南北分界线。这一地舆被划为一个州。

起什么名字呢？

太阳从东方开始升起，到东南方为上午时间段。太阳升起一杆高。按四季划分，进入三月，万物开始茁壮成长。太阳照耀着万物，一派生机勃勃的景象，世界化为绿色的海洋。太阳升起叫昜，甲骨文与金文：

东方万物生长的时间段属木，昜加上木的偏旁为楊，简写杨，就称为杨州。杨的原始意图不是杨树。而是太阳升起一杆高，万物茂盛成长的状态。

杨后来改写为扬。古代叫杨州，现在叫扬州。

李白《送孟浩然之广陵》：

故人西辞黄鹤楼，烟花三月下扬州。

孤帆远影碧空尽，唯见长江天际流。

这首诗揭示了从荆州进入扬州，三月的扬州水乡烟波飘渺，神秘而又神奇的景象，是扬州得名的原始景象。

从李白先生的许多诗句看，似乎李白了解中华地舆的一些玄机所在。李白的许多诗不是醉酒的浪漫，而是对地舆玄机的真实写照。

扬州自古就是鱼米之乡，扬子地台东部没有激烈地质运动，断裂带不明显，地质灾害较少。它是给皇家进贡的主要来源之一，算得上是皇家的饭碗之一。

庐山，古代叫匡山。《说文》：“匡，饭器也。”扬州是扶桑树根部。树枝上的中华九州都要从此吸取营养。这个饭碗，是中华民族的饭碗。

龙之九子在地成形的地舆都是洞天世界，且有洞穴存在，代表龙子与天界的沟通。庐山也不例外，是洞天福地。毛泽东曾写过一首诗，赞赏庐山洞天福地的神秘：

暮色苍茫看劲松，乱云飞渡仍从容。

天生一个仙人洞，无限风光在险峰。

二、荆州

彭蠡泽向上是洞庭湖，这个树叉是从桐柏山发出的，沿大巴山向云贵高原延伸。树枝上落的是哪只鸟呢？

从荆州地名看疑似荆山。传说中楚国著名的和氏璧便出

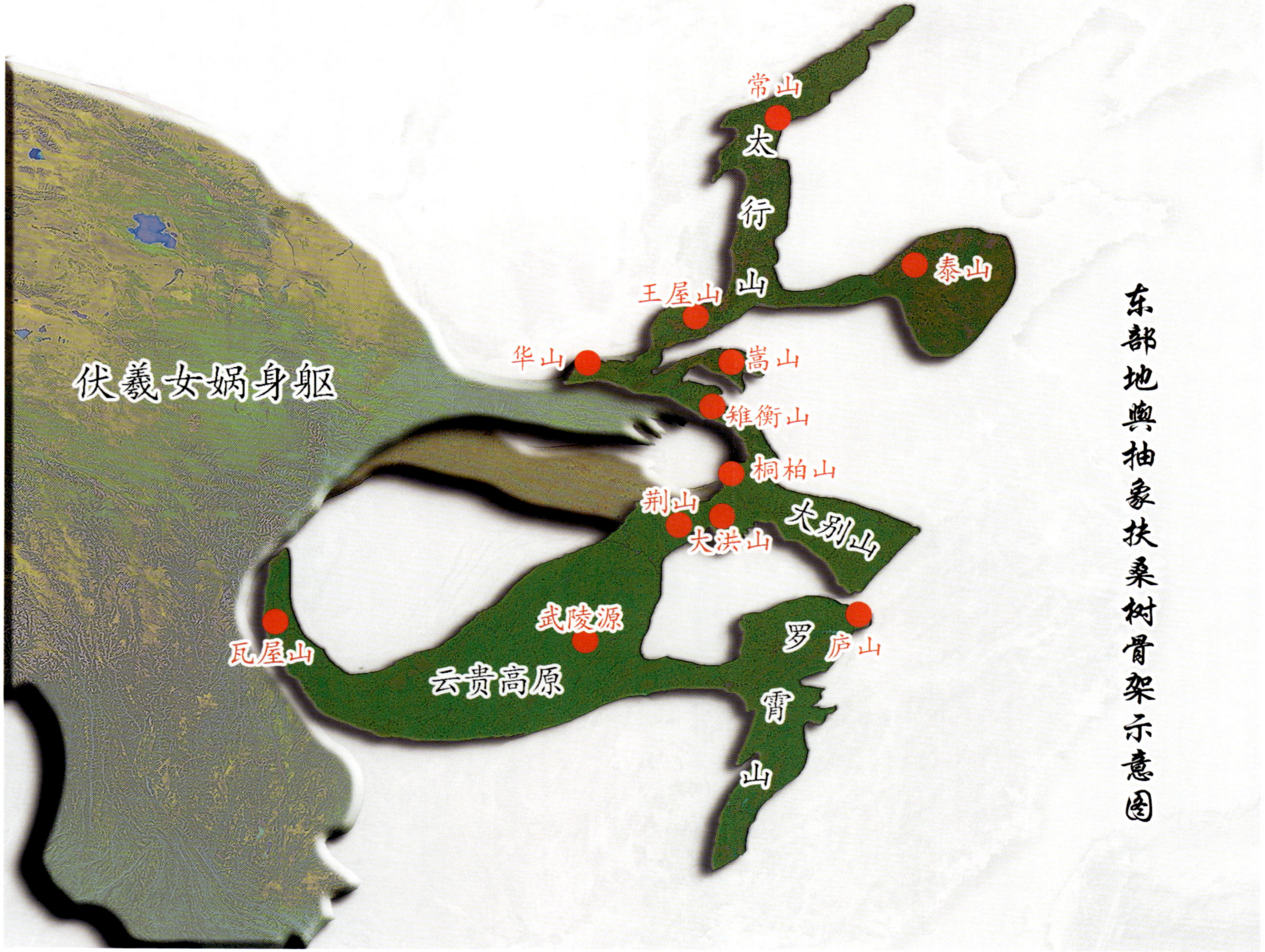

东部地舆抽象扶桑树骨架示意图

自此山，但荆山没有产玉的记载，至今也没发现玉矿。当代认为和氏璧出自南阳独山，考古发现新石器时代已有独山玉器。

荆山处于皇家菜园子的中心地舆。生长的植物自然要高贵。这座山存在喀斯特地貌，传说上面长满荆条。荆条应用广泛，用来编制器皿、房屋、盔甲等。披荆斩棘由此而来。天尊地卑也称天荆地棘。荆条在古代被广泛运用，是非常贵重的植物。

荆山处在几个大地构造单元的接触带上，周边断层复杂，貌似相对独立。出山有荆门，沿汉江下行，对岸有天门，然后到荆州市。有龙九子的应用迹象。

荆门的地名始于唐代，不是原始的应用。荆山不一定长满荆条，只是用了荆条高贵的特性。荆山应用细节较粗糙，龙子不像荆山，而似大洪山。

大洪山同样是独立的结构，与荆山东西相邻。大洪山是南阳盆地午时极阳状态冲出盆地三阳开泰的一个天宫。大洪山相对于荆州而言是玄武之方，是坎水，是洪大的水，故称大洪山。这是荆州的紫微垣，是北戴斗极的玄牝之门，象形从天界进入人间，出口为应的地舆。应代表从天庭飞出的鸟，是龙生子的象征。唐代确定洞天福地时，荆山和大洪山都不在榜。到底哪一座山是荆州的龙子呢？

禹别九州图以水为主干，龙子必以水为伴，入湖南洞庭湖有一条水叫澧水。《说文》："澧水，出南阳雉衡山。"雉衡山是古南岳衡山，是龙子的应用，本章马上要讲到。湖南的澧水在《禹贡》中有记载，天地同名的澧水是否与龙子有关呢？

顺澧水而上，首先是津市，入峡谷口是石门县。津门、石门是玄牝之门的应用。进入谷地中间有一道挤压形成的褶皱带，起始点在张家界市武陵源。武陵源具有明显的龙子地舆特征。这里是陶渊明《桃花源记》中追求的世外桃源，自古是一个神秘的地方。被列为洞天福地的第三十五小洞天，叫桃源山洞。

陶渊明"洞在清溪何处边"，是误入洞天世界的写照。洞在哪里呢？代表龙子的山在哪里呢？始终是个谜。

从地舆特征看武陵源内龙子的应用特征明显。奇妙的美景已被旅游开发，早已淹没了道家文化隐藏的玄机。

武陵源山中有天子山与龙子的应用吻合。还有一座荆州山，又与荆州吻合。其中必有道家文化应用的微妙之处。

沿澧水继续上行，有龙山县和来凤县相邻。这对龙凤是四川太极回旋山区部分的中心点，与遂宁阴阳相对，不是龙子的应用。龙子在武陵源中基本可以确定。

武陵源龙子应用失传，但陶渊明看出了玄机，让武陵源更神秘化了。或许是后人没完全读懂其真谛所在，才出现了荆山与大洪山两个近似的应用，让荆州变得玄机重重。读荆州需要认真分辨三个应用主线，以免地名混杂而看不出端倪。

三、梁州

扶桑树从树干顶端桐柏山开始分叉，南面顺大巴山，沿四川盆地东部高原直达雅安。西部高原经汶川、都江堰、岷江等水汇聚于盆地。就在雅安与高原结合部的东方，在江之阳落着一只鸟。这只鸟不是传说的峨眉山，而是瓦屋山。瓦屋山是龙九子中最神秘的一位龙子。

这位龙子在父母身边，应该是长子，是大哥就要担负大哥的职责。大哥首先要继承父业，必须守着家。然后带领众兄弟管理好各自的国度。但这位大哥有个牛脾气，时不时总会惹点麻烦。

瓦屋山在传说的北纬三十度线范围内。有迷魂凼（dàng），为传说中的中国百慕大，有奇异的天象，诡异事件甚多。明清时代曾被封山。

传说张道陵创教于此山。蜀国第一个部落首领蚕丛诞生于此山并归宿于此山，还有许多道家名人来过此山，传说老子也来过此山。正如吕洞宾所说："古今多少神仙侣，为爱名山去复还。"

四川，是昆仑三级的中级，是进入天界玄牝之门的必经之路，是天宫与人间的桥梁。瓦屋山这位龙子管辖地舆就叫梁州。后来梁州改为益州，是进一步的应用。

甲骨文益：

器皿中有水，水溢出容器，象形四川盆地。水溢出代表富饶，水还代表智慧。天府之国嘛，是富饶与智慧的象征。

三山五岳是龙子在地成形的象征，在三山五岳应用中，三山有峨眉之说，为何峨眉山不是龙子？而是瓦屋山？为何不是禹贡图中的青城山或龙门山？

峨眉是装饰，可以确定不是龙子。龙门山是女娲补天的石头，是开启玄牝之门的大门，只是屏障作用，所以也不是龙子。

青城山属于龙门山脉的构造带，也是屏障作用，所以也不是龙子。整个龙门山脉都可以作为洞天世界来应用，道教选取青城山而回避雅安，是礼仪之邦文明的产物。或者是相随而从的应用。龙门山的地名直截了当，不存在回避，回避只是雅安。瓦屋是住房，有独特的地舆特征，古人将瓦屋山作为龙九子之一更合理。

四、雍州

从扶桑树干顶端桐柏山分叉，顺伏牛山向北分支，一支进入渭水谷地，上面落着一只鸟——华山。另一支为太行山，顶端落着另一只鸟——恒山。大禹治水时，引黄河入东海，划了一道豁口，让太行山与伏牛山有了分断。

华山这位龙子管辖以黄土高原为中心的地舆。黄土高原是北部大泽的沼泽地，大禹治水后变为堆积如山的黄土高原。命名带有沼泽与土堆积拥堵两层意思，叫雍州。

雍包含了两层意思：其一，塞也；其二，水被壅塞而成的池沼。

雍州是老子西行的主要活动地舆。太一生水、伏羲画卦、河图洛书、华夏、中华等理论来源均发生在雍州。

五、冀州

《说文》：“恒，常也。”代表长久。古恒山也叫常山。

清升为天浊降为地，恒山在最北方，为地。浊降是一个持续不断的过程，大自然只要存在，清升浊降就不会停息。所以恒代表着持续发展与不断壮大。

地在北方，浊气共同汇聚到一处叫共，汇聚成为适合人类生存的堆积平原为田。这样，冀字就诞生了，叫冀州。

甲骨文没有冀字，有说与翼通，北方的龙子也是一只鸟的化身，看似牵强，但也说得过去。

恒山，就是禹贡图中画的常山，现在改名为大茂山。

恒山被皇家改封在浑源，从理论上讲似乎是合理的。因为浊降为地，浑浊之源是下降为地的中心。皇家地域扩大，封禅祭祀移位是政治需要。但浑源不是夏禹眼中的龙子。

盘古能量场叫灵丘。盘古化身清升浊降，清升为天，是五台山，是道家的紫府。浊降为地，为浑源，是相对应用。

六、豫州

在中华地舆的中心部位，黄河流域进入平原的初始点，即黄河三角洲的起始端。有一与伏牛山相连的一条分支，沿黄河流域延伸，上面落着一只鸟——嵩山。

向东的树枝被沉积平原淹没，需要割肉剔骨才能找到。这一分支经熊耳山然后潜入地下，山势若有若无，到嵩山隆起，似龙子落在高处露出了地面，所以叫嵩。

嵩管辖的区域叫豫，这个豫字迷惑了许多人。甲骨文没有这个字，篆文中有：

象是形旁，代表地域广大。古人讲地貌象形动物是常用手法。象是世存最大的动物。

有瞎子摸象的故事，说在视角受到限制时看到的是局部的形象，以此来比喻看问题的片面性。反之，人类视角是有局限性的，没有中华地舆图在手，看中华地舆就像瞎子摸象。沧海变桑田地域广大，故以象来比喻。

左面既是形旁又是声旁。象形一支织布的梭子。梭子需要用手推动才能穿行，有两层意思：

其一，由于外力的作用大河穿行，象织布一样逐步冲积形成黄河三角洲；

其二，象形大象身材一样宽阔的地舆，可任意穿行。

豫州由此而得名。

《说文》说的很明白：“豫，象之大者。”

对豫代表的意义及古人的应用，可从广大宽阔的地舆特征寻找。

如地舆宽广通达无碍，代表从容、安定、安逸、游乐、嬉戏、心情愉悦，等等。

地舆广大也会迷失方向，会犹豫不决。

从沧海变桑田，剥去沉积物，山水地貌就会重现。从过去到未来的变化叫豫。如豫先（预先,早先），豫言（预先说尚未发生的事），豫防（事先防范），豫见（事情还未发生就预先知道），豫知（预先知晓），等等。

嵩山向东延伸，进入平原处有具茨山，当代中原人称为始祖山。为什么龙子不是具茨山，而是嵩山？

具茨山是嵩山的延伸。具在甲骨文中是双手捧着鼎。《说文》：“具，供置也。”有准备祭祀的特点。《说文》：“茨，以茅苇盖屋。”龙子用瓦屋、王屋。古代取名具茨山强调用草屋，已明确具茨山比嵩山低一个档次。

所谓始祖，是民间堪舆立祖的用法，豫州的龙脉始祖是嵩山，当今将具茨山称为始祖山，用法不妥。古代皇家封禅祭祀，五帝中心的黄帝在嵩山，民间祈福去具茨山。

七、青州

文明东移，伴随济、河、淮的山系被沉积平原淹没。主支在泰山露出，这个主分支好似下垂的一个细长的树枝，在树枝尾端落着一只鸟——泰山。

这只鸟在中华地舆东方，太阳升起的地方。

阳气上升，太阳照耀着万物。阳气上升的强势无可阻挡，为大，为通达无碍。

阳气上升是从北方太阴之水开始的，水是生命之源，综合这些自然现象造了泰字：

阳气上升为天，上为天的庇护，为大，下为水的滋润，是持久的补济。地下禾苗直插云霄，茁壮成长。这就是泰字。这种状态是地天泰阴阳交合的状态。

万物的成长让世界变为春季的盎然，一片绿色的景象。绿色在初升的太阳照耀下映入天空，又折射入海中，构成青色的世界。下面是初升的太阳，上面是禾苗，叫青。命名曰：青州。

人们说的青天，就是这个时段，阳气上升，势不可挡，充满正能量的青天。如古时老百姓最爱戴的“青天大老爷”。

八、徐州

桐柏山太白顶为龙九子之一，管辖淮水流域，叫徐州。代表坤卦。

甲骨文淮：

鸟和河的组合为淮字。飞鸟和河流结合起来就是淮，迎合了短尾雉鸟飞往桐柏山的说法。

淮河的位置在昆仑中级与下级结合部，即天地之间，凡间的鸟飞不上天，所以过不了淮河，只有落在北岸，慢慢地行走，栖息于此，这种状态叫徐。

徐，左双人，上面又有人，有很多的人聚集的含义。《说文》：“徐，安行也。”鸟因飞不过淮河而滞留在北岸，悠哉悠哉地生活在那里，称为徐州。

《易・困》：“乃徐有说。”虞注：“坤为徐。”徐的状态有聚集的倾向。

坤卦以厚德载物，承载着一方太平盛世。这就是淮河流域的徐州。

九、兖州

济水出王屋山，实际不是在王屋山发源，而是发源于河津，经永济向东，是一条暗河，在王屋山露出地面。

津在甲骨文是一个人站在船上撑船。金文船上是淮。

甲骨文与金文津：

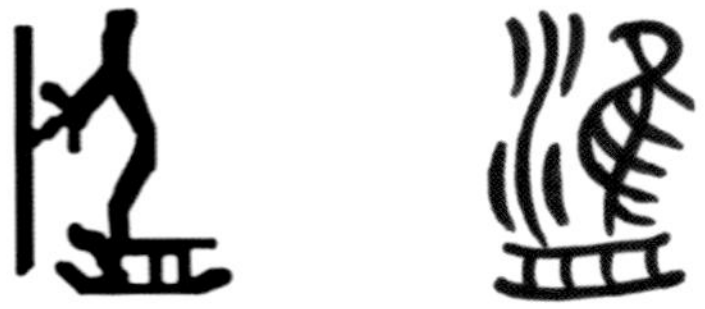

《说文》：“津，水渡也。”津带有很神秘的含义。从“人”乘舟而渡延伸到“淮”乘舟而渡，这时渡的是河，是神鸟。津带有玄牝之门的特性。

《三秦记》：“河津，一名龙门。”是大禹治水的禹门口，是鲤鱼跃龙门的位置。传说跃上龙门就可成龙。

济水发自津门，暗渡经永济，到王屋山露出地面，人们看到了泉水，认为是济源。其实所有泉水涌出的水源地，其水都已在地下行走了很远的距离。

济水是四渎最神秘的水系，在道家眼中基本是地下暗河，偶尔浮出地面，只是压力过高时从地面缝隙中喷出分流。黄河改道占领了济水的河道，不等于吃掉了济水。济水这条地下河流千百年来一直奔流不息。

三家之屋，当然住着王，王同样代表乾。它是那只长尾雉的化身，是龙九子之一。

济水流域被划为兖州，为乾。济之顽强，水之清，代表着乾的特性。济水的乾与淮水的坤相呼应，淮南济北，构成地天泰的状态，中间有泰山。泰山有洞穴，与昆仑之丘、昆仑之虚的玄牝之门连通返回虚空。

从昆仑山到泰山，构成了从无到有又从有到无的轮回。

兖州为何叫兖？

兖，古写兖，上六，下兄，六个兄弟，象形乾卦。兖是根据乾卦六个阳爻造的一个字。

济水是中华民族的血脉之一。与之相伴的是一朵盛开的莲花。这朵莲花是“泰”状态的进一步应用。华夏的名称就来自于夏季绽放的这朵莲花。济水则是顺花茎补给营养的一条暗河。济水也由此而得名。

大禹平水患定九州，让中华地舆稳定。大禹是神话的人物。经过长期文化积淀，实际存在的人物夏禹，治理水患，划九州分都邑，使中华民族进入文明昌盛时期。

到这里为止，便讲完了中华地舆的宏观布局。

第十七章 马王堆“非衣”

一、“非衣”出世

周典入楚，包括记载中华地舆在内的宝典失踪。从后期理论应用推断，早期许多文化都在以不同的形式传承着。孔子得到了《易》，也说明周典有部分流传于世。

在笔者系统整理之前，古人视角的中华地舆依然是谜，即使有少量解读，也只是片段。当然，笔者的系统整理仅仅是个人现阶段的理解，只能算一家之言，许多观点还需在进一步探索中完善。

近代考古发掘的汉画，寄托着对死者回归自然的精神寄托，含有中华地舆的图像，但是不系统。

在周典入楚300年后的西汉初期，即汉文帝时期，长沙国丞相利苍及其家属的墓葬中应用了中华地舆抽象的宏观图像，为中华文明的历史研究提供了有力的证据。

墓葬位于湖南省的长沙市，属西汉时的楚国，世称马王堆汉墓。马王堆汉墓文物于1972年至1974年之间出土。出土文物收藏在湖南省博物馆中。

这里以一号墓T形帛画为例，探索其玄机所在。

在马王堆一号汉墓的锦饰内棺的盖板上，覆盖着一幅彩绘的帛画，保存完整，色彩鲜艳，内容丰富，形象生动，技法精妙，是不可多得的艺术珍品。帛画上宽0.92米，下宽0.477米，全长2.05米，为T字形。画面完整，形象清晰，描绘出许多代表祥瑞的图案。遣策中记载这幅帛画为“非衣”。

二、相由心生

古人把大自然理解为从无到有，再从有到无，周行而不殆的轮回。轮回的转折点叫玄牝之门。老子总结出了《道德经》，确立了“域中四大”的思想。其中存在一个虚空的智慧的空间——“道”。认为世界存在四个部分，天、地、人和道。古人认识自然的理论体系从此称为道家。

根据道家理论，古人运用逆行的思路，追求返回虚空，或者直接进入玄牝之门，抽象出一个理想的虚空的智慧空间，追求回归自然。

将天、地、人都赋予对应的神明，让形和神分离，诞生了中国最早的宗教雏形，当时叫修仙术，追求长生不老。道家文化开始初步分离出宗教，后人应用道家理论加上民间巫术等成立了道教。

道家文化来自于对地舆的理解，认为在天成像、在地成形。在地成形是可以直接看得到的。天上的世界看不清楚，叫像。相由心生，根据不同的境界，想象出不同的像。

在道家眼中地舆是有生命的，把地形想象为不同的生命体。对这些生命体的理解同样是相由心生。每人都有自己心中的像，这个像是有差异的。

古代的智者将像进行了统一，不然乱象横生，就不是百家争鸣了，而是千家、万家争鸣。

下面举一个简单的例子来说明这个问题。

马王堆一号墓T形帛画

假如眼前有一个山丘，有人说像龟；又有人说是只鳖；你说上面长满荆棘，明明是个刺猬；又有不同意见认为，有潜入地下之势，是一只穿山甲。这都是有理有据，孰是孰非？都是对的，也都是错的。

大家也许都听过苏东坡与僧人佛印的故事：

一天，苏东坡对佛印说：“以大师之慧眼看来，吾乃何物？”佛印说：“贫僧眼中，施主乃我佛如来金身也。”苏东坡听朋友说自己是佛，心中窃喜。可他见佛印胖胖墩墩，就想和他开个玩笑，笑曰：“然以吾观之，大师乃牛屎一堆也。”佛印听苏东坡说自己是“牛屎一堆”，并未感到不快，只是说：“佛由心生，心中有佛，所见万物皆是佛；心中是牛屎，所见皆化为牛屎。”

谁都没有错，你亲眼看到的都是对的，只是相对于自己当下的境界。或许明天，随着认识的提高你便会发现自己昨天错了。

《道德经》规范了“域中四大”所反映的周行而不殆的轮回；确定了在地舆应用中各自的范围并命了名，赋予了灵魂；将中华地舆归纳统一了认识。

三、中华地舆的宏观布局

首先在天成像的世界，是一个理想的、完美的空间。天、地、人在地成形为三坟，在天成像对应有日、月、神农。天上还有天地的主宰，东方帝与王母娘娘，以及他们的家族成员等。古人以中华民族皇宫的结构，想象了理想的天宫构成。在天都有对应的星座，以星官命名。

天宫的主宰，在地成形，都有对应的位置。首先有伏羲女娲的地貌，象形东方帝与王母娘娘。有昆仑之丘与昆仑之虚，象形伏羲女娲的头部，代表智慧，是道。还有玄牝之门，可以沟通天地。

日、月与神农在地有天、地、人象形的地舆。

龙九子，在地舆中各霸一方，像诸侯一样统领着伏羲女娲管辖的地舆。

中华民族生活的地舆处于北半球，以汾渭谷地为中心，以西部高原伏羲女娲为依托，文明中心在四季分明的东部地舆，叫世界东方。天宫也只是世界东方的天宫。西方，在佛教进入中国后被看作如来佛祖的世界。

以伏羲女娲为神明，统领的赋予神明的九州，统称为神州。将神州大地划分昆仑三级，象形从人间进入天宫要经过三级天阶。这就是中华地舆的宏观布局思想。若明白了宏观布局，西汉初期的帛画就可以迎刃而解了 。

四、取象比类读“非衣”

帛画分四个部分，运用了中华地舆的宏观布局。从上到下是从天宫进入人间的象形。昆仑三级从西向东发展，就将帛画按从西向东来布局，上为西，下为东，左为南，右为北，对应来寻找天宫的人物，分析“非衣”从人间进入天宫的引路过程。

天宫

上部宽的部分，占比例较大，为天宫。

天宫的空间生动形象。两条龙代表东方帝和王母娘娘。

左侧青龙为王母娘娘，带领女儿们，统领后宫，代表坤，属阴。

右面赤龙代表东方帝，带领九个儿子掌管天下，代表乾，属阳。

太阳是龙子们的象征，月亮是女儿们的象征。太阳有太阳乌。月中有蟾蜍、玉兔。图像来自于古人对阴阳的理解。

嫦娥吃了王母娘娘送的长生不老药，升往月宫。嫦娥是东方帝的女儿，回后宫住在月亮上，归王母管辖。太阳中有两只脚的金乌（金乌不是三足乌），象征龙的所有儿子。在应用中，龙子们的形象都带有羽翼。

扶桑树上有八个太阳，其中一个在上面，代表正在工作的太阳，加起来九个太阳代表龙之九子，似乎是合理了,其实不然。

东方帝和西王母结合原本生了十个儿子，进入人间做诸侯九个，是一次重生，代表龙生九子统领天下。还有一个在天上做太阳，永不停息。扶桑树九只鸟在天成像应该也是九只，可是这幅图上只有八只。为什么呢？

违背常理，必有缘由，应与死者身份有关系。

日月之间人首蛇身的形象，就是天地人三皇中的人皇神农。五只鹤代表金木水火土五行，神农负责调和五行平衡。有点总管的味道。

伏羲、女娲、神农是在地成形的三皇，在天成像有东方帝和西王母，分别与伏羲女娲对应。没有神农对应的神明的记载。这幅画面中出现了这位神明，证实了中华地舆中人皇的存在，只是这位神仙名称有争议罢了。笔者称它为神农。无论称呼怎么称，人皇的性质没变。

伏羲女娲是人首蛇身，神农当然也是人首蛇身，民间有牛首人身的传说。文化传承中没有明确神农的称呼，专家们公认中心那位神仙是烛龙。《山海经》中记载，烛龙也称烛九阴，是人面蛇身的形象，赤红色，身长千里，睁开眼就为白昼，闭上眼则为夜晚，吸气为冬天，呼气为夏天，又能呼风唤雨，不喝水不进食，不睡觉也不休息。烛龙带有神农的特性。神农的应用是老子所谓，且加上了耕牛，让人皇更接近于生活。在老子之后还有神农牛首人身传说，没有脱离神农的职能范围。

画面中西王母为坤，在左为南方，东方帝为乾，在右为北方，是一个理想的地天泰状态。

值得注意的是，画面夸张了龙的生殖器官，暗示玄牝之门的存在。

画面窄的部分，分为三个部分，与昆仑三级相对应，同时也代表天、地、人三坟。三坟加上天宫构成“域中四大”。两条龙贯通了天、地、人，是伏羲女娲的身躯。

上级天庭

上部为西部高原伏羲女娲身躯在地成形的抽象，也就是天皇与地皇的位置。伏羲女娲头部分别代表昆仑之虚与昆仑之丘，头部代表智慧，是道，其中暗藏有玄牝之门，是在地成形的天宫，是帝之下都。

帝之下都与天宫有南天门相隔。门是封着的，有守护者。谁要想从此通过需要条件。

女娲为王母娘娘在地成形的化身，称为西王母，被敬为地皇。伏羲为东方帝在地成形的化身，被敬为天皇。伏羲女娲头部所处的状态，对应了天界理想的地天泰状态。是西部高原的抽象影像。

中间的老妇人是死者，已到了天阶的第三台阶，进入昆仑上级即伏羲女娲头部区域，在玄牝之门的临界位置，已有接应者，马上就要通过玄牝之门进入虚空界的东方帝的宫殿。

中级阆风

伏羲女娲二龙盘绕与下部有玉璧相隔，构成封闭的下部空间。二龙缠绕变化方位，构成天地否的状态。进入龙九子的九州空间。

玉璧两侧龙身上有夸张的生殖器官，对应青城山南北一线。是伏羲女娲的玄牝之门，昆仑中级与昆仑上级只有通过此玄牝之门才能沟通。

生殖器官的下面是阆风，代表昆仑中级的部分，象形四川及长江流域。祭祀的人们处于昆仑中级的阆风地舆。

下级樊桐

再往下方有一个屏障，让昆仑中级与下级分割，象形大别山。下级属黄河流域。

下方有两条蛟龙，分别代表淮渎与济渎，青色为淮渎，为坤，赤色为济渎，为乾。二龙盘旋阴阳交合，构成地天泰状态。这个状态与理想的状态同步，构成一个轮回。

最夸张的是神农，在地成形必然有他的存在。正忙活着调剂人间平衡，神农化为人形。蛇身化作一条赤蛇，拴在自己腿上。天地间玄牝之门打开，天地震动，神农正支撑着扶桑树的树干大别山，正在辛勤地劳作。

引魂升天

画面的目的是引魂升天。

作为皇家贵族升天引路的路线图。不应该存在地狱，地狱不吉利。

只有昆仑三级是合理的。昆仑三级各有一个玄牝之门，每个门口都有虎豹怪兽看守。一号墓是老妇人，死后已通过玄牝之门，从人间返回昆仑上级天庭。

神农领导下的金木水火土五帝，也陪着老夫人，确保平稳升天。

五、三号墓帛画

三号墓帛画受损严重，可以分辨出画面主干与一号墓相同。由于人物对象不同，细节应用存在差异。作者加入了自己的意愿。

三号墓的人物是男性。画面下部大同小异，但天上有区别。神农的五行调和变为八卦平衡。龙九子不见了，变为一个太阳。浪漫的是嫦娥不见了，有一个男性奔向太阳。

由此推断，“非衣”不是原始的中华地舆图像，而是对中华地舆玄机的应用。根据死者身份不同，死后去处不同。

飞向月亮宫或太阳宫的人物是死者。女子进入月宫，男子进入太阳宫。

一号墓的八只太阳，暗示了死者的身份。老妇人是长沙国丞相利苍的夫人。丞相利苍不是龙子，少的一个太阳不能代表丞相利苍还在世。老妇人回归天庭说明她是皇室血统，嫁给了丞相利苍。

老妇人去世是公元前186年，是汉王朝一统天下的时代，汉朝皇帝是天之子，天下只有一个天子。天上龙九子少了一子，代表有一个在下界任天子。

三号墓是老妇人的孩子，就没有画龙九子。他去天上进入太阳宫是因为有老妇人的血统，达不到龙九子接应的级别。

马王堆三号墓T形帛画

南阳府衙

己

南阳盆地调和天下

夏禹以南阳盆地为独立单元，与中华九州宏观地舆同步，确立了南阳盆地的中华调和中心地位。老子以夏禹的应用为基础，将“域中四大”的运行规律展示在南阳盆地。

第十八章 南阳盆地的中心调和地位

一、得中原者得天下

自古得中原者得天下，讲的不是豫州大中原，而是中华调和中心南阳盆地。

1948年11月4日，解放军占领南阳，毛泽东闻讯后，心潮澎湃，文思激荡，亲自撰写通讯报道。一气呵成《中原我军占领南阳》。11月5日，新华社全文播发。南阳修建了解放广场，纪念这一辉煌的历史篇章。

为什么说得中原者得天下？这与南阳盆地在道家文化应用中的地位有密切关系。

二、南阳盆地在昆仑九州的地位

南阳盆地是中华地舆南北分界点，是龙的传人的几何中心。在宏观应用中，被作为“域中四大”的“道大”，既是玄牝之门，又是与中华宏观九州相对应的“道”。其中暗藏许多智慧。

南阳盆地是伏羲女娲两尾缠绕而成的“宛”，室之西南隅的“奥”，昆仑两人的“比”，龙的“尾闾穴”，还是海水归处的“沃焦”，是昆仑三级互通的“玄牝之门”。

南阳盆地被伏羲女娲两尾卷曲保护，它不属于龙的身体，所以不在昆仑上级。

伏羲女娲两尾与大别山隔断南北，南阳盆地在隔断的中心地带，既不属于昆仑中级，也不属于昆仑下级。所以说南阳盆地位居中心，不在昆仑三级之中。

中华宏观九州分布在扶桑树树冠上。南阳盆地在扶桑树的树干分叉处的空隙中，是一个独立的单元。夏禹划分九州时，似乎南阳盆地被漏掉了，没有任何应用迹象显示南阳盆地属于哪一州。

南阳人似乎希望自己是豫州，代表着中原，何况南阳市的行政区划归河南省。

黄河流域与长江流域的分水岭是秦岭。南阳盆地属长江流域，归楚国的时间较长，楚汉文化特征明显，受荆州影响也较大，归属荆州也合理。

《禹贡》认为南阳盆地属豫州。

南阳解放广场

现代研究以历史记载为依据，但许多历史记载是后人所记，不排除推理杜撰的成分，且带有作者自身的见解。

夏禹是如何应用南阳盆地的呢？

严格意义上讲，夏禹划分九州确实没有划分南阳盆地，南阳盆地不是漏网之鱼，而是另有作用。

夏禹时代，人们理解的世界还没有许多层天。人之外只有天、地对应的神明，称为神、冥、人三界。

夏禹将南阳盆地看作神、冥、人三界的大门。把国都建在南阳盆地，作为调控中心调和天下，今称为禹都。

南阳盆地也是一个独立的小州，是轮回的转折点。老子理论完善后，称为玄牝之门。

九是最大数，到十构成一个轮回。夏禹划分了九州，对于南阳盆地古代有十州的说法，符合能量装换点的特征。

三、居汉之阳

张衡《南都赋》："于显乐都，既丽且康。陪京之南，居汉之阳。割周楚之丰壤，跨荆豫而为疆。体爽垲以闲敞，纷郁郁其难详。"

这段话写出了南阳盆地的地舆特征：乐都、汉之阳、独立的单元体、玄妙多难详其说。

显然张衡的汉是三坟地舆，文明东移诞生南阳盆地，在汉的正东方。汉之阳说法是非常严谨的。这一点也证明了笔者的推理主线是合理的。

汉的本意失传，许慎在《说文》中把汉解释为汉水，这一解释成为定论。南阳在汉水北部，"居汉之阳"就不好解释了。有种说法"山南水北谓之阳，山北水南谓之阴"似乎可以给许慎作解释。笔者没有找到这个说法最早出自何处，前提是什么？只知道当代多处在用。如此定论，那么南北走向的河流如何判定？说法显然具有片面性。

这种说法若要合理，前提是把山固定为参照物，以太阳照射方向判定，而不是阳气上升方向。若以水为参照物，阴阳正好相反。参照物不可一概而论为山，也可以是水。何况东西方向也有阴阳之分。忽略了参照物的前提条件，应用中必然出现断章取义，误导是必然的。

最典型受误导的地名是江苏省江阴市。江阴在长江南岸，为江之阳，早期叫"暨阳"。南北朝梁敬帝绍泰元年（555年），废暨阳县建江阴郡。

正确用法如陕西省汉阴县，古汉阴城在汉水北岸还隔着一道山脉，以汉水为参照物北为阴，所以叫汉阴。又如汉水进入长江处的汉阳，自古在汉水南岸为阳，所以叫汉阳。

四、禹都阳城

夏禹时代讲究天人合一，触一发动全身。认为在能量汇聚的能量场调和，可以实现微观与宏观的同步。从理论上讲，夏禹把南阳盆地作为中华民族的调和中心，建立都城统领天下。实际是否是这样呢？

关于禹都的信息主要记载有两个：

其一，唐杜佑《通典》："邓为禹都。"

其二，古本《竹书纪年》："禹居阳城。"

还有说法："禹都阳城，启都阳翟。"

"邓为禹都"与"禹居阳城"已被学术界认可，但具体位置尚有争议。现代专家用考古发现来证明，反而淡化了文化背景的主导作用。怪只怪周典的失踪。

司马迁在《史记·货殖列传》中写道："颍川、南阳，夏人之居也。夏人政尚忠朴，有先王之遗风。颍川敦愿。"《史记·周本纪·集解》："徐广曰'夏居河南，初在阳城，后居阳翟。'"

司马迁虽未注明禹都位置，但明确了夏人与南阳有关，且表明了阳城和阳翟的先后时间关系。

邓在南阳已没有争议，邓字的原始意义是建邑铸鼎祭祀。现在的邓州是隋唐时期以湍水为界划分东西两州，唐州和邓州。夏代邓的位置范围要广，祭祀的中心点应在夏禹的都城附近。

阳城位置较多，山、水或独立单元地舆的阳面为阳，即东方和南方，阳气上升的方位都可以命名为阳。宏观与微观应用的阳城甚多，这就为不同的理解角度带来了纷争。

禹都在哪里呢？读懂南阳盆地的道家文化内涵，禹都将自然显形。

五、南阳地名的由来

秦昭王三十五年（前272年），初设置南阳郡。

汉代《释名·释州国》："南阳在中国之南，而居阳地，故以为名也。"

《元和郡县图志·山南道二》："秦昭襄王取朝地，置南阳郡，以在中国之南而有阳地，故曰南阳。"

《资治通鉴·周纪五·赧王四十三年》："秦置南阳郡，以在南山之南，汉水之北也。"

中国之南的说法笔者不敢苟同。因为中国宏观地舆包括昆仑三级。龙的传人地舆即使去掉龙身也包括东部九州。汉、中国、中华、华夏等地舆范围不同。这些概念虽常用，但找不到严谨的解释记载。

司马光应该是把汉理解为汉水，用了"山南水北谓之阳"的理念。按司马光的解释汉中叫南阳更合理。以上记载似乎都不太严谨。正如王安石所言："此所以学者不可以不深思而慎取之也。"

以汉中与渭水谷地为中心的三坟地舆为汉。中是在汉的中心地舆抽象出的状态，代表以汉中为中心南北阴阳调和的平衡状态，不代表地舆，只是一个调和状态。

在中字调和的下部代表地的地舆，象形两株并列的大荔花。汾渭谷地象形一株完整的莲花的根部，这株莲花生长在黄河流域，展示着春夏秋冬四季的生长状态。这株莲花夏季花期绽放出一朵花。花开象形东部大平原。这是一个非常复杂的状态，读者先了解中、汉、夏、花（华）的关系即可。

汉是三坟地舆的总称。华夏代表文明东移形成中原，包括整个黄河中下游地舆。中华代表汉的同时增加了文明东移的华夏地舆。按范围从大到小排序：中国、中华、汉、华夏。

南阳在中国之中心，中华之东南，华夏之南，汉之东。可称为中华之阳，华夏之阳，汉之阳。

明白了这个道理，"禹都阳城"就不难解释了。南阳的地名从夏代就开始了，那时叫阳城。

有人会问阳翟怎么理解？

阳翟公认在河南禹州，禹州是夏禹之子夏启的封地，夏禹建都南阳，夏启统领豫州，阳翟是夏启的都城。豫州以龙九子之一的中岳嵩山为支撑点，将城邑建在嵩山东方禹州，东方为阳，称为阳翟。翟是个飞鸟，是长尾的雉。

甲骨文与金文翟：

嵩山东面为阳，叫阳翟。其用法与荆州应城等相同。读完南阳盆地的道家文化布局应用，按取象比类思维的方法再去探索九州，九州的应用就会迎刃而解，不需要单独讲述。

在南阳盆地同样有"应"的记载和"翟"的特征存在。

有一点需要引起注意，所有与龙九子有关的应用都带有鸟的信息。如雉、津、淮、焦，等等。

夏禹执政，禹都在阳城。九州诸侯国也各有都城，夏启之都在阳翟，是豫州的都城，与禹都并存。夏禹死后，夏启继位。

六、南阳盆地地理特征

南阳盆地是中国南北分界带，秦岭遮挡了北方冷空气南行，大巴山遮挡了南方暖湿气流。向东延伸，大别山又遮挡了冷暖气流的相遇。大别山以东地区没有天然屏障，分界不明显，以淮水为界。

划分南阳盆地的分界带，让专家们犯了难。人为因素制定了划分标准，勉强确定了秦岭与淮河为南北分界带。

其实秦岭与大巴山并行，同样有遮挡冷暖气流的作用，大别山南部高原削弱了暖气流。秦岭相对作用强烈，另外有盆地水汇入长江的因素。从地貌特征分析，南阳盆地是一个整体，整体担负着南北分界的作用。

南阳盆地南北有两个天然缺口。南方缺口叫襄樊，是水路缺口。东北缺口叫方城，是陆路缺口。

襄樊、方城两个缺口造成冷暖气流在盆地相遇，襄樊较低，方城相对高一点，气流相遇点往往偏向北方，造成伏牛山南半部的多个暴雨区。

20世纪中期，新野县、南阳县南部农民听天气预报大都听襄樊人民广播电台。农民称南阳县的天气预报叫：“日冒台”（方言，代表不准确）。向北到南阳城，人们听南阳县人民广播电台。南阳县的天气预报对南阳市区及以北地区还是准确的。原因就是盆地两个天然缺口开的玩笑。

南方亚热带多雨，北方北温带偏干旱。南北气流在南阳盆地相遇，起了缓冲调和作用，形成南阳盆地独特的四季分明、风调雨顺的气候特征，适宜农业发展，更适宜人类居住。

老子将两个缺口的地名用的略显夸张，直接封闭两个缺口，让南阳盆地独立存在。

南方的缺口地名叫樊，在汉水北岸，属盆内侧，叫樊城。汉水南岸地名叫襄，属盆地南部外侧，叫襄阳。

东北的缺口在盆地内侧地名叫墉，也叫堵，今方城县。盆地外侧地名叫襄，今襄城县。

南方玄圃多水田，又是水路出口，用篱笆相对合理。缺口用篱笆隔开，叫樊。

白话版《说文解字》更好理解：“樊，被羁绊而不能行走。”象形篱笆或鸟笼子。

北方樊桐，平整土地，筑巢耕作等特征明显，北方陆路缺口修围墙建城池，称为堵阳城。

樊和堵同样起到了围墙的作用。南阳盆地成为相对独立的单元体。

《说文》：“解衣耕谓之襄。”

甲骨文襄：

襄，表示一个人头顶盛器播种。几点的符号表示将盛器中的种子撒向庄稼地。

南阳盆地两个缺口外围都用了襄，其中很是巧妙。

南方有天界的特性，代表皇家菜园子的管理。

北方有桐的特点，代表人民平整土地建设家园。其中包含了沧海变桑田、人口迁移和地舆的扩张。

昆仑中级和下级的九州都需要播种，这个襄字暗示了一个玄机，就是南阳盆地不在耕作的范围内。不是昆仑中级，也不是昆仑下级，而是一个独立的单元体系。即使有缺口，也有篱笆和围墙隔开。

七、南阳盆地的布局理念

南阳盆地南部大巴山带有玄圃的特征，命名多以植物取名。北部秦岭带有樊桐的特征，命名遵从了人们筑巢农耕的特征，中间是南阳盆地。昆仑上级包括整个龙身，大巴山和秦岭属于昆仑上级，南阳盆地直接可以进入昆仑上级，也可以通过南北两个缺口直接进入昆仑中级和下级。

夏禹时代已经应用天地人的轮回，轮回的起始点已有盘古开天地的神话存在，说明“道”已开始应用，只是没起名字罢了。老子起了名字叫“道”，从而完善了道家“域中四大”的运行体系。

运行模式确定，中华地舆玄机的应用无论宏观或微观，一律采用这一运行模式，这就是在各地应用中重名现象很多的症结所在。

在南阳盆地的布局中，用樊城和堵阳缺口，将盆地圈为一个独立的单元体，这一独立单元遵循“域中四大”的运行规律，展示从无到有，再从有到无的轮回。

从桐柏山开始，演绎盘古开天地，清升浊降分出天地。天上有天帝的皇宫，地上有二郎担山赶太阳的地貌。后羿射日，九日落入沃焦，诞生北部九座孤山，完善了天、地、人三坟的对应地舆。

在南阳盆地又划分盆地内的昆仑三级，划分了三垣星系，暗示了扶桑树，演示了从无到有到太平盛世的演变过程。这一轮回与中华宏观地舆同步，展示了以微观管理实现宏观调控的理论。

第十九章 南阳盆地的宏观格局

一、南阳盆地的星垣分布

古人将天上的星斗分为三垣四域。四域有二十八个星座。象形于一个国度的四面围墙，以四象代表。北方玄武，东方青龙，南方朱雀，西方白虎。

围墙之内分为三垣，象形于一个古代皇家王朝的国家机器。三垣是紫微垣、太微垣、天市垣。各自都对应一个庞大的星区，用许多星官命名。古人把它们理解为对应人间的一些机构和人物。

紫微垣是三垣的中心垣，居于北天中央，所以又称中宫，或紫微宫。紫微宫即皇宫的意思，其中由至高无上的天帝、王后、太子、庶子等构成的皇室家族。它以北极为中枢，东、西两藩共十五颗星，两弓相合，环抱成垣。各星多数以官名命名。

太微垣是三垣的上垣，相当于大臣办事机构。位居于紫微垣之下的东北方，北斗之南，以五帝内座为中枢。太微即政府的意思，星名亦多用王公大臣的官名命名。

天市垣是三垣的下垣，相当于老百姓活动的市场街区，位居紫微垣之下的东南方向。它以帝座为中枢。天市即集贸市场。

《晋书·天文志》中云："天子率诸侯幸都市也。"星名多用货物、星具，经营内容的市场命名。

在地成形应用时，三垣星系各自都有对应的地舆方位。四象在盆地内没有明显应用特征。也许是为了便于宏观调控，不要边界更直接。

古代有专职部门负责观察天象、推算节气、制定历法。而天上也有对应的星座，在太微垣叫灵台。

二、三垣位置划分

古人以盆地周边山系分水岭为界，在水系流入盆地之内的地舆，属于南阳盆地。在南阳盆地内的星垣应用，均在分水岭盆地一侧。

伏羲女娲两尾的应用，以及神农架与伏牛山的呼应等都是宏观应用，不在盆地内的分布中。

研究地名要分清宏观与微观的应用，分清相对应用区域，不然容易混淆。如西鄂的地名，是中华昆仑下级所开的一朵莲花，从太行山延伸到大别山是花萼，古代鄂通萼，代表花托。伏牛山末端象形花萼西部，称西鄂。西鄂虽在盆地中，曾为国名，但不是盆地内部应用。

盆地内的三垣星系在地成形位置在秦岭尾端的伏牛山分水岭以南。以盆地正北方的雉衡山、太子山为中心，代表紫微垣。紫微垣两侧分列五帝内座和帝座，这两个星座在紫微垣中，又分别担任太微垣和天市垣的中枢。五帝内座五颗星，对应五垛山。帝座一颗星，对应小顶山。

以三垣星系为中心，向南延伸，组成天、地、人的对应关系，将盆地进一步细化。

以北极为中心的紫微垣，以五帝内座五垛山为中心的太微垣，以帝座小顶山为中心的天市垣。以三个中心为基点向南部延伸，将盆地分为三个南北向区域。每个区域，按天、地、人三玟又化为三段，将盆地划分为九宫的格局。

域中四大有天、地、人、道。通向道的能量转换点为玄牝之门，三垣区域内都有玄牝之门的存在，有更精细的应用。三垣星系各成体系，又相互结合构成一个完整的宇宙太极平衡体。

三、盆地内昆仑三级划分

南阳盆地的作用是以微观管理实现中华九州的宏观调控，内部布局应用了昆仑三级的对应关系。盆地内的昆仑三级与中华宏观地舆的昆仑三级对应，是宏观昆仑的浓缩。

在盆地内，伏羲女娲没有成形的地貌特征，划分区域运用星象的方位在地成形，寻找对应点。

古人认为，北极星是北天极，是宇宙的中心，天上的星星参北斗，所有星星都绕着北极星转。

古人将北部北极星的方位列入昆仑上级，为天庭。天庭中存在一个天宫，里面住着东方帝、西王母、龙子龙孙。天宫及周围为天庭，有辅佐皇上的王公大臣。对应盆地内的地舆，从五垛山、太子山到小顶山一线的南秦岭地带。

龙的生殖区域，没有伏羲女娲龙尾形象的分界，但有淯水象形天汉银河将盆地一分为二，具有明显的分界作用。

以淯水为界西部太微垣的区域象形昆仑中级，为玄圃、阆风。以五垛山为中心向南延伸到武当山一线，是皇家的菜园子。

东部天市垣的区域象形昆仑下级，为樊桐。以小顶山为中心向南延伸到枣阳玉皇顶、七尖峰一线，代表民间生活的家园。

昆仑中级与下级分界是银河，在地成形对应淯水。淯水是一个分界带，从代表天宫的太子山到襄阳南部的岘山一线。分界中心点有一个地名叫界中。界中具有三个分界作用。

首先是昆仑中级与下级的分界点。其次是从太子山与九里山中间的隘口出山进入盆地，到古樊城渡口160千米，称为皇路。界中为这条皇路80千米分界点。然后是堵阳（方城）和樊城两个缺口旱路的分界点，从堵阳到樊城同样160千米，界中是80千米分界点。这是笔者测量的直线距离，民间流传不是80千米，称180里。古代测量的是路线，中心点的说法相同。民间还传说界中到南阳城72里应了72候，都是有妙处的。

水是生命之源，人类生活离不了水。昆仑中级和昆仑下级命名遵从了用水的特点。

皇家的菜园子耕作具有高贵的特征，用水要讲究些，在井中取。昆仑中级命名曰：丹。丹水的另一层含义是夏禹通过祭祀打开三界的大门，实现天、地、人合一，水从地下冥界而出（参照218页）。

甲骨文丹，象形在矿井中采掘的朱砂。

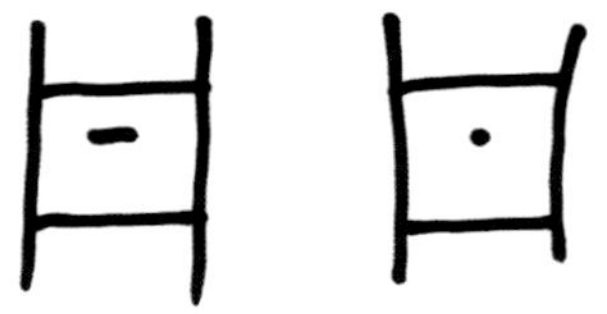

《说文》：“丹，巴越之赤石也。象采丹井。”朱砂丹水具有高贵的性质。

昆仑下级是老百姓的地舆，用水就没那么讲究了，拿个水桶直接在水塘中取水就可以了。昆仑下级命名曰：唐。

甲骨文唐，象形用绳子吊着水桶在池塘中取水。

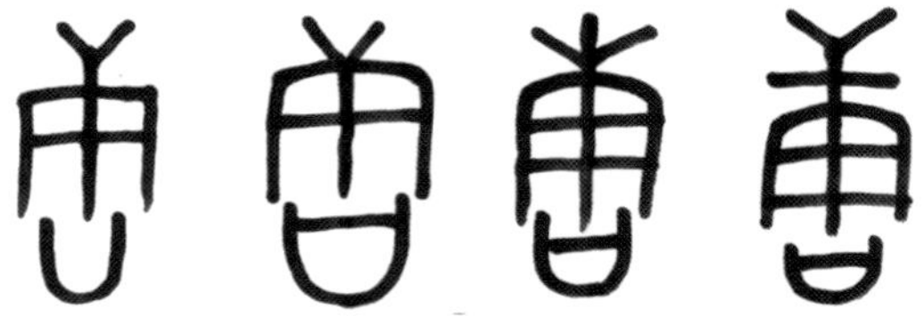

《说文》：“唐，大言也。”应用较晚。

丹和唐的地名还反映出一个信息，西部相对较高，需要打井取水，东部较低，多水塘。

隋开皇三年（583年），置邓州，治穰。随着邓州的繁荣，丹和唐的对应关系也称为邓唐。这次更名是按照夏禹的治理状态而变更的。

四、中心分界点界中

笔者高中语文老师叫孙凤阁，年逾八十，祖籍界中。在研究范蠡故里在界中。

孙老师告诉笔者，界中是范蠡的故里。村外有块地，当地称为范蠡坟，传说还是和西施合葬墓。越调传承者祭奠越调祖师西施，常来这里。

他说界中曾多次更名，春秋战国时叫三户，后来叫范蠡乡，唐代短期曾叫金华县。

明太祖朱元璋庶二十三子朱桱受封唐王，于永乐六年（1408年）就藩南阳府。朱桱的大将军孙和，随朱桱来到南阳，封地在三户，孙和将范蠡乡更名为界冢。孙和是界中孙氏的始祖，家谱中有记载，孙和的墓志铭也是一个佐证。

乾隆二十七年（1762年），乾隆私访时，路过界冢偶感风寒，界冢米醋治好了乾隆的风寒，乾隆留下了墨宝："免除界中三年赋税"和"古范蠡乡"。"古范蠡乡"四字被刻成石碑，镶嵌在界中南寨门上部，成为界中的荣耀。

乾隆将界冢写为界中，孙老师认为大概是乾隆写错了，是笔误。孙老师说，三户的地名只有传说，记载信息模糊，其他一切都有充分的证据，只是不理解为何叫三户，让学生帮着找答案。

笔者本不支持他。说若范蠡墓真在这里，就让他永远安息于此吧。孙老师执意要做，说知道界中历史的老人，就剩下三位了。他要在有生之年，把界中历史的真相传承下去。

孙老师是老学究，考证非常严谨。正巧学生的书要写到界中，在此给老师交一份答卷。

界中是南阳盆地天、地、人三坟的中心分界点。"三户"的"三"即代表三坟。

户在甲骨文中是门的一半。《说文》："户，半门曰户。"

甲骨文门：

甲骨文户：

在应用中："一扇曰户，两扇曰门；又在堂室曰户，在区域曰门。"户被后人理解为单扇门，有些不妥。因为单扇门、多扇门或无扇门都叫门。户只有门的一半，不能称为门了。但户含有门的性质，带有含蓄、隐秘性。从空间抽象的角度来理解，门具有二维的特性，具有分界的作用。户不是完整的门，不能作为分界来用。户带有含蓄性，包含门内隐秘的成分，具有三维的性质，还有玄牝之门的特征。

由此推断，三户作为天、地、人的分界点，有通向三界玄牝之门的特性。户可以理解为玄牝之门。三户就是三坟的玄牝之门，是域中四大的能量转换点。古代皇家应用地舆都是非常讲究的。包括南阳有钦赐田、蓬莱君主封在蓬莱阁、张骞封在博望等，选址都是遵循中华地舆能量汇聚、转换的理念。朱桱大将军孙和的封地在三户，有把守三界大门的含义。

将三户作为地名应用是很广泛的，仅南阳就有多处。也有按居住户数命名的，可从地舆特征中分辨。

玄牝之门具有两面性，界中的地舆特征也有极特殊的表现。出人才的同时，界中人的身体状况有特殊表现。古界中及周边有四个自然村——界中、李靖庄、施庄和曾庄。传说的范蠡坟就在这四个自然村中间。古代这四个自然村各有特点：界中盲人多，俗称"瞎子"；李靖庄甲状腺肥大者多，俗称"鹰脖子"；施庄秃头人多；曾庄侏儒人多，俗称"小人国"。当地流传一个带有讽刺性的顺口溜："瞎界中，秃施庄，夜壶脖子李靖庄，曾庄生的半截缸。"证明这一现象的普遍性。随着医疗技术的进步，在20世纪后期，这种现象逐渐消失了。

孙和更名界冢，是因为界中是一个高大的土冢子，起到了界碑的作用。传说古代道教所有神仙在界中都有庙宇，还有佛教的寺院。

与界中相邻有一个村庄叫荀营。荀是古代的一种香草，也作为姓氏来用。此村庄不出产香草，也没有查到荀姓的住户。为何叫荀营？

现在荀营的大户姓张。张氏家谱记载，村子始祖叫张以仁。李自成将南阳人几乎杀绝，因张以仁逃亡时身背老母，手拉嫂娘，士兵动了恻隐之心，留了他一家三口的性命，落在荀营村。至今已四百余年，繁衍十七代，算是地道的南阳人。

张家的老人们讲：老辈也不知道有姓荀的人家，但村旁水塘西面那块地叫荀家坟。就像南面那村（界中）的范蠡坟一样，是祖祖辈辈这样称呼的地名。也有人说早年曾遇到湖北姓荀的来这里祭祖，但没和村上联系。看来荀营确实是荀姓的村落。是古代荀氏的封地，还是曾有古荀国存在过？笔者没继续寻访。

从地舆特征看，这个荀与汉水三阳的中心太极回旋的旬阳用法相同，只是上面盖上了“草”，带有隐秘的成分。荀营的地名可以为界中中心分界的性质作一个旁证。

乾隆写界中没有错，说明乾隆知道玄机所在，知道这里是中心分界点，有意写为界中。

与界中相隔几公里就是中州名镇小长安瓦店。乾隆不住在小长安，反而住在界中，也说明界中的重要地位乾隆是知道的，是乾隆有意住在界中。或许乾隆是有意在自己江山的中心点留下墨宝。

乾隆出行必然有随从护驾，有护卫、阴阳师、御医都是可能的。米醋治好风寒只是托辞罢了。

界中醋是有讲究的。康熙十一年（1672年），山西高平人来到界中，应用界中三界相通的地舆特征，取冢子地下水（地），天子粮田的米（人），土法炮制，经长期日晒（天），凝聚天地人精华做醋。界中醋具有极高的药用与养生价值。

关于金华县城的短期地名，也没有脱离地舆伏藏的应用理念。华通花，金华，通俗地讲为金质的花。这朵花开在扶桑树上，被广泛应用。南阳的扶桑树上还有金华乡、青华乡，隔着淯水阴阳呼应，其中又是一个玄妙的应用。

界中醋厂

第二十章 南阳盆地的“域中四大”

一、桐柏山

桐柏山是中华扶桑树的分叉处。桐柏的地名，是按宏观应用而命名。

前面已讲过桐字，甲骨文中桐为众人兴桩夯地时，用号子来统一用力节奏，引申义为荣。是人类开始集体劳动，进入文明时代的开端。桐柏山从外形看，象形一个夯。取桐字应用了这一地舆特征。

甲骨文柏：

柏，甲骨文造字原意为林中之伯，就是林中之王。扶桑树是华夏第一树，是一棵神树，或称始祖树，为林中之王。

说文：“柏，鞠也。”鞠是一个会意字，带有外力因素，有养育、抚养、弯曲等含义。

说文：“鞠，蹋鞠也。”是一种运动。

综上所述，桐柏可以解释为：中华第一树从这里开始延伸繁荣，人类开始集体劳作建设家园。劳动之余开始集体娱乐，人与人之间开始有礼仪出现。这就是桐柏地名的由来。

二、往复运行的起始点

桐柏山既是中华扶桑树的分叉，又是伏羲女娲两尾相交处，九州龙脉从此分支，南阳盆地“域中四大”轮回诞生的起始点也从这里开始，盘古开天地的神话顺理成章地应用在南阳盆地。

桐柏山的地名是中华地舆宏观应用，相对于南阳盆地还有另一个地名，大复山。

雉鸟从雉衡山飞往桐柏山，化为淮渎，诞生徐州。从雉衡山到桐柏山有玄牝之门连接，道教称为洞天世界的洞穴。雉衡山、桐柏山都存在洞天世界。雉衡山二鸟化为济渎、淮渎，代表龙九子从天界进入人间做诸侯，是从天界到人间的一次生殖，是新生命的开始。从桐柏山通过洞天世界可以往复于人间与天界之间。老子将往复的能量转换点，命名大复山。大复山和桐柏山是一座山，但范围不同，桐柏山代表的是以太白顶为中心的东西一道山脉。大复山范围较小，代表太白顶及以西地舆，在分水岭盆地一侧，流水进入盆地内的地舆。南部进入湖北省枣阳境内的玉皇顶，北部到泌阳县境内的盘古山。

三、盘古开天地

南阳盆地是一个完整的太极平衡体，必然有一个完美的太极轮回。这个轮回就是老子“域中四大”的轮回。大复山是轮回的起始点，是从无到有的起始点。

宇宙从虚空开始，能量逐步汇聚，形成一个能量场，这个能量场逐步形成了一个卵形的胎儿盘古。盘古逐渐长大，能量场也在增大，生成了鸡蛋中的盘古。这就是南阳盆地往复运行的起始点，又名胎簪山。象征一个卵生的胎儿，像簪子一样插在山顶。胎簪山就是现在的太白顶。

盘古出世，化为天地，进一步生成万物。桐柏山民间一直传承着盘古的祭祀。盘古的祭祀与老子伏藏有密切关系。2008年6月，桐柏山盘古神话被国务院批准并列入第二批国家级非物质文化遗产名录。

从时间角度讲，一天的开始从启明星亮起开始。启明星也叫太白金星。胎簪山是南阳盆地运行的起始点，象征一天的开始，用启明星表示，命名太白顶。

既然盘古在胎簪山，为何在泌阳有盘古山，带来桐柏与泌阳的盘古之争？本章就来化解这一矛盾。

盘古是一个状态，没有孰先孰后，孰真孰假，只有相对于某一地舆的不同应用。

四、黑与明的转变

世界从虚空开始能量汇聚生成鸡蛋中的盘古，称胎簪山。随着盘古的成长，盘古耐不住黑暗，长至极限破壳而出，见到了光明。黑与明的转变有地名在演示这一过程。

盘古的成长在胎簪山，在黑暗中。启明星亮，天并没有亮，是黎明前的黑暗阶段。进入盆地开始天明，象征着盘古破壳。破壳从枣阳境内的玉皇顶开始。玉皇顶阳坡有白竹园的地名，阴坡有黑沟的地名，演示着黑夜与白昼的阴阳变化关系。

玉皇顶被佛教应用建了两个古寺。阳面建造了白竹园寺，代表白昼。阴面山脚下修建了黑明寺，代表从黑夜到天

黑明寺晨曦

明的转变。

佛家从世间一切有为法修炼，追求空生妙有的境界，在中华地舆选址建寺院遵从地舆玄机的应用，在道家称之为玄牝之门的地舆，佛道争地盘的现象自古不断。玉皇顶被佛教应用遵循了道家的理念，揭示了道家能量转换的玄机。

五、盘古山

盘古破壳出世，清升浊降始分天地。清升的方向为天，对应北天极的方向，即小顶山。浊降为地，地在玉皇顶一线，天地中间在泌阳，命名盘古山。从胎簪山到盘古山，是盘古从胎中到破壳而出的过程，是两种不同的状态。

盘古破壳出世，天、地、盘古每天逐步长大，长至极限，盘古轰然倒塌，化为万物。从此桐柏山就有了盘古血脉化为淮渎的说法，衍生了许多盘古的神话故事。

天、地、人范围逐步扩大，在地成形都有对应的位置。天在小顶山经太子山到五垛山一线，地在玉皇顶经襄阳九宫山到武当山一线。中间开一气衍生三坟，这一气有两个部分，飞鸟的空间和人站在地上的空间。于是乎就有了《后羿射日》形成南阳北部九座孤山、《二郎担山赶太阳》形成湖阳东部浅山区等，将南阳盆地初步形成的稳定地貌划分为三坟。

天、地、人生成，从大复山能量汇聚开始，到北部紫微垣天宫化为虚空，构成南阳盆地的宏观轮回。

六、盘古的血脉

盘古血脉化为淮渎，是如何应用的呢？

从小顶山经盘古山到桐柏山太白顶，分水岭以东代表文明东移，属于淮水流域，是盘古血脉的主流。

分水岭以西进入盆地，水从天、地、人三方生出，有三条河流代表先天原始的生水状态。

传说玉皇顶有九条龙，暗藏了龙九子诞生的神话。从玉皇顶诞生的水是伴随龙九子出生进入人间的水，叫丑河。丑是盘古开天辟地万物开始萌动的时间点，代表十二月，即丑月，代表阳气开始上升，春天即将到来的时候。丑造字本义是扭，变形。丑还代表断裂的地舆特征。

天上的水在北部叫潘河。潘，淘米的水。这个水不是纯水，而是天降的有营养的水。

从盘古山发源，流向盆地一侧的水叫江河。

黄河浑浊与淘米水的潘河美妙地呼应；长江在四川盆地与龙九子的出生相伴，其性质与丑河自有微妙的呼应之处；汉水与江河从盆地两侧进入盆地，又是一个呼应关系。

潘河、丑河、江河三条河流养育南阳盆地的万物，与中华宏观的黄河、长江、汉水相呼应，具有同步关系。

七、秦王涧

南阳盆地三坟建立，神农是如何将五谷杂粮与稼穑技术传到人间的呢？

玉皇顶北部有一个叫秦王涧的地名，道出了玄机。

秦王涧曾经有一个道观，传说是由空首道人所建。道观遗址因建水电站而被破坏，残留的只有一个人造谷仓和一个天然谷仓相伴。秦王涧有一个“天仓流谷”的神话传说故事，生动地讲述着谷子从山洞流出的故事。

一位叫刘天德的儒生，是个孝子。刘天德上山为老母亲采药，下山时路过秦王涧，看到崖壁在往外流谷子，他不舍得丢掉为母亲所采的草药，又没有装谷子的容器，情急之下脱下裤子接了两裤腿加一裤裆的谷子。谷子还在继续往外流。刘天德不忍心眼看着暴殄天物，就找了一块石头把漏谷子的洞堵上了。于是山涧回荡着一个声音：

“堵仓，堵仓，赏你稻谷一裤裆。”

刘天德回家安置好母亲，再去找谷仓，已找不到了。后来刘天德堵谷仓的地方，留下了堵洞的痕迹。在一个大石头上，长着一个小石头，这个小石头与大石头有明显差异，好像镶嵌上似的。

刘天德三字有寓意，分开分析可以看出玄机。

刘古写劉，原意为杀戮，代表负能量。德，升也，代表正能量。天，颠也，至高无上，代表智慧。

三字结合起来可以这样解释：

是杀戮还是贵德？需要智慧来衡量。

刘天德既没有丢弃为母亲治病的药，又没有让谷子堆积如山归为己有，更没有置之不理任其浪费。刘天德选择了孝，选择了尊重自然，保护自然，是为民之道的一个暗示。

天仓流谷的故事在教化民众的同时，暗示这里是一个玄牝之门。是从天庭送入人间生存条件的玄牝之门。

当地还有秦王李世民驻军、喂马、丢剑的神话。传说秦王涧的地名是由秦王丢剑而来。两个神话讲同一个地舆，强调了此地的重要性。

秦王涧外村子的梁老先生给笔者做向导，找到了谷仓。梁老先生在一个瀑布的上部，指出了相距十米左右的两处仓眼，一处具有明显的开凿痕迹。另一处有一块石头与山体颜色有明显差异。梁老先生指着人工开凿的仓眼说这是秦始皇喂马的仓眼。指着天然的仓眼说，这是天仓流谷的仓眼。

秦王涧是一个暗示，秦王不是李世民，秦代表耕作，秦王是耕父，是神农。秦王涧是玄牝之门，是神农送五谷百草到人间的一个玄牝之门。传说旁边还有凹穴岩画存在，传达着远古时代人们在这里祭祀的信息。

在人类起源和万物盛世的运行中，天、地、人三皇同步存在。在地舆应用中，时常遇到神农的应用，主要表现在天庭地舆或天地结合部。后面要讲到的南召石人庙，丰山耕父等都是神农的应用。人皇神农在天地结合部源源不断地向人间传输生存信息。主要表现是五谷的信息，以麦垛、麦河等最常用，常伴随丰富的水资源和代表生产力的耕

人造谷仓

天然谷仓

牛等。这一应用在老子伏藏包括伏羲画卦中都有突出表现。研究中华地舆，需要熟练掌握这一应用方法。

传说空首道人在谷仓旁的一个巨石上留下一首诗，曰：

秦王涧，耸天半，空白首，来开山。

谁要解开仙人意，许他九州十八县。

做到了空白首，谁会要你的九州十八县？解开者不要，想要者不解。就像刘天德，谷子一裤裆已知足矣。

秦王涧出口处有摞摞石。摞摞石有两种地貌特征：其一是有飞来之石的特点。其二是有山崩地貌。在道家应用中，以农耕为主的民族，按取象比类思维把许多地貌看作植物，并用植物做地名。山崩地貌被道家看作果实成熟后崩裂洒落人间的种子，被广泛应用。南阳盆地的摞摞石是飞来之石的特征。后面用到时再细讲。

空首道人在摞摞石上同样留下一句话：摞摞石儿，摞摞石儿，谁要解开神仙意，送你金银十八盆。

刻字的石头，在20世纪六七十年代修建水坝时被推到山下做了水坝的基础。当地老人们只记得文字大概意思。或许缘分成熟时还会重现。

神农总是和牛、水同时出现，秦王涧泉水长年不断，有了水还有谷仓，哪么牛呢？

黑明寺与黑沟有一道岭相隔，当地叫牤牛岭。这道岭从玉皇顶北山脚开始，到桐柏县平氏镇结束，距离大约十千米，号称八百里牤牛岭（八百里代表距离远）。牤牛岭与秦王涧相伴，展示了一个神农伴随牤牛与人间沟通的地舆。更美妙的是，牤牛岭上还有个村庄，地名就叫八百里。

八、大禹导淮

《禹贡》：“（禹）导淮自桐柏。”当年大禹率众疏导淮河是从淮河源头桐柏山开始的。在桐柏有许多大禹治水的神话传说。这里以《大禹锁蛟》的传说为例，简述之。

大禹为治理淮河水患，带领治水大军向淮河源头桐柏山进发，不料遇到狂风暴雨、石号木鸣、雷雨交加的极为恶劣的天气，他与麾下五伯所率领的治水大军被阻止在川口，不能前进。大禹非常着急，当即召集君长百灵，四处搜寻兴妖作怪的罪魁。大禹弄清了在此兴风作浪、为祸百姓的淮涡水妖名叫巫支祁，还了解到这个水妖居然善于应对言语，明辨长江与淮河的深浅，平原与沼泽的远近。

巫支祁的形状像个猿猴，长着缩鼻高额，浑身乌青，头部发白，双目放光，牙齿雪白，伸长脖颈足有百尺长，力量大得能超过九头大象，并且善于搏击，神通广大，腾挪跳跃，轻灵迅疾，倏忽就不见踪影。大禹亲临督战，直杀得天昏地暗，淮流翻腾。大将庚辰施展神威，终于降伏水妖，用铁索链捆锁巫支祁，又在它的鼻子上穿上金铃，押解到大禹面前，当众将其投入淮井中，锁沉于井底，让它永世不得出来造孽。

随着大禹治水，平水患定九州，人类进入文明时代。夏禹建都南阳，统领天下。

开天辟地总是伴随滔天洪水，在老子“域中四大”的轮回演示中，总有大禹治水的地舆应用，且地名各有奥妙。

九、大禹系舟石柱山

在唐河县祁仪乡东南有座石柱山，是桐柏县与唐河县的分界，距离秦王涧大约四公里。山顶两块大石屹立如柱。柱上有铁环，相传为大禹导淮系舟处。此景为唐州八景的“石柱晴岚”，又是桐柏八景的“禹舟铁环”。都说是大禹治水系舟之处。

禹王降了水怪巫支祁，很快治水就取得了成功。石柱山上那对高耸的石柱，起名“禹王定锚桩”，用以铭记禹王治水的业绩。“石柱擎天”成为今天旅游观光的盛景。

在扶桑树宏观应用中，桐柏山是扶桑树分叉处，是中华龙脉分支点，是人类群居协作互助的文明起始点，被明代李梦阳《大复山赋》理解为：“昔盘古氏作兹焉，用宅。”

盘古化身，大禹导淮，南阳盆地地貌逐步稳定，随着沉积平原的形成，南阳盆地开始进入文明时代。夏禹应用稳定的南阳盆地，划分昆仑三级，分布星垣，勾画扶桑树，让南阳盆地与中华九州实现微观与宏观同步。

大禹系舟石柱山

第二十一章 南阳盆地的扶桑树

一、小孔成像的比喻

南阳盆地作为中华调和中心，是神界、人间、冥界的连通大门。与中华地舆对应，南阳盆地有昆仑三级和三坟的对应地舆，依然有扶桑树、龙九子的存在。南阳盆地的扶桑树是如何应用的呢？

为便于理解，我们用小孔成像原理比类，来解释这一应用方法。

物体通过小孔可以把影像以反向显示在对面的平面上。小孔相当于眼睛的瞳孔、照相机的镜头等。通过小孔可以放大或缩小实际景物。

我们把南阳盆地比作小孔成像的一面镜子。从南阳盆地的“显像”比类中华宏观地舆。小孔可以理解为玄牝之门。

读懂了南阳盆地，用小孔成像原理比类，九州将迎刃而解。这只是一个比喻，仅供参考。

二、寻找扶桑树

关于扶桑树的神话有两种说法：一种说法是有一棵扶桑树，是大别山，对应于中华东部地舆。另一种说法是有两棵相互扶持的扶桑树。在哪里呢？

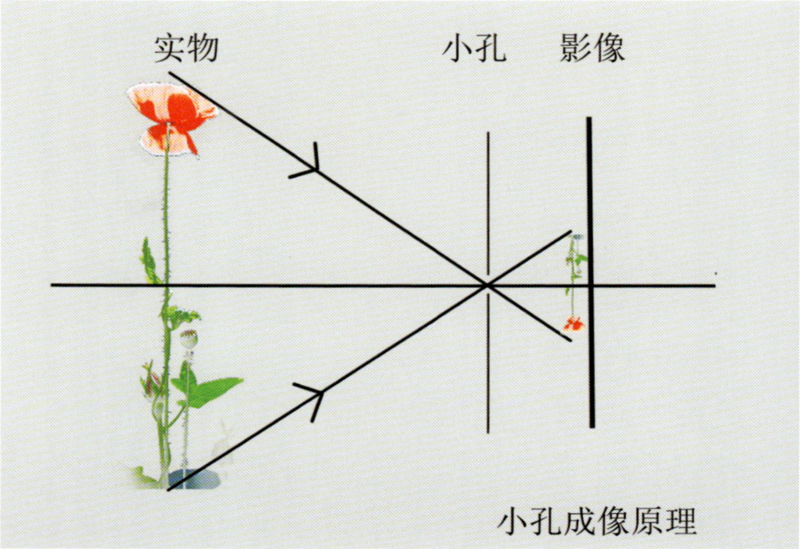

小孔成像

战国漆器上的两棵扶桑树

传说在东方的大海上，有两棵相互扶持的扶桑树，女娲的儿子金乌从此处驾车升起。也说是神界、人间、冥界的连通大门，只是后羿站在上面射日，将其踩断，人、神、冥三界才难以联络。

这两棵相互扶持的扶桑树，是否是大别山和南阳盆地的扶桑树呢？这两棵树都存在，但没有被踩断的痕迹。再者这两棵树是一个同步关系，而不是并列关系，所以可以排除。

东部宏观九州只有大别山分界，两侧长江黄河分列左右，确定是一棵树无疑。

能称得上神界、人间、冥界连通大门的地舆很多，但中华东部宏观地舆只有南阳盆地够资格，因为南阳盆地在大禹治水之前是东海。要寻找这两棵扶桑树只有在南阳盆地寻找。

参照寻找宏观扶桑树的方法，先来看南阳盆地水系趋势图。这个图表明，南阳盆地水系象形一棵树。

如何找到那两棵扶桑树呢？

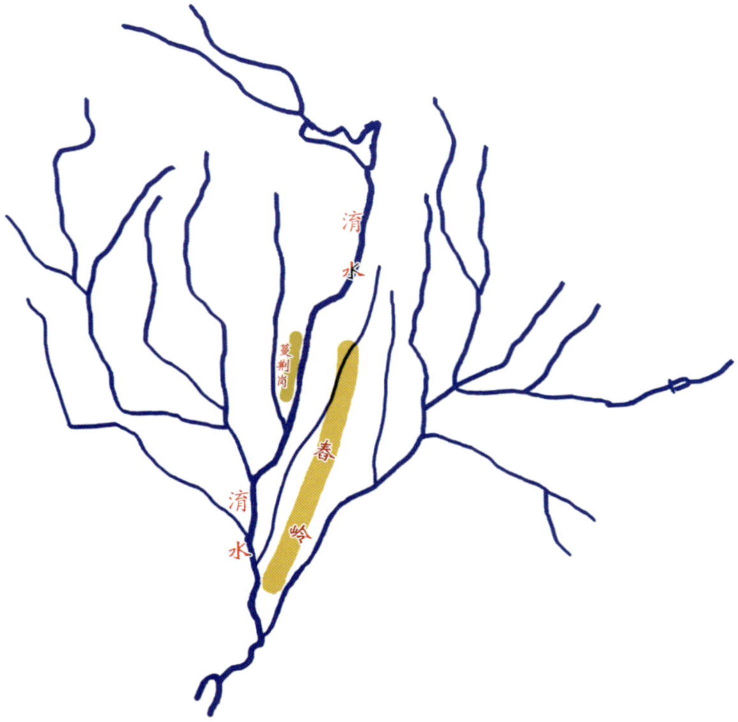

南阳盆地水系趋势图

将淯水流域用“大别”的方法，“剔肉留骨”，就会看到伴随淯水两侧有两道岗，河西叫蔓荆岗，河东叫老东岗。淯水西部为丹，是昆仑中级，东部为唐，是昆仑下级。这两道岗共同起到了昆仑中级与下级的分界作用。这两道岗是那两棵扶桑树吗？

我们从古代留下的地名、神话故事、民间堪舆等信息，结合地舆特征逐步来对照，寻找这两棵神秘的扶桑树。先来了解一下这两道岗。

三、蔓荆岗

在淯水的西面，有一道沙岭，这道沙岭叫蔓荆岗。

蔓荆岗南头叫岗头，北头叫冢头。民间流传说：岗头到冢头四十五里，岗头到新野四十五里，冢头到宛城四十五里。三等分的四十五里，证明蔓荆岗在人们心目中具有较高的地位。

蔓荆岗南头在沙河与淯水的交汇处，称为岗头。沙河发源于五垛山，蔓荆岗没有到五垛山。民间说这道岗到卧龙岗结束，与卧龙岗相接处叫冢头。卧龙岗是龙九子之一，象形扶桑树树冠上的一只鸟，不是树身，后面会讲到。卧龙岗与蔓荆岗结合部有一道明显分界，似斜插入此处一道岗，即九龙口穿越淯水的那道岗。民间流传的四十五里蔓荆岗还有一个称谓，号称八百里蔓荆岗。

四、老东岗

淯水东面那道岗，是一道黑土岗，南阳县人称为老东岗，也叫老姜岗。这道岗居民打水井打不到沙层，因为它和山系相连，是南阳盆地内山脉的骨架。当地有句谚语说：“有女儿不嫁老东岗，窑儿里撇水泪汪汪。”说明那里是一道贫瘠缺水的岗地。砂姜黑土地和淯水的黄土地沿着溧河，具有明显的分界线。

在老东岗与淯水之间，并行一条旱路，就是贯通盆地南北的皇路，当地人叫官路。如今从瓦店经古白水村到界中的千年古道依然存在。路在20世纪修村村通之后被废弃，已种上了庄稼和树木。千年马路碾成河，路已碾成了一道深深的大沟，当地人称为官路沟，这道沟依然存在。

古道与老东岗相伴行至南阳市，向西、北、东三方分支，向西直达武关，向北经石桥与三鸦路相连，向东又分堵阳、比阳和桐柏三路进入豫州。

白水村古道官路沟

五、与星垣有关的四条“龙脉”

扶桑树是夏禹时代的应用，失踪的典籍中必然有详细记载。研究者可以根据地舆特征结合地名和神话故事信息寻找。

寻找精确位置有一个简便方法，扶桑树树干是龙脉中心汇聚位置。三垣星系加少微星座共四条龙脉，在地成形的龙脉走向在民间堪舆应用中都有精确的应用方位。按民间堪舆星垣方位逆向寻找，即可找到龙脉中心点。

四条与星系有关的龙脉方位只有应用，没有详细来源证明与理论依据的记载。

这四条龙脉在天成像都有对应的星区。亥龙在紫微垣，艮龙在天市垣，巽龙在太微垣，还有兑龙是少微星座。这四条龙是民间堪舆地位最尊贵的龙脉，也是唯独与星垣有关的四条龙脉。

道家将四面八方一个圆周分为二十四等份，分别命名叫二十四山向，每一山向占据15°。按逆向思维，对应民间堪舆四条龙的方位，以五垛山、小顶山、南水北调渠首陶眼、枣阳玉皇顶为基点，按亥、艮、兑、巽的对应角度，以15°向盆地内划线，找到一个交叉区域，这个区域从南阳市区南部开始，向南经官庄工区延伸到新野王庄镇。这个区域的中心有一道岗，就是民间传说的老东岗。笔者没有找到这道岗地名的记载，鸭河灌区借助这道岗建了一条干渠，叫白桐干渠，灌溉着沿线的土地。

也就是说，以老东岗为龙脉中心，相对于民间堪舆的亥、艮、兑、巽四个方位分别是：太微垣中枢五帝内座在地成形的五垛山；天市垣中枢帝座在地成形的小顶山；天国进入人间的石鼓镇、太极峡、陶眼在兑；盘古开天地的桐柏山太白顶在巽。四条龙的方位与南阳盆地地舆特征完全吻合。桐柏山与大别山连通，龙脉沿着宏观扶桑树贯通九州。

五垛山在紫微垣，是太微垣的中枢，所以称亥龙在紫微垣。枣阳玉皇顶属于天市垣，为何说巽龙为太微垣？

星垣是立体的，从地球观星象方位有交叉和重叠。相对于宇宙星系，太微垣延伸到巽，太白顶对应太微垣的星官太白金星。玉皇顶与太白顶同在巽，向盆地内行走龙脉重叠，应用中被提高了身价。

由此推断，四条龙脉汇聚的老东岗就是扶桑树的树干。

六、黄石公与民间堪舆

老子隐居地的选址，应用了能量汇聚的特征，为民间堪舆开辟了先河。200年后，黄石公寻访老子的足迹，结庐为庵，长居探索，留下了黄石庵的地名。还有小顶山，又名黄石山，都与黄石公有密切关系。黄石公根据应用方法，结合南阳盆地的伏藏，创立了民间堪舆学说。

历来有黄石公曾作《青囊经》《素书》和《黄石公三略》的说法。《青囊经》是民间堪舆的源头，《素书》传于张良。民间堪舆将黄石公敬为始祖，但没有正史记载。

神话传说黄石公是九天玄女的徒弟，是九天玄女传给民间堪舆术。若真是这样，黄石公就不用结庐为庵了，太辛苦。

七、扶桑树的位置

象形扶桑树树干的这道岗，南起望午岗，北至望城岗。介绍这道岗要从一个《秃尾巴老苍龙》的神话故事说起。

笔者童年时代曾听一位邻居讲过禹王的传说，九旬的王老太太娘家是禹王村的。她讲：夏朝时，一户人家生了一个儿子，是一个肉疙瘩。他爸爸认为是怪物，拿铡草的铡将他铡成两半，结果铡掉了尾巴，成为秃尾巴老苍龙，飞到五垛山去了。传说这条龙就是治水的大禹，从此这里的地名就叫禹王村。秃尾巴老苍龙的母亲的坟墓如今还在，坟旁建有苍龙庙。每年农历二月二，秃尾巴老苍龙要回乡祭奠母亲，每次到家总要带着冰雹，毁坏良田。老百姓害怕秃尾巴老苍龙回来。每当下冰雹时，人们就将铡刀往院子里扔，想吓跑秃尾巴老苍龙。如今这个神话故事仍在当地流传。

这道岗延伸到湖北境内，有望午岗的地名，相邻还有叫望午时、王午的村落。暗示扶桑树入地的位置在午。这道岗北头叫望城岗，在20世纪南阳没建高楼之前，站在望城岗可以看到南阳城的王府山。从望城岗到望午岗是一条趋于子午向的岗。扶桑树在望午岗突然入地，看似尾巴没了，所以称为秃尾巴老苍龙。

由此看来这就是盆地内的扶桑树无疑了。

这道岗到新野王庄镇隆起，然后入地，尾巴在望午岗露了一下就消失了。后人在入地的制高点上建了玉皇庙。玉皇庙到禹王村正好50千米，沿着岗查找，在中心点25千米处，还有一个玉皇庙。当地人认为有上、中、下三个玉皇庙。王庄镇为下玉皇庙，中间的当然叫中玉皇庙。古代禹王村有庙宇十余座，其中也有玉皇庙。但禹王村以祭祀大禹为主，必然不是上玉皇庙。在禹王村西北方向有个玉皇庙街。这个玉皇庙在官路旁，属于扶桑树干，当地村民称这里是上玉皇庙。

古代在特殊地舆建庙宇、建塔，有镇物的作用。在这条龙分段的精确

苍龙母亲墓、苍龙庙

苍龙母亲墓碑

位置建玉皇庙，是镇龙的应用。目的是镇住这条龙不让它发威祸害一方。

扶桑树从望城岗向左右分支，继续看地名有更多的玄妙。西有神仙洞，东有虎王庙，是一个玄牝之门的应用。传说村民婚丧嫁娶，只要到神仙洞祈求，报上人数和需要待客的桌数，回家酒席已经按数摆好。由于有人贪婪，弄虚作假，后来不灵了。

扶桑树分叉上沉积的小州就是南阳市区，对应宏观扶桑树的南阳盆地。按照宏观与微观的呼应关系，南阳古城附近是禹都阳城基本可以确定。只是精确位置还要进一步探索。

当代在望城岗考古已经发现新石器时代龙山文化及东周时期灰坑等遗迹，出土了石斧、石镰、鼎、罐、盆等一批珍贵文物。这为笔者的推理提供了证据。

宏观扶桑树的分叉上有南阳盆地，再向上是树冠，上有龙九子。南阳盆地的微观扶桑树，北部有九座孤山，象形树上落着的九只鸟，代表龙之九子。从而精细化实现了扶桑树微观与宏观的同步关系。

八、蔓荆岗与砂姜岗的呼应关系

《说文解字》："今南阳淯阳二县之间，淯水之滨，有南澨北澨矣。"清光绪《南阳县志》载："县南四十里有北澨山，亦称蔓荆山。沙体少石，左濒淯水，跨南阳、新野之界，可知此山即古之北澨，当为汉代宛与淯阳之界也。"

淯阳城遗址有两种说法：其一在卧龙区英庄镇大胡营村，近代称淯阳城。其二在新野沙堰镇夏官营村。不知是否是争夺战，听说民国时夏官营村曾改名叫淯阳，是民间行为，时间不长即夭折。

大胡营在淯水西岸，夏官营在淯水东岸，同样是新野县与南阳县交界。大胡营在淯水西面，为淯水之阴。夏官营在淯水东面，为淯水之阳。这个争议明显受了"山南水北谓之阳"丢掉参照物前提的误导。是起初命名的错误，还是后期考证的错误？还需考古界用新发现来证实。

《尚书·禹贡》："嶓冢导漾，东流为汉；又东为沧浪之水；过三澨，至于大别，南入于江。"《史记·夏本纪》："嶓冢道瀁，东流为汉，又东为苍浪之水，过三澨，入于大别，南入于江，东汇泽为彭蠡，东为北江，入于海。"

澨是一个名词，是堤，是以水为伴的堤。汉水经伏羲女娲两尾之间向东流，大巴山与秦岭是宏观的二澨，出襄樊缺口绕大洪山而过，然后与大别山为伴。这第三澨是大洪山。

由于宏观昆仑中级与下级是天南地北的呼应关系，微观应用必然具有同步的对应关系。南阳盆地以淯水为分界，对应了天汉银河。淯水是南阳盆地昆仑中级和下级的分界，对应于大巴山与秦岭有蔓荆岗和老东岗。北澨为蔓荆岗，那么南澨只有老东岗了。老东岗从望城岗到望午岗，全长约75千米，是蔓荆岗长度的三倍有余。老东岗向南进入湖北境内，多半在蔓荆岗岗头的南部，称为南澨也算合理。这个推理在《水经注》中得到了证实："余案淯水左右，旧有二澨，所谓南澨、北澨者，水侧之濆。"证实了古代二澨就是淯水两侧的两道岗。

蔓荆岗在淯水西部为天，老东岗在淯水东部为地。天荆地棘，老东岗没有叫棘岗，但与之相伴的河流叫棘水。棘水就是现在的溧河，在老东岗西侧，如今南北两端都有溧河的地名，北有溧河乡，南有溧河铺乡。溧河流域伴随老东岗，随着老东岗的结束，注入淯水。

九、扶桑树与老苍龙

甲骨文栗：

栗，像结满刺球状果实的果树。说文："栗，栗木也。"是一种结坚果的树木。

棘水主流叫溧河，提供了一个信息，天荆地棘暗示了老东岗在地成形的性质，溧河则暗示这道岗是一棵树。

种种迹象表明，这道老东岗就是在地成形的扶桑树。

蔓荆岗是沙岭，从民间堪舆角度，它不是真龙脉，叫护砂。与蔓荆岗相伴的是沙河，向北延伸，追踪来源可追到五垛山，流域全称叫潦河。与潦河相伴的龙脉，时断时续，贯通了扶桑树的树冠。从此特征分析，古人把这两道岗看作相互扶持的两棵扶桑树。时断时续的沙岭，被看作是后羿射日时踩断的一棵扶桑树。最终就剩下了一棵扶桑树。

按四象东方苍龙，西方白虎的对应关系，老东岗对应东方苍龙，蔓经岗对应西方白虎。从老苍龙的神话理解，古人把南阳盆地的扶桑树神话为一只断了尾巴的老苍龙。老苍龙下界受伤，回到天庭还是完整的。所以真正的老苍龙尾巴是完整的。在南阳汉画馆收藏的汉画像石中，有一幅汉画，对应用了这个故事。在天界让老苍龙代替了扶桑树。老苍龙在应用中，也被应用为东方青龙。

十、舂陵

南阳盆地这两道岗，都应该有地名。蔓荆岗地名一直在流传。老东岗或老姜岗只是相对于淯水旁官路附近居民的称谓。这道岗真正的地名已被遗忘。

在界中古寨的西南门上部有一道匾额为：“荆山映辉”。北寨门内侧上部有一道匾额：“气接舂陵”。界中北相邻的朱张庄村也是一个古村寨，曾叫紫阳寨。紫阳寨只有南北两个寨门。南寨门匾额：“茂比荆山”，北寨门匾额：“气接舂陵”。

紫阳寨和界中一样，东临古官路，西邻淯水，是水陆交通要道，自古就是人才聚集之地。

古代规制严谨，界中与紫阳寨都是村级小寨，山门的牌匾只能代表附近的地舆。

在界中西面淯水对岸偏南，蔓荆岗隆起，叫蔓荆山，与界中的冢子相呼应。界中的西南门正对淯水西岸的蔓荆山。可以确定“荆山映辉”讲的就是淯水西岸与淯水相伴的蔓荆岗的最高点蔓菁山。紫阳寨被界中遮挡，看不到蔓荆山。不能与荆山相互映辉，只能用“茂比荆山”。“荆山映辉”和“茂比荆山”所指的都是这道蔓荆岗。

界中与紫阳寨北面没有岗，紫阳寨北面一千米处官路沟东岸是刘秀居住过的白水村，称为“帝乡”“贵人乡”。向东就是象形扶桑树的老东岗。从此地舆特征角度分析，界中、紫阡寨相邻只有老东岗。总体来讲，两个村庄左右相邻南北二溢，应用这两道有名气、有玄妙的岗合情合理。

村庄与淯水为伴，必然也要用淯水。界中门多，就有“淯水锖带”的匾额。古代按道家文化应用，界中东门当然是“紫气东来”。古界中寨内有五湖，即清水湖、混水湖、清鹅湖、红沙湖和云中湖。南门匾额“镜开五湖”，微观五湖与中华宏观五湖取象比类具有同步关系。

从象形的角度看，桐柏山象形一个夯，夯与舂形状近似。兴夯平整土地，舂加工食物，具有近似处。扶桑树的树干属木，做夯把或舂把都比较合理。夯体积大，舂体积小，与一大一小两棵扶桑树近似。从地舆特征角度讲，老东岗古代叫舂陵。

大巴山神农送给人间五谷杂粮，秦岭伏牛耕作生产。大巴山与秦岭中间地舆是人类生存的盆地，将谷物加工出稻米，养育人民。加工的工具叫舂。《说文》：“舂，捣粟也。”这道岗是古代的舂陵，具有合理性。由于舂岭是龙脉中心，大概两个古寨取吉利，追求与中华龙脉中心通气，匾额必然少不了“气接舂岭”。

东汉建武二十二年（46年）九月初五，南阳发生了有记载以来历史上最强的地震，震中在今南阳市大西岗（麒麟岗与卧龙岗一带）。记载信息有“唐县亦震”和“舂陵地裂”。

南阳盆地有三条东西贯穿的断裂带，现代科技从地震带分析，认可了这三条断裂带。从道家文化角度分析这三条断裂带，与现代科学掌握的有差异，但大趋势相同，为避免争议，暂不细讲。笔者相信，随着科学的进一步发展，会证实古人掌握的地舆很准确。

伴随秦岭在盆地一侧有一条断裂带，这条断裂带经过南阳大西岗南部，从老东岗边缘经过经唐河、泌阳，出南阳盆地与淮水为伴，属于秦岭余脉。

第二条断裂带在伏羲女娲两尾一开一合的位置，起始点在石鼓镇，经新野到桐柏，没有走泌阳，而是走桐柏山北缘与大别山相伴。

公元46年这次地震，震中在南阳大西岗。老东岗地处震中与唐县中间地带且紧邻震中。“春陵地裂”就是这条断裂带上的地震，带动了老东岗的地裂。

河南油田即在这两条断裂带形成的凹陷地带。河南油田发现的第一口井叫“南五井”称东庄油田，在老东岗西侧棘水河畔。经过大会战，又发现了魏岗油田，在老东岗东侧的谢水河畔。两个油田以中玉皇庙为中心，分列于老东岗两侧。后来又发现了张店油田、北马庄油田。这四个相邻的小型油田，学术界称为“南阳凹陷”。

河南油田储量的进一步发现是沿着这两条断裂带中间地带向泌阳延伸，学术界称为“泌阳凹陷”。

公元46年发生的“春陵地裂”，与“南阳凹陷”有密切关系。“唐县亦震”说明到唐河震动减弱。

枣阳有春陵的地名，有学者认为是枣阳的春陵地裂。枣阳在南阳盆地南缘，属于大巴山尾端。伴随大巴山北缘有一条断裂带，经枣阳走大别山南缘，是南阳盆地的第三条断裂带。从理论上讲，北部以秦岭为伴的断裂带地震，波及不到枣阳。

从这一记载分析，“春陵地裂”是老东岗更合理。学院派论证要找记载或考古的证据，还需等待机缘成熟。

从地名应用方法和地舆特征推断，老东岗就是古代的春陵。既然春陵的地名符合地舆特征，从文化研究的角度，春陵更适合文化传承。无论专家承认与否，笔者在本书中先用春陵的地名。

“荆山映辉”、“淯水锦带”、“气接春陵”三块匾额摄影作品，由南阳大观网创办人齐英杰老师友情提供。在此表示感谢。

十一、中华龙脉分布

找到了南阳盆地的扶桑树，中华龙脉的许多疑问即可迎刃而解。由于民间堪舆解释版本甚多，不能说笔者的观点就是完全正确，只能说是笔者的认识视角。在此简述之，以供民间堪舆爱好者参考。

民间堪舆只说星垣的方位，而未讲龙脉在地成形的位置，似乎让民间堪舆师们纠结了千年。传说中华龙脉来自昆仑，有九条龙构成中华龙脉体系。但昆仑龙脉发脉在哪里？九条龙脉如何分布？如何贯通？能说清楚者寥寥无几。

中华龙脉发自昆仑，沿伏羲女娲两尾向四周分布。用一棵扶桑树连通中华地舆。扶桑树上的九只鸟分布在扶桑树树冠上，分别管辖着九州。宏观的九条龙以龙九子对应的山脉为发脉地，形成中华九条龙脉。宏观扶桑树的主分支沿伏羲女娲两尾大巴山和秦岭而行，所以龙九子龙脉直接来自昆仑。

龙脉从伏羲女娲两尾传入南阳盆地。女娲尾部秦岭龙脉经五垛山、小顶山、陶眼进入盆地。伏羲尾部大巴山龙脉经枣阳玉皇顶进入盆地。龙脉对应亥、艮、兑、巽，在南阳盆地扶桑树汇聚，然后经桐柏山，与中华宏观扶桑树大别山连通。

由此而言，南阳盆地与宏观九州具有同步关系，同时，还血脉相连。若以南阳盆地作调控中心，可以牵动九州。

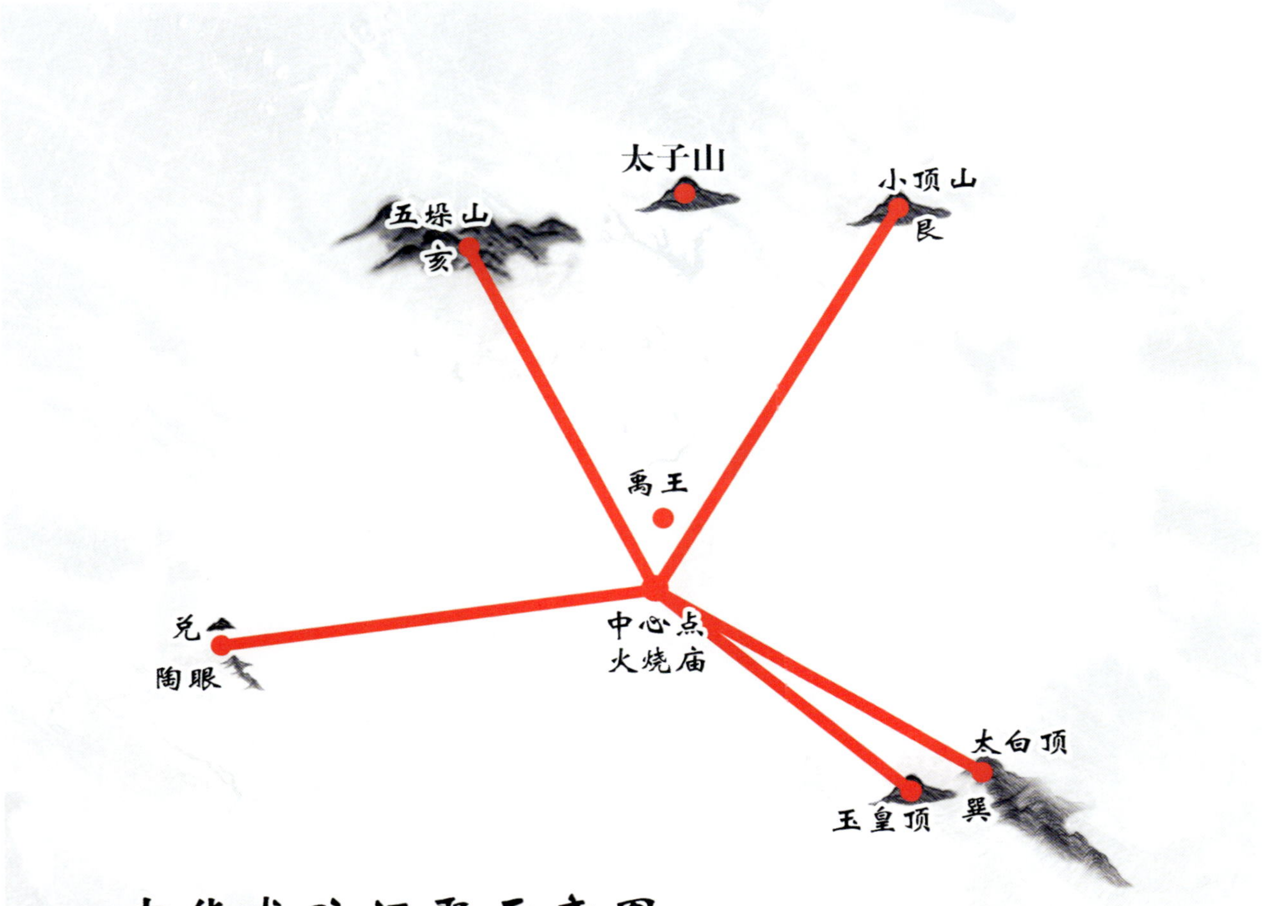

中华龙脉汇聚示意图

第二十二章 后羿与嫦娥

一、后羿射日

也许，历史上的某一天，彗星横扫，陨石进入地球轨道，天空出现奇异天象。陨石进一步进入地球卫星轨道，误认为多个太阳。陨石陨落，好像太阳陨落，最后天上只剩下一个太阳。古人把这一现象演绎成为《后羿射日》的神话故事，用来传达中华地舆应用的玄机。

《后羿与嫦娥》故事是这样：

传说在辽阔的东海边，矗立着一棵扶桑树，树枝上栖息着十只三足乌。它们同是东方神帝俊的儿子，每日轮流上天遨游，三足乌放射的光芒，就是人们看见的太阳。

后来，十只三足乌不听东方帝的指示都抢着上天，天空中就同时出现了十个太阳，大地草枯土焦，炎热无比。人们只好白天躲在山洞里，黑夜出来觅食。猛兽毒虫借机残食人们，人类濒临灭绝的危险。消息传到天上，帝俊赐给羿一张红色的弓、一袋白色的箭，叫他下凡到人间，一方面惩治妖魔怪兽，同时也教训教训他的这些太阳儿子。后羿就和妻子嫦娥一起到了下界。

可这些三足乌根本不把后羿放在眼里，照样一齐上天逞威逞强。后羿大怒，选择背荫之处拉弓搭箭，瞄准太阳中心处的三足乌射去。他箭无虚发，一连射下九只三足乌。人们围着他连声喝彩。三足乌一死，火光自灭，人们顿感清凉爽快，于是欢呼雀跃。人们的呼喊声传到天上，帝俊见九个儿子已死，大发雷霆，不准后羿再回天庭。同时也令仅存的这只三足乌日日遨游，不得休息。

后羿为民除害，带有积极向上的正能量。后羿虽为正义，但杀了帝俊的九个儿子，还是得罪了皇家，落了个流放人间的惩罚。

从表面看，这个故事讲述阴阳平衡中阳的性质。太阳属阳，古人已观察到太阳中有太阳黑子，神话为三足乌，代表日中有乌踆，即阳中有阴。

这个故事的本意是讲述南阳地舆形成特点。《山海经》留下的主要信息表明，十日进入人间九个，位置在沃焦。

古本《山海经》：“尧时十日并出，尧使羿射十日，落沃焦”。

二、龙九子落沃焦

道家的应用都是相对的。同一个地舆，相对于不同的应用，有不同的作用。龙生九子同样有宏观应用与微观应用。

宏观应用认为中华东部是一棵扶桑树，女娲生的九只乌鸦，栖息在扶桑树上，夏禹以此划分了九州。

龙生九子微观应用是相对于南阳盆地的应用。扶桑树上九只乌落入沃焦，化为南阳盆地北部的九座孤山。九座孤山与太子山共十座山，象形龙的十个儿子，其中龙九子落入沃焦，构成北斗七星加左辅右弼的勺星。勺星围绕天上的北极星旋转，北极星被应用为太子。

龙生九子各不同。为什么是龙生九子？为什么是十日并出又出现龙的第十个儿子？

九数与规制有关，《管子·五行第四十一》讲到：天道以九制，地理以八制，人道以六制。以天为父，以地为母，以开乎万物，以总一统。通乎九制、六府、三充，而为明天子。

“鲲鹏展翅，九万里”、“可上九天揽月”，可见毛泽东是懂这个道理的。

又如昆仑之虚，方八百里。八百里伏牛山，八百里秦川，八百里洞庭湖，八百里火焰山，等等。并不是八百里距离，而是代表地舆广阔。再如“天子驾六”都是遵循的这个规制。

前面刚讲过的牤牛岭、蔓荆山，只有十千米或二十几千米，但都号称八百里。从另一个角度讲，古代认识地舆按时空状态取象比类理解，距离概念模糊。

实际龙的儿子很多，由于规制的限制，就用了九数。九是最大数，从零到九是一个轮回周期。十相当于回到了零。十日并出就代表龙的十个儿子，只是九个到下界了，一个还在天上，代表零，在虚空界。

龙十个儿子是南阳盆地北部对应紫微垣的特殊地貌的写照。也可以理解为后羿与嫦娥的故事来源于南阳盆地紫微垣的地貌特征。

《后羿与嫦娥》发源于南阳，这里算是为发掘南阳民间文化遗产的人们提供一个理论依据，支持一下。

三、沃焦是哪里

随着东部板块的抬升，南阳盆地的水没有了，古人认为渗入地下。前面已讲过，海水所归处为尾闾，也可以理解为沃。

《说文》：“沃，溉灌也。”

焦：隹(zhuī)，短尾鸟，下面是火。把鸟放在火上烤为焦。

甲骨文、金文、篆文焦：

《说文》：“焦，火所伤也。”

沃焦是道家和佛家通用的名词，旧《华严经·卷五十九》所载，大海底下之广大吸水石，以此石广大如山，故又称沃焦山。其下为阿鼻地狱之火气所炙，故此石经常焦热。

南阳盆地是三界的大门，上可通天界，下可进入阴间炽热的地狱。沃焦和尾闾在相同的位置，就在南阳盆地，且沃焦与尾闾相通。

九只三足乌落沃焦，是指龙的九个儿子，落在了南阳盆地。三足乌是民间传说演绎的，带有隐藏信息的倾向，乌鸦当然是两只足。《山海经》没有说乌鸦是三足乌。乌鸦在道家是太阳鸟，是吉祥之物。在武当山把乌鸦敬作神鸟。

四、嫦娥奔月

阴阳是平衡的，有一个太阳，与之相对就要有一个月亮。太阳中有乌鸦，月中就需要有与之匹配之物。这就演绎了嫦娥奔月的神话故事。

后羿射杀了帝俊的九个儿子，得罪了帝俊，不能返回天庭，觉得对不起受他连累的妻子，便到西王母那里去求来了长生不老之药，好让他们夫妻二人在世间永远和谐地生活下去。嫦娥却过不惯清苦的生活，趁后羿不在家的时候，偷吃了全部的长生不老药逃到月亮里去，化为月之精，成为著名的月仙。传说嫦娥是帝俊的女儿，但不是西王母所生，看来东方帝也有妃子。

屈原《天问》记载说：后羿后来对嫦娥有不忠行为，和河伯的妻子发生暧昧关系，因而引起嫦娥极大的不满，便离开后羿跑到月亮上去了。

又有后羿将不老仙药交于嫦娥保管。后羿门徒蓬蒙觊觎(jì yú)仙药，逼迫嫦娥交出仙药，嫦娥无奈，情急之下吞下仙药向天上飞去。从此，她长居广寒宫。

后羿思念嫦娥，仰望着月亮。人们看到月亮的影子，境随心转，想象着像蟾蜍，像桂树，或者像玉兔在陪伴着嫦娥。

后人又编出了许多关于月亮的故事。比如传说中人们说后羿与嫦娥是在桂花树下相爱的，所以月亮上也有桂树。

也有传说讲，嫦娥为了与丈夫相见，想亲手研制长生不老药，这一味药的主要成分有蟾蜍，所以月亮上就有蟾蜍。

还有的传说中讲，因为嫦娥一个人既孤单又忙碌，所以就创造了一个兔子来陪伴她。

无论《嫦娥奔月》的版本有多少，反映的文化内涵是不变的。皆在讲述月亮太阴的性质。

后羿与嫦娥的故事中传达的信息：

远古时代已有对长生不老的追求。

一阴一阳谓之道，人类一夫一妻为平衡。

阴阳平衡，有日必有月，日中有踆乌，月中有蟾蜍。代表阳中有阴，阴中有阳。

太阳是龙子们的领地，叫太阳宫。嫦娥奔月暗示东方帝女儿们的去处在月宫。

阳为正能量，代表积极向上。阴为负能量，带有内敛或自私甚至邪恶。男尊女卑，最早开始出现对女性的歧视。

屈原想为女性平反，说男性有错在先。

后来的说法则折中了，说男性没错，女性弱势出于被逼无奈。

后羿与嫦娥的故事，除了以上逻辑思维的表现外，暗藏有南阳北部紫微垣的地舆特征。

五、嫦娥的家

南阳盆地中有太子山代表太子，太子山北面有代表玉帝的玉皇顶和代表西王母的皇后乡雉衡山，嫦娥似乎被忽视了。在代表皇后的雉衡山北部山腰上，有一个很小的山洞，当地人说叫蛤蟆洞，似乎在暗示是嫦娥的家。

雉衡山的相对应用没有明确西王母的存在，但所在地的地名叫皇后乡，山下有娘娘庙，各种信息表明，这里是代表西王母的山。

西王母的对应关系是东方帝。日月是他们孩子的代表，所以雉衡山不是月宫。月宫属于西王母后宫的管辖范围，蛤蟆洞是通向月宫的玄牝之门。

太子山的西面有个孟山，两山相邻，南面一座叫大孟山，北面一座叫二孟山。两座孟山的对应关系代表日月。嫦娥是东方帝的女儿，必然住在孟山。那里本身就是众龙子们的家。其中的玄妙在讲紫微宫时再细讲。

日中有金乌，月中有蟾蜍，金乌不是太阳，而是阳中有阴的象征。同理，蟾蜍也不是月亮，而是阴中有阳的代表。嫦娥不是月亮，只是寄宿在月亮之上，相当于月之精。

在玉皇顶的背后，有一个与嫦娥家的牛有关的故事，圆了嫦娥在南阳盆地存在的梦。

嫦娥家养了一头大黑牛，有个神仙去赴王母的蟠桃宴，便把大黑牛骗到天宫，献给了王母娘娘。一日，嫦娥去天宫借牛耕地，王母娘娘赖着不还，大黑牛便偷偷回到月宫，王母娘娘知道后将其打入东海受苦。嫦娥疼爱大黑牛，就派蟾蜍把大黑牛搭救出东海。王母娘娘闻听勃然大怒，又派天兵天将前往捉拿，大黑牛一路奔走，无处躲藏，情急之下一头钻进了一个地洞，大黑牛顺着地洞走了八百里也不见出口，

伏牛山铁牛庙

只好越变越大，但天兵天将封住了山脉，大黑牛始终没能撑破地皮钻出来。从此，南阳平原隆起一座八百里伏牛山。这个神话故事演绎了伏牛山的来历。为神农架与伏牛山的呼应关系提供了伏牛的来源。

这大黑牛也变成了铁牛，它的角就露在三鸦古道旁。后人在此地建了“铁牛庙”。

铁牛庙有一个巨大的陨石，被称为牛角。这里已被申报为嫦娥奔月的非物质文化遗产。

六、一气的空间

后羿射日，让龙九子落入沃焦，这九只鸟在地成形为南阳盆地扶桑树上有九只鸟。这九只鸟对应南阳北部的九座孤山，代表人的一气空间。

一气分为两层，上层有空气，人无法上去，是飞鸟活动的空间，底层是人活动的空间。两层的沟通有山峰、大树等。扶桑树上九只鸟代表上层的一气空间。

扶桑树的下面对应的地舆是地上人活动的空间，位置在扶桑树两侧。在邓州和唐州都有《二郎担山赶太阳》的故事在传承，讲述地舆的形成特征。

龙九子转生人间做诸侯，统领九州。所以一气空间都在用龙九子与太阳演绎故事。故事都是龙九子进入人间，但方法不同。扶桑树上部属于紫微垣，用《后羿射日》的神话，让龙九子落入沃焦。树干两侧属于太微垣和天市垣，用《二郎担山赶太阳》的神话，将众龙子压在山下。相同的事件，不同的神话例子很多，让后人觉得荒诞不经。神话是结合地舆特征表达一种思想，反映的是灵魂，不在故事的本身，而是寓意。神话是一种表现形式。明白了这个道理，再读《山海经》《淮南子》等就简单了。

龙九子是飞鸟的特征，龙的十个儿子进入人间九个，生育成长的过程前面已经讲过，过九龙口飞上在地成形的扶桑树，形成南阳北部九座孤山。这是南阳盆地诞生初期的状态。之后发生后羿射日，是进一步的应用。龙的传人也称羽民、羽人等。关于羽人，还有更美妙的应用。

七、龙九子进入人间的状态——谢

后羿射日，让龙九子辞去了天上太阳的职务，进入人间各霸一方做诸侯，这种状态叫谢。谢字带有无奈，是被逼无奈。因为后羿射日，不得不辞官。谢就采用了向扶桑树射箭的象形字。换句话说，谢字来源于南阳扶桑树地舆特征。

甲骨文谢：

谢，并不是彻底辞官，而有另谋高就之意。不在仙界任职，而是到下界任一方诸侯，过田园生活。谢还是很安逸的。总结起来可以这样说，谢是一种状态，是南阳盆地扶桑树与树上九只鸟所处的状态。

谢的状态在夏禹建都南阳应用扶桑树时已经应用。树冠应用为帝车，在地成形象形天界。根据龙九子被射落的特征，谢邑只能在扶桑树树下的对应地舆。

古代皇家封地应用中华地舆玄机，在扶桑树对应地舆封谢邑，谢氏必是古代皇室血统。谢氏以封地为氏，由此而起源。谢氏后人称自己起源于后羿氏部落，之后各分支说法不一。谢氏发源于南阳，已被多数谢氏后人接受。许多信息表明，古谢国应在扶桑树下的谢水河畔，棘水之阳。

棘水是现在的溧河，谢水是现在的涧河，棘水与谢水以扶桑树树干为分水岭，伴随扶桑树而行。金代谢水曾叫界河，现代涧河的上游还叫界河，是唐与邓的分界。邓、唐之间属于紫微垣，包括蔓荆岗、淯水、扶桑树、棘水、谢水，是一个分界带，而不是分界线。古谢国就在这个分界带上。金代谢水做界河是当时政治需要。

南阳盆地谢氏聚集地较多，笔者走访中遇到四处有争议，都认为自己是祖根地。人口相对密集的地方成立了宗亲会并出现了争夺祖根地的现象。

宛城区高庙镇有谢营村，相邻有上谢庄。谢氏村民认为那里是谢氏的祖根地。扶桑树从望城岗分支，东部沿着茶庵镇、高庙镇向北延伸。高庙镇谢营村就在这个分支上，属于扶桑树树冠地舆，可以排除祖根地之说。

高庙镇谢营村有古代的寺庙遗址，现存石碑记载曾是一座祖师庙，内有三仙堂、五圣祠。三仙与五圣是三皇五帝的应用。夏禹划九州以三山五岳为基础，是龙九子的应用。这个信息表明，谢氏家族后人在此祭奠龙九子。这里还有许多离奇的神话传说，内容以救济村民，造福一方为主。如今村民集资在遗址上建起了一座寺院，命名弘德禅寺。

新野县前高庙乡民间有古谢国的说法。地处扶桑树的根部，与龙九子落入人间的理论吻合。当代考古发现，新野王庄镇梅湾村与前高庙乡张楼村各有一座汉代古城遗址，当地称王庄镇为新都县城，又名九女城，前高庙乡是古棘阳城。

《水经注》记载："比水又西南流，谢水注之。水出谢城北，其源微小，至城渐大……其城之西，旧棘阳县治，故亦谓之棘阳城也。谢水又东南径新都县，左注比水。比水又西南流，径新都县故城西，王莽更之曰新林。"

郦道元认为谢城也叫棘阳城，谢城处于谢水发源地的起始端水势刚刚变大的位置。谢水向南进入新都县境内在谢水末端，左注比水（唐河）之后才经过新都县故城。新野高庙谢城与棘阳城的说法与《水经注》的记载不符。

宛城区金华乡谢营村说是谢氏发源地，是古谢国遗址。这个位置地处棘水与谢水之间，恰巧在扶桑树树干上，取象比类为甲骨文谢字的箭头位置，并且在谢水的首端。与《水经注》的记载吻合，已被多数学者接受。

古代在扶桑树树干中心区域祭祀或祈福有明显特征，主要分布在金华乡谢营周边。为古谢国遗址提供了理论支撑。

唐河东岸的唐河县苍台乡谢家庄称是谢邑发源地。扶桑树在紫微垣的地舆，唐河东岸属于天市垣。天市垣是二郎担山赶太阳的应用，同样是龙九子落入人间的地舆，但这里的龙九子不是"射落"，而是用山压制降服，与谢的造字本意不同，必然不是原始的封地。

朝代更替，南阳盆地兵家必争，小城池变更频繁，当地记载必然随屡次发生的屠城事件而消失。考古的碎片很难还原历史本来面目。笔者用地舆伏藏的方法来探索历史的真相。古谢国理论位置在金华乡火烧庙到邓唐营古庙址连线的中心点上。希望能为谢氏家族的研究提供参考。

周宣王灭谢国，在谢国原址上建立南申国。谢氏人从此迁徙分散。后人迁徙选址遵从以封地为氏的理念，选址多数与龙九子有关，其中各有玄妙。

金华和两个高庙在扶桑树上、中、下三地，按天、地、人分布。苍台在龙九子被压的附近。还有卧龙区九龙口也有谢村营，谢庄乡在龙九子出太微垣的玄牝之门外等，都是后期迁徙的聚集地。金华乡的东、西两个谢营，也是明代刚刚回归故里。原本都是一家人，祖根地之争本不该发生。各地谢氏结合起来，可以共同展示龙九子与扶桑树的美妙应用，共同传承中华民族的古老文化。

古谢国遗址

远眺太子山

庚

紫微垣的天帝家族

夏禹以南阳盆地紫微垣为中心，部署了一个天帝家族的地舆。并用牛郎织女的神话传奇，赋予了地舆灵魂，同时暗藏了一个平民的人生法则。

第二十三章 九座孤山的妙用

一、北斗七星阵

在南阳盆地北部有九座孤山，被道家应用为在地成形的北斗七星加左辅右弼共九星，代表龙之九子。

南阳人都知道，南阳北部有九座孤山：蒲山、丰山、隐山、独山、紫山、塔子山、磨山、羊山、遮山。

大自然常常非常奇妙，但有时也并不随人意。就像这九座孤山，其位置并不是非常完美，但中华民族的智慧可以弥补大自然的瑕疵。反而让地舆应用更加生动。

理想化的宇宙平衡受地舆中许多因素的影响，变得复杂起来。理想的平衡被破坏，人类遭受着各种自然灾害的侵害。通过多年的实践总结，人类找到了一些灾害发生的规律，理解了不同地舆环境表现出的不同状态。让人们学会了顺应自然的法则，与天地同步，从而实现天人合一。

这九座孤山是如何被道家应用的呢？

请看北斗七星象形图：

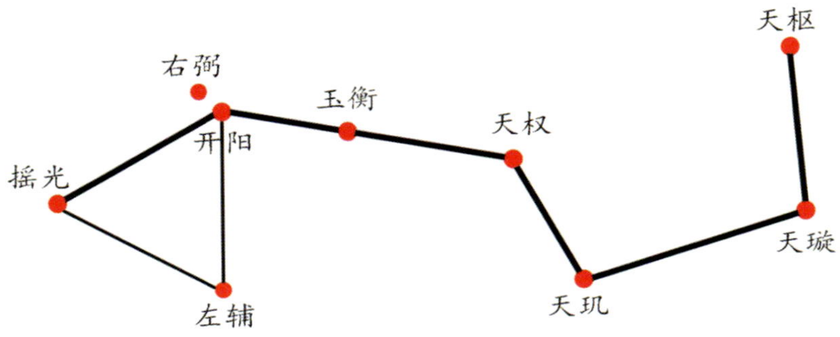

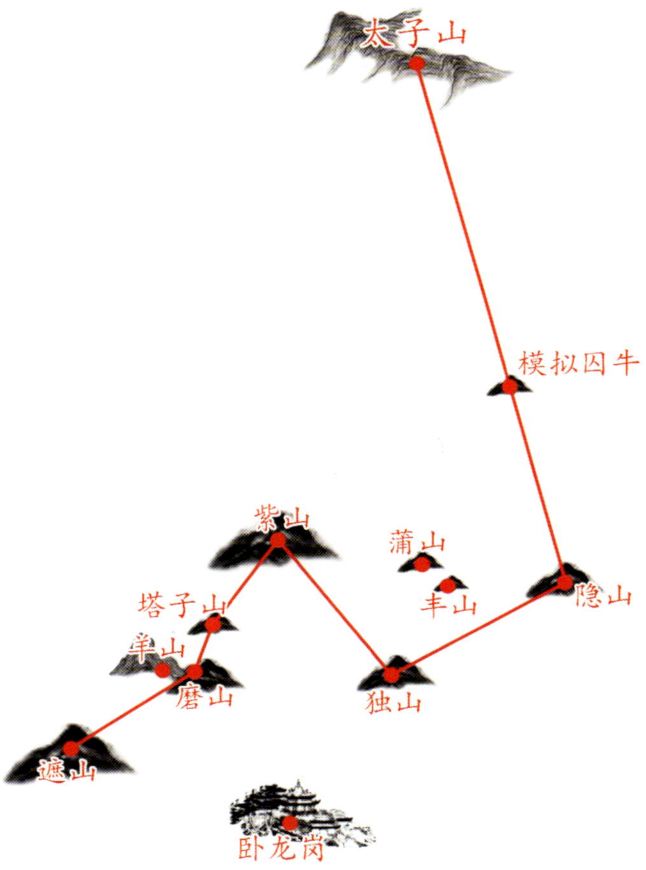

九座孤山的北斗格局

九星中有两颗星不常见，常见的只有七颗星，被称为北斗七星或勺星。不常见的两颗星是左辅星和右弼星，右弼星光线微弱，勉强可以看到，古人常用此星测视力。左辅星不常见，在地成形应用中不是山，被看作岗或隆起。

在盆地内找九星首先要找到北斗七星。这九座孤山中磨山和羊山相距很近，以此作为切入点。开阳和右弼相邻，将磨山和羊山看作开阳和右弼，以此为基准勾画出北斗七星形成的勺星。

如此还多出一座山，况且画出的勺星不形象。蒲山的位置不合理。蒲山应该是天枢，枢是转轴，但蒲山不在天枢的位置。怎么解释呢？多出的丰山怎么应用？

经实地调查，蒲山附近民间有一个神话传说故事，解开了这千古之谜。

二、囚牛的故事

相传，蒲山和丰山原来本是一体，是一头牛，丰山是牛头，蒲山是牛身子。这头牛原来不在这个位置。古时候这头牛常在白河边戏水，喝干再吐出，戏耍不停，喝干就要干旱，吐水就要洪涝。起初百姓祭拜还有效，后来这畜生肆无忌惮，旱涝灾害不断，激怒了二郎神，在牛正喝水时，二郎神用斧子砍断了牛脖子，从此天下太平。但这头牛就不在原来的位置上了。

刚刚修建的南水北调工程过白河的倒虹吸就在当年牛喝水的地方。南水北调工程切掉了半个牛头，看来远古时牛喝水的位置还是很有讲究的。

七星定位，第一颗星叫天枢星，与龙九子的老大叫囚牛的说法相一致。

鸟瞰蒲山

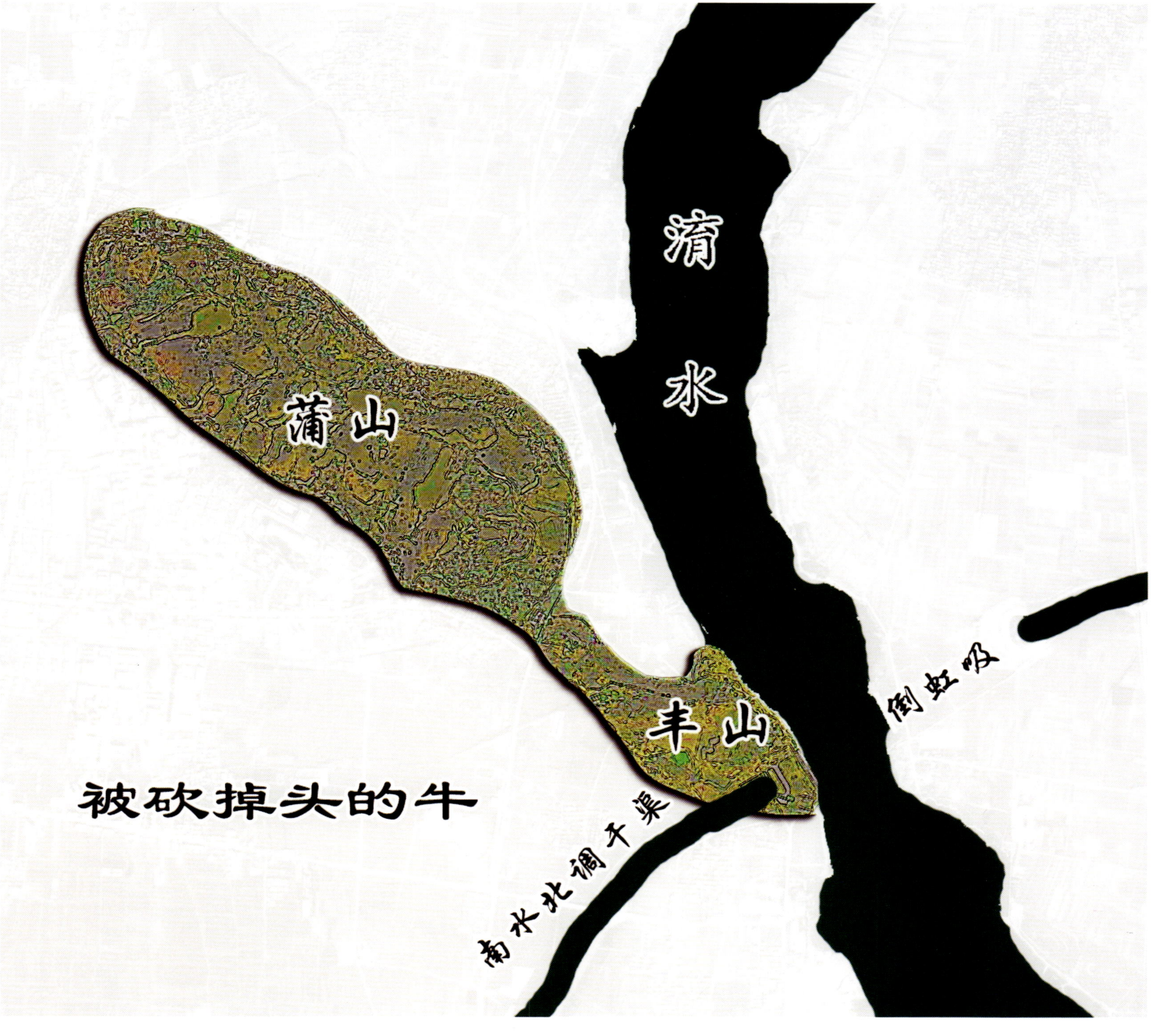
淯水
蒲山
丰山
倒虹吸
被砍掉头的牛
南水北调干渠

右弼星是羊山已首先确定了，那么左辅星在哪里呢？

在磨山与遮山连线东方趋近三角形的位置有一道岗，南阳人称大西岗，迎合了左辅星的位置。岗不是山，左辅星无法用肉眼看到，带有隐藏的性质。这道岗就是左辅星。

左辅右弼是辅佐大臣，常被看作左右丞相。这道岗曾出了两位丞相。一位是“人中麒麟”百里奚，在此放牛。另一位是“人中之龙”诸葛亮，在此躬耕。后人将这道岗一分为二，南部叫卧龙岗，北部叫麒麟岗。

有传说在诸葛亮出山之后，关羽征战至蒲山，一刀劈了牛脖子。这是对诸葛亮先生隐居地的一个暗示。不否认崇拜诸葛亮先生的学者改编了故事，为诸葛亮隐居地作暗示。

这个故事的变化，也证明古代传说故事被后人润饰的现象是存在的。

三、天帝乘帝车

《史记·天官书》：“斗为帝车，运于中央，临制四乡。”通俗地讲，北斗勺星象形于天帝的座驾，运行于紫微垣的中央，所到之处，如朕亲临，治理四方。

帝车北斗始终在运行中，而南阳盆地的北斗位置是固定不变的，这个位置代表一个永恒的时空点。这个时空点的状态讲述着一个美丽的传说，是一个永恒的传奇。

作为天枢星的蒲山，是进入人间的龙九子之一。囚牛跑到帝车车斗中央，但囚牛被贬下界没资格替父行道，只是牛头丰山成为神农天地定位的象征。龙九子组成帝车拉着天帝治理四方，夏禹的都城理论位置应建在帝车中。

蒲山，代表龙九子的长子囚牛，自然环境遭到破坏。鸟瞰囚牛全貌，看到的是催人泪下的悲壮。牛身子蒲山被蚕食殆尽，牛头丰山被南水北调工程白河倒虹吸吃掉一半，剩余部分就地取材，也被干掉大半。

值得庆幸的是，蒲山还在，尽管被蚕食得已是惨不忍睹，毕竟还在。

2015年末，由于污染的原因，蚕食停止了。

四、囚牛的原始位置

囚牛不在自己位置，原始位置有什么痕迹？地舆伏藏绝不会忽视这一特征。经寻访，有两个地名做了巧妙的暗示。

对应天枢星牛身子蒲山的位置有一个村庄叫官寺。对应牛头丰山的位置有一个村庄叫秦王庙。

一般后期建寺庙祭祀时会保留地名的原始信息。官和秦代表原始的信息。

官在甲骨文中是建房屋，房子里面放兵符，或官印，是权力的象征。这与囚牛的职责有相似处。

一说秦王，都以为是秦始皇，其实不然。秦字是双手执杵耕作，耕作之王是神农是耕父，迎合了丰山的特点。

在官寺和秦王庙之间模拟出天枢星囚牛的位置，并用寺庙祭祀，勺星就画完美了。北极星直接指向太子山。

北斗七星确定了位置，北戴斗极为崆峒，崆峒是老子的玄牝之门，是时空隧道，是南阳盆地北部紫微宫的方位。

北方九星，加北极星，构成南阳盆地星垣布局的基准。道家应用皆以此为基础，让南阳盆地与中华神州直至宇宙相对应，宏观调控也是以此为基准。

从此，天帝乘帝车“运于中央，临制四乡。”统领天下。

第二十四章 天庭地舆的奥秘

一、天庭与紫微宫

前面已经说过，天庭中有紫微宫，居住着天帝的家族成员。紫微宫代表天帝的皇宫，管理着南阳盆地这一相对独立的单元。

以南召县雉衡山为中心的南北一线，是皇宫在地成形的地舆。后宫由皇后娘娘当家做主，有雉衡山代表皇后娘娘。北边有玉皇顶，由玉帝坐镇统领三界。下界就是人间，由太子管理，有太子山代表北极星。太子与龙九子都是天帝的儿子，还有下界人间的皇帝认为是龙子下凡，也叫天子。

玉皇顶、衡山、太子山都在伏牛山分水岭以南地舆。雉衡山相对于昆仑下级的黄河流域是南方朱雀，古人演绎了二雉，称雉衡山。相对于盆地，它是天宫的皇后，称为王母娘娘或西王母。雉衡山下是皇后乡，有娘娘庙。雉衡山在南，玉皇顶在北，遵从了天界理想的地天泰状态。

以太子山为中心，左有三公九卿，右有辅政大臣及家眷，直接按皇宫对应的星官特征命名。这里的地名应用虽然很巧妙，但太直白，没有任何隐藏的迹象。

《道德经》曰："无名天地之始；有名万物之母。故常无欲以观其妙；常有欲以观其徼。"紫微宫作为道的虚空界，本无名，是天地之始，是老子起了名字。有了名字，可以从边角切入，顺藤摸瓜即可找到地舆伏藏的玄妙之处。

王子朝之乱，老子滞留的位置在南阳盆地紫微垣，可以认为这里就是地舆伏藏的起始位置。

老子"域中四大"其中的道大，在中华宏观地舆应用中有昆仑之丘与昆仑之虚，其中有玄牝之门存在。进入玄牝之门之后的虚空界没有成形的对应应用，因为山高路远，人类所不能及。在微观应用时，也有一个天庭相对应，天庭中存在一个代表道的天宫，精确地演绎了道在地成形的典型案例。

这里有一个疑问，需要解释一下。古人认为北极星是宇宙的中心，代表紫微垣的天帝。为什么南阳盆地将北极星比作太子？太子虽是天帝家族成员，未即位前属于储君。储君需要到一线挂职锻炼，对应星官属于太微垣。

这个问题要从夏禹时代说起，夏禹应用帝车临治四乡，乘坐帝车治理天下。亲临一线必然不在朝中，这就需要太子坐镇，替父行道。而夏禹应用基础上做伏藏，演绎了太子成长的道路，让太子到民间修炼，修成正果后做北方玄武神。北极星顺理成章成为太子的位置，迎合了夏禹的应用。

二、太子与父母

太子山处于南阳盆地正北方第一个山头，是北极星在地成形的位置。远看山顶是一个独立的圆顶，似冉冉升起的太阳。鸟瞰太子山，山顶似一个金子塔。无论从哪个角度看，太子山都具有尊贵的特性。

太子山代表北天极的中心，是盆地星垣布局的基准点，在盆地中地位较高。

太子山北面是雉衡山，是代表西王母的山，是天宫的中心，再向北是玉皇顶。在天宫以西王母为中心，统领后宫。玉皇大帝带领男儿们，治理天下。

太子山、雉衡山和玉皇顶三者的对应关系为道教诞生后的应用提供了依据。太子在北方，被道教演化为北方玄武神。后面是太子父母居住的后宫。在道教建设的宫观中大都采用这样的布局。前面大殿供奉玄武神，后面总要修建父母殿。

三、三公九卿

太子山左右是护卫在天帝身边的辅佐大臣，在紫微垣称为三公九卿。于是乎，护卫天宫的一道山岭就有了对应的地名。与太子山相连向东延伸的一道山脉叫九里山。

传说九里山的名字来自于距离，其实宽远不足九里，长有好几倍。从距离上找不到与九里有关的地方。

九里山中有韩信寨，韩信始终把自己作为大臣。在九里山建有存兵寨，也在表示自己是臣。韩信寨有许多美丽的传说，古寨遗址尚存。那里山高路险，保护相对完好，

鸟瞰太子山似金字塔

三贤山

韩信寨

值得深入探索。

在太子山东面还有三贤山，三贤山也就是帝王的贤臣，与九里山一起，代表三公九卿。

三贤山位于广阳镇，古称三尖山，它的主峰由三个山峰组成，中间的主峰最高，海拔五百五十三米，山势峭拔，突兀峥嵘，就像一个儒雅贤人端坐。山上有道观，传说已有两千余年的历史。

四、太阳宫与月亮宫

龙生了十个儿子，代表太阳，在天上轮流值班。这个信息表明，太阳是龙子的象征，用金乌表示，也叫太阳鸟。

嫦娥奔月的故事，暗示了龙的女儿们住在月亮宫。太阳和月亮在天成像，必然有其对应的位置，并且居住着天帝的子女们。

在太子山的西侧，有一座山叫孟山。

孟字甲骨文中没有，金文中有：

孟的造字本义：给初生婴儿洗澡。

《说文》：“孟，长也。”

应用中，妾媵(yìng)生的长子称孟，正妻生的长子称伯，后来统称长子。

龙生九子从天宫而来，通过玄牝之门进入人间，紫微垣演示了生殖的过程。

孟山代表庶子，有长子也有其他的庶子，也包括女儿。孟山有大孟山、二孟山、三孟山。孟山各个山头都有民间传说故事。传说故事中没有用凤或雉，直接用公鸡石和母鸡石，但都没脱离鸟的信息。大孟山有公鸡石的传说。二孟山有母鸡石的传说，有蟾蜍，还有被鸡子叨掉头的蜈蚣的传说。三孟山有金童玉女。

从传说故事看，大孟山代表男孩，山顶一个巨石叫公鸡石，村民说这个石头被雷劈成了几瓣。二孟山代表女孩，母鸡石还在。三孟山有金童玉女。只是村民修房子把石头都搬走了。

孟山和太子山、皇后乡、玉皇顶一样，名字如此直接而未被发现，反而起到了保护的作用。

太阳与月亮在天宫必然有对应的位置。从孟山的传说到造型，都在诉说太阳与月亮的对应关系。

龙生十个儿子都是太阳，嫦娥奔月去的是月宫。这也暗示了龙子们在天庭居住在太阳宫，女儿们居住在月亮宫。

大孟山和二孟山代表天上的太阳和月亮，是一阴一阳的对应关系。是所有龙子龙孙在天庭的住所。

大孟山已建有道观，二孟山没有开发。笔者现场勘察了二孟山，发现有月宫特有的象形石头，可以找到蟾蜍、玉兔、嫦娥，甚至嫦娥做长生不老药用的工具。其中蟾蜍最形象逼真。或许这就是月宫蟾蜍的原形。

三孟山代表后花园，金童玉女守护后花园，负责看管王母娘娘的蟠桃园。东北方向有桃园沟的地名，是否是王母娘娘的蟠桃园？南面有桑园的地名，是否是织女种桑养蚕的桑园？许多神话故事已失传，需要更深入地探索。孟山周边的凹穴岩画，传达着远古时代应用的信息。也证明了在古人眼中这片地舆的重要地位。孟山山势平缓，攀登强度低，是一个追求长寿养生的好去处，也是一个育人的好地方。

二孟山蟾蜍

五、神农

在马王堆T形帛画的天宫中，天地人在天成像的对应关系有日月和烛龙。在地成形的宏观应用中，有伏羲女娲和神农，其中神农保持了烛龙人首蛇身的特性。神农与伏牛相伴，且带有调节雨水的突出特点。

在南阳盆地的天宫中，有东方帝与西王母，有日月对应的两个孟山。但总管神农在哪里呢？古人绝不会漏掉这个关键人物。

神农是人首蛇身的形象，在孟山的西部偏北方向有一个石人沟，沟旁的丘陵上有一个石人，建有石人庙。石人昂首遥望着孟山，身上有远古人工刻凿的痕迹。石人顶部有一圆形洞穴，存有一汪清水，这汪清水常年不干。这里是远古祭祀点可以确定。

石人顶部的一汪清水

神奇的是这个石人顶部的圆型洞穴，有人工开凿的特点。这一汪清水来自于雨水，常年不干。

如今，石人庙的传说已失传。在石人旁边有一个巨石，民间传说这是一头牛，这头牛形似俯卧，背部露在外面。旁边的小型石头，被称为小牛娃。

石人面前的沟叫石人沟，背面的沟叫牛孟沟。这个位置距离孟山大约三公里。

石人沟向东北方向延伸，地名变为长虫沟。同一道沟，地名的变化，暗示了一个信息。神农是人首蛇身，长虫是方言，代表蛇。

按理论推测，这里的石人就是神农，“牛孟”代表牛从天界出生，一汪清水代表天水。石人、牛孟、长虫和清水证实了神农的身份。神农与牛、水相伴，证明这里是神农在天宫的家园。嫦娥家的牛也就找到了出处。

神农望孟山

神农与伏牛

药王庙獐狮

大石庙三奶奶

持斧子的助手

大石庙

六、天庭的医官

从孟山下的孟山头村向南一公里处的山岭上有南北两个人工开凿的石窟。北边的石窟叫大石庙，南面的石窟叫药王庙。

药王庙石窟中有鸭河岩画，已无神像。村民都知道是药王庙，但都说不清楚来源。大石庙以石窟为中心扩建了房舍，其中供奉三位奶奶。据传，三位奶奶是负责接生的神仙且各有神通。大奶奶负责顺产接生，二奶奶负责剖腹产做手术，三奶奶负责接生后清洗、穿衣。石窟中记载的石碑早已丢失。

孟是为出生的婴儿洗澡。与孟山相邻有接生的神仙，说明古代人间皇宫有御医，在天成像星官也有医官。两个石窟表明了天庭男女医官在地成形的位置。

有关专家从药王庙的岩画和开凿工艺分析，石窟有可能是夏禹时代的产物。三奶奶庙有晚期的痕迹，也许是因老子做伏藏的需要由后人所为，也许是后人扩建而扩大了石窟的空间。药王庙和三位接生医生的信息结合孟山与淯水及孕育与生殖的特征，可以证明大石庙和药王庙是天庭的医官，也是人们祈福、求子、求药、供奉药王的地方。

七、药王神兽

将大石庙与药王庙的山体边缘勾画出来，是一个神兽的轮廓。这只神兽张着大嘴巴，似乎要吞噬眼前的东西。神兽眼前是一个隆起的小山包，形似一株植物或者一片植物的叶子，似乎这只神兽在“尝百草”。药王庙的石窟选址在神兽的咽喉部位，古人选址这里是很微妙的。

听说大石庙有位道长知道这一代的神话传说，笔者去探访时，这位道长已去世。笔者没有查到这个山体的名字。周边村民只知道这里是这一带香火最旺盛的地方。

大石庙有麒麟送子的应用特征，民间会把他应用为麒麟，但绝不是地舆伏藏的初衷。因为麒麟与尝百草的特征不符。

紧邻神兽身躯有九个堰塘，与神农架大九湖应用特征对比，这里与神农有密切关系。相传，神农尝百草有叫獐狮的神兽相伴。獐狮周身透明，能吃百草和百虫，各种药性均可通过观察它的肺腑、经络，而一目了然。大石庙和药王庙山体象形的神兽应该是獐狮无疑，只是已没有民间传说做支撑。

八、獐狮与华瑞

过去的中药店总要放一个獐狮。传说唐代药王孙思邈曾得到一个怪胎叫华瑞，其特征与獐狮的特征完全一致。之后老中医的桌上也放獐狮，不过名字变了，叫华瑞。华瑞有许多作用，特别是难以启齿的妇科病，就拿华瑞来做暗示。在南阳盆地走访中发现，如今中药店的獐狮也被称为华瑞，獐狮的名字已被淡忘。

按象形獐狮的视角再看药王庙的石窟，发现这个石窟是按獐狮刻画的。正面看，似一个卧着的狮子。狮子张着大嘴和山体象形的獐狮的大嘴朝向是同一个方向。

药王庙石窟处于獐狮的咽喉部位，在石窟象形獐狮的咽喉部位向上开了一个圆形的天窗，似乎从外部透过天窗可以窥视獐狮尝百草的情况。

按取象比类在山体獐狮与石窟獐狮咽喉开天窗的对应部位寻找，发现有一细微的清泉，一汪清水像一面镜子，让人不得不佩服古人应用自然的智慧。

《周易·说卦》：“天地定位，山泽通气。”说明獐狮的身体和周边九个堰塘是相通的。通过山泽通气的微妙变化可以看出獐狮身体内部的表现。在古人眼中，这个獐狮内部没有秘密，可一目了然。所以可以理解为这个獐狮的身体是“透明”的。

大石庙与药王庙

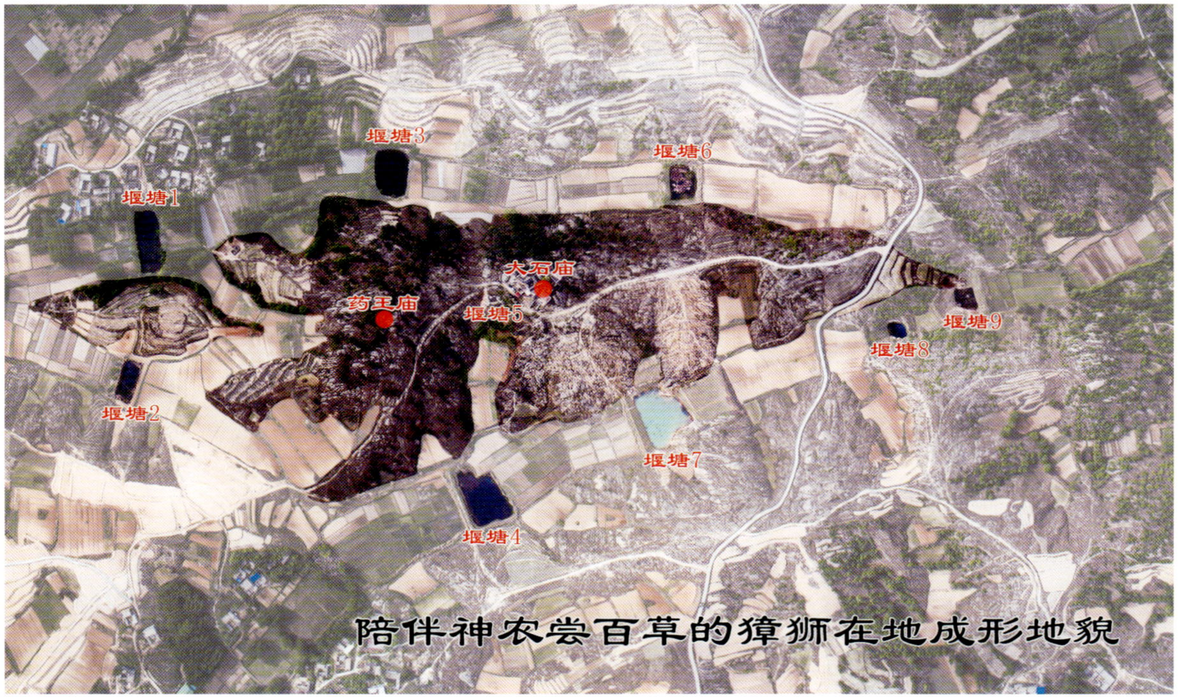

神农的獐狮

九、淯水

天界进入人间的出口，在进入盆地的鸭河口水库大坝下游山岗与平原的结合部，属于鸭河工区。水库在南阳盆地的北方玄武之方，调剂着南阳盆地地下水的水位。

鸭河口水库的有效库容7.45亿立方米，每年的来水量约13亿立方米至23亿立方米。鸭河口水库之水每年更换多次，被称为活水，养育着南阳盆地的人民。

鸭河口水库是20世纪五六十年代的产物。由九条河流汇聚而成，即鸭河、黄鸭河、留山河、空山河、鸡河、西落河、铁河、排路河、白河。九条河流象征孕育龙之九子。

新生的鸭河口水库是南阳盆地的玄武湖，通俗一点可以叫太子湖，也可以根据龙生九子的特征，叫育龙湖或伏龙湖等。作为地名需要申报，建议当地命名时遵循道家在地成形的奥秘，命名最好不脱离原始文化传承的轨道。

出鸭河口水库向南出山称淯水，直通樊城。象形银河在地成形，贯通盆地南北。为什么叫淯水？

了解了孕育两个字的来源就会一目了然。

甲骨文孕：

孕字像一幅怀胎妇女的透视图，在圆隆的人的腹部里有一个胎儿。

甲骨文育：

育字上面为肚子已经变小的女人，下面倒写一个“子”，象形婴儿头向下出生。育表示妇女生子，金文在“子” 的头部加三点，表示妇女生产时的羊水。

紫微宫中有太子，有孕的含义。鸭河口水库出水养育盆地人民，有育的含义，水名加上水的偏旁称淯水，龙九子从此出生，在南阳盆地北部形成九座孤山。

鸭河口

第二十五章 北戴斗极为崆峒的展示

一、北天极的空洞

古人认为，北极星的方位是宇宙的中心，是天帝的居所，也叫紫微宫。就是常说的北天极。北天极和人间是可以互通的，有玄牝之门存在。《尔雅》记载："北戴斗极为崆峒。"即在北方的天空上，北斗星绕北极星旋转的位置为空洞。紫微宫就在空洞中。在地成形用山作偏旁叫崆峒。

崆峒并不只是崆峒山。相对于某一独立单元天地相通的玄牝之门都有崆峒的应用。如四川的遂宁是天国的中心，叫斗城。夏禹时代根据南阳盆地的地舆特征，展示了北天极的星垣布局。在南阳盆地以太子山为中心展示一个天宫，天宫之外是天庭。出天庭进入人间，龙九子化作九座孤山组成北斗七星加左辅右弼的布局。这展示了一个北天极的星垣模型，天上重要的星官都有对应的地舆。

二、出天宫的玄牝之门

民间常把紫微宫叫天宫，是天庭中的皇宫，与天庭有垣墙相隔。出天宫仍在天庭内，从天宫进入天庭需要通过玄牝之门。这个过程按相随而从的取象比类用法，有两个出口。

西侧顺白河而行，在孟山与太子山的连线上，处于鸭河淹没区。中心有一繁荣的古镇叫刘村镇，今已不存在。龙的子女是太阳与月亮的象征，用孟命名暗示出生后在器皿中洗澡。用此特征可以证明玄牝之门的存在。

从伏牛山分水岭向南有一条路，是洛阳进入南阳盆地翻越伏牛山脉的一条捷径。这条路伴随紫微宫而行，出九里山口，经皇路店进入盆地，象形从人间进入天宫的三级台阶。三级台阶在天成像为三台星座，共六颗星，也叫天阶、泰阶。这三级台阶同样是龙九子行走天、地、人三界的路。

龙九子是金乌，称乌鸦或鸦鹊，这条路命名叫三鸦路。三鸦路夏朝时已经开始应用，是皇家第一通道，也叫夏路、皇路，因此就有了皇路店的地名。

三鸦路第一个分界是皇路店，是平原与丘陵的结合部。第二个分界是太子山与九里山的交界处，是一个隘口，向北象形在天宫内，向南出天宫进入天庭内。这个隘口起到了玄牝之门的作用，有一特殊地名叫口子河。传说张三丰最初修炼于此。《南召县志》记载：这里是张三丰的故里，最终在旁边太子山坡上的天宝观修成正果。今有张三丰故里碑遗存。天宝观位置在天宫内。

两个玄牝之门都在天庭内，西面具有孕育的特征，东面具有治世的特征。继续下行在鸭河口汇合，从皇路店出天庭进入人间。

三、进入人间的玄牝之门

从天庭进入人间需要通过玄牝之门，象形龙九子从天庭进入人间，是又一次孕育而出，然后进入南阳盆地的平原地带。在盆地内，北部的九座孤山对应龙九子，演绎着许多传奇故事。

龙九子到了下界，天上还有一个太子，在地成形为太子山，还在天宫内。对于天庭而言，龙生了十个儿子，对于人间而言，龙生了九个儿子。出天宫和出天庭是两种状态。这样《山海经》中“十日并出”的说法就迎刃而解了。

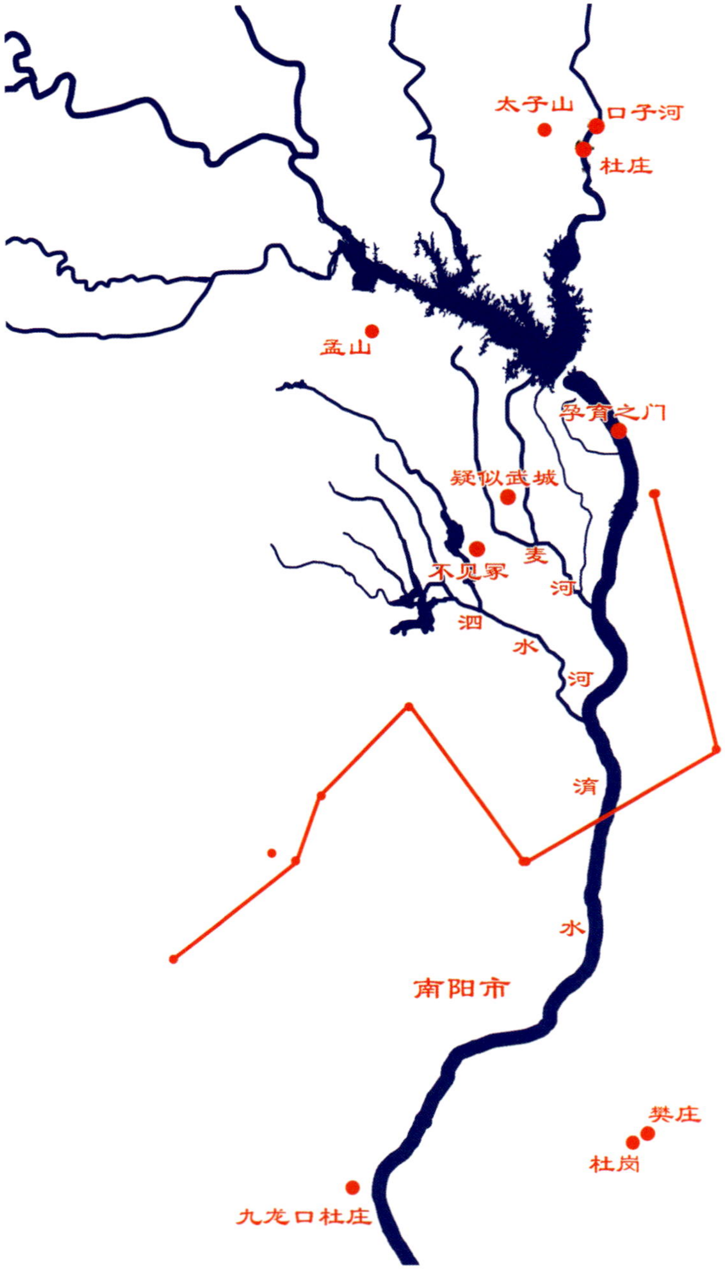

出天庭地舆状态示意图

龙九子组成北斗帝车，拉着父亲东方帝治理四方。那么出天庭孕育龙九子的玄牝之门是如何应用的呢？当然还是两种状态，一个是孕育，一个是治世。

首先来看淯水西岸并行的九道岗。岗的地名多已失传，村民称有青龙岗、黄龙岗、银顶等。九道岗分水形成九条沟。九条沟汇成两条河流，一条叫麦河，一条叫泗水河。这两条河流进入帝车斗中之后注入淯水。

从天庭进入人间有五谷送给人间，是玄牝之门的典型应用特征。麦垛、麦河是常用方法。

道家讲，道生一，一生二，二生三，三生万物。四代表四象形成，万物繁荣。泗水和麦河共同进入帝车斗中，是天帝治理天下的法宝，意为掌控以五谷为主的万物，调和太平盛世。

治世之门在孕育之门的西南隅，泗水代表禾苗等万物生长，麦河代表果实，北部为天庭，地舆特征与奥的造字本意吻合（参照62页），代表天庭向人间传递生存信息。这个奥的方位确实隐藏了许多奥秘。

与淯水相邻的第一道岗尽头有一个温泉叫莲花池，对岸有一道岗叫杜岗。淯水向东南方向行走，遇杜岗转向南。这个转弯地舆就是进入人间的孕育之门。与南水北调渠首的陶眼取象比类，莲花池象形汤泉，这道岗比类为汤山。对岸的杜岗则是禹山。

出孕育之门淯水东岸的第一个村庄地名叫程咀。程是古代最小的计量单位，十根毛发丝为一程，十程为一分，十分为一寸。后人将程字作为度量衡的总称，也作为规矩、规范、标准等使用。咀是咀嚼品味的意思。程咀告诉我们，北部天宫、天庭到玄牝之门乃至整个盆地的用法是一个标准用法，仔细品味，可作为道家地舆应用的模板。出陶眼也有程营的村庄，暗示这两个玄牝之门都具有模板的特征，必然具有同步的应用关系。

大禹治水，玄牝之门的水侧之山岗多祭祀大禹神。另一侧为汤泉。既然是模板，为何不叫禹岗而叫杜岗？这个问题要从道家文化在后期应用进程中的特征说起。

四、召父杜母

甲骨文杜：

土墩加木桩为杜，与樊的造字本意类似，堆土打木桩或栽树叫杜。打木桩连结起来成为篱笆叫樊，如樊篱。

《说文》：“杜，甘棠也。”甘棠是一种非常高贵的树种。《诗经·国风·召南》中有一首诗《甘棠》：

“蔽芾(fèi)甘棠，勿翦勿伐，召伯所茇(bá)。蔽芾甘棠，勿翦勿败，召伯所憩。蔽芾甘棠，勿翦勿拜，召伯所说。”

召伯也称召公、召康公、召公奭(shì)，是西周的开国元勋。因召伯仁政爱民，被后人敬仰，为召伯遮阴的甘棠树也倍增了身价。甘棠遗爱的成语也是出自这里。

宋代梅尧臣《送棣州唐虞部》诗：“风俗已如此，憩棠无讼争。”甘棠与德政紧密相连已成为风俗。

王子朝之乱，王子朝携召氏之族、毛伯得、尹氏固、南宫嚚(yín)进入南阳盆地，加上晁氏共五大家族的后人安居于南阳北部淯水进入盆地的玄牝之门附近。召氏家族是召伯的后人。

召国封地在燕地，燕分南燕和北燕。召南指召伯统治的南燕地舆，《召南》讲的是召之南部国风。南阳市南召县雉衡山脚下的云阳镇在明嘉靖年地图中叫召南。《召南》诗中许多信息与今南召县附近地舆吻合。

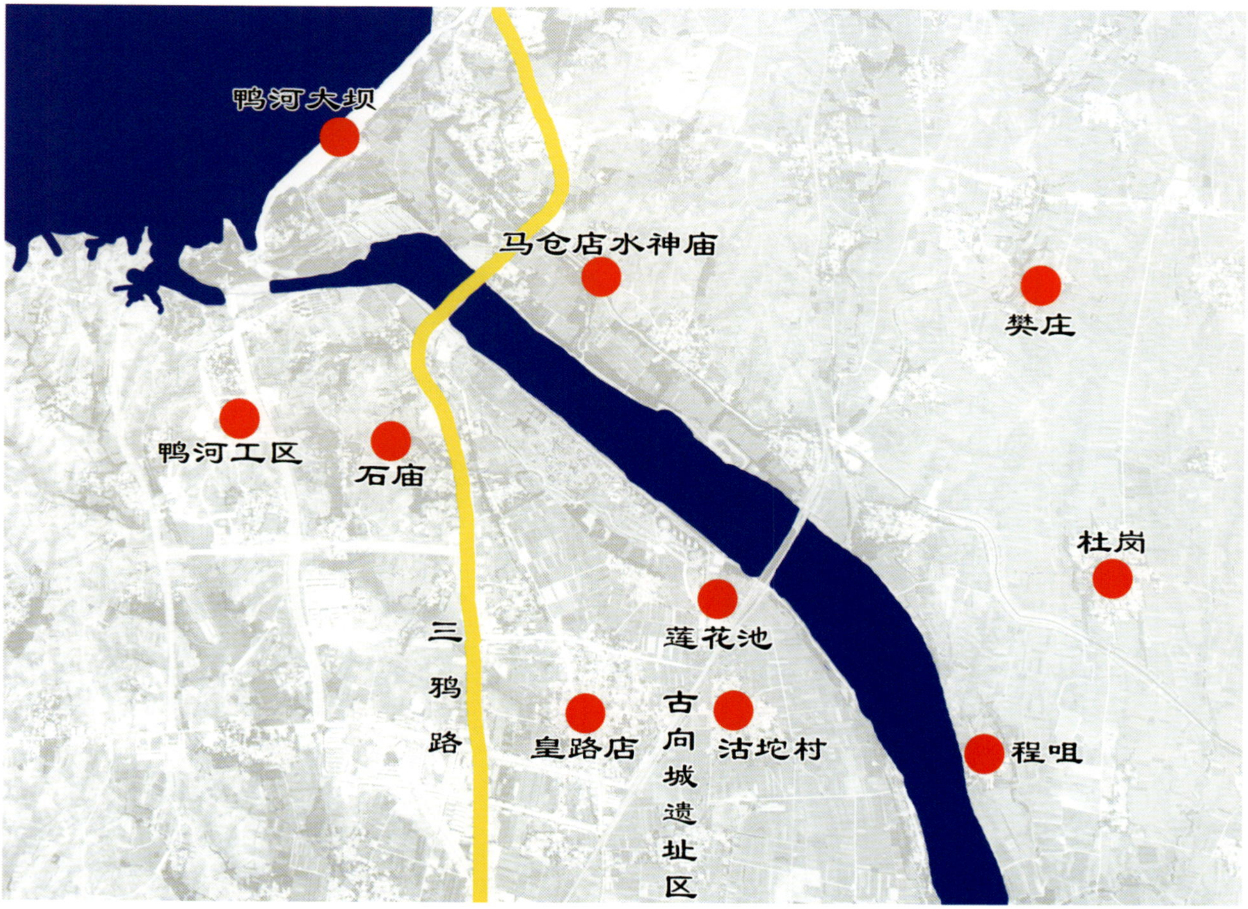

淯水孕育之门示意图

西汉时调任南阳的一位太守叫召信臣，在南阳兴修水利，工程之浩大与都江堰齐名。召信臣为官视民如子，所到之处都为民众称颂，后人称为召父。

几十年后的东汉又调任南阳的一位太守叫杜诗。杜诗在召父修建水利设施的基础上，修治陂池，广开田池，使南阳富庶起来。杜诗还创造水力鼓风机冶铁，后人称为杜母。南阳人称颂说：“前有召父，后有杜母”。

“召父杜母”成为颂扬地方官政绩的成语，父母官的说法也源于此。在《礼记·大学》中规范为：“乐只君子，民之父母。民之所好好之，民之所恶恶之，此之谓民之父母。”

杜诗任职两百之后，又出了一位杜预。他在召父杜母留下的水利设施基础上进一步修缮，对南阳水利建设做出了巨大贡献，南阳人敬其为“召父”。

南阳人为祭奠召父杜母，建了多处祠堂。如独山有三贤祠，祭奠召信臣、杜诗、杜预。南阳府衙旁有召父杜母坊等。祠堂今已不存在，但许多地名结合地舆特征仍在默默传达着古代的文化信息。

杜和樊都有以封地为氏的渊源，后人聚集地选址多遵循封地的特征。召、杜、樊在西周初期已结下了不解之缘。

中华民族的后人特别注重对祖先的祭奠。南阳盆地自古水患无穷，多处有大禹治水的神话故事传承，如宛城区禹王村大禹出生、桐柏石柱山大禹系舟等神话，传达着南阳人民对平水患安居乐业的愿望。召父杜母的主要功绩是兴修水利。兴修水利造福一方的官员，被敬为大禹神在世是常理。从皇家封地到老百姓聚集地选址，都遵循道家地舆特征的运行规律。这也是老子做伏藏的应用方法。鸭河口出玄牝之门的地名就是后人的美妙应用。

南阳盆地中心主要水系是淯水，淯水从北向南伴扶桑树而行，贯穿整个盆地。召渠伴淯水左右，水网密布。淯水中段有二溢蔓荆岗和春岭。北部出山进入盆地的玄牝之门和二溢的起始端，都是修建水利枢纽最科学的位置。这些位置都留下了应用信息。

茶庵杜岗杜氏祠堂

五、杜家庄

笔者在宛城区茶庵乡杜岗村杜氏祠堂了解到，杜家随洪洞县老槐树下的人口大迁移来到南阳。最初居住地在麒麟岗上，今百里奚村附近。繁衍六代之后开始向周边扩散。至今南阳境内已有许多杜氏的村庄。

杜氏来到南阳的第一个居住地，选址是很讲究的。麒麟岗是左辅星，曾出了百里奚和诸葛亮两位丞相。六代之后扩散迁址的主线遵循了杜的特性。

第一个新址是从出天宫的玄牝之门开始。在太子山东侧与九里山接口处有一个杜家庄，与口子河相邻。穿过这条隘口的河流叫鸭河。口子河是一个村庄，是按隘口的地舆特征命的名。杜氏选址于此，除具有杜的地舆特征之外，还占据了天宫进入天庭的首要位置。顺水而下，出天庭进入人间的玄牝之门的岗头上有两个相邻的杜氏村落，即杜岗村和杜庄村。

六、淯水杜岗与樊庄

淯水进入盆地的玄牝之门两侧是祭祀大禹神的最佳位置，但实际西岗无名，东侧地名叫杜岗。这一信息表明，后人根据召父杜母兴修水利的功绩，用召父杜母代替了大禹。

杜岗北部相邻有樊庄，杜岗与樊庄之间有古代向东输水的人工水道痕迹。杜氏与樊氏选择栖息地并非偶然，必有懂道家地舆玄机者指点。杜具有修堤坝的特点，樊具有修篱笆的特性。杜与樊配合是建造水利枢纽的重要元素。杜氏后人根据先祖杜母的功绩特征，在水利枢纽附近的岗上群居形成村落。樊与杜自古就有不解之缘，相伴而居妙不可言。虽然找不到樊与杜两姓氏渊源的原始记载，但相伴而居并不是个案。例如黄河进入汾渭谷地的龙门，是大禹治水打开黄河的第一道山口，也叫禹门口。出禹门口，东方山西一侧是樊村镇，有杜家沟与樊村相邻。

按照道家地舆应用方法，玄牝之门两侧的岗相呼应。东方为阳，阳中有阴祭祀杜母。西岸为阴，阴中有阳必然祭祀召父。按道家理论推理，两侧必然有召父杜母古祠堂遗址存在。杜岗是杜氏居民的村落，有杜氏祠堂不用怀疑。召父祠没有明确信息，西侧岗上有石庙村，石庙疑似召父祠。

七、潦河杜庄

扶桑树树干分支在禹王村到望城岗一线，向西的分支穿越淯水，在淯水西岸与九龙口相接。这道岗分断了蔓荆岗与卧龙岗（麒麟岗）的相遇。九龙口有泉水叫龙眼，相邻有杜氏群居的村落叫杜庄，属卧龙区潦河镇。这里紧邻淯水，是北滏蔓荆岗的北部起始端，是引水工程的一个理论位置。九龙口旁沟壑纵横，疑似人工开挖的灌渠。

八、茶庵杜岗与樊庄

扶桑树向东分支的位置，地处于宛城区茶庵乡。淯水经过帝车进入天子五百里粮田，在此与春岭相遇。

茶庵是古代官道的一个交汇点。民间流传说，从方城县小史店镇的佛沟开始，出山到社旗县下洼镇四十五里。下洼镇到青台镇又四十五里。青台镇到宛城区茶庵乡还是四十五里。茶庵与南阳通往桐柏的古道（今312国道）交汇，是古代官道行人歇脚喝茶的交汇点，茶庵因此得名。

在茶庵乡西面的高岗上，有前后两个杜岗村，相邻有樊庄村。当代的白桐灌渠分开了杜岗与樊庄。

杜岗与樊庄的位置是南滏春岭起始端适合建水利枢纽的理论位置。当代的白桐灌渠从此经过，且在村南修了水闸。

杜岗与樊庄周边古代泉眼密布。西北有古马渡堰，东有黄池陂。下游的十里河、棘水流域等都是古代人工河流。

沿南北二滏修水渠，沿途可以灌溉许多粮田。潦河和茶庵两个杜氏的群居地是二滏的起始端，都是适合建水利枢纽的位置。村落选址遵循了杜的地舆特征。

淯水进入人间的玄牝之门有杜岗与樊庄相伴。进入扶桑树的树干春岭又一次有杜岗与樊庄相伴。这两个关键点是淯水流域的重要位置。两处都是杜母祠的理想位置。如今茶庵杜岗已建起了杜氏祠堂。理论上的召父祠是否存在呢？

九、袁祖雨的文化情结

笔者有位道兄叫袁祖雨，是一位研究楚汉文化的独立学者。对汉画研究更是有独到之处。笔者需要的古籍记载、地方志等藏书，袁先生应有尽有。袁先生的汉画藏品为笔者的理论研究提供了许多证据。

笔者的研究需要大量历史记载和考古发现作支撑。许多记载不需笔者亲自查阅，因为袁先生的文华情结，在默默地为笔者作义务奉献。每每推理出某一位置应该有古迹存在时，袁先生总会悄悄地查阅资料，随后弱弱地说："你是对的。"查阅资料是一件很辛苦的事情。笔者对他的感激之情无以言表，记之感恩。

召父杜母祠堂的推理也不例外。袁先生找到了历史记载。《明嘉靖南阳府志校注》第三册上记载：根据《明通志》记载，召信臣祠堂在南阳县东北七十里，古向城西北淯水旁的石堰上。古向城在哪里呢？

《说文》："向，北出牖也。"意为北面的窗户。向外是窗户，向内则是朝向，有负阴抱阳的特点。向城应在玄牝之门出口处盆地向内一侧的地舆，理论位置在莲花池南部。

袁先生也不含糊，查到《读史方舆纪要》记载："向城在府北六十里。汉西鄂县地。西魏置向城县，兼置雉阳郡治焉。隋初郡废，县属淯州。"袁先生说："鸭河工区已在皇路店东侧发现了古向城遗址。位置在莲花池经沽坨村、马庙到尹店一线，顺淯水蔓延八里，距南阳六十里。"

向城位置确定，可以确定记载的召父祠位置与理论位置的石庙村基本吻合。现场若能找到遗址，召父祠就更确定无疑了。为此袁先生陪同笔者进行了实地勘察。

从莲花池到石庙村是鸭河工区出山九道岗的第一道岗。石庙村在岗头上。老人们说，小时候见有石庙存在，里面已没有神像，不知是什么庙。只记得石庙很精致，是用青石条砌成，石条都有花纹，但记不清是什么花形。

石庙村河对岸叫马仓店，有一座水神庙，是三鸦路古渡口，站在马仓店可以看到对面石庙的岗。两岸村民都说距南阳七十里。看来古代的七十里不是某一个点，而是一个区域。这一区域内有多处水利工程遗址。疑似召父水利工程南阳县上石堰。村民们说，这一带水面很宽，像一个大堰塘，五十年前没修水库时，南来北往的帆船在这里汇聚停泊。河中到处是帆船，场面很壮观。

现场勘察证明，古向城西北、距南阳七十里等记载与石庙的遗址位置相符，是召父祠遗址基本可以确定。

鸭河工区的玄牝之门与二澨起始的两个位置是上下呼应关系。鸭河工区有召父祠，茶庵已建了杜氏祠堂。既然前有召父后有杜母，那么上有召父祠下有杜母祠是不错的选择。若改建成为父母官的纪念堂，结合鸭河灌区兴修水利的艰苦奋斗史、古代水利遗址等，作为红色之旅让官员们缅怀先祖做好人民公仆，定是一件很美妙的事情。

十、不见冢

鸭河工区淯水西部九道岗的中心岗从孟山发起，进入盆地有焦庄、冢岗庙和龙窝。中心岗左右各有四道岗，东侧四道岗产生麦河，西侧四道岗产生泗水河。

以孟山为中心是天庭西侧天帝家族成员的居住地，向南延伸进入盆地是天庭进入人间具有治世特征的玄牝之门。治世由龙九子替父行道，龙九子是太阳的化身，所以这道岗性质属火。九个太阳落在扶桑树上被后羿射落，落入沃焦，所以进入盆地的第一个村庄叫焦庄。龙九子都是龙子，所以岗的尽头叫龙窝。焦庄和龙窝之间有冢岗庙村，村旁有大冢，名曰不见冢。鸭河工区考古发现不见冢为古墓，疑似王子朝墓葬。不见冢有什么含义呢？

《说文》："不，鸟飞上翔不下来也。从一，一犹天也。""见，视也。"

龙九子是鸟的象形，不见冢在岗上，处于天地结合部，仍属于天庭。按《说文》的解释，不见，意为龙鸟飞翔于天上，在鸟瞰世界。

甲骨文不：

不，在甲骨文中上面像花蒂的子房，下面像花蕊下垂形，本义为萼足。也有解释为象形在树叉上巢居，这种巢没有缔结构造。通俗地讲，象形乌鸦的巢穴，这种巢穴在周边随处可见。

按甲骨文的解释，花子房是民间堪舆墓葬的用法。传说民间堪舆诞生于王子朝之后，由黄石公创立。花子房的用法符合地舆应用方法，老子在选址隐居地时，应用了这一地舆特征（参照270页）。

在树叉上巢居的说法，与龙九子栖息于扶桑树上的信息吻合。

若不见冢指焦庄到龙窝这一范围，则意为龙九子处于玄牝之门鸟瞰天下，是治世的应用特征。若不见冢单指墓葬的冢子，则是龙子葬于此的暗示。

焦庄、不见冢、龙窝是玄牝之门，是治世之门的应用可以肯定。不见冢或周边埋葬具有龙子身份或皇家血统的人物，符合古代地舆应用特征。

十一、玄武之方的武城

南阳学术界考证认为，楚国在鸭河工区范围内有一座非常繁荣的古城叫武城，至今未找到位置。地方志记载也是推理，说法不一，不能确定确切位置。

鸭河工区出玄牝之门后必然有武城存在。武城大多出玄牝之门，背靠母体，前面或侧畔地舆特征多与武器有关。如陶眼的刁，四川的戈、钺等都是典型应用，称为天成之都。

武城的叫法来自于道家四象的分布。负阴抱阳面向南，称“左青龙，右白虎，前朱雀，后玄武”。这个说法有一个主体，就是“我”。我的造字本义是手持长柄钺呐喊示威，后演化为北方战神玄武。因武城刚出玄牝之门也称龙城。

四象在夏代就已广泛应用。盆地北方的武城在夏代就应该存在。鸭河工区出天宫和出天庭各有两个玄牝之门，也就是说，有四个位置适合建武城。

出天宫走三鸦路过口子河有一个古镇叫曹店镇，曹店镇相邻有武家庄，是出治世之门皇路上武城的理论位置。

孟山东侧淯水河畔有刘村镇，是孕育之门武城的理论位置。曹店镇和刘村镇均已被鸭河水库淹没。两个镇共同的天然屏障是建鸭河大坝的黑山头。

鸭河工区出天庭代表孕育的玄牝之门有古城遗址，但没有天然屏障，可以排除武城的用法，记载是向城。

鸭河工区出天庭代表治世的玄牝之门，处于出焦庄、冢岗庙、龙窝的中心岗，天然屏障是泗水，这个武城是今石桥镇，张衡生于此，葬于此，至今仍然繁荣，但没有武城的记载。不排除在焦庄与石桥之间曾有古城存在，若有，必是武城的用法，考古探索应以石桥西南方的翟庄为中心寻找。

出天庭治世之门中心岗东侧相邻的这道岗是传说的黄龙岗，进入盆地有麦河和泗水河两道天然屏障，武城建于此也符合地舆应用。

黄龙岗最高点建有玉皇庙。从玉皇庙开始黄龙岗向左右分叉。向东分叉的尽头叫土屯，土屯代表这道岗属土，是中心黄帝的用法，上有小庙起镇龙的作用。岗尽头隆起的土山叫银顶山，上有祖师庙，是当代民间自发修建。祖师是北方的玄武神，和中心的黄帝平级，不能起到镇龙的作用，用法违背了原始思想。

黄龙岗向西分叉的尽头叫庙底，这道岗延伸较远，建了两座庙来镇龙，地名叫双庙。

黄龙岗两分叉尽头进入平原地带属于中心黄帝的性质，村名叫黄寨。黄寨南侧是天然屏障麦河。若作为武城应用，理论位置应在黄寨或与黄寨北部相邻的平原地带。

十二、一个都城的配置

黄龙岗两分叉中间是一道沟，中心有村庄叫茫茫沟。茫茫沟也代表这道沟。茫茫沟中轴线角度是子午线向东南偏2.5度，与北京故宫方向一致。

茫茫沟两侧分列的村庄名称与南阳盆地紫微垣星象在地成形用法相同，可理解为具有同步关系。地貌特征、地名等信息传达了一个古代都城的格局，茫茫沟是都城的中轴线。

下面按紫微垣在南阳盆地在地成形的对应位置，分析《理论都城规制布局示意图》中村庄名称关键字的暗示。

赵：繁体字为趙，会意字，由走和肖组合而成。《说文》：“肖，骨肉相似也。”造字本义，父母的小型肉身，即亲生孩子。“肖”与“走”结合，代表新生命诞生且成长，具有玄牝之门的特征。

褚：古代称兵卒，也指棉衣，有储藏之意。

皇：《说文》：“皇，大也。从自。自始也。始王者，三皇大君也。”是皇权的象征。

孙：代表皇家的子孙居住地。

砚：文房四宝之一，代表文笔。

曹：本意是相遇的两个人在交谈，后用作群众。《说文》解释为原告和被告的争讼。

茫茫沟四面环水，四周分列九个村庄：东北方“赵”为玄牝之门，位置与紫微垣的口子河同步，赵庄相邻为余川寺，余意为富饶，寺代表权力，是出玄牝之门传达权力与资源的暗示，西北方“褚”，村西侧相邻还有两个褚庄和一个东仓房，为屯兵和物资储备，中轴线东侧为皇权，西侧为儿孙居住地，与天庭东有三公九卿，西有东方帝家眷居住地的孟山是同步关系。

茫茫沟旁砚台的位置与鸭河整个天庭中发源麦河与泗水的九道岗位置同步。砚台代表文笔，暗示以文治国。

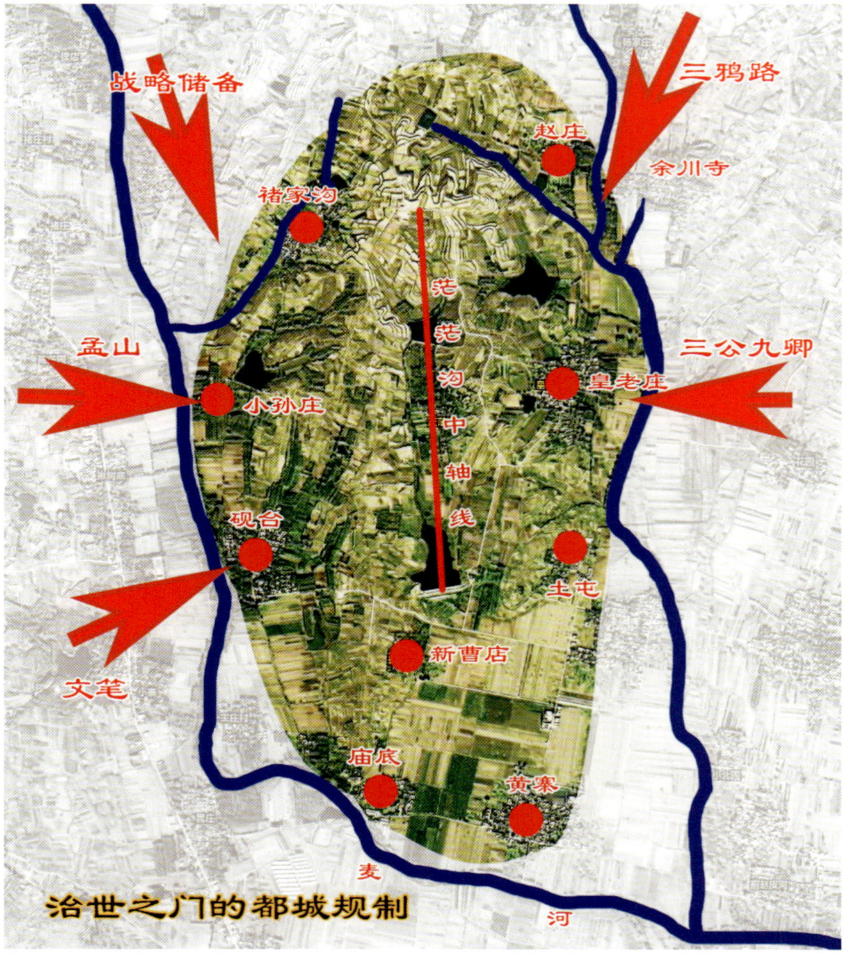

都城门外是新曹店，是鸭河淹没的曹店镇迁址于此。新址与原址都是按以地为氏的用法选址，必是有智慧之人所为。新曺店位置是城门外张贴告示、民间争讼报官、午门外菜市口问斩，是城门前聚众之处。

武城本是南阳盆地北方的要塞，应该是防御性规制，位置应在出玄牝之门的平原地带。茫茫沟中轴线及周边九个村庄提示这里是都城的规制，是一个紫微宫的浓缩，这个都城规制处于丘陵地带，可以排除武城的应用。

茫茫沟丘陵起伏不适合建城池，都城规制只是信息提示，现场勘察没有古城遗址的迹象。这就出现了疑问，是笔者理解错误，还是另有玄机？

王子朝集团进入南阳盆地，滞留地选址必然受到随其前往的老子指导。老子必然按其身份选址。太子山周边及帝车之中的石桥是皇帝治理天下或龙子替父行道的地舆，已不适合王子朝的身份。

淯水西侧的九道岗尽头属于天地结合部，是龙九子未到任之前的过渡地舆。王子朝已不在朝，滞留地选址治世之门的天地结合部更合理。

王子朝投奔楚国，并没有得到楚国的鼎力帮助。楚国的城池各自有主，让王子朝集团滞留在西鄂一带，已是网开一面了，哪里有城池送给他？王子朝必然期盼东山再起，不具备建城池作持久战的条件。

茫茫沟不具备都城的条件，但四面环水有天然的防御条件，王子朝让家眷及随从按都城规制的方位居住，不仅相对要安全，同时也算是对自己身份的一种展示。以“茫茫”命名中轴线，其中含有许多酸甜苦辣。这也是对此地不是都城而有都城规制信息的唯一解释。

疑似都城北部没有靠山，用屈沟、康沟、禄沟三个并列的村庄做靠山，似乎是屈尊于此，用福、禄、寿做靠山，也算是对后人的期望。

黄龙岗东侧的岗上有鸭河岩画，疑似夏代祭祀之地。角度按与武城相同角度即子午线向东南偏2.5度查找，石桥镇张衡墓、平子读书台、蒲山与丰山、黄山遗址等，在同一条中轴线上。这是夏代皇家祭祀的中轴线，这几个位置本卷书都有专题来讲，这里不再详述。

第二十六章 帝车与银河的时空点

一、北斗七星的作用

北斗七星加左辅右弼共九星组成帝车，始终在运行中。天帝乘坐帝车，走到哪里，就治理到哪里。治理方向是帝车前进的方向。勺子柄所指的方向，是帝车前进的方向。

北斗七星中，天枢星叫贪狼，摇光星叫破军。帝车是从贪狼向破军方向运行，这种时空状态民间叫“坐贪狼打破军”。古代兵家常应用这种时空状态用兵。

北斗七星每天绕着北极星运行一周。相对于每日某个固定的时间点，北斗七星一年绕北极星运行一周。正月初昏时勺子柄指向寅，正月从寅开始建月制。勺子柄所指的方向在永不停息地变化，即时运行方向不太容易确定。

民间堪舆师总结运行规律，编了一个口诀：

月月常加戌，时时见破军。

破军前一位，永世不传人。

有一个民间谚语，说出了北斗七星相对于中华地舆的运行规律：

斗柄东指，天下皆春；斗柄南指，天下皆夏；

斗柄西指，天下皆秋；斗柄北指，天下皆冬。

斗柄运行每月起始点不同，正月从寅开始，二月从卯开始，每日运行一周，以此类推。民间不传人，隐藏的是每日斗柄起始的时间点，实际上是故弄玄虚，增加神秘感罢了。

民间流传最早的黄历《夏小正》说得很清楚。许多人认为读不懂，就不去读了。其实很简单，老一辈的农民都知道。就是看银河与北斗七星所处的位置判断季节，为耕作服务。如“七月：汉案户。初昏织女正东乡。斗柄悬在下，则旦。”

汉是天、地、人三坟地舆贯通南北。案是长方形的桌子，代表摆正位置，户代表延伸通天地。三坟摆正位置与天地同步就是汉案户。意思是七月初昏之时银河系正南正北，牛郎星与织女星东西相望。天亮时斗柄指向北，七月到了。此时，南阳盆地也进入天地同步状态。

二、北斗七星的方位

南阳盆地九座孤山组成的北斗七星是一个固定的位置，是一个千年不变的时空状态。笔者借助卫星影像图，测出了南阳盆地象形的北斗七星方位。又通过卫星影像截图的方法，用绘图软件测量角度，证明了测量结果的正确性。

在卫星影像图上，贪狼星的囚牛跑了位置，斗柄的方向无法从贪狼星开始。笔者借助网络谷歌地球从紫山最高峰的峰顶经磨山到遮山峰顶画一道近似线来测算。估算出帝车车把的方向，即帝车的行走方向。

古代没有卫星影像，但古代空气通透，站在高山顶一览众山小。只用晚上观星象，白天看日晷，即使没有指南针，确定远山的方位也是很轻松的。

实测斗柄的角度232.20°。这个角度是从北方磁极的方位开始计算的。

立秋是七月节，北斗指向西南，这时的角度为225°。从这一天起秋天开始，秋高气爽，月明风清。此后气温开始下降。

斗柄比立秋节多了大约7.20°，就不是立秋节了，地球绕太阳公转是365.25天。按360°折算，7.20°近似于7.305天。时间点在立秋后第七天。

这种计算方法是按太阳历，就是地球绕太阳一周的运行规律定的历法，叫阳历。我们平时说的阴历是月球绕地球一周的运行规律定的历法，叫月亮历。月亮历与太阳历有时差，月亮历每年需要运用调节每月的天数以及闰月的方法调节时间。农民耕作是按二十四节气，用的是太阳历。

本书重点探索失传的道家理论体系，对于有书籍记载并在传承的内容，尽量减少叙述的篇幅。历法有专著介绍，不懂者可以查阅其他书籍，请原谅不作详解。

立秋节后的第七天只能是理论的七月初七。为便于应用，古人将北斗七星这个时空点定为七月初七，叫七夕。

三、银河系的位置

古人把银河系看作天汉银河。根据中华地舆中可以看到的银河系，古人总结出了银河系的运行规律。民间有一个谚语，说明了不同季节的旁晚，看到的银河系角度。

春季天河，西北东南；

天河南北，西瓜凉水；（吃西瓜喝凉水代表夏季。）

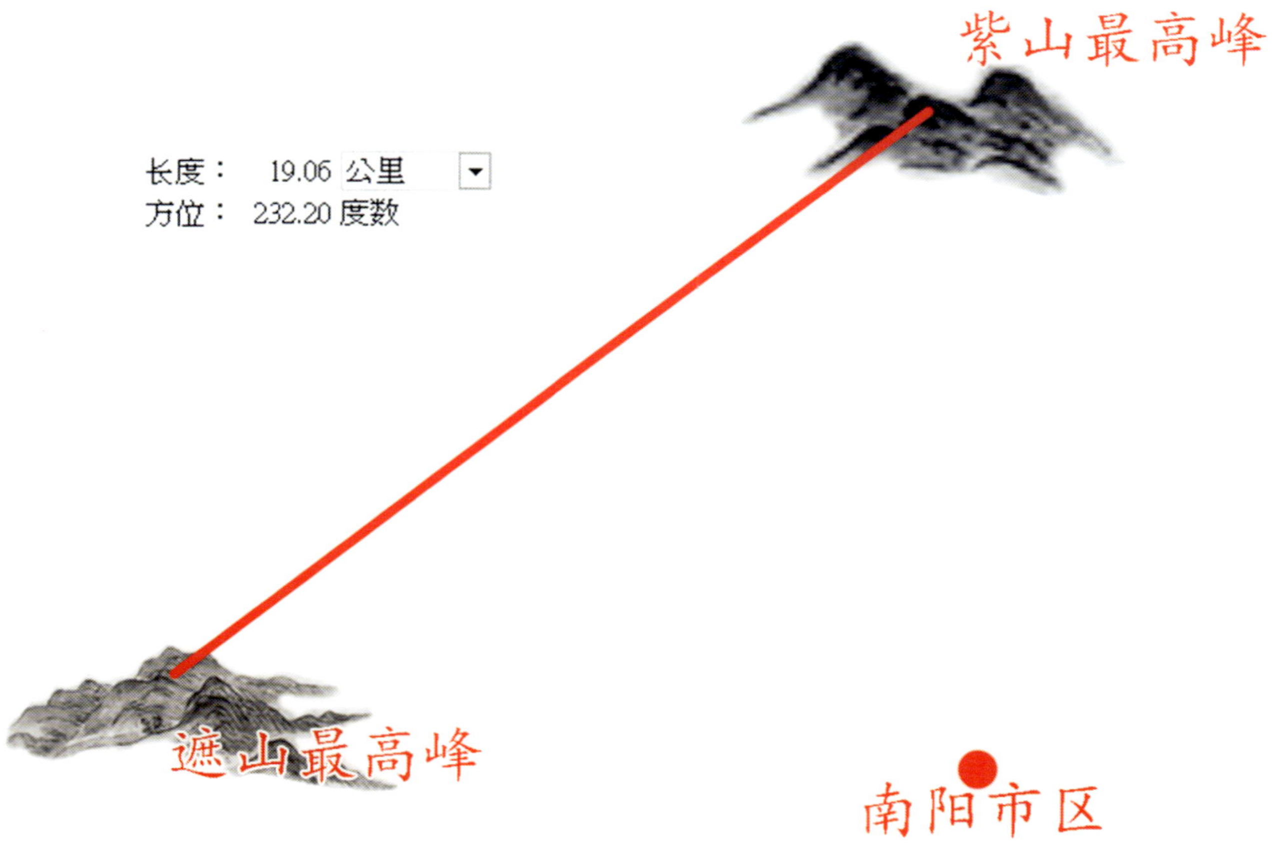

测量北斗七星时空点

天河吊角，干饭豆角；（吊脚是东北西南，干饭代表收成，豆角产秋季，都代表秋季）

天河东西，人穿冬衣。（代表冬季）

民间应用银河角度时只看大概方位和运行趋势，没有精确时空点应用的案例。

银河系与勺星相伴而行，古人在应用勺星时空点时，必然要观察银河的方位。进入七月，银河系开始向西偏移。古人将淯水看作银河。实测淯水角度南北偏西，其趋势与七月初七时银河对应的角度相近。也就是说，七月初七时，南阳盆地在地成形的银河与北斗七星所处的时空状态为天地同步。

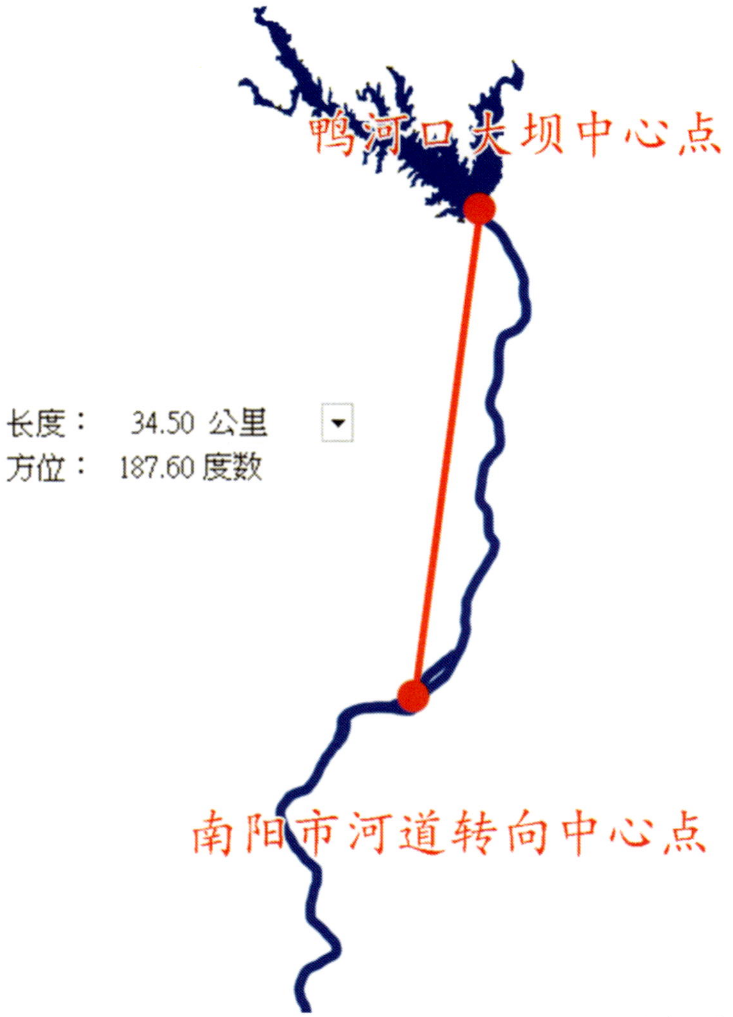

测量淯水走向

古人有能力测出勺星的角度，也有能力测出淯水的精确角度。笔者成长在南阳盆地中心地带，记得小时候，四周山脉清晰可见。现代雨过天晴，仍然可以看到星象与山脉的呼应。

从鸭河大坝中心向南阳市淯水河道向西转弯处画一条直线，角度187.6°，相对于子午线偏移7.6°，

淯水的走向由于丰山的存在，南阳北部的淯水河道几千年没有变化。淯水走向趋势与子午线夹角始终保持7.6°。

淯水中段有小长安瓦店的存在，这个太极回旋起到了定位作用。尽管小长安毁于自然环境的破坏，但淯水的走势没有变化。

南部以新甸铺的太极回旋为中心，淯水从新野到襄樊白河与唐河交汇处，走势依然没有变化。

淯水三段走势平行，保持了7.6°的行走趋势。这个角度指向夏至后的第七天。起始位置则是冬至后第七天。这两个时空点与勺星立秋后第七天的时空点各自代表《易》的一个状态。这三个时空状态千年不变。

夏禹运用这个时空状态乘坐帝车临治四乡。

四、紫微垣的时空状态

代表南阳盆地紫微垣运行状态，是银河与勺星所处时空点的天象确定的。天上的银河与勺星时刻都在运行中，而南阳盆地在地成形的银河与勺星是永恒不变的位置。这三个位置展示着三个时空状态。

这一点对于初学者来说较难懂。一个圆周是360°，一年展示在一个圆周中是365.25°。八卦演变为六十四卦，每一卦又分六爻，展示在一个圆周中为384°。在应用中需要计算，有难度。民间堪舆师拿罗盘看风水，不用计算，可直接找到对应位置。市面上的罗盘大多误差很大，这里介绍一个简便方法。自己用几何画法等分画线，制作一个罗盘。东西南北加四角共八个方位，角度、时间、八卦在这八条线上都是等分位置，以此为基础可等分出时空模型，误差较小。

五、夏至一阴生

首先请看先天八卦时空模型。从六十四卦位置对应点寻找南阳盆地的时空点。夏至日阳气上升到极限，阳极必衰，阴气开始上升。

夏至第三日乾卦结束，第四日开始进入天风姤。这种状态叫“夏至一阴生”。

淯水代表的银河187.6°，指向夏至后第七天，代表天风姤卦，进入第四爻。

勺星指向是立秋后第七天，代表天水讼卦，进入第四爻。

夏至，太阳进入北回归线，中华神州处于阳气最盛状态，这一状态称为乾。

夏至点之后，阴气开始上升，乾进入第四阶段：或跃在渊。

这时，阴气的回升还没有影响到极阳的上升趋势，龙进一步趋于强势状态，进入第五阶段：飞龙在天。

阴气再继续上升，当乾第一阳爻即将化为阴之时，盛极必衰的衰状已显示出来，乾进入最后阶段：亢龙有悔。

阴气上升，形成一个阴爻初六的状态，此时进入天风姤的状态，称“夏至一阴生”。

上为乾为阳，下面阴气上升形成一阴为巽。阴气刚刚形成开始上升的初始状态是一个极强的趋势。

大象曰：“女壮，勿用取女。”《周易》用取象比类的方法把这一状态比作一个婚配的案例，以一个强势的女子做取象比类。

六、争讼的状态

阴气继续上升，到立秋之后，出现天水讼的状态。斗柄指向争讼的方位。

坎水带有凶险，事态开始出现阻隔。

立秋后第四天进入第四爻，“不克讼，复即命；渝，安贞吉。”意思是“诉讼不赢，返回遵从王命；作出改变，坚持安定的生活吉利。”

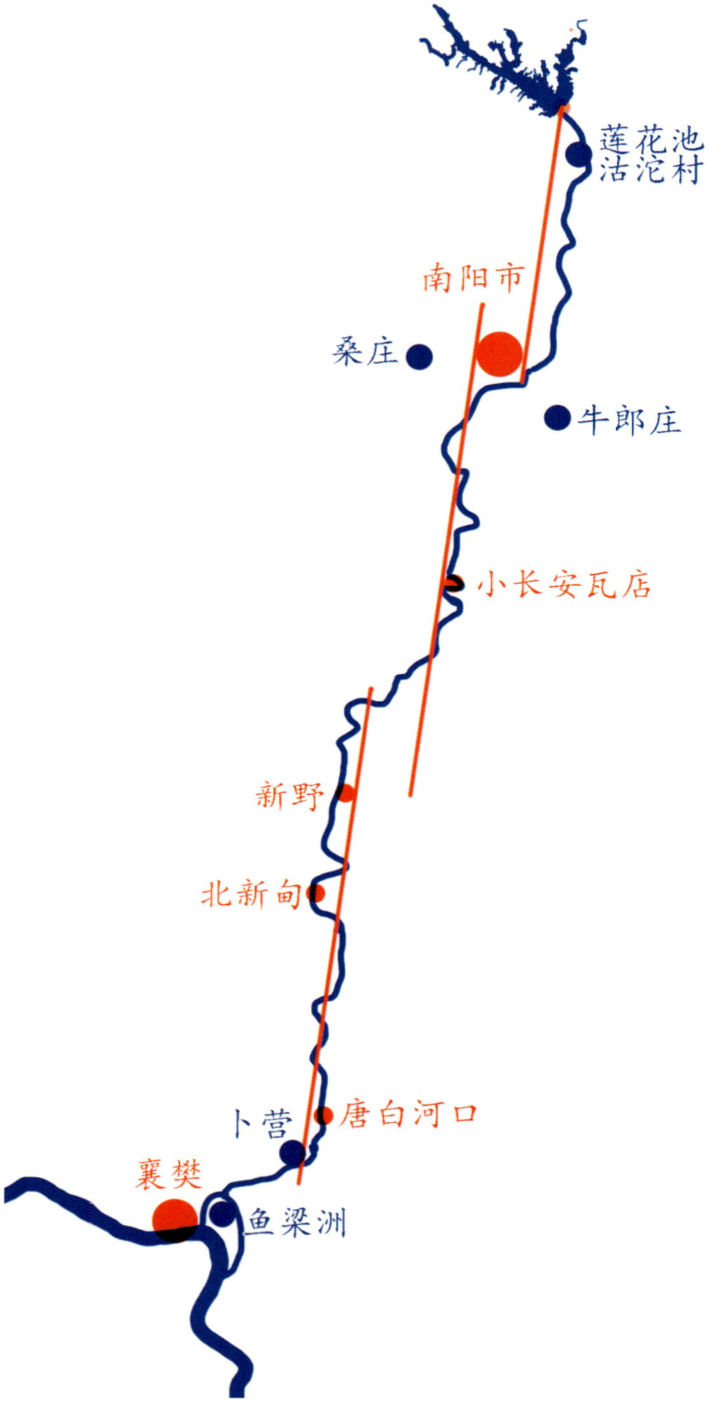

淯水银河的时空状态

七、冬至一阳生

银河的角度另一端与“夏至一阴生”相对应，叫“冬至一阳生”，是地雷复的状态。是冬至后第七天，是一个新的轮回的开始。对应的时空点是第四爻：“中行独复”。意思是“中途独自返回，返回到道义上来。”

滑水一阳一阴的贯穿，还有一个玄妙的地方，就是巧妙的对盆地进行了阴阳分割，又是一个天生的传奇。

三个卦象不再细讲，《易》爱好者可以研究一番。初学者可根据下一页的图示了解大意即可，读完下一卷中《易》的原理，再深入研究。

读懂了这三个卦象，就可以找到《牛郎织女》千古奇缘悲欢离合之谜。

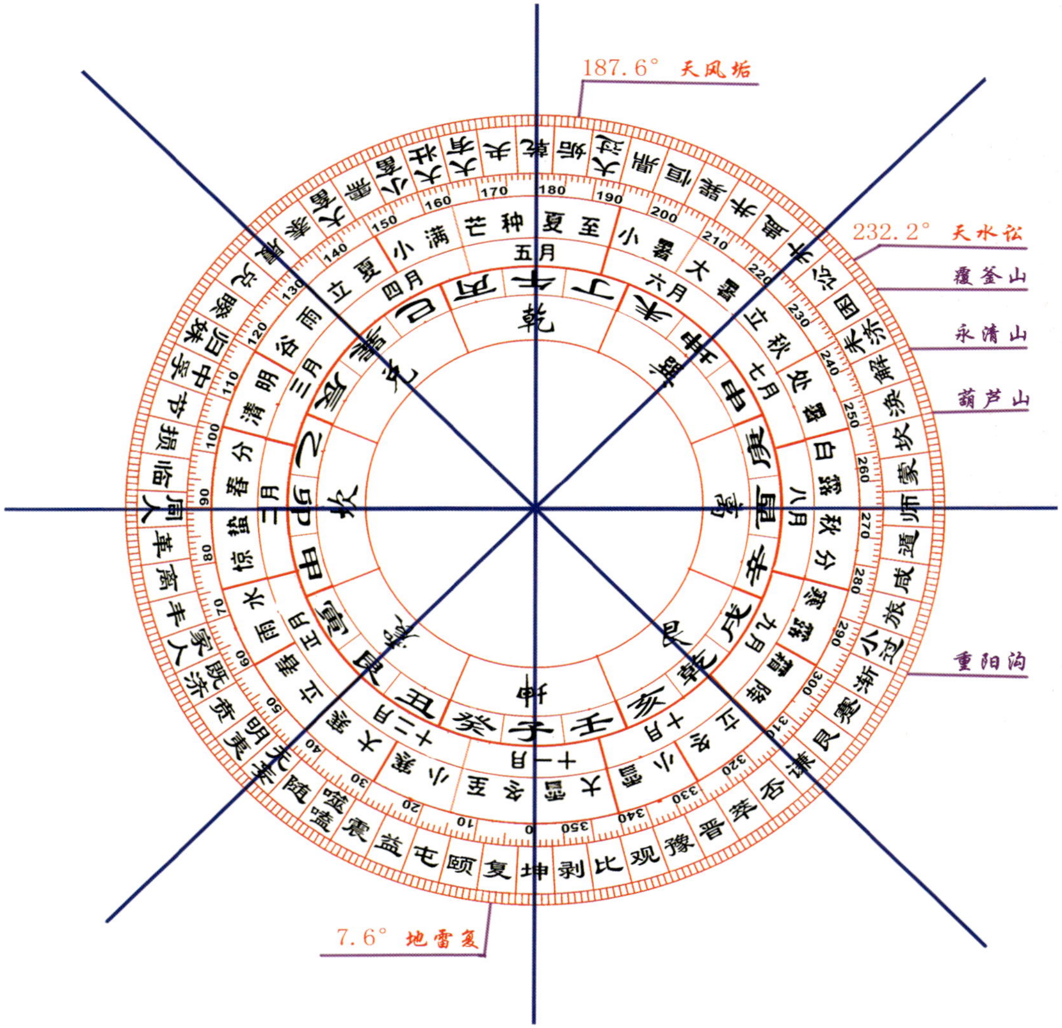

时空状态参考图

天风姤

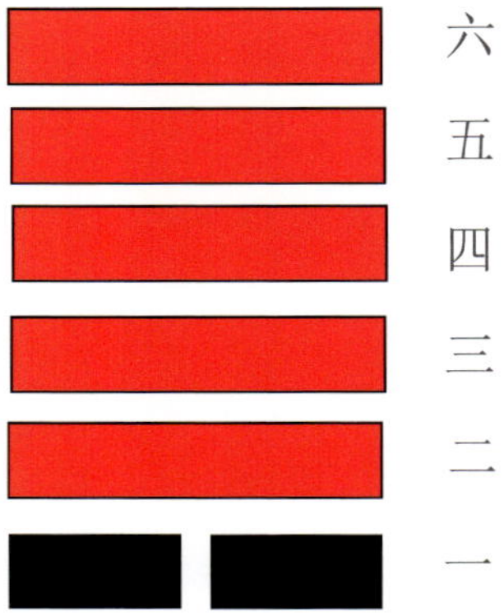

《姤》：女壮，勿用取女。
初六：系于金柅，贞吉。有攸往，见凶，羸豕孚蹢躅。
九二：包有鱼，无咎，不利宾。
九三：臀无肤，其行次且，厉，无大咎。
九四：包无鱼，起凶。
九五：以杞包瓜，含章，有陨自天。
上九：姤其角，吝，无咎。

天水讼

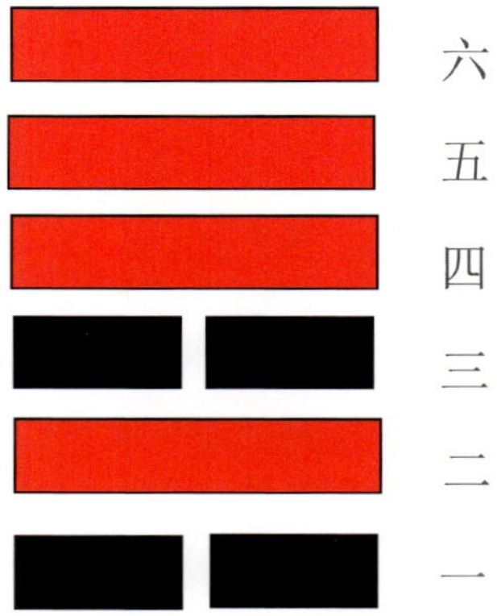

《讼》：有孚窒惕，中吉，终凶。利见大人。不利涉大川。
初六：不永所事，小有言，终吉。
九二：不克讼，归而逋。其邑人三百户，无眚。
六三：食旧德，贞厉，终吉。或从王事，无成。
九四：不克讼，复既命渝。安贞吉。
九五：讼，元吉。
上九：或锡之鞶带，终朝三褫之。

地雷复

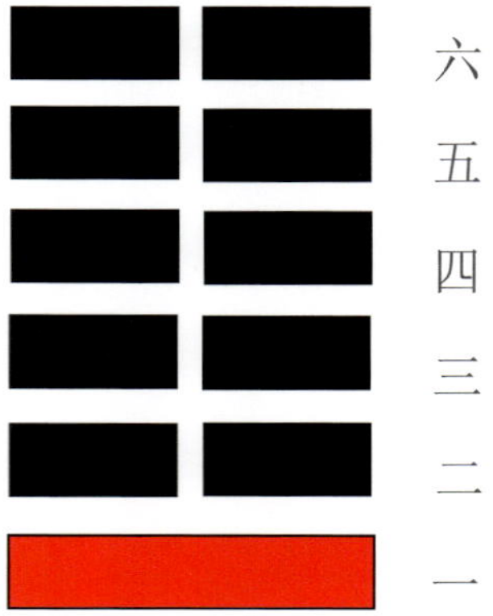

《复》：亨。出入无疾，朋来无咎。反复其道，七日来复，利有攸往。
初六：不远复，无只悔，元吉。
九二：休复，吉。
六三：频复，厉，无咎。
九四：中行独复。
九五：敦复，无悔。
上九：迷复，凶，有灾眚。用行师，终有大败，以其国君凶，至于十年不克征。

第二十七章 七夕的神话

一、一个婚配的故事

南阳盆地九座孤山与淯水的时空状态，是北斗七星与天汉银河在地成形的应用。北斗七星与天汉银河所处的三个时空点，周文王解卦时用了一个婚配的案例、一个诉讼的案例和一个复归重新开始的案例，讲述自然界的运行发展趋势。

夏禹应用星象，是为了治理天下。与牛郎织女故事的行走路线相一致，但不能确定那时牛郎织女的故事已经存在。周文王演绎的运行规律，与牛郎织女的故事所反映的规律相一致。

二、丝绸之路

南阳盆地从夏代开始已是中华文化中心。丝绸技术从各地进入南阳盆地，代表着丝绸技术的进步。丝绸技术融合后传入九州，丝绸技术得以推广。

中华宏观的天国是四川盆地。相对于南阳盆地在地成形的天国是南召代表天庭的地舆，南召至今仍有柞蚕养殖，仍然是主产业之一。南召的天庭与四川盆地象形，可以理解为相同的时空点。也可以说通过玄牝之门相互沟通。

东方帝与西王母的宫殿只有一个，无论不同地舆怎样应用，都是象形同步的，这就是取象比类思维与逻辑思维的区别。

牛郎织女的故事遵从天、地、人、道的运行规律，是在地成形的应用。有宏观应用，也有微观应用。由于应用位置较多，在多地都存在近似的地名、近似的神话传说。由于地舆特征不同，传说故事多有差异，从而出现了发源地之争。说清楚这个问题，还要从地舆特征分析。

中华天南地北天圆地方的宏观天国是四川，就从四川说起，作一简述。

四川有天府之称，简称蜀。说文：“蜀，葵中蚕也。从虫，其身蜎蜎。”蜀是蚕的一个品种。蜀最早的部落首领叫蚕丛，是传说中最早的蚕桑技术推广者。蜀标志着蚕桑技术包括蚕品种的改良与丝绸技术的进步。

蚕桑技术从四川中心点遂宁开始，由三路传出。

其一，顺长江流域达长江中下游。

其二，顺着子午道，经汉中进入秦川，又经黄河流域入中原，同时经太行八陉在冀州传播。

其三，走万源，经紫阳、旬阳、郧阳进入南阳盆地，经南阳盆地再扩展至九州。

每一条主线的传承都有特点。牛郎织女的故事传达的是哪一条主线的信息？

长江流域可以直接否定，因为没出昆仑中级，是天界内部的交流。剩下只有子午道进秦川和走三阳进入南阳盆地。其他都是微观应用，这里不再分析。

传说中天南地北在共工怒撞不周山时造成偏移，子午道已不在子午线上。由于山路崎岖，难以测出走向趋势，但偏移的大趋势已超出了复卦和姤卦的角度， 未达到讼卦的位置。

牛郎织女故事的走向是向七夕时空点运行，唯有南阳盆地有北斗所指的七夕时空点。所以这条丝绸之路主线是由四川进入南阳盆地。换句话说，牛郎织女故事的主线是由南阳盆地沿淯水、汉水进入四川盆地往复运行。

天国的圆是一个太极图，属阴的部分是四川盆地，在四川盆地几何中心位置阴中有阳的点上有一座城市，叫遂宁。

这条“丝绸之路”从四川遂宁为起点，经万源、紫阳、旬阳、郧阳到达南阳盆地。

遂宁从字义讲是天国的境界。遂宁又叫斗城，斗代表北斗星，是北天极的象征。北戴斗极为崆峒，遂宁是玄牝之门，是一个轮回的起始点也是终结点。

万源，则是天国向人间传递信息的主要源头。最早叫太平，太平同样是天国的境界，也表示送给人间太平。

从四川遂宁斗城到南阳盆地北戴斗极的天庭南召，构成了从天国到人间再通过玄牝之门连通的轮回。同时构成了一个“域中四大”的运行周期。

故事应用了牛郎、织女两星座。牛郎织女的结合违背自然规律，叫不合天规，不能进入正常轮回，由此演绎了一个悲壮的故事。

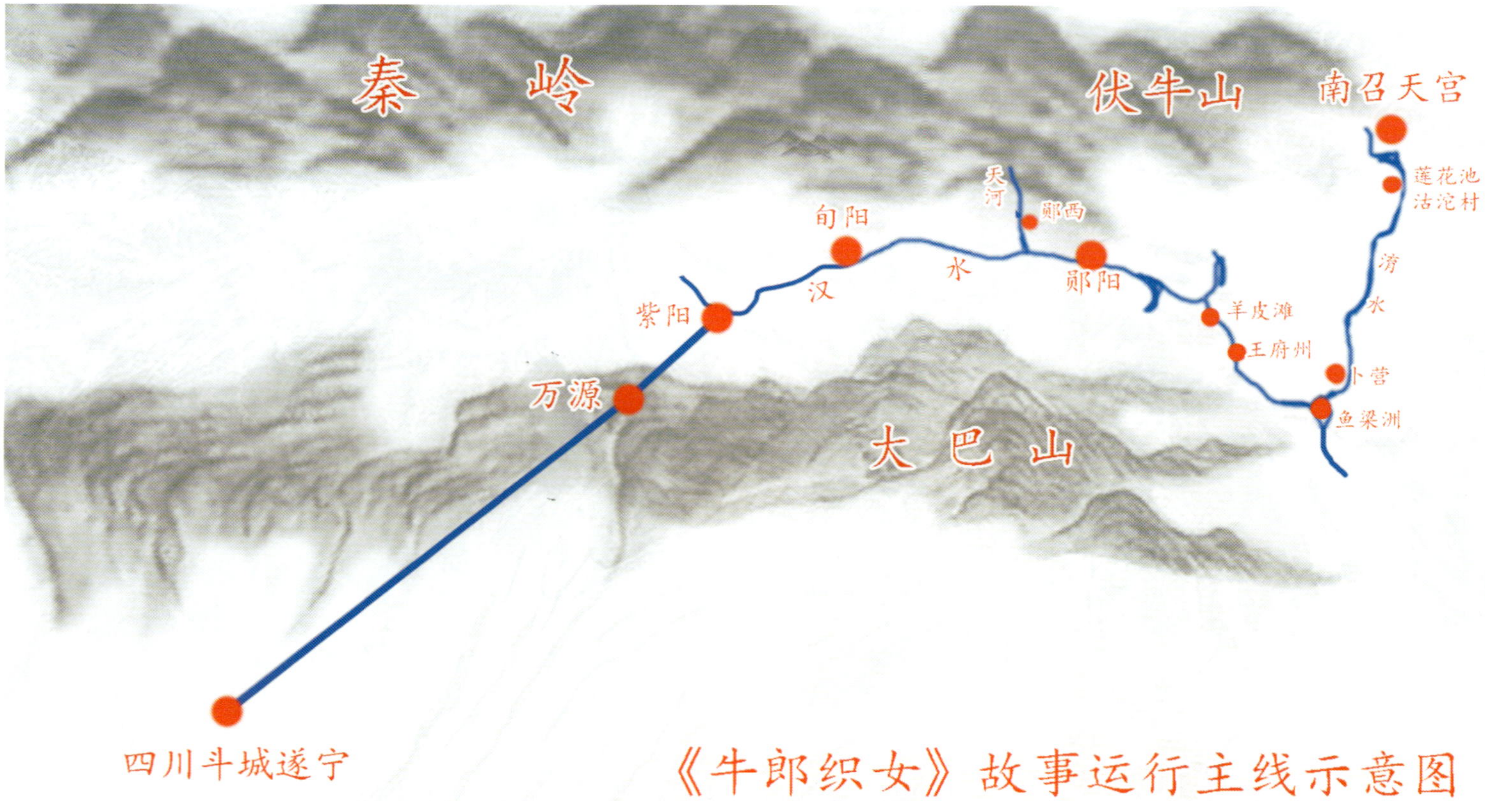

《牛郎织女》故事运行主线示意图

三、牛郎织女的故事

牛郎织女的故事是一个妇孺皆知的神话。它可以作为学习《周易》的教材，可以作为天人合一的演示，还可以作为违背自然的忠告。它传达着许多中华民族的历史智慧。

这个故事既然家喻户晓，这里只简述故事梗概。

牛郎织女的故事，用形象的人物经历，演绎了一个顺应自然规律运行，违背道德行为规范做事的故事，诉说了一个悲壮的结局。

第一阶段：

从冬至一阳生的“复”开始，阳气上升，男子牛郎处于强势状态。阴气上升至极限开始下降，女子织女处于弱势状态。社会最底层的牛郎借助自己强势状态，用不道德的手段强娶了处于弱势状态下天庭高贵的织女。到夏至一阴生的“姤”出现变故。女子阴气处于上升的强势，男子阳气上升至极限开始下降，处于弱势状态，织女要回归天庭。

这一时间段从南阳市鸭河工区的莲花池村开始，沿着淯水前行，到襄阳市襄州区的卜营村结束。

第二阶段：

女子出现强势状态后，有一个僵持过程，到七夕时空点出现争讼。这一过程是一个女子强势阶段，留给男子的只是无奈和悲伤。

这一时间段从襄阳市淯水入汉江口开始，沿汉江而行，到丹江口结束。

第三阶段：

最终出现争讼，王母娘娘强行将织女带走，跨越汉水代表的天汉银河，回归天国四川。牛郎借助神牛的牛皮追赶，被王母娘娘画的天河阻隔，牛郎返回人间重新开始生活。

这一时间段从丹江口到郧西的天河结束。牛郎返回南阳盆地。

第四阶段：

每年七夕在天河架设鹊桥，贯通天汉银河和天河两道屏障。给牛郎与织女一次见面的机会。这一时间段从四川中心遂宁开始，到南阳盆地平原地带结束。

这四个时间段留下有什么地名信息？经过多少特殊地舆？又是如何应用的？需要从故事发生过程中慢慢寻找。

四、碧莲池畔牛郎家

传说织女是王母娘娘的外孙女，在天庭纺织很辛苦，悄悄到下界碧莲池洗澡。从南阳盆地北部天庭的地舆进入盆地内，当然不敢跑太远。就近只有孟山脚下的鸭河口水库，但这里古代没有湖，是当代修了水库才有的，何况鸭河口水库还在天庭内。所以织女洗澡的地方就不是鸭河口水库了，而是出天庭进入人间的地方。首先要距离银河很近，还要与复卦的位置对应，附近河岸边还要住着牛郎。明白了这个道理，碧莲池就不难找到了。

淯水出鸭河的玄牝之门有莲花池的汤泉。淯水由此向南转弯，是复卦的对应地舆，迎合了碧莲池的玄机。织女下界洗澡就在这个复卦的位置上。

莲花池村有两个水源，村内有一口古井，村南有一个温泉。温泉一年四季流出热水，形成一个水池，池内长满莲花。这个温泉被当代旅游开发，命名莲花温泉。地名没有改变原始意图。与莲花池相邻有一个古村落，叫沽沱村。它与莲花池距离大约一华里。

沽沱的名字有点意思，沽有买的意思，如沽酒，买到的是酒。沽沱，买到的是沱，为何要沽沱？

《诗经·国风·召南·江有汜》道出了玄机。

江有汜，之子归，不我以。不我以，其后也悔。

江有渚，之子归，不我与。不我与，其后也处。

江有沱，之子归，不我过。不我过，其啸也歌。

这是一首弃妇诗，是女子离开丈夫的悲壮故事。与牛郎织女的故事有近似之处。

有爱好者翻译了这首诗，借用网络中的一篇：

大江自有分流水，这个人儿回故里，不肯带我一同去。

不肯带我一同去，将来懊悔来不及！

大江自有洲边水，这个人儿回故里，不再相聚便离去。不再相聚便离去，将来忧伤定不已！

大江自有分叉水，这个人儿回故里，不见一面就离去。不见一面就离去，将来号哭有何益！

这首诗用到汜、渚、沱三个字。

《说文》：“汜，水别复入水也。”“渚，小洲曰渚。”“沱，江别流也。”

这三个字是近似的地貌特征，都是水分流又汇合，中间形成一小洲。这个小洲在莲花温泉附近不存在。

牛郎织女的故事的起始点从复卦的对应位置开始，相对位置与淯水进入盆地的沽沱村、莲花池村对应。但这里除莲花温泉外，没有其他地舆特征。只好沽来一个沱，来赋予灵魂，命名沽沱村。《江有汜》为这个应用做了暗示。这里就是牛郎织女的故事的起始点，复卦的起始位置。

顺淯水而行，沿岸民间一直在流传着牛郎织女的故事。银河系东有牛郎星，西有织女星。按对应关系，在地成形南阳城东有牛郎庄，西有桑林村。淯水在南阳的大回旋等距离分断了两个看似没有关系的村庄。这两个村庄与银河系的牛郎织女星位置对应，都有牛郎织女家住那里的类似传说，都在传承七夕乞巧的民间活动。他们都坚信是牛郎织女的故事的发源地。牛郎庄一直在申报非物质文化遗产，未果。

莲花池村与沽沱村

五、姤卦的时空点

与复卦对应的姤卦位置在唐白河交汇后的回旋处。一个大回旋之后向西进入汉水。这个回旋处有一个古村落叫卜营。牛郎织女的故事在姤的时空点是一个转折点，没有具体应用，只是用地名注释，算是一个标注作用。

《说文》：“卜，灼剥龟也，象灸龟之形。”龟甲被灼烤后裂纹纵横，古人用纹理来预测，这个灼烤后带有纹理的龟叫卜。

卜营，意为具有预测未来状态内涵的地舆。

时空运行到卜营，阳极生阴，未来将是一个阴气强势的上升阶段。此时事件还没有发生，未来会发生什么呢？在此可以预测未来的趋势，所以卜营的名字是很有味道的。

夏至一阴生之后，女子的强势已表现出来，这时时间向前推移，进入汉江，即从樊城到丹江口讼卦发生的一段汉江。《江有汜》发生在阴气上升的悲壮阶段，即汉水在南阳盆地内的一段。故事发生的初始点是没有沱的，只好沽来一个。汉江则有许多沱。

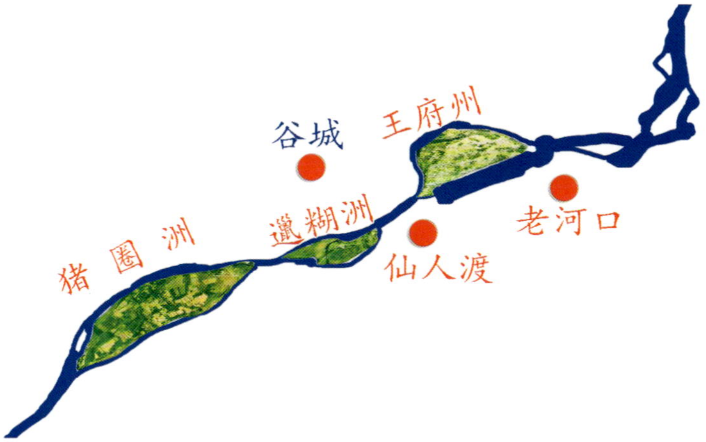

六、汜、渚、沱在哪里

从目前汉水在南阳盆地一段的地舆特征看，有多处较大的洲。襄阳的鱼梁洲，泥咀镇有容纳多个村落的洲。谷城到老河口附近，以仙人渡为中心前后连续三个洲，猪圈洲、邋糊洲和王府洲，还有丹江口的羊皮滩。《江有汜》所指的汜、渚、沱就是对这一段许多洲的抒情。

鱼梁洲是汉水与淯水汇合后出盆地的地方，原本三面环水南有岘山为屏障，叫槎头。涨水时常上水成洲，称为岘津。水落时居民在此捕鱼，又叫鱼梁洲。1958年因取沙石而冲出一条永久性河道，形成了目前真正的洲。

从鱼梁洲到羊皮滩，是阴气上升女子强势的阶段，有许多传奇的故事，美妙的诗句，传达着天汉银河隔断天地之间的爱情故事。牛郎织女的故事沿途都可以应用，老河口已经着手开发。

七、王母画出的天河

阳气上升与阴气上升是一个阴阳对应关系。事态继续发展，按时间段分进入丑未的对应关系。初始阶段为丑牛的时间段，牛郎与牛为伴是一个暗示。故事到争讼阶段为未羊的时间段，在丹江口羊皮滩的位置。王母娘娘将织女强行带走，牛郎由此开始追赶。牛郎披牛皮驾云升空，地名未叫牛皮滩而叫羊皮滩是一个暗示。是否有神话故事关联？还需现场调查民间神话传说，留给爱好者做吧。

王母娘娘带着织女顺汉水而上经三阳进入四川天国。牛郎有牛皮相助，顺利跨过郧关。眼看就要追上，王母娘娘情急之下，拔下头上的簪子，画出一条天河，阻挡了牛郎的前行，牛郎只好返回，回到人间重新开始生活。天河已经过了郧关，在郧阳西部，叫郧西。

织女和牛郎已生了两个孩子，必然有牵挂。王母娘娘批准一年见一次面。就以分别点的时间为准，定为每年七月初七晚上相见，后人把这一天叫七夕。

八、鹊桥

七夕相会有鹊桥连通天地。鹊桥不只是将天河连通。牛郎叵到人间，已没有能力到天河旁，天河已不是主要障碍。鹊桥必须跨越天汉银河。这座桥从天国四川开始，到南阳盆地结束。结束点是一个状态，而不是某一个点。所以七夕乞巧，在民间任何一个僻静的地方都可以。应用最多的是院子里的葡萄架。七夕夜，在自己家院子的葡萄架下，边乘凉边倾听牛郎织女的情话，是一件很浪漫的事情。

鹊桥来自南阳盆地羽人之居。龙九子是九只雅雀，落入

鹊桥相会（摄于郧西）

民间在南阳盆地。龙九子与织女在天宫是同辈，是表姊妹关系，织女的临时鹊桥是龙九子相助所搭建。

九、牛郎织女的故事传达的信息

中华民族的神话传说故事，自古遵从自然规律，传播积极向上的正能量，以教化万民为主导。许多故事还演绎为戏曲杂剧等，民间称为“高台劝化”。

牛郎织女的故事讲述了《易》的变化规律，传达了从天庭进入人间，又从人间返回天庭的一个运行周期。展示了“域中四大”在地成形的一条运行路线。

从牛郎织女的故事中还可以读出许多信息。如：

1.生产力状况、蚕桑技术的进步和耕牛的驯化；

2.男耕女织的田园生活；

3.统治者与平民不通婚，以保证统治者的基因优良；

4.忠实、勤劳、善良的平民可以感动天地得到好报；

5.人们对幸福生活的向往，但藏衣留人是不符合道德行为规范的。暗示违背自然规律不会有好结果。

6.平民有错，由于皇家的恩泽，有赦免的存在。这是一个平衡天理、法律、人情的案例。

7.对大自然的理解，有另一个空间存在，凡人不可见。

8.肉眼能看到的银河系，是天地之间的屏障。星座开始对应人间的人物。

一个故事，从不同的角度可以读到许多知识。这就是这一传奇故事的魅力。

七夕，被后人追求学习天界的丝绸技术，向织女学艺，称为乞巧节。

王母画天河（摄于郧西）

灵通天地

辛

星垣与神鳌的应用

紫微垣左右分列太微垣与天市垣，三星垣分别以天、地、人、道的对应关系分布。南阳盆地象形于女娲斩鳌足立四极的神鳌。太子修道路的神话正好将星垣与神鳌结合，展示了一个独立的太极平衡体。

第二十八章 太微垣的呼应关系

一、太微垣

太微垣代表大臣办事机构，以五帝内座为中枢。五垛山、圣垛、宝天曼三山对峙，构成太微垣的主体。

在内乡县马山口镇北部山区与五垛山相邻有一座高山叫圣垛，据说海拔1574米，是内乡县境内最高的山峰。圣垛是太微垣的太子星官，古称“一方圣概”。向西有宝天曼，对应太微垣的是灵台星座。

二、太微垣中枢五帝内座

五帝内座属于紫微垣，它又是太微垣的中枢。五帝内座呈十字形，共五颗星，与五垛山的地舆特征相符。

五帝内座不仅是天帝的五个座位，代表天帝领导下的三皇五帝的五帝，即北方黑帝，东方青帝，南方赤帝、西方白帝、中间黄帝，还代表五方诸侯，各辖一方，还被称为五龙。

五垛山上的一个残碑记载：五垛皆在4.5千米之内。证明古人并不是说某座山峰的五垛，而是五架不同的山。

中心垛孤峰突起，是五垛山最高峰，是内乡、镇平、南召三县的交界。上有祖师庙，自古就是道家的道场。道人们称五垛山为北顶。由于地处三县交界，三县相争，至今未开发。旅游爬山没门票。道人们很热情，来者不拒。住宿、吃饭一律免费。人们见面第一句话是：“回来啦！”旅客们说是有回家的感觉。如今这样淳朴的地方已经不多了。东方2.6千米处叫歪五垛，是青龙的位置。西南面1.5千米处是压弓垛。按五垛皆在直径4.5千米之内的说法，北面的两垛应该是大墁山和小墁山，在大约3千米范围内，笔者没去现场作深入勘察。

中心垛是中间的黄龙，属土。西南面的压弓垛是南方赤龙，属火。黄龙和赤龙向南方延伸，两龙之间形成一条水，以两龙的性质命名。南方属火，为太阳，为日。中间黄龙属土，日和土结合，加上水的偏旁叫涅，这条水就叫涅水，现代改名赵河。涅水上游命名曰：二龙，象征黄龙和赤龙。

遥望五垛山

五垛山中心垛

中心垛与歪五垛之间有一条水叫干沟，因有三潭而著名。干沟也注入湼水。歪五垛山势向东行，向南的湼水随黄龙和赤龙行走，不含歪五垛的性质。命名干沟暗示忽略不计。

土生金，火又克金，古代湼水出产金刚砂，可以用来加工玉器，成就了华夏第一玉雕湾，叫石佛寺。有堪舆师认为湼水下面有金矿，曾打井找金矿未果。

南阳县民间流传，五垛山住着管水的五条龙，主管南阳盆地中心区域降雨的是小黑龙。有“五垛山戴帽，大雨来到”的谚语。黑云压城时有“小黑龙翻天了”的说法。过去没有雾霾，百里之外的远山清晰可见。

从道家盆地调和作用的理论应用角度看，五龙调和盆地之水的应用是合理的。五帝内座依偎在紫微宫的旁边，古代称依帝山。五垛山又是五龙捧圣的地舆特征，又称骑立山。

南召县旅游开发，把歪五垛以五垛山命名开发旅游，与中心垛出现了纷争。

南召歪五垛

三、歪五垛

歪五垛是五垛之一，是东方的青龙垛。从南召进山看歪五垛，找到合适的角度，可以看到一座山好似有五峰，且形象逼真。商家借此视角打造五垛山旅游。

太子修炼成玄武神的许多传说故事也证明这里属于五垛山，但强调是歪五垛，只能是五垛之一。合适角度看到五峰，只是境随心转的缘故。鸟瞰歪五垛发现这五垛是一道岭，似一条长龙，更证明了歪五垛是五垛之一。

五垛山的地名每一垛都可以用，南召当然有权用，只是歪五垛有自己更深的文化内涵，还是做自己更好。

歪五垛歪向东方，朝向紫微宫太子山的方向。吴承恩写《西游记》应用了这一地舆特征，如让如来佛祖将孙悟空推出西天门，压在五行山下。从南阳盆地中心方向看五垛山可以看到三垛：压弓垛、中心垛和歪五垛。

四、圣垛山

圣垛山被佛教应用，建有圣垛寺，也叫法云禅寺，曾盛极一时。圣垛寺初建年月不详，今已荒废，现山腰存有明代古塔一座。传说山顶的庙宇遗址是真武帝君庙。神话传说故事已被刘秀君权神授的故事淹没。

圣垛山是太子星座，应该是道教应用的大顶，但应用信息失传。道教将五垛山的中心垛称为北顶、圣垛。五帝内座可以用，但不能代替代表太子的星座。武当山旅游开发宣传力度较大，将金顶称为大顶，让真正的圣垛大顶被遗忘。被遗忘反而给后人留下了一片处女地。道教许多传承在逐渐失传，伏牛山的应用多是民间行为，没有深层的文化内涵支撑，许多古老的应用正在悄悄地失传。庆幸的是一些地名还在，但出现了改动。

圣垛向南出山处有一座山叫大顶山，也被佛教应用。西面山谷叫独虎寺沟，东面山峰叫虎头山。大顶山山势较低，不具备大顶的条件，这个大顶是虎头山这只老虎的虎背。大顶山的地名被后人改动过。太子从太微垣进入人间，有虎相伴，出山是一只虎较合理，虎头山的地名也证实了这一点。

南阳楚长城有一个著名的地理座标叫翼望山。具体位置没有明确记载，至今仍有争议。太子在天宫内的太子山又叫太子望，在太微垣太子作储君的星座叫圣垛山，必然有张望的特性。从理论上讲圣垛山应该是翼望山。

五、在地成形武当山

武当山是太微垣在地成形的山脉，与伏牛山的五垛山、圣垛山、宝天曼一线是天地呼应关系。五垛山的五帝是五条龙。五条龙下凡人间，在武当山与之对应的是五峰山。唐代修建了五龙祠。五龙祠屡遭兵灾，多次被毁，又多次被修缮。明代修缮后命名五龙宫。全真道的道场就在五龙山下，今称西神道。

太子星座的圣顶对应的是武当山的金顶，是一对天地呼应关系。

武当山有隐仙崖，流传有老子会尹喜的神话故事。当代在开发武当山时寻找尹喜隐居的信息，总想让尹喜隐居武当山提高身价。其实最早造访武当山的不是尹喜，而是老子。老子在南阳盆地做伏藏，必然实地勘察武当山。

元代罗霆震在隐仙岩吟诗曰：

道之所隐即仙灵，心印函关道德经。

不待邛州乘鹤去，此山仙已是天涯。

罗霆震认为，此山在函谷关著《道德经》之前，早已是仙山了。老子在西出函谷关之前，足迹早已踏遍武当山。

明代朱棣君权神授，用了十四年时间，按皇家建筑规制修建武当山。嘉靖年间，皇家再次投资，重修武当山。经过两代皇家的投资，建成了一座举世无双的皇家道场。

在武当山应用玄武神和孙悟空两个典型人物的神话故事，将老子“域中四大”的运行法则展示在大山之中。成为一部浓缩版的《无字天书》。嘉靖皇帝让时任新野县令的吴承恩写了《西游记》，赋予《无字天书》灵魂。

武当山金顶

六、灵台宝天曼

灵台星座共三颗星，位于明堂之西，是掌管观测云气物候、察看祥瑞、推断灾害变异的星官。对应太微垣的宝天曼。

《说文》：“灵，灵巫也。”神明曰灵，观四方而高者曰台。灵台具有高大灵空的特点。《步天歌》：“三个灵台候云雨。”是观天象，查云雨的职责。

宝天曼是一片原始森林，是天然的植物博物馆，已被保护并做了旅游开发。

宝天曼最大的特点是泉多潭多，丰富的水资源汇入湍河，让湍河之水更加凶猛。

观天象察地理的官员，为皇家祭祀提供参考。权力不大，但掌握天地阴阳变化趋势，地位还是很高的。

在进入盆地的应用中，在湍河与默河交汇处的两侧，有对应的应用实例。湍河东侧有覆釜山，代表皇家的祭祀。西侧有灵山，是老百姓的祈福地。方圆百姓说这里烧香最灵，灵山香火至今仍然旺盛。

宝天曼（摄影：冀林）

七、三教合一香严古刹

太微垣代表人的地舆在五垛山与武当山之间，最早文化中心名字叫丹，后改为邓。曾有丹阳城，传说曾为楚国国都。今有邓州。

夏禹乘帝车治理天下，帝车行进方向朝向太微垣一气的空间，夏禹的治理方法在这里展示。老子做伏藏，在夏禹的应用基础上，将帝车的治理状态应用得更加精细玄妙。

代表人的一气的山区仅存的香严寺古刹，是一处皇家寺院。下院在水库淹没区。上院犹存，依然宏伟。香严寺是佛道一家的典型应用。佛家的寺院，道家的建筑风格，还有佛道一家的壁画。它是一处国宝级的寺院，值得探讨，在此一叙。

香严寺是在明代与武当山一同扩大规模的，融入了当时道家与佛家高层的思想，追求儒释道合一。香严寺的建筑是最典型的儒释道合一的应用。

走近香严寺，山门已表明了儒释道合一的观点。

山门对联：

志在春秋尼山而后一夫子；

名光日月佛国之中大圣人。

上联说春秋出了儒家孔夫子，下联讲智慧通达佛国有大圣人。进门是道家武财神大刀关公。方寸之间，尽显三教经典。

香严寺是佛教寺院。其山门采用了道观常用的建筑风格，内部采用皇家建筑布局。

香严寺大殿的岩画，堪称国宝。佛家的护法神，道家的形象，又是一个儒释道合一的典型应用。

鸟瞰香严寺

香严寺大殿前墙壁画

香严寺大殿前墙，西侧圆形壁画。船上的贵妇人升天，有童子相伴。童子陪夫人一起升天。灵魂从头部出窍，升起一朵云，夫人与童子乘云朵升天。

送行的人手里拿着元宝，船上随身也带了许多元宝，似乎在说，升天也是需要盘缠的。这种佛教升天的图例，与道家头部代表智慧的道意义相同。

香严寺大殿后墙壁画

香严寺大殿后墙，两侧壁画损坏严重。据说故宫博物院专家曾尝试修复，结果修复后的画神气消失。修复就停止了。

东墙右下角似乎是一个人物与一个麒麟。麒麟身上化出像一缕青烟似的云朵。上面没有人物。

这个局部画面与老子传道图意义相同。老虎变为麒麟，玄牝之门变为一缕青烟，似一气化三清。

香严寺大殿西墙壁画

二十四诸天神指的是佛教的护法诸神，又可称为“诸天鬼神”。自古列十六诸天，各有所主，有护佛法之功。后增日神、月神、娑竭龙王及阎摩罗王。因日可破暗，月可照夜，龙则秘藏法宝，阎摩掌管幽冥，加此四神为二十诸天。后又将“天龙八部”之紧那罗王，及道教神祇(shén qí)紫微大帝、东岳大帝、雷神增入其中，最终形成二十四诸天。

佛教在中国流传后，诸天鬼神又与中国的民间鬼神相结合。如关公变成了佛门的护法伽蓝，包青天和韩擒虎等做了阎罗王，使护法神的队伍更加壮大。各大庙宇大雄宝殿中的二十诸天被装扮成中国古代帝王将相和后妃贵妇的样子，已被中国化了。

香严寺大殿东墙壁画

二十四诸天通常供奉于大雄宝殿东西两侧，供奉次序首先是《金光明经·鬼神品》所记载的二十诸天：功德天、辩才天、大梵天王、帝释天、四大天王（东方持国天王、南方增长天王、西方广目天王、北方多闻天王）、日天、月天、金刚密迹力士、摩醯首罗天、散脂大将、韦驮天、坚牢地神、菩提树神、鬼子母、摩利支天、娑竭罗龙王、阎魔罗王。加上紧那罗王、紫微大帝、东岳大帝、雷神，共二十四诸天。二十四诸天原来是佛寺祭天时供奉之神，明代开始设位奉置。

第二十九章 天市垣在地成形

一、小顶山与七峰山

在方城东北方向，有一座山叫小顶山，又名黄石山。小顶山在扶桑树艮方，代表紫微垣的帝座。帝座一颗星，又代表天市垣的中枢，“如朕亲临”。

天市垣相当于街区，是老百姓聚集交易的地方。天市垣以帝座为中心，向南向延伸至枣阳一带。

与帝座相伴的是七公，共七颗星。它在天市垣的北边垣墙之外，与三公地位相同，主七政，是天帝的辅佐大臣。

天市垣的北边垣墙相对于盆地北天极的方向，在太子山方向。在小顶山向太子山方向，有一座七峰山，与小顶山相邻，对应七公星座。

七峰山又称七顶山，古称七石山，因山有七峰列峙故名。山上有楚国长城、狼烟烽火台等古代遗址。

七峰雪霁与泉岩瀑布，为方城传统八大景中的两大自然景观，已被开发成为旅游胜地。

代表七公的七峰山与帝座小顶山相伴，辅佐天帝治理天市垣。

小顶山供奉玄武神，传承着太子修道的神话故事。与小顶山相呼应的是枣阳境内的玉皇顶，是天地呼应关系。由于皇家修建武当山，武当山的地位随之提高，称为金顶、大顶，小顶山与武当山呼应，称为南大顶北小顶，因此地名就叫小顶山。

二、玉皇顶与七尖峰

天市垣代表帝座的小顶山和代表七公的七峰山，在地成形对应湖北省枣阳市的玉皇顶和七尖峰。这四座山峰是天市垣的天地呼应关系。小顶山对应玉皇顶，七峰山对应七尖峰。

太子放弃王位，从民间最基础开始修道。其起始点在枣阳境内的玉皇顶到七尖峰一线。从玉皇顶、七尖峰一线开始是太子修炼的初级阶段。玉皇顶在天成像是帝座，所以在地成形地名叫玉皇顶。太子此时还没修成正果，不能叫祖师顶。玉皇顶

远眺方城七峰山

也没被开发，原始风貌保存相对完好。

玉皇顶顶部相对平缓，由多个山头组成。传说玉皇顶上有九条龙，迎合了龙九子在地成形的神话，为中华龙脉发源地的探索提供了线索。

七尖峰也曾叫七峰山，唐代菩提禅师在此建云堂禅寺，并修炼于此。后来菩提禅师离开云堂禅寺，去镇平五垛山下的杏花山建了菩提寺。

七峰山和七尖峰都有七仙女下凡人间的神话传说故事在传承。

笔者初访七尖峰，结缘云堂禅寺主持印国法师。印国法师与笔者同龄，已在这里苦修二十年。他已将残破院落修建的生机勃勃。

印国法师讲：他来之前，山门外有一棵银杏树，树中心空了，在树洞中摆一张小方桌坐四人喝茶，周边的空隙还可以由一人来回走动倒茶。这棵银杏树的年龄没有记载，只知道上世纪林场伐木工人放倒了这棵古树，做了五百个柜子和五百口箱子。这件事在林场有记载。按这棵树的特点看，在菩提禅师之前，这棵树应该就存在。

印国法师还讲，云堂寺对面山上有摞摞石，是独立的大石头，推着可以晃动，但不会倒，很神奇。山下是一条古神道，是枣阳沿盆地边沿走的千年古道。七尖峰外围的森林已被砍伐殆尽，只有七峰环绕的中心地带保留了原始森林的风貌。

出家人不打诳语，笔者不怀疑印国法师讲的事情。只是笔者体力不支，没有亲自去现场推一推那块神奇的摞摞石。

云堂禅寺在祖师顶下，祖师顶是七峰之一。祖师顶上建有祖师庙，由印国法师管理。又是一个佛道一家的应用，让笔者对印国法师肃然起敬。

旅游开发的需要，有当地部门找印国法师，想用菩提禅师的名号做孙悟空的老师菩提祖师，印国法师保持了沉默。看来印国法师真正做到了不为名利，不攀缘，只追求真理。

吴承恩创作《西游记》，是为赋予“治世玄岳”灵魂而作。吴承恩巧妙利用胎簪山盘古诞生的地舆特征，让孙悟空诞生桐柏山。但让菩提禅师做菩提祖师显然有些牵强。利益驱使，许多生拉硬套让文化的传承出现混乱。笔者也想帮帮他们，但找不到证据。

菩提禅师独辟蹊径，自己选址建寺修炼，从天市垣七尖峰建云堂禅寺开始，通过长期修炼，又去了太微垣五垛山，在五垛山下的杏花山建菩提寺。传说菩提禅师在菩提寺最终修成正果。

小顶山

云堂禅寺

三、唐州

天市垣代表人的一气是唐，有唐州的地名。古唐州包括唐、桐、泌三县，传说唐州城是一条船，水涨船高，所以唐州从来不受水灾。为了让这条船不被水冲走建了泗洲塔，象形一根船篙插入地下将船固定，起定位的作用。这座塔成为今日唐河八景之一。后来又建了文笔峰塔，将这条船死死地固定在现在的位置。

南阳盆地沉积平原多处具有沙砾层，蕴藏着地下水资源。小长安老瓦店是这样的地貌，南阳市区也是这样的地貌。唐州也不例外，是一块在沙砾层之上的州。唐河的沉积层有断层裸露，清晰可见。当地借此地貌，还建了地质博物馆。唐州同样需要保护，需要控制水土流失，需要防范地下沙层的流逝。

唐、桐、泌三县是天市垣代表人的地舆，传承着以盘古开天地为主的许多神话，更精细的应用，不再详解。

借用唐代刘禹锡在唐州写的一首诗，来赞美唐州太平盛世：

淮西既是平安地，
鸦路今无羽檄飞。
闻道唐州最清静，
战场耕尽野花稀。

唐河泗洲塔

四、佛沟

佛沟是伏羲女娲两尾交合处，称为比，是古代慎国进入南阳盆地的缝隙。属于天市垣一气的范围。这条缝隙被佛教应用，曾建有规模庞大的寺院，沿途石壁上刻有摩崖石刻，被当地村民称为佛沟。当地老人们只知道这里是一个古寺遗址，古寺叫什么名字？在民间已经失传。

《宋志》记载：“香山在州东南一百二十里，上有香山寺，摩崖造像，大者二尺余，小者尺余，背有千手千眼菩萨，盖仿龙门石窟而为之，然多剥蚀，无题记。”

学者们一致认为佛沟的古寺院就是香山寺。在佛沟入口处和进入佛沟深处，各有一处摩崖佛龛，且保存完好。这两处摩崖佛龛证明了“比”的地舆在历史中的重要地位，也证明古代的香山寺规模宏大。

比的位置与香严寺对应，是伏羲女娲两尾一开一合形成南阳盆地的对应关系。佛家应用两地建寺院，是对能量转换点即玄牝之门的应用。

道家认为在临界点上修炼，容易修成正果，佛家寺院选址时常用道家的选址理念。香严寺、香山寺同样用了香字，这两个香与道家天地结合部天女散花的花香用法吻合。

佛沟背面千手千眼菩萨

象山摩崖佛龛

香山摩崖佛龛

五、二郎担山赶太阳

二郎担山赶太阳的故事版本很多，对于不同地舆有不同的解释。故事提到有十个太阳、十一个太阳、十二个太阳、十三个太阳等。故事的内容根据地舆特征与所要传达的思想而定。

它们的相同点都是龙子，都是多个太阳并出，都是落下进入人间，天上最后只剩一个。

关于龙的传人，在中华地舆在地成形的应用都是以龙生九子为基础。不同地舆特征的差异，故事细节有些变化。

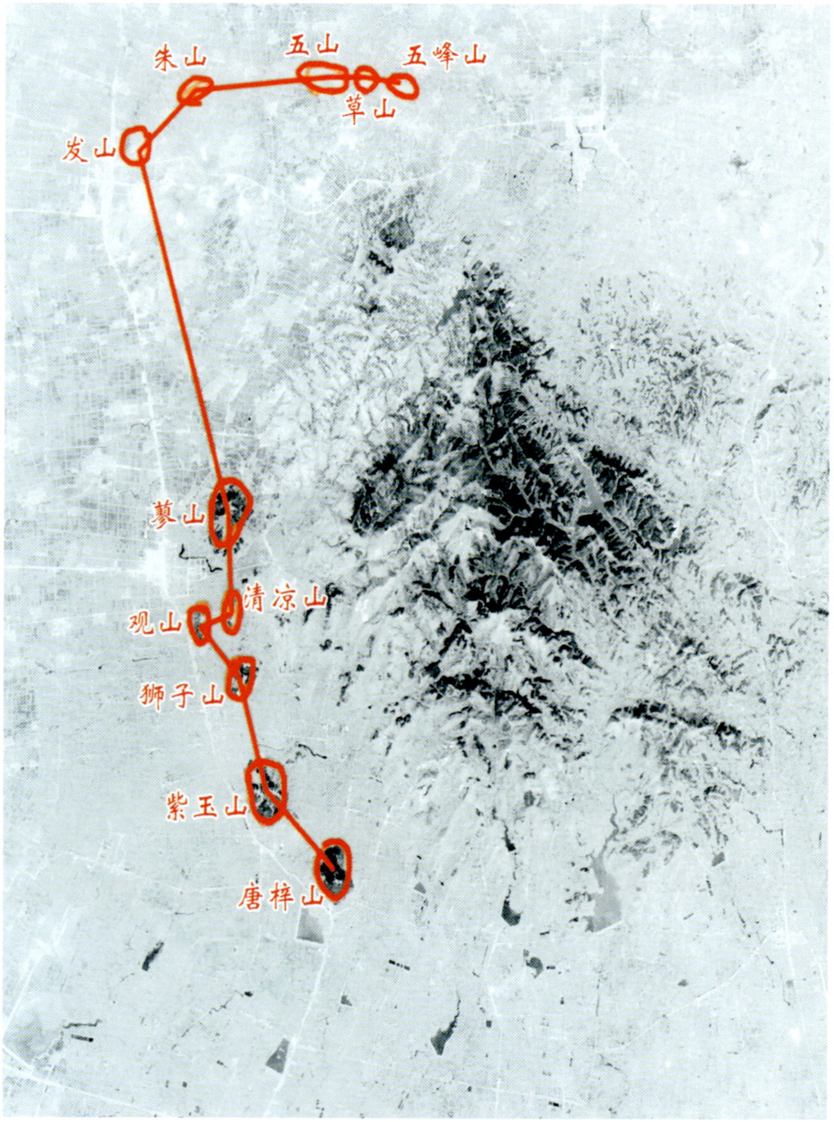

天市垣——湖阳浅山区

宏观地舆是龙生九子落在扶桑树上，由此划分九州。

微观应用是后羿射日，十日并出，九个落入南阳沃焦，一个在天上做太阳。

二郎担山赶太阳，是常态应用。按取象比类思维，多地的应用，具有普遍性。但故事发源地在南阳盆地天市垣的湖阳浅山区，是十二个太阳，落下十一个，剩余一个做太阳。天市垣北部有二郎山与湖阳构成天地呼应关系。

六、神奇的天市垣地貌

唐河县湖阳镇有一片浅山区，是众山来潮的山势，形似一朵刚刚绽开的莲花。莲花中捧出一山，似莲花捧圣。这里与大复山相伴，是玉皇顶、秦王涧、石柱山向盆地的延伸，是盘古开天地浊降为地的地舆。在盆地星垣应用中，属于天市垣在地成形的地舆。

湖阳浅山区是一个非常形象的天市垣的地貌特征，天市垣左右垣墙分别有十一颗星。这片地舆西侧有十一个独立的山头对应，巧合了天市垣的垣墙。

天市垣西垣墙：南一韩，二楚，三梁，四巴，五蜀，六秦，七周，八郑，九晋，十河间，十一河中。

地舆对应的是：一唐梓山，二紫玉山，三狮子山，四观山，五清凉山，六蓼山，七发山，八朱山，九五山，十草山，十一五峰山。

天市垣各山都有非常神奇的传说故事，还有凹穴岩画，等等。这片山被称为唐河八大景之一，叫莲花捧佛。

山中有一寺院叫龙泉寺，当地人称东大寺。大概是被佛家应用的缘故吧，官方把道家的莲花捧圣，称作莲花捧佛。

这一片精美的浅山区，各个山头都有地名，都有神话故事传承。应用之巧妙令人叫绝。只是民间堪舆师在这里尽情发挥，墓葬随处可见。为保护这片浅山区，这里不再深入研究，留给道家文化爱好者探索吧。

小顶山继续向东南方向穿过南阳盆地东北缺口，延伸到今舞钢市的一片山区，是天市垣星官的应用，其中美妙本卷书不再详述。

第三十章 鳌龟的神话

一、女娲斩鳌足立四极

在南阳市新野县樊集乡出土了一块汉砖，画像是伏羲女娲两尾卷曲缠绕着一只神鳌（右图）。伏羲女娲两尾卷曲形成南阳盆地，这块汉砖的画像证明，古人把南阳盆地看作一只神鳌。老子根据神鳌的地域特征，演绎太子修道的神话故事，应用了这只神鳌的信息。

南阳盆地象形于一只巨型的神鳌，其地舆特征与《竹书纪年》记载的《女娲补天》吻合。

“东海外有山曰天台，有登天之梯，有登仙之台，羽人所居。天台者，神鳌背负之山也，浮游海内，不纪经年。惟女娲斩鳌足而立四极，见仙山无着，乃移于琅琊之滨。”

南阳盆地在沧海变桑田之前属于东海，文明东移被看作海内，平水患定九州之后成为中华调和中心，被古人看作神、人、冥三界的大门，有扶桑树贯通三界。

南阳盆地北通天庭，西通四川天国，东通盘古混沌，向下还通尾闾之内、沃焦之下的地狱。配合扶桑树，称为“有登天之梯，有登仙之台，”。后羿射日与二郎担山赶太阳让龙九子落入南阳盆地。鸟是“羽人”的象征，可谓“羽人所居”。

从中华地舆生命体的角度，伏羲女娲的两尾是容易活动的地舆，处于不稳定状态。在喜马拉雅造山运动的

伏羲女娲与神鳌

过程中，南阳盆地处于扬子准地台与中朝准地台的夹缝地带，处于受挤压“浮游海内，不纪经年”的漫长过程。

南阳盆地是板块受挤压的受力点。南阳盆地的稳定，标志着喜马拉雅造山运动第四季的结束。中华地舆逐步稳定下来，这一功劳给了女娲，称为“斩鳌足，立四极”。

在古人眼中，南阳盆地与中华地舆属于微观与宏观的同步关系，南阳盆地四极稳定，标志着中华地舆的稳定。

鳌背上的天台仙山被“移走”，形成了南阳盆地。从理论上讲，大禹治水用疏导的方法，将水和泥沙导入渤海，被移琅琊之滨的仙山应是东部泰山附近的山东丘陵地带。

伏羲女娲两尾卷曲缠绕着神鳌，将这种状态称为龟蛇盘结。龟蛇盘结的状态被后人应用为玄武神的形象。

二、鳌龟的形象

鳌龟是圆形的，能够伸到外面的有头、尾和四足。代表北极星的太子山被看作龟首。鳌龟四足被斩断，只有头可以活动。太子山古名叫太子望，标志着龟头可以四处张望。龟头有大脑，是藏智慧的地方，是天宫的首脑机构。

龟尾在盆地南部，属于朱雀之方。在襄阳城南有一座山叫岘山，因小而高而得名。其中有许多神话，传达着无数的玄妙。不再一一解读。

岘山北端与襄阳接壤处有一山头被道教应用，名叫真武山，又名九宫山。传说因山形似龟，又名龟山。盆地按九宫布局，九宫山在南方离宫，迎合了龟尾的信息。

襄阳九宫山

秦岭进入南阳盆地的一支山脉，从宝天曼经圣垛山到五垛山一线，象形鳌龟的左前足。秦岭末端七峰山到黄石山一线象形右前足。武当山脉象形左后足。枣阳玉皇顶到七尖峰一线象形右后足。

三、星垣布局与鳌龟的关系

夏禹时代以鳌龟的首尾加四足排列三垣星系。鳌龟左右四足分别对应太微垣与天市垣的天地呼应关系。龟首代表紫微垣，是一个智慧的首脑机构。中心龟背地舆代表中间开一气的人类生存空间。

鳌龟四足各有一个代表女娲立四极定位的山峰。太微垣以太子星座天地对应。天市垣以帝座星座天地对应。

四、太子修道路

太子是净乐国的太子。净乐国是一个理想化的平衡的国度。古人追求的理想化的国度是天庭，天庭中的皇宫也叫紫微宫，太子的家就在天庭的皇宫中。传说中的净乐国位置必然在南阳盆地对应天庭的地舆。

南阳盆地象形天庭的地舆在正北方的紫微垣，以太子山、雉衡山为中心的东西一线。

太子来到民间，民间在天市垣，包括小顶山和桐柏山有多处祖师顶，都有太子修炼成道的神话故事传承，故事梗概相同。太子修成正果首先去太微垣，最终进入天宫。太微垣的五垛山、武当山都有相同的太子修炼成道的神话故事传承，都有铁杵磨锈花针的位置，都有众山来潮唯独一山不朝的地貌特征。小顶山有歪头山，五垛山有歪五垛，武当山有犟山，玉皇顶有歪垛山。各山都有太子飞升之处。

太子的成道之路构成一个轮回，讲述了天、地、人的运行规律，是常人必须遵循的道德行为规范的演示，是人生成功道路的典型模板。

太子在民间天市垣修炼，最基础的位置从玉皇顶到七尖峰一线开始，一步一个脚印的苦修。在这一带有许多祖师顶，都有太子修炼的神话故事在传承。但枣阳的玉皇顶没有作为祖师顶，因为玉皇顶是天帝亲临民间的帝座。太子进入民间从基础开始修炼，不能坐天帝的位置。他只能在修成正果后，才能替父行道。

太子从基础开始进一步走向小顶山，修成神仙后，到太微垣任大臣。顺理成章，太子去了五垛山和武当山。只是后人忽略了太微垣的圣垛，重视了五垛山。最终太子做了玄武神回到太子山，替父行道统领天下。

五、太子的道场

小顶山传说太子在小顶山修炼，修成正果后去了武当山，每月回来一次。

五垛山传说太子家在五垛山，去了武当山，经常往返于两山之间。当地人把中心垛称为圣垛，也称北顶。

武当山官方宣传已淹没了原始的民间传说，说太子是净乐国太子，认为净乐国在均州，因为均州有净乐宫。太子在武当山修炼，修成正果成为玄武神，住在金顶。

南方朱雀之方的龟山，传说去武当山要先在这里报到，然后才可以进入进山神道。每年三月三，到这里朝拜祖师爷者人如潮水，川流不息。

真武山是后期道教的应用。传说明代修建武当山时，朝廷的船队在此停泊，成为一个巨大的物资中转站。当时全真教在山上修了祖师庙，称小金顶。

各地都承认祖师爷最终去了武当山。朱棣“君权神授”投资兴建武当山，近代旅游开发名贯四海。旅游开发宣传把武当山看作独立单元，忽略了周边的文化关联。

各地的文化各有各的特点，根据地舆特征不同，相同的故事应用于不同的地舆，都要融入地舆特征，从而出现故事内容的差异。但万变不离其宗，其传达的文化灵魂不变。各地不需要羡慕他人，自己独特的文化特征也是别处没有的。但周边文化信息的关联是不可忽视的，因为这些相关联的信息在默默传承着中华民族的历史智慧。

南阳盆地玄武神的道场分布，由于朱棣的应用而乱了原始的文化传承，本章按地舆伏藏的道家理论，重新讲述各道场的文化特征，以还原历史的真相。

六、斩断的鳌足

默河

伏牛山进入南阳盆地有一代表太微垣的分支，有五垛山、圣垛山和宝天曼。这道山脉象形南阳盆地神鳌的左前足。在五垛山与圣垛山之间，有一条整齐的小断裂带，象形斩断的鳌足。断裂带将五垛山和圣垛山分开，五垛山还在鳌龟的身体上，圣垛山则作为鳌足上的高山，担负起四极定位的职责。

这条峡谷诞生一条河流叫沐河，也叫默河。道家应用这条断裂的峡谷，作为太微垣进入人间的玄牝之门。五龙从这里经过有五龙山，玄牝之门具有两面性，还有阎王鼻山。阎王的鼻子摸不得，看你敢不敢摸。

从圣垛山向南发源一条小河，上游叫梅子河，下游叫潘河，中间建了打磨石岗水库。马山口潘河村及沿岸居民大都说不清楚这条河流的名称。河畔有潘河村，透出了潘河性质的存在。

与方城县的潘河相比，方城县的潘河是天市垣，代表民间街市。内乡县马山口镇的潘河是太微垣，代表大臣办事机构。两条河流都是从天庭进入人间。潘为淘米水，潘河象形给人间输送营养。太微垣加入了梅子的调味品，比天市垣提高了档次。加入调味品，也是玄牝之门的一个常用方法。

圣垛山太子出山有独虎山陪伴，把太子和五龙分别展示，证明了代表太子的圣垛单独存在。

潘河汇入默河后出马山口，马山口为玄牝之门的出口。太子、五龙都从这里出生。龙出生必然伴随育的特征，这条河流因龙出生沐浴而得名，称为沐河。传说刘秀在此得到龙马，因此得地名马山口。按生殖与时间段匹配，出玄牝之门代表天亮的时候，所以过马山口沐水河畔有天明寺。天明寺有两个神话故事，一个是唐代李渊手下建塔的故事。另一个是天上的神仙比赛建塔的故事，都在传达天明塔建成的神话。

进入人间天女散花是常用方法，马山口西侧山叫马山，

马山口河流交汇

山南有黄花庵，山北有花北村，说明马山与花有关，但地名信息已失传。据村民讲，黄花是蒲公英的俗称，也叫黄花苗，马山口是古代旱路水路交汇处，是中药材集散地，蒲公英是马山出产的主要药材之一。马山口西面有一座突出的尖山，因形似麦垛叫麦子山，也是天庭送往人间粮食的象征。

浮游于海内的神鳌兴风作浪让中华地舆晃动不停，女娲斩断鳌足，使神鳌安静了下来。巨浪平息，河水默默地流淌，所以沐河也叫默河。鳌足外面的海浪平息，但水流依然湍急，所以足尖部的河流叫湍河。默河与湍河一缓一急的呼应关系，默默地传达着古人的智慧。

南河

武当山进入南阳盆地与荆山相接处有一道小断裂带，诞生了一条河流，南河。南河南源于神农架阳日湾的粉清河，北源于武当山的马拦河，流经保康县珠藏洞汇流南河，出山口是盛康镇，进入盆地为谷城县城。

神农的使命是保天下安康，南河水经安康进入人间，带给人间的是千年古镇盛康，代表玄牝之门。神农带给人间的首先是五谷杂粮，进入盆地称为谷城。

与南河相伴的北河有千年古镇石花，传说古有陨石雨，似天女散花而得名。又传说因宝石开花而得名。这应了天女散花的应用信息。

谷城与汉水相伴而忽视了南河。其实南河才是谷城的母亲河。曲草自覆的“宛”中产生“米”，形成室之西南隅的奥，即诞生于此（参照62页）。

南河断裂带让武当山脉整体成为一只独立的鳌足。天柱峰则为女娲立四极之一极。道教称：如“天关地轴”之象。

潘河

伏牛山尾端有一条河流叫潘河。潘河流入盆地，进入方城县城，被方城人民看作母亲河。

潘河诞生的小断裂带分断了紫微垣进入七峰山、小顶山的山脉。七峰山与小顶山成为被女娲斩断的鳌足，小顶山为女娲立四极之一极。

七峰山有七仙女下凡的神话故事，但人们已说不完整。潘河，作为向人间输送营养的水，沿途必然有微妙的应用，笔者没有做进一步的勘察。

近代在潘河边八里桥遗址出土了大口尊、夹砂罐、鼎、尖底陶等陶器，还采集到一件石钺。这说明潘河沿岸在夏代时已兴旺发达。

丑河

鳌龟的右后足不是桐柏山，而是桐柏山南部的玉皇顶到七尖峰一线。

天市垣在地成形从湖阳的浅山区开始，这只鳌足从湖阳经玉皇顶到七尖峰一线。湖阳浅山区与玉皇顶过渡地带地势相对平缓，没有明显的断裂峡谷。这里有一条小河叫丑河。丑河发源于玉皇顶，向北进入虎山水库。这条小河起到了分断作用，让玉皇顶、七尖峰与盆地隔离，成为独立的被斩断的鳌足部分，玉皇顶起到了四极之一的作用。

丑河属常年性河流，全长虽只有22千米，但雨季最大流量为450立方米每秒，还是很有个性的。丑河原本不丑陋，叫丑河有两层意义：其一是盘古开天地后生水阳气上升的时间段是丑时。其二是扭曲变形，暗示断掉鳌足的断裂带。

丑河默默地养育着天市垣祁仪一带的人民。祁仪，宽宏大度的仪态，海纳百川的气势。据说地名来自人名。但人名符合当地的地域特征。祁仪名人辈出，著名哲学家冯友兰、地质学家冯景兰、文学家冯沅君、诗人李季等都出自祁仪。

与丑河为伴的有太子坐骑老虎山，有天女散花的华山，有明显龙子出玄牝之门的特征。太子是鸦鹊之一，丑河有鸭子往复于周边许多山洞的神话。

桐柏山祖师顶

桐柏山附近有多个祖师顶。桐柏县城东南，是桐柏人公认的祖师顶。新县政府面对此山而建，牌坊横额：“太白东望”、“气势恢宏”。

原始的立极位置传说故事失传。从地形看，桐柏山形似鳌龟的右后足。容易被误解为鳌足应用。太白顶相对有多重的特性，同时又被佛教应用。道教选址城东南现在的祖师顶也是煞费心机的。

笔者不是说这个祖师顶选址不对，只是证明不是女娲立四极的位置，也不是太子修道路的起始位置。因为桐柏山是大别山扶桑树的顶端，与神鳌用法不同。

桐柏县城位置属于淮河发源地，水向东流。桐柏县城位置不属于盆地内，不在玄武神修道路范围内。说是祖师爷修炼的起始地可以，但应与盆地内的布局应用区分开。

七、为祖师顶正名

太子山属于北顶，或叫玄武顶、黑顶，或者干脆叫太子顶。襄阳祖师顶属于南顶，或叫凤凰顶、赤顶、炎顶。枣阳玉皇顶属于东顶，或叫青龙顶、木顶。武当山在西方，属于金顶没有错，继续叫金顶。

还有圣垛、五垛山与小顶山性质怎么确定？

圣垛和帝座小顶山都在紫微垣。圣垛是太子星座，小顶山是帝座，没有方向的概念，就按大小来分。五垛山继续做五帝内座或叫五龙顶。圣垛山恢复大顶名誉。小顶山名字不变，继续叫小顶。这是老子做伏藏的原始意图。

盆地中心应称土顶、黄顶或中顶。在哪里呢？盆地几何中心是界中的冢子，天子五百里地的中心是小长安瓦店或贾营祖师庙。还有扶桑树干龙脉的中心是白岗山火烧庙，邓唐营的中天玉皇庙（后面马上就要讲到），都是中心位置。能称得上中顶的，应是龙脉的中心点——白岗山火烧庙。

神秘的圣垛

第三十一章　大臣行走三界的状态

一、大臣的行走路线

太微垣是大臣办事机构，大臣们随时要进天宫面见玉帝，还要下民间体察民情。大臣要行走于朝堂、办事机构与民间。在太微垣有行走路线与玄牝之门的巧妙应用。

五帝内座五垛山是太微垣的中心，从五垛山向东顺排路河而行可以进入天宫。中间有岔路口转向南，顺着一条断裂带可以进入人间。其中有两处典型玄牝之门的应用。去天宫的玄牝之门地名有龙眼、龙洞、擂鼓台、雁门。向南出天庭进入人间的玄牝之门地名有龙脖，左右有娘娘山、看花楼。还有大禹的家，有鼓，有船等。

紫微垣出天庭的玄牝之门在鸭河工区的莲花池，应用特征是生殖孕育。太微垣出天庭的玄牝之门虽在紫微垣中，但它是太微垣的玄牝之门，主要表现特征是行走。

二、桑谷

从五垛山到太子山的中间地带，处于南召县南部地舆，是以丘陵为主的谷地。这一谷地四面环山，东面孟山两侧有缺口迂回，与鸭河口水库山水交融。周边漫山遍野都是野生柞木，村民自古养柞蚕，有多个万担蚕丝产区。蚕桑自古是这一带的主产业。这一谷地没有整体的地名，本书暂用一个临时地名叫蚕桑谷地，简称桑谷。

南阳盆地南部襄樊缺口的暖湿气流与东北部方城缺口的寒冷气流在伏牛山南缘相遇形成暴雨区。气流在西北角的桑谷回旋形成一个峰值，有足够的降雨。桑谷周边山势相对平缓，沟壑纵横，排水能力强，不宜形成洪涝灾害。加上伏牛山女娲身躯的稳定性，很少发生地质灾害。

由于伏牛山主峰的屏障作用，外部气象灾害对桑谷影响很小。据老人们讲，这里自古不受灾。过去南阳发生蝗虫灾害时，蝗虫走到这里也要转方向。

三、嫘祖与西陵氏

在五垛山到孟山连线的中心位置，有一最高的山垛叫中心垛，是南召县道教协会所在地，今名中顶祖师庙。传说这里原本是嫘祖蚕奶奶庙。祖师爷从太子山去五垛山，途经此地休息，坐塌了这座庙。明朝敬玄武神，神话为祖师爷歇脚地而改为祖师庙。中顶祖师庙是1986年重修落成时改的名字。

中心垛处于桑谷中心位置，古代祭祀的蚕奶奶是养蚕的始祖，叫嫘祖。桑谷在紫微垣的天庭中，但不在皇宫内，属于天宫的西天门区域。

《史记》中记载，嫘祖是西陵氏，是黄帝的妻子。嫘祖的成就是发明了养蚕，史称嫘祖始蚕，也称先蚕娘娘。嫘祖顺理成章是天宫织女们的老师，或者主管天庭纺织工作。中心垛是桑谷的制高点，可看到桑谷的全貌。其实黄帝与嫘祖都是神话的人物，是一对龙凤关系，诞生于豫州地舆。他俩在天庭都有对应的位置，这是星象在地成形的应用。

黄帝是五帝之一，五垛山中心垛是黄帝的位置。山下近距离重复用中心垛的地名与黄帝必然有关联。

天宫西天门外的山丘是天宫的西陵，后天八卦是兑宫，代表少女，从道家地舆应用的角度，中心垛代表嫘祖是西陵氏，是黄帝未过门的妻子所在地。

古人时常将具有重大成就的后人封为神仙，黄帝和嫘祖二位神明都有对应的历史人物。有记载说，黄帝带嫘祖旅游死于途中，葬于雉衡山下。雉衡山是古代的南岳衡山，在地成形是盆地天宫的位置，代表皇后娘娘。黄帝让妻子葬于雉衡山下，相当于葬于母亲的脚下，符合丧葬习俗。也证明了黄帝夫妻与皇后的母子关系。因嫘祖死于旅途又被封为行神，成为旅游者的始祖神仙。

雉衡山下皇后乡郭庄村有蚕姑庙，现存有清光绪十年(1884)《蚕坡章程碑》一通。碑文记载，“召邑地瘠民贫，尤赖养蚕为事畜之助本县”，特“酌定章程，永远奉行”。“不得面从心违”，违者“准地保送官责治”。地方法规强制养蚕，可见自古南召蚕桑业是农民的主要产业。南召经济开发，切不可丢了最大的蚕桑优势。

四、汉画嫘祖

在出自南阳的一块汉画像石上有嫘祖的形象，展示了嫘祖的表现特征。

右图是先蚕嫘祖汉画像石拓片。原石图像有两幅。一幅是先蚕嫘祖神像，另一幅是人像。

神像嫘祖人首蛇身，蛇身有一明显特征是有多条腿，带有蚕多腿的信息。嫘祖手持纺轮，下面是线盘，箭头指示向右旋转并上升，身体处于向右旋转的趋势。

人像嫘祖左手持陀螺（南阳方言，细杆插在纺轮上捻丝线专用器具），右手拿剪刀，手腕挂着线盘正在纺线，头上是扶桑树。南阳汉代蚕桑业发达，汉画多处有嫘祖的应用，这一块汉画是唯一能证明嫘祖身份的国宝级孤品，重要标志是蛇身上的多条腿。

汉画《嫘祖先蚕》

五、雁门与双龙洞

五垛山是五帝内座，在应用中也用作东方帝与西王母的儿子，在龙生九子的九子范围内，被看作鸟的形象，如鸦鹊、鸿雁等。从五垛山发源的排路河向东进入鸭河口水库，是五帝进入天宫的路。

在排路河畔有一地名叫雁门，处于桑谷的中心地带。这个雁门就是天宫与天庭沟通的西天门，也是东方帝子女包括大臣在内出入皇宫的门。雁门是一个三岔路，向东从天庭进入天宫，向南出天庭进入人间。排路河在到达雁门之前有两河交汇，左岸有龙眼村，右岸有龙洞村。龙眼是一个泉眼，具有汤泉的特征。右侧龙洞所在的山岭叫五泉山，有两个洞口，名曰双龙洞。洞内宽敞，代表通往三界的洞天福地。五泉山很小，但地位重要。两个洞口处于太微垣，一个通向人间，一个通往紫微宫。

按相随而从的应用，太微垣进入紫微宫有两个并列的玄牝之门。大臣们经雁门走石门，直达西天门内的寺山，是治世之门的应用。通过龙洞可以直达紫微宫，是生殖、孕育的特征。

六、西天门与寺山

紫微宫的星垣有垣墙，在地成形有对应的围墙。

孟山西侧有一个半圆形的山岭，似一朵含苞待放的莲花。靠半圆形山岭的中心部位有一个独立的小山丘，名曰寺山，山下的村庄叫石柱寺。寺山顶上遍布石柱，似山崩地貌散落的种子，似飞来之石组成的莲台。半圆形山岭有一豁口，名曰大山口，大山口外是南召县石门镇。

这个半圆的山岭与紫微宫的西垣墙近似。孟山在垣墙以东，是天帝的家族成员居住的地舆。大山口与石门一线就是紫微宫在地成形的西天门。

《说文》：“寺，廷也，有法度者也。”天庭中的星官在地成形除北极星外都在相对运行中，在天逆行，在地顺兴，天和地运行方向相反。在地成形按地舆特征应用。垣墙内与寺山性质近似的星官有四辅星和东垣墙内的柱史星。寺山是独立的山丘，四辅星有四颗，数量不符。只有柱史星性质相近。这个掌握法度的寺山代表谁呢？

寺山全景

寺山顶上是一宽阔的平台，传说上面有古寨，曾作为学堂。有一残碑记载，山顶曾为青龙寺，摩崖石窟痕迹至今犹存。旁边的巨石传说是一方官印，官印是权力的象征。

石门是玄牝之门的应用，是紫微宫通往大臣办事机构太微垣的大门。寺山在大门内应是守卫或聚集在西天门的官员。聚集在这里的官员或负责上传下达，或等待上朝。性质与古代的鹓池(yuān chí)近似。

从字义看，鹓是伏羲女娲两尾卷曲形成的宛与鸟的组合，具有龙鸟聚集的特征。汉语词典解释为朝官聚合之所，指朝廷。

从雁门出发，经石门进入西天门，聚集在鹓池。或等待入朝面圣，或处理政务，符合龙鸟的用法。

石柱寺的地名暗示由石柱掌握法度。村中居民以晋氏为主，晋是个会意字，指追着太阳一直前进。寺山龙鸟汇集，晋氏符合以地为氏的特征。

石柱寺村有一个石人赶着牛车拉粮食的神话传说，说寺山角的一块巨石是一辆车，对面山上有一飞来之石是一头牛，石人是石人沟的石人。前面已讲过，石人沟的石人是神农，这个拉粮食的故事将神农、牛、牛车联系在了一起。车停在寺山下，牛在自由吃草，此时石人必在寺山上。

《隋书·隐逸传·崔赜》："汉则马迁、萧望，晋则裴楷、张华，鸡树腾声，鹓池播美。"鹓池中是否有柱下史？

柱下史是掌管中央的奏章、档案、图书以及地方上报材料的一名御史大夫。寺山既然是朝中大员上朝前的聚集地，柱下必在其中。山上一个站立的石人凝望着西方，只是许多传说都已失传。那辆牛车被村民建房用材而破坏了，那头牛还在，与牛相伴的石头有放牛娃、牛粪等传说仍在传承着。

寺山有许多神奇的地方，例如夏季山下蚊子成群，而山顶没有蚊子。站在山顶跺脚，如钟鼓之声，疑似一座空山。

寺山顶官印与祭祀场地

石牛

寺山石人

七、进入人间的状态

龙眼和龙洞中间有一个村庄叫擂鼓台，鼓声是涂山氏擂鼓呼叫大禹开饭的信号。

擂鼓台向南是一条通道，这条通道是一个小断裂带，让排路河与杏花山连通。沿着这个断裂带建有207国道。雁门向南要穿越一道岭，是五垛山东垛即歪五垛的延伸，地名叫龙脖。穿过龙脖即出玄牝之门。出口处东侧有娘娘山，这个娘娘不是皇后娘娘，也不是蚕奶奶，而是主管玄牝之门的九天玄女娘娘。

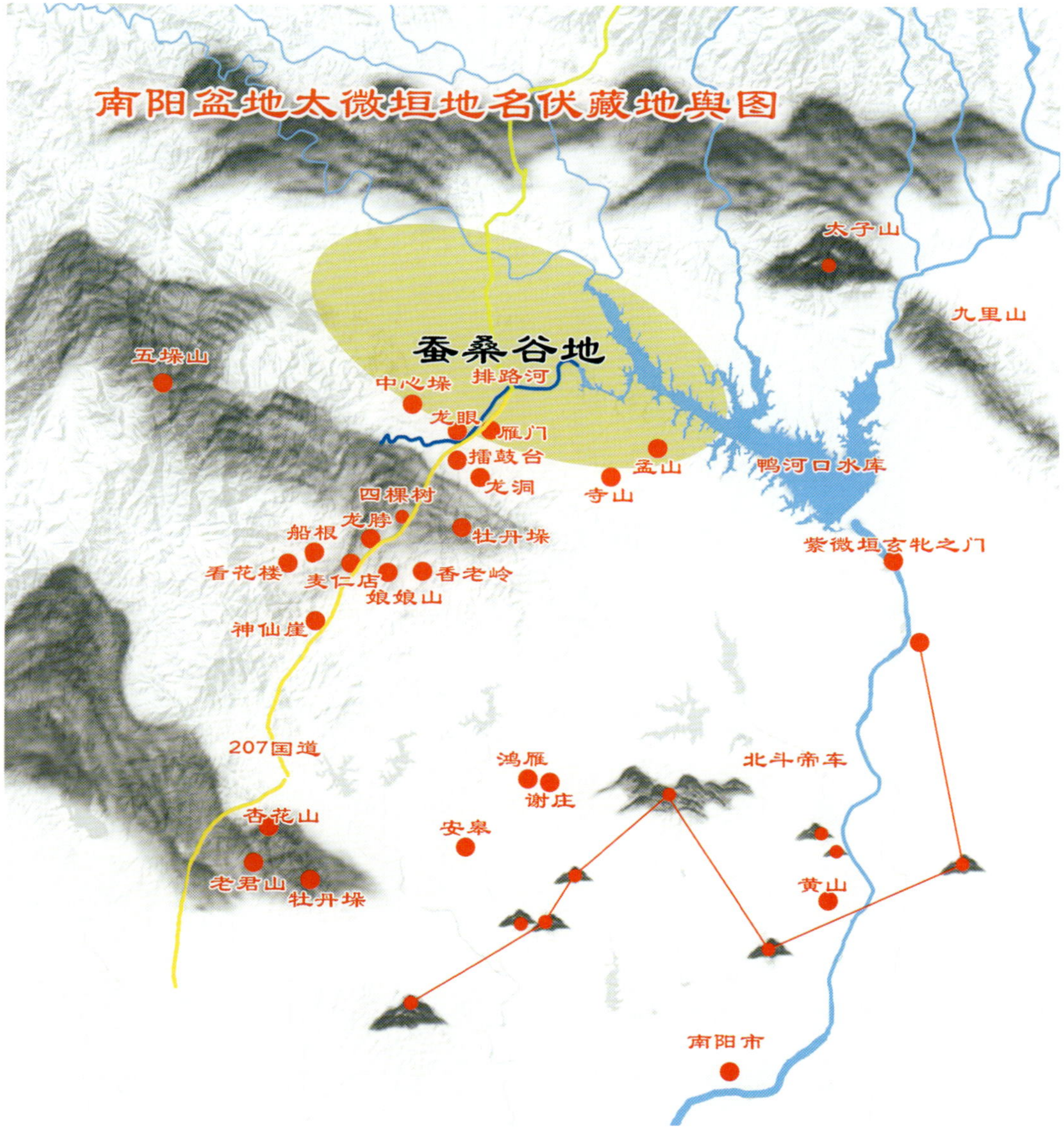

娘娘山东侧最高峰叫牡丹垛，传说人们看到牡丹开花，但到跟前找不到，认为这是像灵芝一样的仙草。这个神话的牡丹是天女散花的象征。娘娘山左侧有香老岭，右侧过龙脖有看花楼，有桃园。再向南杏花山末端也有牡丹垛，象征天上撒向人间的牡丹花，还有杏花、桃花等。这是一个玄牝之门的典型应用。

出龙脖是进入人间的玄牝之门，少不了带给人间生存的必要条件。前面讲过鸭河口的淯水出天庭有两条河流，一条泗水河，一条麦河。三生万物之后四象生成，进入万物繁荣的太平盛世阶段。泗水和麦河是天帝治理天下的法宝，意为掌控以五谷为主的万物盛世。太微垣进入民间必然遵循天帝的法则，传送给人间相同的信息。所以太微垣玄牝之门有四棵树和麦仁店的地名。

东方属木，是阳气上升的象征。四棵树象征万物生成，开始进入成长阶段。麦仁不用解释，可直接食用充饥。

水是生命之源，紫微垣送给人间的是淯水，太微垣的水是如何送给人间的呢？

顺歪五垛的山脉向南行走，有一飞来之石叫定南针。定南针指明了出玄牝之门的方向。定南针前有北湖、西湖、南湖、东湖，后有长湖、杨家湖、侯家湖。如今还有多处湖水犹存。山顶上的七个湖是北天极北斗的象征，代表从天庭送给人间生命之水。民间传说五垛山的小黑龙管理南阳盆地的水。小黑龙是北方玄武神。这七湖水必是以小黑龙为主来操控。

出入天庭不止一个通道，这里介绍的只是主要通道。各大臣办事机构都有自己的方便之门。周边有许多洞穴，细节各有微妙之处，需要根据地貌特征分辨相对区域。以免勘察研究时因地名意义重复而乱了方寸。

八、看花楼

歪五垛也叫青垛，向南行走到九里岭处向东伸出一道岭，当地村民说这是一条龙，龙脖村就是这条龙的脖子。九里岭继续向前是定南针，定南针向东有一道岭，与龙脖村所在的那条龙形成一个半圆弧形的区域。这个区域古代有寺庙，今存地名有前寺、后寺、寺台上。按民间堪舆的习惯称呼，左侧那条龙叫龙沙，右侧必然叫虎沙。这个区域似一个大圈椅，象形圈椅座位中心的最高峰是看花楼。看花楼是看天女散花的象征。面前有马鞍桥、马蹄沟，还有马圪垱（上马的凳子）。不知哪位神仙骑马来此看花的，神话故事已失传。

大圈椅的靠背处村庄叫稻谷田，相邻有竹园、蚕坡等。稻谷田向上是歪五垛的南天门，有天然石门，向下左右分出两条沟。左侧与龙沙相伴叫广沟，右侧与虎沙相伴叫茶叶河。广沟是大禹家的典型应用，也是进入人间玄牝之门地舆最神秘的地方。

九、大禹的家

涂山氏以鼓声为号呼叫大禹开饭已多次提到。山西忻州天涯石鼓是一个鼓槌，出山是大禹系舟山。南阳盆地太极峡石鼓镇是一面鼓。出山是禹山和汤山。两处凑齐了天涯地角的鼓和槌。中华地舆中重要位置的玄牝之门都少不了擂鼓的信息，还有系舟山等，唯独不见船影。船去了哪里？南阳盆地太微垣的玄牝之门有擂鼓台。鼓又在哪里呢？

按华夏民族通常做事习惯，涂山氏擂完鼓会将鼓靠在家门口，大禹的船队听到鼓声回到天庭吃饭，会将船停靠在家门口。如果在天地结合部满足这些条件，必然是大禹家在地成形的地舆。

大自然就是这么奇妙。在广沟中就停泊着一条石船，地名叫船根。广沟岸边石墙上靠着一面鼓，如果不告诉你是天然石鼓，还真以为是人工精细打造的一面鼓。相邻碾盘沟的桃园村旁还有一条船。桃源村被水库淹没，今有桃园水库。村民称船根的船叫公船，桃源村的船叫母船。有公船有母船必然有船孩子。山中有许多飞来之石，必有大禹的船队。

据母船旁的居民讲，更深夜静时山谷中有“哼哼”的声音，似乎是石头会发声，但始终没找到发声的位置。山谷中有声音是自然现象，并不奇怪。与涂山氏的鼓结合起来就奇妙了。似乎是涂山氏鼓声的余音在山谷中回荡。

《说文》：“广，殿之大屋也。”《孟子》：“居天下之广居。”有船有鼓有大房子，广沟是大禹的家无疑。

停船和靠鼓的地方是大禹的家门口。向里走相邻是土门村，当然是大禹的家门。

大禹家住天地结合部附近，各路神仙出入天庭到大禹家做客是常理。招待客人必然要喝茶。来的人多了就喝出了对面的茶叶河。冬天的茶叶河水温明显高于周边其它河流。如今各家都有洗衣机，村民仍保留在河中洗衣的习惯。

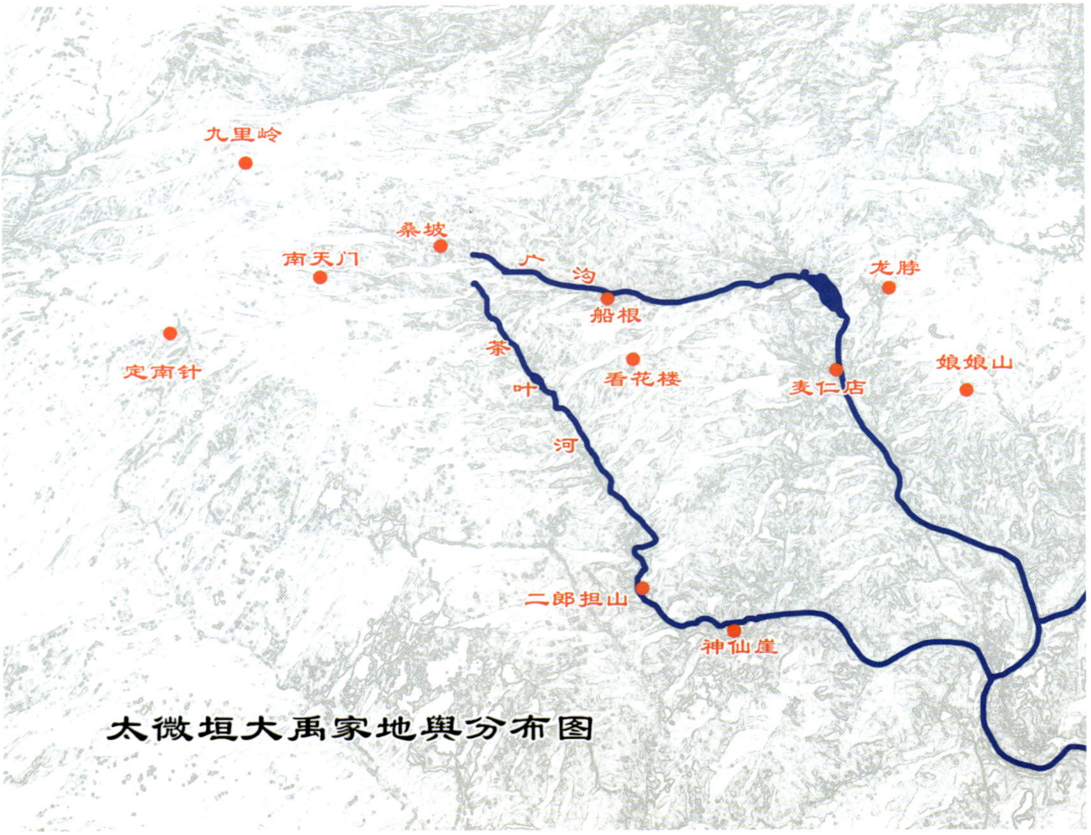

太微垣大禹家地舆分布图

大禹招待客人不用花钱，有桑坡，有楮树，就地取材，桑叶、构叶都是上等的茶叶，还有各种中草药等，清一色的绿色饮品。到尽头桑坡下应该就是上房了，因为茶叶河从此而起。这个位置是大圈椅的后靠背中心处。

大禹家西邻五垛山的南天门，是水神出入天庭的专用通道，东临龙脖是公用通道。龙沙上有红石崖，也是出玄牝之门的常用标志。

大禹家住的天地结合部叫天涯地角。天庭流向人间的洪流不断，躺在大禹家听流水声叫地角枕流。门前有地角枕流的响水台，还有稻谷田、竹园等。大禹过的是田园生活。

大禹家门外的村庄叫槎树，第一户居民查广朝先生是南阳刘秀研究会的会长。在查先生的帮助下，笔者调查了当地的地舆特征，搜集了遗存的神话传说。槎树村居民全部姓查，查氏选址大禹家门口是按以封地为氏的地舆特征选址。查字的解释比较混乱，有解释本义为木筏，这与大禹的船意义近似。有解释是树桩、棍、杖之类等，似桑树桩子系舟也算合理。从字形看，旦为日出地平线，上面木代表东方阳气上升万物开始生长。这个状态是出玄牝之门的状态，与外面四棵树配合，代表出天宫后万物生长的初始状态。似乎这个状态是查氏的本意。笔者只是分析，具体意义还是让查先生自己研究吧。

冬天的茶叶河

涂山氏的鼓

大禹门前的船与鼓

十、二郎神的扁担

龙九子进入人间用了两个神话故事。紫微垣有孕育的应用，后羿射日让他们进入人间，是一次生殖、转生。太微垣和天市垣都是二郎担山赶太阳，是行走管理的特征，是囚禁，龙子还属于天庭的官员。

茶叶河和广沟以二郎担山赶太阳的神话为主，传承着十个太阳的神话。二郎和船本不是一个神话，合在一起有了二郎船的地名。茶叶河中有二郎担山压断了的扁担，掉下的山还压着了娘娘的脚。一个似扁担的巨石中间断裂，旁边巨石是压太阳的山，下面一块光滑的巨石被神化为娘娘脚。大禹和二郎神各有使命，都频繁出入天庭。同朝为官二郎神少不了到大禹家喝茶，后人在广沟石船旁又建了二郎庙。

二郎担山赶太阳主要应用于太微垣和天市垣。太微垣起始位置在大禹家附近。天市垣起始位置在东部二郎山，属于二郎神在天庭的位置，本卷书没做解读。

二郎神的扁担

十一、神仙崖

广沟的另一侧是茶叶河，与茶叶河相伴的山岭为虎沙。在虎沙尽头有神仙崖村，神仙崖崖壁有洞窟，洞窟中有凹穴岩画。民间传说故事已失传。

神仙崖是一个独立的小山包，山崖上的洞窟叫神仙洞，里面供奉的神仙已不知去向。民间祈福朝拜近代才中断。

神仙崖旁有神仙床，具有飞来巨石的特点，在20世纪修公路时，就地取材爆破做了石料。神话传说虽然失传，但地舆特征和地名可以证明，神仙崖是古神道的一个重要落脚点。

神仙崖神仙洞

十二、天地呼应的状态

按道家重要地舆玄牝之门外建武城的应用方法，太微垣出天庭与平原结合部理论上应有古城池存在。笔者没有找到历史记载，但安皋乡和谢庄乡两个地名道出了玄机。

安皋是古代南阳四大名镇之一。地名的来历与九皋山有密切关系，九皋山有银洞，安皋顺水而上有银洞沟。王莽撵刘秀时，刘秀从九皋山进入银洞直通南阳。其中有许多玄妙。九皋山是龙九子之一的黄帝诞生的地舆。南阳雁门是龙九子出入天庭之路。两处具有近似的应用特征。《诗经》中的《鸿雁》《鹤鸣》《鹿鸣》就是对这类地舆特征的抒情。九皋山在本卷书最后作专题来讲。安皋处于丘陵与平原结合部，南北方向一字排开有九个大冢子，似乎是龙九子出生的特征，但传承的信息是九女冢。“九女”伏藏的是九天玄女的应用信息，下面需要讲一讲九天玄女。安皋的地名就来自于这九个冢子。安是房中有女子，这是男子娶妻生子过太平生活的象征。以地为氏有安姓居民居住，必有古城池存在。

谢庄是谢氏后人以地为氏的特征选址，理论上讲，也应有古代城池存在，但不会是古谢国，因为这里龙九子不是被射落的，与谢字的造字本义不符。

谢庄北部有一条小河叫鸿雁河，道出了谢庄的玄机。天庭中有雁门，出天庭有鸿雁河。龙九子从天庭进入人间的情绪，被《诗经·小雅》中一首《鸿雁》表达的淋漓尽致。

鸿雁于飞，肃肃其羽。之子于征，劬(qú)劳于野。爰(yuán)及矜(jīn)人，哀此鳏(guān)寡。

鸿雁于飞，集于中泽。之子于垣，百堵皆作。虽则劬劳，其究安宅？

鸿雁于飞，哀鸣嗷嗷。维此哲人，谓我劬劳。维彼愚人，谓我宣骄。

从太微垣出天庭的状态读《鸿雁》，可以读出龙九子进入人间做诸侯的许多微妙之处。解读无异于画蛇添足，还是读原文更美妙。

十三、九天玄女与玄牝之门

玄牝之门被神化，有了专管生殖玄机的神仙，被道教广泛应用。各门派及民间巫术等应用形式繁多，名称也很多。道教有一个统称，叫九天玄女娘娘。

神话的玄牝之门不是王母娘娘，也不是女娲娘娘，因为玄牝之门只象形母体上的一个器官，不能代表整个母体。

生殖都是女性，玄牝之门的神仙就以女性出现，又称玄牝氏、玄女。在大自然的运行周期中，阴极生阳的阴阳转换点是壬，所以也叫壬女。天有九重之说，九是最大数，代表多重天，每一重天之间沟通都有玄牝之门，所以玄女又叫九天玄女。出入玄牝之门是两个世界，有人又演绎了阴阳两个孪生玄女。

《诗经·商颂·玄鸟》曰：“天命玄鸟，降而生商。”道教将玄鸟敬为九天玄女，玄鸟被公认为九天玄女原型。

女娲生九子称为龙生九子养育中华民族。龙的传人始祖鸟是女娲。商灭了夏朝，建立一个新的政权，商王被看作天子，也是龙子的再次“转生”，神话为玄鸟所生，把玄鸟敬为九天玄女。这个玄鸟不是女娲，而是玄牝之门的应用。

九天玄女的应用都没有偏离玄牝之门的性质。母亲生了孩子，让他适应大自然运行规律，教他观天象、察地理、术数之法等，这是母亲九天玄女的职责。孩子要在弱肉强食的残酷环境中生存，教他兵法同样是这位母亲九天玄女要做的。

人类需要生育繁衍，黄帝学房中术，九天玄女最懂生理特征，老师非她莫属。于是就有了素女、玉女等称呼。

黄石公研究民间堪舆，应用地舆中的玄牝之门，需要神化一位老师，当然跑不了九天玄女。还有许多懂星象者神话的始祖，多与九天玄女有关。

道家各门派对九天玄女的命名不同，如斗姆元君，是北斗众星之母，没有脱离九天玄女的性质。九天玄女被后人应用得非常美妙，地位高，名字好听，能力巨大。

九天玄女的所有应用都是教化人类遵循自然规律，赋予积极向上的正能量。即使有负面的事件，则必然不善终。

例如本章所讲的龙脖旁娘娘山的神话故事。虽然已被王莽撵刘秀的故事替代，但也没脱离两性关系的事件。

传说刘秀逃到娘娘山，诱奸了十五岁的李姓少女。许愿得天下后封为娘娘，说食言则江山不久。刘秀得天下后忘了此事，结果本该千秋万载的光武盛世，仅历经一百九十五年即崩溃瓦解。故事强调了违背天道必受惩罚的理念。传说娘娘山以此而命名，已掩盖了九天玄女的原始应用，但性质未变。

鄂城寺

壬

夏禹的管理状态

夏禹以南阳盆地北部九座孤山组成的帝车为中心，建都南阳。夏禹应用帝车“运于中央，临制四乡”的原理，以南阳盆地微观管理实现九州宏观调控，构建了南阳盆地地舆文化体系。

第三十二章 帝车与禹都

一、运行中的帝车

“斗为帝车，运于中央，临治四乡。” 帝车是如何在运行中治理天下的？在地成形又是如何表现的呢？夏禹是如何应用的？

从山东嘉祥武梁祠石刻画像的图形可以看出帝车的功能。为便于理解，将图形做水平镜像，使之与南阳盆地帝车对应。以此来探索帝车的功用。

这个画面共有八颗星，除北斗七星外还有右弼星。左辅星对应位置是迎接天帝的大臣们。车中坐的天帝在天是玉皇，替父行道是太子，在地成形是天子，不在九星之中。

从画面可以看出，帝车没有轮子，驾祥云而行，有点当代悬浮列车的感觉。天帝乘坐帝车前行，所到之处地方诸侯要接驾。有做准备者，有恭迎者，一派热闹的气氛。帝车走过之后，是一片祥和的气氛，表现为祥云与礼仪。

在南阳盆地与帝车相对应的是北部九座孤山形成的北斗七星阵，帝车斗中以蒲山和丰山为中心。前进的方向是向太微垣邓州方向运行。治理之后的状态是古博望城及东部天市垣。帝车之下是天子五百里粮田。

后面分为帝车之中的禹都、帝车之下的天子粮田、帝车治理的方向、治理之后的状态四个部分，分为四章阐述夏禹如何调和天下。本章从帝车之内的禹都开始。

二、丰山的文化信息

按北斗九星布局理念应用，九座孤山的实际位置并不很完美。囚牛的传说故事解释了蒲山与丰山留在现在位置的合理性，赋予了九星灵魂。

不守规矩的囚牛被砍掉头后，滚落在清泠渊的岸边。这牛头不能再喝干水造成干旱，也不能吐出水造成洪涝。从此，风调雨顺，五谷丰登。象征牛头的这座小山就成了丰收的象征，命名丰山。

丰山有许多神奇的传说。历代名人到南阳必游丰山，留下许多名诗佳句。可见丰山地位高于其他孤山。

丰山东麓原有摩崖石刻“清泠渊”三字。在清泠渊石窟上面，原有摩崖石刻很多，大都为明、清游人所题。每个石窟内都供奉有石佛造像。石窟外有许多古碑，较为醒目者为“耕父碑”，碑身高大，碑额别致。

在20世纪中期，村民们用架子车将耕父碑送到南阳县文化馆。后因村庄连续发生事故，村民们认为是耕父碑被拉走

帝车治理状态图

造成的，又将耕父碑拉回了山上，之后下落不明。现在仅存的是一对麒麟送子中的一只，还残缺不全。

丰山有溶洞，石乳、石柱、石笋、石帽等比比皆是，奇石怪岩，姿态各异。每年霜降时会发出鸣声，古代相传称“丰山霜钟”“霜钟自鸣”。

丰山和清泠渊相伴，上有清泠泉，下有清泠渊。丰山住着耕父，代表管理耕作的神仙。由于耕作需要陆地，有人认为水退去才能耕作，就将耕父称为旱鬼。

耕作需要土地，但也离不了水，耕作必须做好水土调节。所以耕父不能称为旱鬼，耕父等同农父，有神农氏的特点。有传说耕父就是神农，或是神农的化身。

丰山所处的点，相当于天地定位的一个支撑点。从现代科学角度讲，这里同样是白河河道走向的控制点。由于丰山的存在，淯水主干道几千年不变。北斗九星的稳定，标志着九州同步的稳定。

这些都已成了传说，丰山露出地面部分已献给南水北调工程，剩余的山体也因就地取材，大部分被夷为平地。地表仅存的一个山脚，因石头少而幸存下来。现在能看到的只有幸存的山崖和那只形似爬山老龟的古松。

当地群众将山上的祖师庙重新建在山下，收藏了仅存的那只残缺的麒麟送子。

南水北调倒虹吸从清泠渊而过，接天地之灵气，代价是丰山被削去了大半。但被沉积平原淹没的大部分山体还在。天地定位的支撑作用虽受损，毕竟还存在。

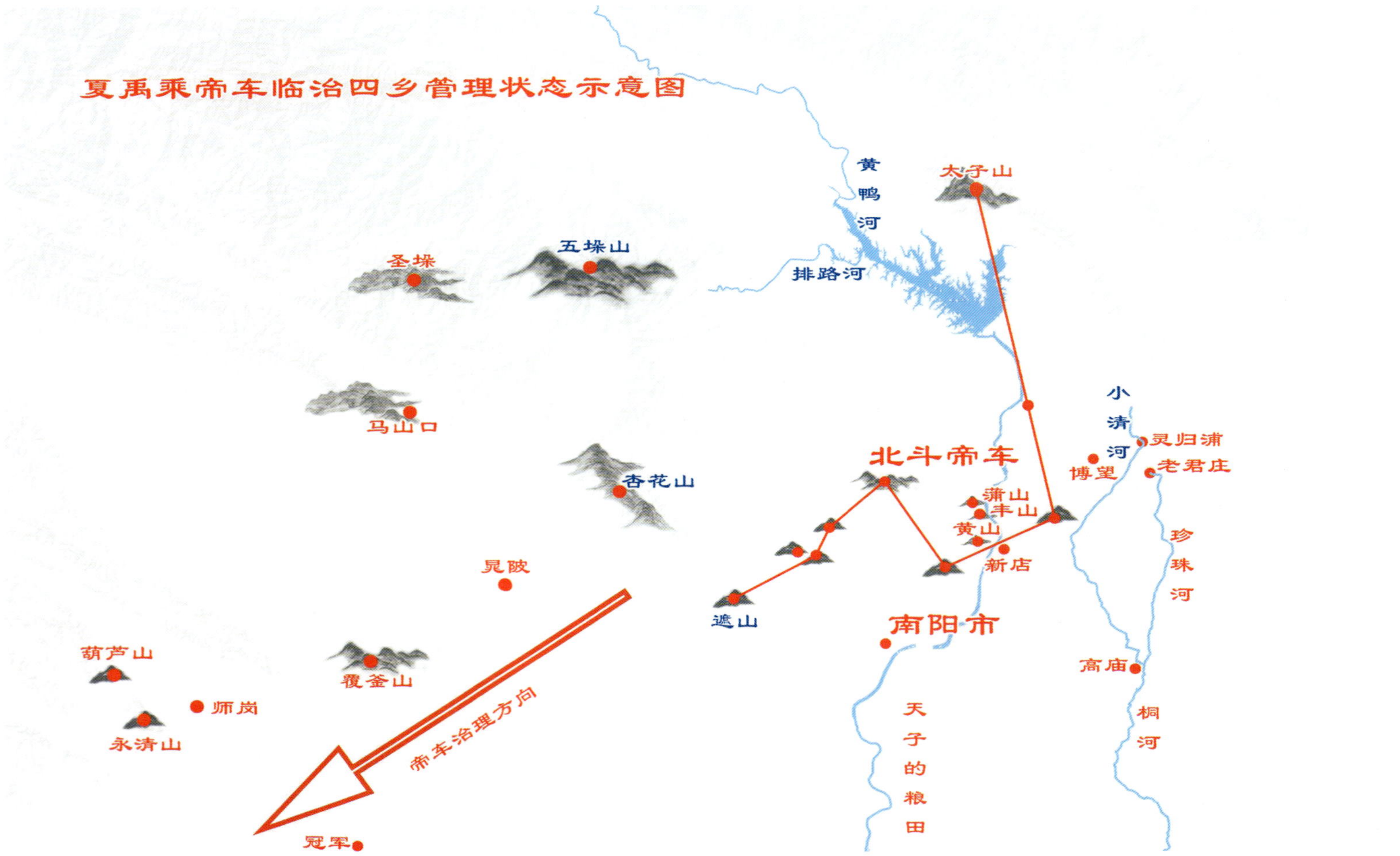

三、丰山的祭祀

从天宫神农、伏牛与泉水相伴的特点推理，丰山与囚牛蒲山相伴，有清泠泉、清泠渊存在，可以看到几个特征：一是天地定位；二是与牛相伴；三是有清泠泉水涌出；四是代表耕作的耕父；五是丰的字义。《说文》：“丰，豆之丰满者也。”五个特征表明，丰山是代表神农的神山。

丰山自古就是一个祭祀的重要场所。山不大，但有许多庙宇。历史名家来南阳都要祭拜丰山，留下许多诗词歌赋也就不难解释了。

四、丰镐与禹都

在帝车的底部，独山与隐山连线的北部，有一个叫黄山的地方。它不是天然的山，而是一个古人类生存遗址。这是否与夏代有关？

2009年，有位道兄告诉笔者：“黄山是古人类生存堆积的遗址，到处都有新石器时代的石斧、石铲、陶器残片。趁还没有遭到破坏，去拍照留个资料。”

笔者带着半信半疑的心态，去了一趟黄山。还真是有缘，确实捡到了一个完整的石铲，送给了这位道兄。

黄山遗址证明了远古时代已开始应用地舆特征，运用天然屏障，寻找平衡稳定的场地建设家园。

1959年1月，原河南省文化局文物工作队在遗址西南部和北部进行了试掘，发现房基三处。其中有一处屋群略呈方形，每边通长 9至10米，有 6 间房屋交错相连在一起。它们有的独成一室，自开门户，设置烧灶。有的两间互通而以隔墙分开，共设一灶；还有单独的长方形套间房屋，屋中间都有隔壁层，辟为一大一小两间，每间中部都有灶坑。

黄山在丰山之阳，有阳城的特点。黄山在帝车中心，有五帝中心黄帝的特征，用“黄”做了地名。黄山与丰山相伴，是否有联系？

在西周时，丰京和镐京一起并称为“丰镐”，是西周王朝的国都，是历史上最早称为“京”的城市，作为西周首都沿用近三百年，又称“宗周”。

丰京是宗庙和园囿（yuán yòu，皇家花园）的所在地，镐京为周王居住和理政的中心，合称丰镐。

这种祭祀和行政分开的应用方法是否在夏代就存在？

从道家地舆应用角度讲，作为都城的地舆最佳之处是帝车之中，其次是扶桑树分支处的南阳市区。“邓为禹都”，邓是建邑铸鼎祭祀。夏禹铸九鼎祭祀之处为邓，邓在哪里？

丰山作为天地定位，又在帝车中，成为主要祭祀场所，丰山是邓的遗址具有合理性。

黄山遗址有行政中心的迹象，有镐的特性。禹都将祭祀和行政中心分开的用法不是没有可能。黄山遗址的房屋基座，在新石器时代可以称为是巨大的，不是一般的城池所能具有的，起码可以肯定代表一个时代的繁荣，并且具有较高的规格。

从地舆伏藏的道家理论讲，丰山和黄山遗址在帝车斗中。将禹都建在帝车之中，随帝车运行调和天下，符合南阳中心调和的理论。由此基本可以推断，丰山和黄山遗址是夏禹的都城。

盆地内扶桑树在望城岗是分叉顶端，南阳市区成为一个独立的太极平衡单元，是一个较理想的城池位置。中华神州宏观的扶桑树顶分叉处是南阳盆地。南阳市区是南阳盆地内扶桑树树顶分叉处。南阳市区与中华神州的南阳盆地相对应，南阳市区是南阳盆地内的调控中心。南阳市区是禹都也符合道家文化应用特征。

许多迹象表明，禹都在南阳，丰山与黄山遗址同为禹都的可能性最大。南阳老城区与黄山只有11千米，不能推翻禹

南水北调修建中的爬山龟古松

都在南阳市区的可能性。还有一种可能，禹都按天地人分布，丰山代表天，是祭祀中心。黄山代表人，是皇宫，是政治中心。南阳市区在帝车之下为地，是文化中心。即使如此，禹都必在帝车中。

从道家理论角度推理，禹都在南阳毋庸置疑，黄山是否是禹都还需考古来进一步证明。从理论角度，丰山是夏禹祭祀的神山可以肯定。夏禹以帝车为中心调和天下，都城必然建在帝车之中。黄山在帝车斗的底部，是最合理的位置。

五、保护丰山

丰山具有深厚的文化背景，最重要的作用是它有一个天地定位的使命。丰山的存在固定着南阳盆地的平衡。神话故事传承的天神砍掉牛头，让囚牛永远留在这里，从此南阳盆地风调雨顺，也在传达牛头丰山的定位作用。

从科学角度讲，紫微垣暴雨区的水汇聚鸭河口水库，鸭河口水库起到调剂作用。然而，超出鸭河口水库调剂能力的大水是存在的。水向南倾泻，蒲山与丰山是一个天然屏障。丰山的存在控制了淯水的走向，从而保护了南阳城区位置的千年不变。

南阳城区的地下是砂砾冲积层，表面的土层很浅。老人们传说，南阳是一条鱼，鱼脊背在鸡爪街。这个传说讲的就是砂砾层的地貌特征。老辈人们说，南阳不是原始的南阳城，是大水之后迁来的。这些只是传说，笔者没查到记载，无法得到证实。

南阳现在的解放广场，中州东路等三十年前都是沙滩或河道。现存的小寨门，面向中州大道，三十年前面向的是河道，这个寨门在解放前是一个码头，门外直接是下河登船的台阶。

老南阳人都知道，南阳城是建在沙滩上的。如果没有丰山的存在，大水会直冲南阳城，南阳扩大后的市区整个东半部将和老瓦店一样，会毁于顷刻之间。

水利设计院的专家们为此呐喊了许多年，最终没有保护好丰山。庆幸的是，丰山根基还在，还有那只形似爬山老龟的古松，被保护下来，与残存的西半部山体隔着南水北调干渠遥相呼应。

丰山的定位作用仍然存在，大水遇丰山回旋会冲出深潭，清泠渊仍会出现。南水北调倒虹吸走清泠渊而过，给倒虹吸的设计带来了难度。专家们必然会考虑这一因素，笔者不需杞人忧天。

丰山东半部山体被夷为平地的中心处，出现一汪清水，让人看到了希望。清泠泉的地下压力还存在，一个新的景象已经诞生了。离奇的是，这一汪清水与淯水和南水北调有着不一样的色彩。

黄山遗址

只希望剩余的残垣断壁不要再继续被破坏。仅存的山体可以利用，旅游开发可以重建神农的祭祀庙宇，让丰山继续担任天地定位的重任，确保南阳盆地大自然的平衡。

“霜钟自鸣”已遭到破坏。据有关专家介绍，这种声音是风吹洞穴产生的共鸣。如当代许多建筑楼群，在出现某一风向且风力足够大时，在室内时常能听到尖锐的鸣声。这种声音不是个案，许多人都有亲身经历。“霜钟自鸣”是一种自然现象，是否能够恢复，不是没有可能。

六、帝车中的西鄂

关于西鄂的记载不多，在南阳市石桥镇现存的鄂城寺是西鄂的一个见证，石桥镇有隋塔一座。南水北调工程在夏响铺发现西鄂古墓群，证实了西鄂的存在。其位置在帝车之中。这证明了王子朝滞留在西鄂一带，似乎选址在帝车之中。

王子朝逃亡，“乘坐帝车”是一个不错的选择。但王子朝已不在任，身份与帝车不符。西鄂范围较大，这个鄂是中华宏观一朵莲花的花萼，应该包含紫微垣及南部地舆。

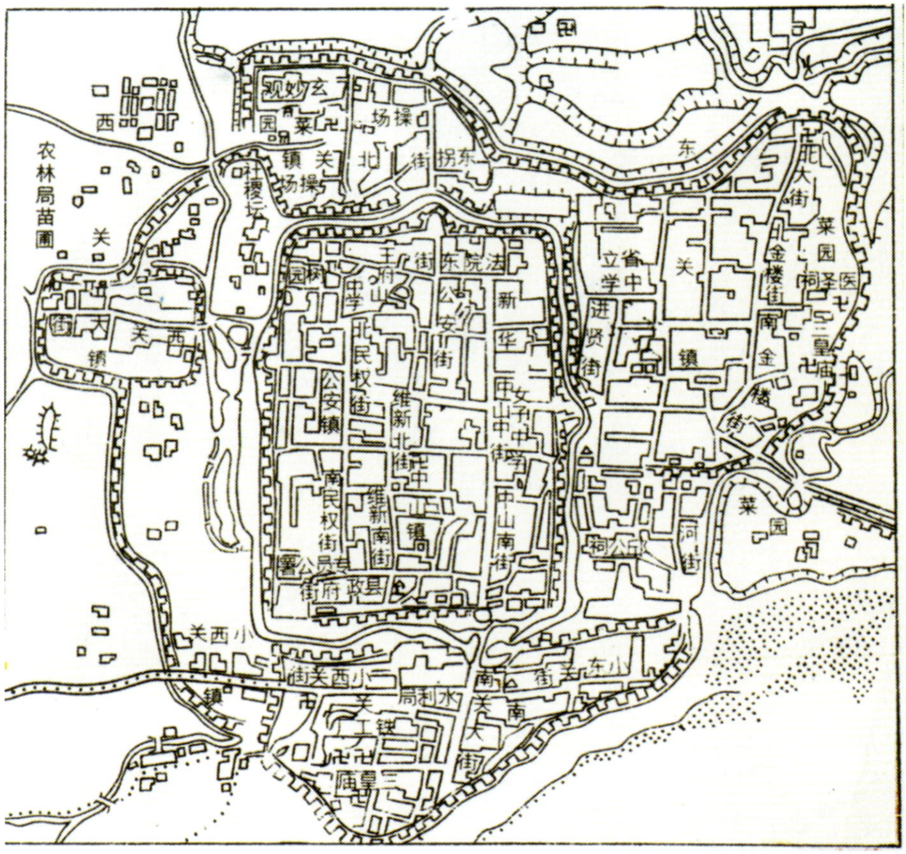

一九四二年南阳城区地舆图

丰山遗址出现一汪清水

南阳小寨门

张衡读书台

张衡墓园

七、张衡居帝车

东汉时（78年）有一个叫张衡的人。他成长在南阳盆地九座孤山形成的帝车中，最终又将自己葬在帝车之中。张衡的名字、成就，以及成长、归宿等都与帝车的神秘地位有关。也算是南阳盆地的又一个传奇。

张字是一个拉弓的状态，以地为氏，张氏应居住在后羿射日的地舆。后羿是朝中大员，射日占据紫微垣与太微垣之间。淅川进入盆地的几道山岭都形似箭，踩断的一棵扶桑树是淯水西岸的蔓荆岗。以“谢”字取象比类，后羿拉弓在扶桑树中心点火烧庙到淅川一线。张氏是一个古老的姓氏，来源说法不一，但从火烧庙到淅川一线有许多古代张氏生存信息。如医圣张仲景家，有棘阳说，有涅阳说，位置都在这一地舆范围内。

张衡，字平子。张具有扩展的特点。张与弛反义，驰是弓的放松状态，弛具有收敛的特点。衡是北极星，天上的星星参北斗，衡代表汇聚，有弛的含义。张衡代表宇宙有张有弛的平衡体，所以自己起了字叫平子。子属水是正北方，是北极星的方位，是阳气回升的起始点。

张衡的名字暗藏龙子的特性。名是父亲望子成龙的期望，字是儿子自己的追求。只是张衡最终没有成为诸侯，但他的成就远超于一般的诸侯。

张衡成长在帝车中心，距王子朝藏周典时间较近，很有可能受到遗留典籍的影响。因为张衡的天文学成就需要大量的理论支撑，基础理论必然有来源。

张衡受到了同乡朱晖的资助，其中有个成语“情同朱张”来自于这个典故。

张衡的爷爷叫张堪，是东汉一位文武双全的人物。因体质差，唯恐早逝，将家人托付给同乡朱晖。结果张堪真的英年早逝。张堪与朱晖并无深交，只是短暂的同学生活，为了一个承诺，朱晖担负了照顾张堪家人的责任。最终成就了一代科圣——张衡。

朱晖守信的行为也代表南阳人的忠厚与守信。“情同朱张”成为成语。

第三十三章 天子五百里地

一、天子的粮田

按天、地、人三坟的对应关系，紫微垣在独立应用中也是按天、地、人分布的。

伏牛山中的紫微宫在天庭中，通过鸭河口的玄牝之门进入人间。代表龙九子的九架孤山构成的帝车所处的地舆，代表一气的空间。向南出帝车即进入地中。出帝车有一个水陆交汇的古镇叫新店（甸），是地的北部边界。

河南与湖北交界处是当代划分南北气候的分界线。在南北气候分界线与淯水交汇处，有一个水陆交汇的古镇也叫新甸。两个新甸之间是代表地的地舆。民间为区分相同的地名，有南新甸和北新甸之说。但北新甸不知何时改为新店。

《说文》：“甸，天子五百里地。”

《禹贡》：“五百里甸服。”

从帝车外的北新甸开始到南新甸结束，两个新甸划出了天子脚下这片粮田的范围。这片粮田代表紫微宫的田地，地位尊贵，与昆仑中级和下级“襄”的状态区分开来，称为天子的粮田。

天子的粮田南北范围确定，东西边界在哪里呢？

南阳盆地以淯水为中心分界，淯水同样承担了天子粮田的中心主线。淯水两侧的两棵相互扶持的扶桑树蔓荆岗和春陵划定了太微垣与天市垣的边界。这两棵扶桑树的树干都在天子粮田的范围内，属于紫微垣。

以西部蔓荆岗和东部春陵分别为分水岭，分水岭外西有潦河东有谢水，就是东西边界。如此，天子粮田的范围就确定了。只是蔓荆岗较短，天子粮田的典型应用偏重于淯水东岸，主要在古代的官路两旁。

春陵再向南进入丘陵地带，水稻田增多。紫微垣到此结束。扶桑树到这里是根部。

将南阳盆地的扶桑树春陵与中华宏观扶桑树大别山比类。春陵的根部相对较高的玉皇庙，对应大别山的天柱山。再向南相对于宏观江南扬州。严格意义上讲对应于太微垣昆仑中级，延伸到桐柏山。襄阳南部山脉在樊城“篱笆”外面，不属于紫微垣。但这一线属于南部朱雀之方。在应用中与北部太子山呼应有两个应用关系。一个是鳌龟的首尾关系。另一个是代表坎离的龙与凤的关系。

二、蓬莱君主的封地

在南阳城南淯水河畔有一个地名叫钦赐田，位置在扶桑树西分支的下部，官道的西侧。这里距城区最近，交通最便利，土地最肥沃，浇灌最充分。钦赐田旁的官道上有元至元年立的一通高大的石碑，上刻：“春雨桑麻，千家翠拥。秋风禾稻，万顷飘香。”似乎在诉说着天子粮田的美妙。如今石碑已去向不明，但天子粮田的性质不会变。

钦赐田向南有黄台，是民间在中心地带祈福的祭台。

黄台旁相邻有蓬莱府，传说是明代蓬莱君主的封地。蓬莱君主的下人有奶妈住的奶母庄，有医生住的大夫庄，有种地者住的龙虎庄，等等。民间流传有许多故事，讲述着天子粮田的神奇。

古代封地是按地舆特征选址的，蓬莱府是仙界的象征，村中居民有聆听天界声音的“郧”字的姓氏存在。相邻还有中雷镇、三户村等，有玄牝之门应用的特征。

三、小长安瓦店

代表天子粮田的中心位置有一个太极回旋，是一个古渡口叫瓦店，古称小长安。这里以小长安古镇为例，插入一个地质事件，来证明保护自然的重要性。

在淯水中段出现这个较大的太极回旋，是代表天子粮田中心的能量场。皇家堪舆必然要应用这个能量场。古代在这里建了一个文化中心，成就一个千年古镇。这个文化中心的位置远离帝车，远离天界。小长安的地名传达的信息也告诉人们，瓦店具有长安的文化风格，但不是长安。也暗示了这里不是禹都。

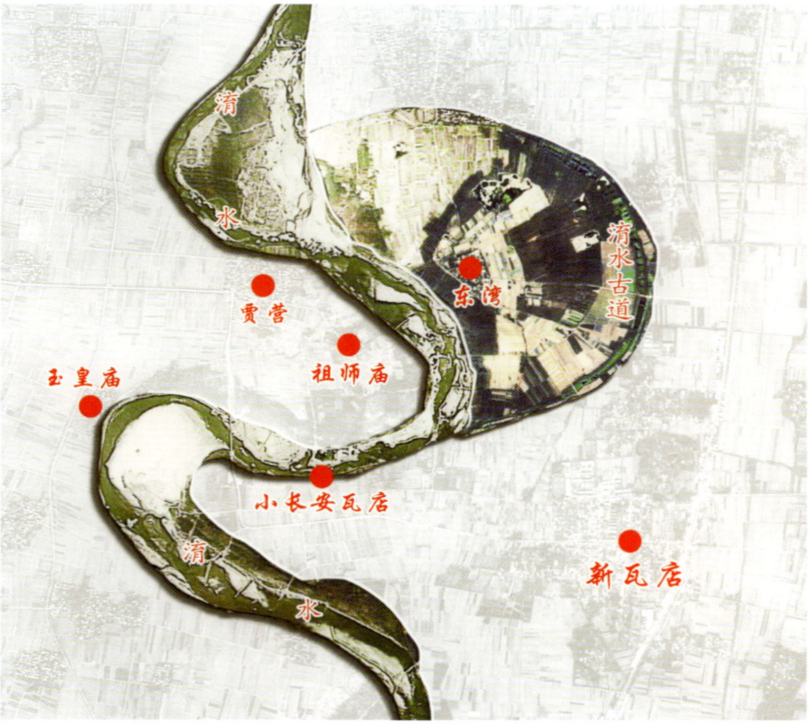

小长安的变迁

小长安与界中同为中心点，但相对的范围不同。小长安是紫微垣天子五百里地的中心，是一个文化中心，看似范围较小，但地位尊贵。

界中是南阳盆地的几何中心分界点，是一个界碑的作用。从宏观角度讲，界中可称得上中国的中心分界点。

小长安的大回旋，一来弯大水急，二来水路延伸较长。给行船带来困难。中华人民共和国成立前，地方官员规划了一项水利工程，从贾营北部开挖一条人工河，将河道取直。

由于中华人民共和国的成立，国民党这个水利工程半途而废。但这个烂尾工程破坏了这个太极平衡体。1953年，一次百年不遇的大洪水将开挖一半的河道彻底冲开。改道后河水直冲小长安古镇。

淯水沿岸下面主要是砂砾沉积层。河滩地砂砾裸露，向周边延伸。地表土层厚度多在十米以内。河水直冲小长安，造成底部砂砾被淘空，古镇开始下陷。当年，家父就在河堤上抗洪。按家父的话说：“下面淘空了，古镇像打豆腐块一样，一批一批向下垮。”最记忆犹新的是山陕会馆的大殿，顷刻间化为乌有。

1954年，又一次大水让这座千年古镇再受重创。1954年秋，小长安开始拆迁新址。小长安已成为传说。

民间传说小长安古镇是一只头向东南方的老鳖，鳖头在东门外，鳖尾在小北门。捕鱼人说，在河中偶尔捕到的大鱼都是黑色，是没见过阳光的特征，认为鳖身下是空的。

古代道家用建塔、修寺庙的方法来镇水患等自然灾害。在小长安的太极回旋阴阳两侧建了许多庙宇。鳖身上还建有新戏楼，因还有多处老戏楼在使用，新戏楼一直空着，老人们说新戏楼是镇物的作用。虽说小长安毁于洪水，但这只老鳖的主体还在，河对岸玉皇庙的村庄还在。

太极回旋自然愈合后，构成新的平衡，仍然是一个天然太极图的形状。30年后，人们在河中挖出了祖师神像，村民自发重建了贾营祖师庙。

东湾村原在河西岸，是贾营村的东湾。现在成为河东的村庄。东湾的地名似乎仍在讲述着河道变迁的故事。

小长安还有一个开启玄牝之门的神话，说是“下江蛮子”种北瓜可以开启这里神秘的大门。具体位置在邓禹墓附近。“下江蛮子”种瓜果开启玄牝之门的神话在许多重要能量交汇处都有应用。如桐柏的秦王涧，那里的钥匙是一对生长够100天的黄瓜。这些神话是玄牝之门地舆的暗示 。

四、邓禹墓的消失

小长安南门外有座桥，青砖基础青石面，当地人公认叫邓禹桥，但都说不清楚邓禹桥的来历。这座桥的地名来自于东面不远处的邓禹墓，随着邓禹墓被毁，这一切都成为谜。

小长安东面有一个南北长的莲花坑，莲花坑南岸是经火烧庙去唐河的官路沟，官路沟南岸偏东位置是邓禹墓。象形于传说的老鳖右前足根部，如果和南阳盆地神鳌取象比类，则象形于三公九卿的九里山、三贤山的位置。邓禹曾任东汉大司徒、右将军、太傅 ，墓地选址特征与其身份相符。邓禹墓是一个砖墓，建新瓦店时需要用砖，生产队有组织地挖开了邓禹墓。挖墓的目的是取砖，里面的文物对当时的农民来讲，还不如一个馒头来的实惠，文物全部不知去向。

邓禹墓保存完好，朱砂红的棺木依然如新。棺木在民间是受忌讳的，村民建新房绝对不用。社员们破了棺木，每人分一块拿回家烧火用。

说是邓禹墓，是因为老人们都很肯定是邓禹墓。笔者想找一点邓禹墓证据的蛛丝马迹，已是无从下手。笔者外祖父是当时生产队的社员，参加了挖墓活动。外祖父已仙逝多年，舅父只记得父亲肩扛一块棺材板回家，说是生产队分给的邓禹墓的棺材板。因朱砂红的色彩鲜艳且木材如新，至今仍记忆犹新。邓禹墓就这样消失了。

考古界至今没确定邓禹墓的确切位置。如果小长安的邓禹墓无误，那么邓禹墓的真实面目将会成为千古之谜。这一段文字，算是给考古研究者提供一条信息。

五、中心点的故事

中庸的人群做事总爱刨根问底。有了边界，必然要找中心点。我们之前已经论述过一个分界带。以淯水为中心，包括蔓荆岗和春陵，代表紫微垣的中心区域。唐朝行政区划曾单独以淯水作为盆地东西分界。元朝以谢水作为东西分界，带来了多处中心点的应用。

前面已讲清楚了以淯水为界的两个中心点，一个是相对于天子五百里地，是一个太极回旋的中心点，小长安瓦店。另一个是相对于整个南阳盆地几何中心分界的冢子，界中。

元代时，以谢水为分界，作为东部邓州与西部唐州的分界中心点，有一个地名叫邓唐营。邓唐营村外有一个小庙，叫中天玉皇庙。笔者于2016年冬至勘察地形时，听看庙人讲了一个带有神话色彩的离奇故事，在此一叙。

故事要从2000年说起，一个自称来自华山的道士来到南阳，寻找了三年，最终来到邓唐营，说这里是天地人的中心。

这里确实是一个规模宏大的古庙遗址，传说是唐代建的一个玉皇庙。由于记事的石碑丢失，传说信息模糊，已无法确定其真实面目。传说的

贾营祖师庙

名字有天庭观、老天爷庙、玉皇庙等。在村民的帮助下，在老庙址旁建了一个四合院，今名中天玉皇庙。

话说老道名叫马文艺，道号天中林，文盲一个。天中林称自己师傅是华山的一位道姑，找天地中心是师傅交给他的使命。说天有中心，地有中心，人有中心，邓唐营的庙址是天地人的中心，是洞天福地。

天中林道人住在邓唐营野外的机井房中，没被当作神经病已经不错了，还得到了村民的帮助。最终于2007年1月18日，中天玉皇庙落成。就在所有神像的神位就位之后的当天晚上，天中林道人去世了，享年73岁。村民们说他完成了使命，走了。

笔者见到的看庙人是南阳石桥的一位农民，叫张文庆。享年73岁。张文庆原本在贵州天台山做服务工作。由于连续三个晚上做相同的梦：有一位老太太站在床前，让他回乡修庙。他不敢怠慢就回到了老家石桥。他下午天黑前到家，第二天早上天中林道人就找到了他，让他马上去邓唐营。他冥冥中觉得那位老太太就是天中林道长的师傅。

笔者再次去中天玉皇庙，见到了守庙的道长。道长姓党，唐河人。庙中还有一位姓谢的居士，共三个人。

党道长和天中林道长交往很深。他说，天中林的师傅给的信息是寻找南阳的中营。天中林理解为地名中营，所以寻找了三年。寻访中，天中林在邓唐营村外的桥上遇到一位百岁老人。老人指着邓唐营村外的老庙址说，就在这里。地名失传了，我是听我爷爷说的。老人讲清楚了这座庙的历史。

传说这个庙旁是姜子牙封神时封的古谢国。当时荒无人烟，谢王放火烧荒，建立了古谢国。这座庙是谢王的家庙，占地千余亩，仅吃水井就有八口。庙宇几经兴衰，最终毁于李自成的战火。中华人民共和国成立后，这里还有几间残房被拆掉建了学校。这座庙彻底在人们视线中消失了。

笔者没有考证历史记载，感兴趣的只是这个庙址与笔者研究的扶桑树龙脉中心点不谋而合。

守庙人日子过的有些清苦，庙外一群鸡鸭鹅带来了些许生机，忽有世外桃源的感受。谢居士说，现在村子里多数人信主，很少有人来烧香。党道长说，出家人只行善、劝善、修道，一切随缘，不会饿死的，决心坚守下去。庙中一副对联引起了笔者的注意："日昍晶𣊫承天下，月朋𣎳朤定乾坤。"党道长说，叠字用的地方不少，道教用这副对联是有讲究的。在这里有特殊意义，读音也与别处不同，八个叠字在这里读音："日晒精华，月捧撒拉。"党道长最后说话有些迟疑，似乎有所保留。

临别时，党道长悄悄地告诉笔者，天中林道长有个遗言，说未来这座庙不叫中天玉皇庙，叫白玄观。

白在甲骨文中是两个舌头重叠，代表反复说话。白玄观的名字符合中心点传道的特征。

邓唐营中天玉皇庙

夏河泰山庙

笔者在想，古谢国是后羿射日的应用。十个太阳对应十个月亮的叠字对联，才是中心点暗藏的真实意义。

六、春陵上的祈福

昆仑龙脉汇聚于南阳盆地，聚拢的中心点必然在扶桑树的树干春陵上。代表树干的是老苍龙。老苍龙相对应用是东方青帝，是龙子。镇住这条龙不作威作福，祖师庙是不行的，因为是兄弟关系。镇龙需要他父亲才行，所以建了许多玉皇庙，起镇龙的作用。春陵沿线还有许多祖师庙、黑龙庙、白龙庙、关帝庙等，都是民间祈福的场所。

扶桑树顶部分叉处的禹王店古代有十座寺庙，月月都有庙会，是老百姓祈福的中心点。传说老苍龙是治水的大禹，大禹在自己的出生地也做了治水的贡献。禹王村北部黑龙潭，向东有龙泉，古代泉眼密布，传说夏代就开始应用泉水修渠灌溉。

传说夏禹时代挖了一条人工河，将泉水引到农田里，被浇灌的农田叫田里村。这段河流今名叫十里河，到田里村汇入溧河。后人认为夏禹就是大禹，古代这条河叫夏河，河岸边有夏河村。村民在夏河村南北各修一座庙。北面叫泰山庙，追求三阳交泰，国泰民安。南面叫二郎庙，祈求战神守护家园。

中心点祭祀是皇家的权力，老百姓只能祈福。扶桑树上有许多祈福的寺庙。究竟哪里是古代中心点的应用呢？

皇家封禅祭祀，选三山五岳，重点应用能量汇聚地、洞天世界的洞口所在地等。南阳盆地扶桑树龙脉汇聚地是否曾被古代皇家应用？

七、火烧庙

在春岭的中心地带，即古谢国遗址西侧，有一个隆起的岗，古代叫白岗山，也叫崇先寺，今名火烧庙。自古是皇家祭祀的场所。

白岗山与未来的白玄观的说法似乎有着某种玄妙的关系。事件还没有发生，暂且不提。

崇是高山，带有敬仰的意思。崇先寺代表令人敬仰的起始点。

火烧庙的地名来自于一个传说，传说一场大火过后，露出了一座寺庙，人们称为火烧庙。这场大火与传说的古谢国烧荒的大火是否有关系，无从考证。

火是南方代表夏季，赤色，夏季之后秋天到，秋天的颜色是白色。赤火之后白岗山露出，也代表秋天果实的成熟，这是相对于古谢国而言。火生土，火烧庙应属土，这是相对于龙脉中心而言。从这个角度讲，火烧庙是有寓意的，所有

夏河二郎庙

白岗山火烧庙

的地名都没有脱离地舆特征。

龙脉汇聚于舂陵，然后去向桐柏山，是一个新的轮回的开始。在桐柏山盘古开天地，开始宏观中华九州的应用。火烧庙很可能是南阳盆地龙脉的中心汇聚点。

传说火烧庙是中国最早的寺院，初建于东汉永平十年（67年），最初叫白岗山院。

刘秀发迹在舂陵。刘秀四子明帝刘庄，将佛教引入中国时，首先在中华龙脉的中心点建寺院，符合道家文化的应用，传说是中国最早的寺院并非空穴来风。

火烧庙的东面是古谢国遗址。邓唐营的中天玉皇庙在古谢国的城东。两个寺庙在古谢国正东正西，遥相呼应。东方是道教东方帝的世界，西方是佛教如来佛组的世界。中天玉皇庙为道教的道场，迎紫气东来。火烧庙是佛教的道场，叫崇先寺。两处都是古代皇家的道场，但火烧庙在舂陵分水岭上，所以确定龙脉中心点是火烧庙。

本书定稿时，发现火烧庙与中天玉皇庙中间建起了一座谢氏祠堂。虽偏离两寺庙连线中心点，但三点仍构成一个平衡。看来天中林道人的梦想有希望实现。

历朝历代皇家对佛教和道教的信奉程度不同，各有兴衰。火烧庙一直被作为儒释道三教合一的道场，龙脉汇聚中心点的重要地位一直没被遗忘。

佛教、道教的节日在火烧庙都有庙会。近代最著名的是三月十五的祖师会，当地人称大炮会。定制石磙一样的大炮。炮声可传几十里，惊天动地，震动三界。近代由于爆炸物品受管制，大炮没有了，庙会从此被冷落。

八、天子粮田的特性

地舆中的万物，受四时、方位等影响则性质不同。不同地舆的人物，体貌特征、体质、性格等都有差异。现代科技认为是受地理特征的影响，如气候、河流、高山、地磁、矿藏、微量元素等的影响。古人不这么看，古人根据地舆特征结合日月运行规律判断。认为不同的八卦方位、阴阳、五行等对万物的影响不同。

南阳盆地人物的特征主要表现为中庸，是一个最有忍耐性的人群。负面影响是守旧，反而起到了保护自然的作用。南阳人自嘲为“小盆地意识”。人性不是笔者要讲的重点，重点是植物的特性。

中医在选用中药材时，认为同样的药材产自不同地舆，药性有差异。医者根据病理需要，取药性的阴阳五行，选取产自不同方位、不同季节的药材，认为会有更出众的疗效。对于不同地舆的人物，受地舆特征的影响，体质特征、代谢机理、饮食结构等都有差异，治疗用药都应列入考虑范围。

张仲景是南阳人，出生地就在天子的粮田范围内。必然亲历了二十四节气变化的玄妙。张仲景以南阳为中心辩证寒暑变化中的疾病。当然张仲景也寻访高人，也结合了南北治疗方法。但调理用药偏重于四季分明的人群。张仲景论证伤寒的基础理论丢失，后人面对大众统一用张仲景的经方，能治好病，但不一定是最佳效果。在药物选取上下点工夫可以提高药效。

《晏子春秋》中晏子曰：“婴闻之，橘生淮南则为橘，生于淮北则为枳，叶徒相似，其实味不同。所以然者何？水土异也。”晏婴虽不明白橘与枳只是同科，但可以证明古人取物考虑其地舆特征。

《王荆公三难苏学士》中王安石一段话：“这瞿塘水性，出于《水经补注》。上峡水性太急，下峡太缓。惟中峡缓急相伴。太医院宫乃明医，知老夫乃中脘变症，故用中峡水引经。此水烹阳羡茶，上峡味浓，下峡味淡，中峡浓淡之间。今见茶色半晌方见，故知是下峡。”

天子粮田是南阳盆地的中心地带，是中华中心中的中心。这里四季分明，风调雨顺，干湿宜人。天子粮田所产的粮食就像这中峡水，性质适中，最适宜人食用。南阳盆地的中草药，必然有其独特的疗效。

例如南阳最著名的食物，红薯。它生长在天子粮田，有不同的口感。以溧河为界，它生长在溧河西岸，蒸熟后肉质松软像香蕉。它生长在溧河东岸，蒸熟后肉质甘甜像板栗。

溧河宽度大多不足百米，狭窄处甚至二三十米。在一棵红薯芽上截出两段，扦插在溧河两岸，会产出两种不同口感、不同营养价值的红薯。“所以然者何？水土异也。”

第三十四章 夏禹的改革与祭祀

一、帝车运行的改革之象

南阳盆地的帝车车把朝向太微垣，即邓州的地舆。皇家治理天下，需要大臣们去执行。太微垣代表大臣办事机构。帝车朝向太微垣，更便于指令的上传下达。太微垣所处的状态，就是夏禹帝车所到之处所要做的工作。最大的工作量是改革，改革是一个很复杂的状态。然后是祭祀，皇家遵循天道，祭祀是皇家必做的一件大事。

太微垣代表人的一气地舆叫丹，丹的特征在《易》中为井卦。从井卦开始，井、革、鼎三卦代表改革和祭祀。

周文王用取象比类思维的方法，用具体应用事例解释《易》。周文王解释这三卦，来自于夏禹时代南阳盆地太微垣的地舆特征与夏禹的应用。

“井”是固定不变的，人走“井”不能走，古代离家叫背井离乡。社会要发展，“改邑不改井”，所以需要变革。“革”是宇宙的基本规律。

“革”是除旧布新的意思。白话版《说文解字》：革，将兽皮上的兽毛脱去，对兽皮加工美化处理。古文写法的“革”字，采用“三、十”会义。三十年为一世，而世道也将为之一变。

六十年一甲子，是一个变化周期。阳气上升占一半，阴气上升占一半。常言道：三十年河东三十年河西，讲的就是这个道理。

鼎为国之重器，三足稳定之象。鼎卦上接井卦和革卦，是言谈改革的第三卦。鼎卦利用“鼎颠趾，利出否”；给鼎重新装上“黄耳金铉”、“玉铉”的形象来谈改革后的可喜收获。同时也提出由于改革不慎而带来“鼎折足”的可怕结局。鼎，不仅是一种炊具，也是一种政权的象征。周文王把鼎卦列为改革之卦，将更能说明它意义的深远。

变革表现在太微垣一气的地舆。首先是丹，丹井不能移动，只有建邑。变革的具体表现是引导，传播正能量。然后建邑铸鼎祭祀。

邓是建邑铸鼎祭祀，邓的地舆具备祭祀的应用特征，所以称古邓国在太微垣一气的地舆。从理论上讲，在夏代之前曼姓之国的邓应以紫微垣为中心，在盆地正北方，而不是现在的邓州之地。改革需要大臣们去操作，井卦的地舆又从丹开始，随着太微垣祭祀的需要，邓国地名在今太微垣邓州诞生。这个地名应发生在《易》详解之后，即周文王之后。也就是说，皇家最高等级的祭祀在天中央紫微垣，治理中发生的祭祀在太微垣。

二、夏禹的变革

帝车指向在七夕时空点，是讼卦。《易》讼卦是六十四卦的第六卦。争讼引起人群汇聚，呈现不稳定因素。夏禹的变革即从讼卦开始。争讼必定会有众人起来相斗，故在讼卦之后接着是师卦。师是众的意思。

师的状态上面是地，为坤，有母仪天下之德。下面是水，坎为水，水的性质活动不停，只有盈满之时才会停止活动。水永远在不停地活动而不盈满，所以说“水流而不盈，行险而不失其信”。坎是克服险阻的主观精神。此卦称为地水师。

师主要有两层含义，首先是作为聚众被看作军队。争讼而不及时加以控制，被反面势力应用，则易产生兵变。遵循正道，以母仪天下之德引导之，则可成为正义之师。如何实现正义之师而被皇家所用？这就需要师的另一层含义，老师。《师说》：“古之学者必有师。师者，所以传道授业解惑也。”用老师教授知识，教授积极向上的正能量，民众团结一心为我所用，这是帝车变革的首要任务。

在帝车西方师的时空点方位有一个古镇叫师岗。如此，夏禹乘坐帝车治理的井、革、鼎三种状态都有了对应的地舆，即丹阳古城“改邑不改井”；师岗“教授正能量，引导变革”；覆釜山“洗鼎祭祀”。这构成为太微垣邓州的宏观管理状态。这就是夏禹乘帝车“临治四乡”的应用，其中还包含了讼卦与师卦的演变。

三、师岗的状态

秦岭南侧有一道岭进入南阳盆地潜入地下，大约三公里后浮出，形状像一条大鱼在水中前行涌起的水浪。这个水浪像箭一样射出地面，有势不可挡的气势，这座山就是永清山。

夏禹的治理追求永久积极向上的正能量。清升浊降，永清山的上升趋势象征清升为天，这个清升的气势就是师卦追求的正能量，所以称为永清山。

基础教育靠老师教诲，山南有夫子上、夫子岈的地名。超出老师教诲的层面则以经为师。经就是经书。经书的表现是什么呢？是中华地舆伏藏的道家文化，是《道德经》“域中四大”的运行规律。

在永清山西部，秦岭入地前的这道岭相对为地，中间大约三公里的平原地带则为中间开出的一气。

开出一气必然有人类生存的应用。还真是神奇，现场勘查发现还真有那么一座神秘的孤山，叫葫芦山。航拍发现这座山并不像葫芦，而是一头牛，旁边有一个水库，叫泰山庙水库，名字来自于山顶传说的古泰山庙。水库中是一个古村落叫乍岖，水库淹没后迁新址，今名乍岖乡。

从地舆特征分析，这座山具有神农的特征，有牛，有水，这头牛具有向天地人中间一气中走来的趋势，具备了神农存在的必要条件。泰山庙是辅助信息，代表冲气交泰的状态。

民间传说这座山是一只老虎，老虎旁边的最高峰叫葫芦山，山顶有古山寨，有潭水，传说水中有个金葫芦。当地的传说信息与神农不符，如何解释？

综合当地传说的信息会发现，这座山的应用被老子的后人进行了润饰，后人将神农的应用改变为老子传道的应用。这是一副典型的《老子传道图》。这位老子不是真人老子，而是神化了的太上老君。传说老子或太上老君骑的是青牛，骑虎在人间传道，与《老子传道图》如出一辙。金葫芦是太上老君装仙丹的容器，神话为老君的法器。

既然有老虎有金葫芦，那么太上老君本人在哪里呢？

老虎的身旁有一个地名叫道凹，似是老君传道的地方，大概因没有参照物，只是山下的低凹处，所以地名叫道凹。太上老君不在老虎身旁，必是在这一带传道。

传道的范围在哪里？永清山下有夫子上、夫子岈等，都是古代老师的信息，最形象的还要算乍岖。

乍的造字本义是用刀具砍斫（zhuó）削刻，制作器物。《说文》：“乍，止也，一曰亡也。”

甲骨文乍：

乍在这里代表育人，对人物的塑造。乍，带有强制的倾向，砍斫使其成才。岖字好理解，代表区域。乍岖意为传道育人的区域。

传道育人，最终达到升清的目的，让反面势力变为正义之师。这就是师岗地舆的玄机所在。这个传道的老师是老子，说明在夏禹时代应用的基础上已进行了优化。后人追求的师是被神话的老子，太上老君。传授的是大自然“域中四大”的运行规律，是道家的理论体系。

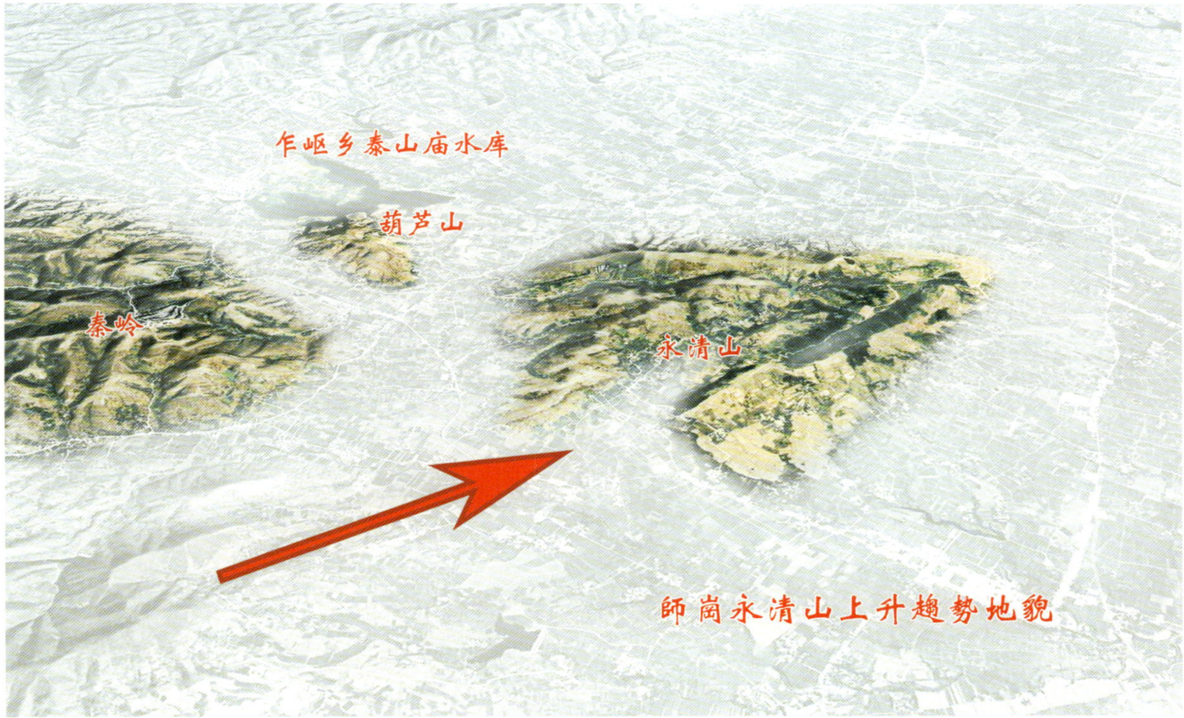

乍岖葫芦山老子传道图地貌

四、覆釜山

在太微垣沿着帝车运行方向，过师岗偏北有四个独立的孤山，地名叫覆釜山。覆釜山四个山头分别叫先主山，踢脚山，土谷山，鳌峰山。

覆釜山的地名揭示了这一地舆的特性。覆，有翻或倾倒之意。釜，鼎或锅，做饭、祭祀的器皿。覆釜山，暗示了将鼎推倒，倾覆，倒出残渣。

踢脚，意为踢倒，而不是覆盖。土谷，代表倒出的土和谷子。另两个山头加上踢脚山，代表鼎的三足。

邓为建邑铸鼎祭祀。祭祀前要倒出残渣，冲洗干净。这是鼎卦开始的第一个状态。因为倒出的残渣不全是谷子，还含有土等杂质，所以叫土谷山。

覆釜山以土谷山为中心，是邓州市、镇平县、内乡县三县市交界。土谷山因经常云雾缭绕，俗称吐雾山。这一现象迎合了倒出热气腾腾的土谷的地舆特征。

相对于鼎的下部地舆曾叫穰。穰用禾和襄组合。《说文》：“禾，嘉谷也，二月始生，八月而孰，得时之中，故谓之禾。”“解衣耕谓之襄。”禾与襄结合，代表耕作收成，是丰收的嘉谷。嘉谷是五谷的总称。

嘉谷种子用于祭祀，秸秆烧火，给鼎加热。如此有了穰的地名。如今穰的东部有穰东镇的地名存在。

邓州八里岗、太子岗、杨岗文化遗址的考古发掘，表明新石器时代就有古人在邓州生活，时间与黄山遗址、望城岗遗址等是一个时代。这证明了夏禹时代南阳盛世的存在。

五、通向冥界的锁匙

夏禹的祭祀有一个重要作用，就是打通人、神、冥三界，达到天、地、人合一，从而实现宏观调控的目的。

后羿射日踩断了一棵扶桑树，封住了三界的大门。顺汉水三阳开泰可以连通天界，那么如何进入冥界呢？

从泌阳的盘古山向内乡县的覆釜山画一条线，这条线分割南阳盆地的角度为乙辛（参照159页图）。盘古山为乙，覆釜山为辛。乙辛分界是“龙”的状态（参照77页“龙”）。乙为天亮时，也代表春季万物萌发。辛为日落时，也代表植物生长成熟，长出了硬刺。乙辛线向前延伸经淅川县城到荆紫关。

日出而作，日落而息。进入南阳盆地辛的时空点代表天已黑，万籁俱寂，进入潜龙勿用阶段。辛的方位有洛阳的地名，代表日落西山。从盆地西部进入黄土高原是武关道，从在地成形的视角，这条路是通往冥界的路。淅川县共有三道川，从神话角度，进入冥界有一个大门，这个大门的门板之间有两条缝隙，即两道川，一个叫淅川，古称析川，一个叫板桥川。另

覆釜山全景

一道是石鼓镇出陶眼的一道川，这是龙九子从极阳的天界顺利进入人间的孕育之门，所以叫顺阳川。古代的门板为木板，《说文》：“析，破木也。”淅川代表打开木板门通向地下。这道门用两块活板组合而成，具有桥的特征，所以两板中间的川叫板桥川，是今淅川县城所在地。板桥川处于盆地一侧，代表人。顺阳川、淅川、板桥川分别代表通向天、地、人的通道。

从覆釜山西侧的灵山开始，经淅川县城到荆紫关是一道山岭，这道山岭就是进入冥界大门的门闩。接近荆紫关有一把虎头锁，虎头在西簧乡河北村。东簧和西簧两道沟是锁具的弹簧，两弹簧结合部地名叫两簧口，两簧相交处河道中有一巨石，象形锁的弹子，当地称为二龙戏珠。锁身叫香炉山，与夏禹祭祀的覆釜山是一个呼应关系。香炉山上有天池，池水常年不干。这个天池象形这把锁插钥匙的锁孔。“帝车”运行是按《易》的时空点应用的，所以打开这把锁的钥匙是《易》。锁具旁边的山叫八卦山，即为这把锁的钥匙。虎头锁南面门闩上有一个贯通山体的山洞，这个两头通气的山洞应该就是锁扣。当地流传的一个谚语道出了这把锁的玄机：“二龙戏珠虎抬头，八卦串顶过风楼。”老人们说不出含义，只说是老辈传下来的。

打开冥界之门，牛鬼蛇神都出来怎么办？不用怕，锁扣旁有一块巨石叫照妖镜，牛鬼蛇神是无法混出来的。照妖镜不远处有悬崖叫擂鼓台。三界大门打开，各路生灵各有通路，周边有许多玄牝之门的应用，有多处擂鼓、老虎、牛、石船、天女散花、九天玄女等类似特征的地名，还有许多神话传说故事做支撑。

例如，有一个叫掇落的神仙，看上了七仙女，把七仙女锁在屋中。王母娘娘一怒之下砸了锁，救出了七仙女。锁簧落入人间，化为东簧和西簧。掇落葬在旁边，今有掇落墓的地名。这个神话故事传达了锁的信息。

荆紫关古名荆子口。荆在甲骨文中有刺的含义，荆子口有辛时到子时打开玄牝之门的含义。荆子口在月亮湾村。山口一侧叫虎头，起守门的作用。另一侧叫梳洗楼，出冥界当然要梳洗打扮一番。荆子口附近有莲花洞和罗汉洞，传说在莲花洞放两只鸳鸯，会从罗汉洞出来。莲花生于地，罗汉是天神，所以这两个洞穴是天地相通的洞天福地。

荆子口进入冥界有火焰山，洞外有“沃焦”的焦家庄。出洞口的第一道屏障由代表龙九子的九道梁组成，最北面那道梁叫武当山。这里与十堰市的武当山同名，但性质不同，各有妙处。武当山北面是武城的位置，是今荆紫关古镇。

西簧有两座小山，一个叫豆腐寨，一个叫鸡冠寨。传说二郎神挑着豆腐和鸡子去给西王母送礼，走到这里天亮了，化为两座小山。这个神话暗示打开冥界之门是天黑的时间段，天亮阳气上升大门自动关闭。豆腐寨附近出产的豆腐有个特点，可以直接把豆腐挂在秤钩上称重。二郎神给西王母送礼的豆腐必定是取了三界之精华，质量自不含糊。西簧乡的豆腐远近闻名，过往行人总要买点豆腐回家，听说春节不预定还买不到。

冥界是一个未知的世界。这个时空状态在甲骨文中有一

鸡冠寨

豆腐寨

个象形字“商”，是辛、空和口组合的会意字。《说文》：“商，从外知内也。”从辛开始进入地中，面对的是一个未知的世界。这一地舆从荆紫关开始到洛南结束，属古代的商州地舆。以地为氏，是商姓的发源地。

淅川和板桥川的河流名称在应用中有差异，《水经注》将淅川的水称为丹水，板桥川的水称为析水，两水汇合叫析口，出析口有三户城。

从地中进入人间的水，象形从井中取水，所以叫丹水。丹水是一个宏观感念，出冥界的水统称为丹水。析水是局部概念，处于打开冥界之门的地舆。淅川和板桥川都属于析水，所以两水汇合处叫析口。天、地、人三界交合暨三川汇合处为三户（参照111页），三户城遗址理论位置应在仓房境内香严寺下寺附近。

当代考古发现古城遗址，位于香花镇宋岗码头水库淹没区，当地认为是丹阳古城。丹阳古城服务于盆地太微垣，理论位置应在出析口进入盆地地段的阳面暨东面。宋岗码头的古城遗址符合丹阳古城地舆应用特征。

打开锁匙的香炉山与八卦山中间有卧龙岗村，传说周文王姬昌逃难于此生武王姬发。这道岗就叫卧龙岗，姬发出生的山洞叫太子洞。这个传说传达了龙子出玄牝之门进入人间的信息。

夏禹通过变革、传道、祭祀打开了三界的大门。天、地、人合一，从而实现九州的宏观调控。如果把夏朝比作天，进入冥界过渡地带为商，商朝阻塞入地的通道灭了夏，周文王用《易》再次打开锁匙通向人间生周武王，建立了周朝。这一地舆伏藏了夏、商、周的变化特征。淅川县的应用非常复杂，这里只介绍主要地舆特征。

六、王子朝处境与变革祭祀

王子朝进入南阳盆地，全部人马滞留于南阳盆地，直到被杀，也没有交出周典。后人居住在南阳盆地，其中今晁陂镇是一个聚集地。

本书开篇就讲了晁陂是一个卦象，是解卦。遇到了困难，应当刚柔相济，适时应务，设法解除。他们能做到的，就是设法变革，祈求上苍保佑，以求东山再起。

以晁陂为起点，沿着帝车行进方向向前，约十千米余有覆釜山，再前行二十千米是永清山和葫芦山。

覆釜山的地舆特征与王子朝的处境相符。鼎之三足的地名亦存在寓意。踢脚山代表用力将鼎倾覆。另两个山头是先主山和鳌峰山。王子朝本来在位被赶出皇宫，称为先主，神鳌是龙子。鳌峰山当地民间叫大王山，也与王子朝身份相近。

永清山象征日出地平线阳气上升的状态，是一个势不可挡的上升趋势。乍岖的泰山庙水库是一个象征陂的水塘。中间牛也好，虎也好，是境随心转的应用，也可以看作一只跳蛙。永清山与葫芦山综合起来就是解卦的状态。这些信息似乎在传达一个思想——老子在暗示周典的储藏位置？

葫芦山那只老虎是一个整体，密封性很强，便于长期储存。乍岖代表进行了加工，然后封闭，堆积成山封住了出口，称为葫芦。葫芦口建山寨有残存的古寨墙，寨中有古泰山庙，今已不存。金葫芦是太上老君的法器，是装宝贝的地方。是否老子将周典藏于其中？两千五百年了，竹简在密闭环境中不知能存多久。如果有其他金属器具呢？如果九鼎也在其中呢？

有周鼎没于泗水的传说，王子朝滞留地流入帝车的那条小河叫泗水，走蒲山与丰山北侧，在清泠渊汇入淯水。也许王子朝人马在仓皇中翻了车，九鼎跌入泗水。机缘成熟九鼎或许会重见天日。有说法认为周典可能藏于王子朝墓中。王子朝被杀时已入楚十年，周典早已藏好。随葬一些典籍是可能的，但不会是周典全部。

晁陂镇所处地舆像沽沱村一样，没有明显的特征。为何选址于此？以晁陂镇中心一个老池塘为基点向帝车行进方向画一条射线扫描测绘，测出覆釜山236°，永清山246°，葫芦山255°到256°之间。这三个角度的相对位置处于三个时空点：覆釜山困卦；永清山解卦；葫芦山涣卦向坎卦过渡。

这三个时空点记述着王子朝集团的处境与期盼。读者若懂《易》，自然会明白其中玄妙。老子理解的涣是“涣兮若冰之将释”。老子必然希望冰雪消融之时周典重现于世。

七、九九重阳的祈福

沿晁陂老池塘与葫芦山连线继续向前扫描，到达黄经204.5°，即九月九日时空点连线上，有一个地名叫重阳沟。这个地方被笔者发现是因为“中国重阳文化之乡”的提示，所处地舆在西峡县重阳镇通往武关的官道旁。

数字九九是极阳的状态，极阳则亢龙有悔，是凶险出现的征兆。九月九日是《周易》雷山小过卦的时空点。象征山上有雷，有凶险。旅卦之后是小过，旅行在外的人有风险，不可登高。人们冒着风险登高而呼，传达给远方的亲人信息，祈求旅途平安。西峡盛产山茱萸，山茱萸可祛邪。九月九日，家家户户插茱萸祈福平安。

王子朝后人从晁陂迁移，沿着黄经204.5°向前延伸是渭水谷地的咸阳、西安。西峡的重阳是经武关通向西安的必经之路，将这个位置命名亖阳，是晁陂的重阳方位。

八、遇知音白振国先生

在伏牛山南缘实地勘察时，道兄袁祖雨先生带领笔者勘察了鸭河附近地舆。同时也结识了在鸭河工区任职的白振国先生。

白振国先生详细介绍了西峡县委县政府如何发掘、打造、申报重阳文化；方城县委县政府如何发掘、打造、申报丝绸之路源头和天下第一古长城以及古曾国和香山摩崖佛龛等国宝，如何申请、中华曾氏祖根地、博望侯张骞封地等；鸭河工区党工委管委会如何发掘、打造、申报鸭河岩画和长寿之乡等一系列文化盛事。这些古文化研究与笔者的探索方向一致，让笔者走了许多捷径。

在白振国先生的引导下，笔者参观了鸭河岩画，勘察了孟山、石人沟，探索了香山摩崖佛龛，发现了九月九日重阳时空点，理解了香严寺与香山寺两个玄牝之门的呼应关系。

笔者独自探索，早已孤立了自己。忽遇知音，记之。

处于感恩之心，更是对为传统文化默默奉献的老师们的敬重，在此阐述笔者的视角对凹穴岩画的理解，也谈一下对丝绸之路源头说的认识。为鸭河专家组的研究提供参考。

九、鸭河岩画

在禹州新郑一线，即具茨山一带有凹穴岩画，世称具茨山岩画。在伏牛山南部与具茨山具有类似地貌特征的地舆，发现大规模类似的凹穴岩画，今称鸭河岩画。

禹州是相对于豫州的玄武之方，是夏禹的儿子夏启的封地，禹州有北戴斗极的崆峒山，有三公九卿的九里山，也是按三垣星系布局，与南阳盆地应用方法相同。

考古专家说，具茨山岩画时间在4000年以上。如果说法可靠，岩画就可能是夏禹时代所做。

袁祖雨先生告诉笔者："中原岩画规模之宏大，不是个人能力所能完成的，应是国家行为。淅川下王岗二里头夏文化中的陶纺轮和传说中河图洛书，与中原岩画有高度相同的文化表现，是夏文化的可能性较大。"

如此看来，夏禹有能力做凹穴岩画。夏禹的儿子将阳翟做都城，也有能力做。所以具茨山岩画同样规模宏大。其他州暂时没有发现凹穴岩画。

目前发现的凹穴岩画只有南阳盆地和豫州。也就是说，凹穴岩画大批应用只发现了阳城和阳翟。

王子朝集团滞留地的中心地带处于鸭河一带。以老子为首的团队，为了文化传承做地舆伏藏，需要并且也有能力做岩画，但他们的活动区域不涉及具茨山。由此推断，岩画是夏代皇家祭祀应用的可能性最大。

星座在地成形的应用早在夏禹划分九州时已经广泛应用。南阳盆地完美的星座对应结构早已被古人看中。是一个在天成像在地成形的典型地貌。古人在星象应用中，盆地内与星座对应的主要山头都被命名，确定了地位，并把盆地划分了区域。还有一些重要的星官，没有山头对应，在丘陵地带较为突出的岩石上刻画岩画，具有标注位置地位的特征，同时有用于祭祀的迹象。

岩画位置多在人口聚集区，广泛分布双排凹穴岩画。其形状与民间儿童博弈游戏的双排凹穴类似。笔者童年时代也常玩这种游戏，叫"丢窝"。各地玩法不同，淯水沿岸叫"丢楝子"。上世纪70年代之前的南阳农村，男孩子大都会这种游戏。民间的博弈也是民俗活动的传承，按此迹象推理，凹穴岩画还有一个应用可能性，就是交易市场。夏代的贸易是等量交换，岩画中双排的凹穴，很可能是一种交换的计算方法，也有可能被应用于博弈。

鸭河岩画鸟瞰图

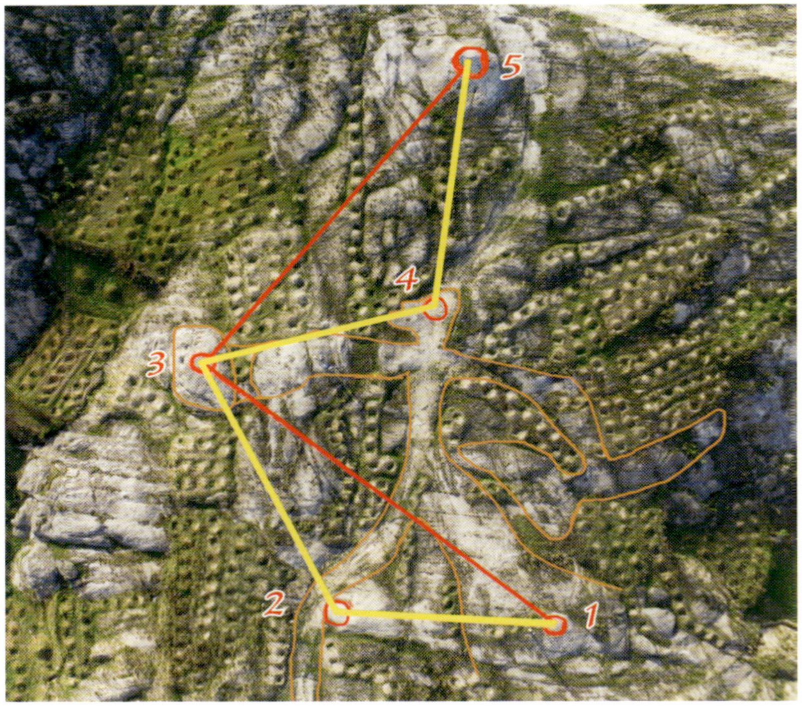

鸭河岩画星座对照图

十、天枪与天棓(bàng)

古代弱肉强食靠武力统治。武器是权力的象征。就像毛泽东所说：枪杆子里面出政权，造了原子弹就没人敢欺负你。

夏禹当然知道这个道理，祭祀代表武器的星座是必然的，并且是国家主要祭祀项目。说古代的政权充满血腥与残暴不为过。

紫微宫左有三星曰天枪，右有五星曰天棓。这两个星座代表古代的武器。

鸭河工区向南并行九道岗的第三道岗暨黄龙岗东侧相邻的岗上有一处岩画，属皇路店镇柳树沟村。这里的岩画疑似五颗星构成的天棓星座（如左页图黄线）。其中夸张了三颗星，暗示了天枪星座（如左页图红线）。

棓通棒，也可作为农具。天棓具有双重的祭祀作用。

柳树沟岩画风化严重，天棓1、2、4三星损坏严重，但依稀可见圆盘形状。3、5两星还勉强可以分辨。

5星是棒子头部，凹穴有紫微宫的特征，一个垣墙，华盖，天牢，似乎还在。中心的大穴是紫微星。四千年前北极不是现在的勾陈。读者不能用现代的星象图对照。

岩画紫微垣外有一个长方形的区域模糊不清，似乎也在展示着什么，难以确定。

天棓3星的圆盘清晰，盘中及周边的图像模糊。四周有多个双排的12颗星，有12地支的特点。似乎是12地支在不同时间点的标示。由于图形模糊，时间表示方法无法确定。图形有日晷的特点，疑似一个《易》的状态。

从这个天棓星座图形中可以看到权力、武器、时间、农耕等信息。

从地貌特征看，这里是一个制高点，周边落差不大，作为点兵点将台较合理。下面即使拥兵十万，也可一呼百应。

既然有点兵台的作用，必然要有代表军队的星座。紫微垣还有个天戈星座，代表皇家的军队，只有一颗星，也叫大锋、玄戈，在北方。

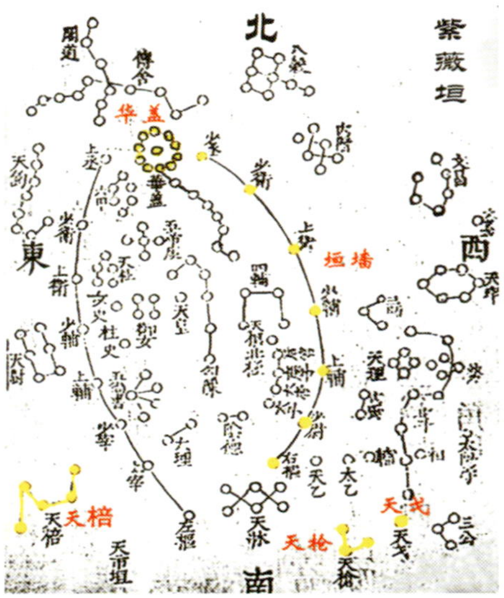

紫微垣示意图

现场没有发现这个岩画，问放羊的村民，北面是否还有类似的碾盘之类的石头？放羊人说，北面有一个像碾盘的地方，吃食堂的时候（1958年）村民想把它改成碾盘，没改成功，砸坏了。看来笔者的推理是合理的。

这个场地的主要作用是祭祀。战时点兵点将，稳定时指导农耕生产和作为贸易市场。

岩画南部沟底，有一个人工开凿的长方形的深坑。岩画专家认为是祭祀用的祭坑。

将中间突出岩石，边线连接起来，是一个人物右手持武器，左手持盾牌的象形轮廓。具有明显人为刻画的迹象。

天棓5星和3星连线在南北子午线上。天棓5星岩画展示紫微宫，代表天；天棓3星岩画疑似《易》的状态，代表人；南部沟底祭祀的深坑，必然代表地。这条线是柳树沟岩画的主干，具有天、地、人三坟定位的特征。岩画展示的重点是代表人的部分，包含天棓1星、2星、3星和4星组成的人形。人物右手所持的武器是天棓3星，这个武器是指导人类生活的法宝——《易》。这个人形背靠孕育之门，右手指向治世之门，即西南隅奥的方位，精确方位指向不见冢。

天棓3星的正南部代表午的位置，是一个疑似甲骨文的图形，向西又是一个近似的甲骨文图形。这个图形和甲骨文的

天棓第五星岩画

午字近似。天干地支是按《易》的状态命名且造字，甲骨文中天干地支的每一个字都含有所处时间点的性质。

午，位置处于正南，时间代表五月、夏季，是阳气盛极，阴气上升的转折点。《说文》：“午，五月阴气午逆阳，冒地而出。”甲骨文的午和糸(mì)近似。《说文》：“糸，细丝也。象束丝之形。”

午字用丝的信息，是春蚕到夏季抽丝的信息？还是结绳记事的用法？岩画午的位置向西延伸又出现一个午的象形符号，疑似丝字，中间有隔断，又似幽字。过午则阳气减弱，《说文》：“幽，隐也。”是否是幽的信息？这些都是值得研究的问题。

天棓3星的图形对新石器时代或更早时期《易》的应用及甲骨文早期应用信息等具有较高的研究价值。

甲骨文对照：

午	糸	丝	幽

午是这处岩画的点睛之笔。中华民族日出而作日落而息，午是日出而作的飞龙在天状态，相对于一年，是盛夏的状态。此时工作中的人物就是中国人的象形字——夏。《说文》：“夏，中国之人也。”如此看来，岩画中的人物象形夏字。

凹穴岩画，只举这一个典型例子。其中玄机有待岩画专家们的深入研究。笔者只是按夏代星象应用特点，结合地舆特征比类推理，仅供参考。

十一、丝绸之路源头说

丝绸之路是东西文明融合的通道，这个融合是一个面，而不是某一个点。在这个面中有资源密集度相对集中的线，当代称为一带一路。既然可以看作线段，必然有端点，丝绸之路源头说是行得通的。

伏羲画卦时代，以西洛门、东洛阳、南洛南、北洛川为四象的边界确定中心地舆，以此为基础画卦演绎河图洛书。

文明东移，夏禹以南阳盆地作为文明中心调和天下。西汉应用夏禹天人合一理论封霍去病与张骞为冠军侯和博望侯，封地于南阳盆地帝车首尾。东汉刘秀将南阳作为陪都。

张骞开辟丝绸之路之时，文明中心在西安。主线沿着河西走廊进入洛门，经西安延伸到洛阳。丝绸之路发源中心在西安，源头在洛阳。顺汾渭谷地向北经太原又延伸到大同。

汉代南阳盆地已是丝绸技术汇聚、融合、推广的中心，又是商业汇聚地。主要源头延伸到南阳盆地的说法具有合理性。

随着文明发展进程，中华地舆伏藏文明进程的能量转换点被佛家应用修建摩崖佛龛，摩崖佛龛成为丝绸之路的标志，也成为文明融合的标志。

随着沧海变桑田，东部地舆逐步扩大，细小的源头就多了。南阳香山摩崖佛龛在东出盆地“比”的地舆，顺理成章被学者们看作丝绸之路源头的参照物。

第三十五章 博望的状态

一、帝车通过之后的状态

帝车在运行中治理天下，帝车经过之后必然是一个太平盛世。南阳盆地的帝车行进方向是太微垣，走过之后的地舆是天市垣。

在帝车的尾部，隐山脚下有一个村庄，地名叫阡陌营。《说文》：“路东西为陌，南北为阡。”阡陌，泛指田间小路，同时也是时间与空间的状态。

粮田经过规划，井然有序，是一派“阡陌交通，鸡犬相闻”的景象。

陌，东西方向，西部太微垣为丹，是改革、祭祀的状态。东部天市垣为唐，是治理后太平盛世的状态。

阡，南北方向，北部天宫，代表进入天国。南部天子五百里粮田，代表人生奋进的方向。

帝车尾部之外是博望城。《说文》：“博，大通也。”甲骨文原型有武力拼杀，捆绑俘虏的含义。《说文》：“望，出亡在外望其还也。”带有期盼的含义。

博望结合在一起，代表疆域在扩大，人们遥望远方，盼望在外征战的亲人归还。扩大后的疆域通过治理是一片井然有序，通达无碍的盛况。博望代表通达、期盼、盛世等状态。所以帝车通过之后的地舆称为博望。

古代皇家给功臣封赏，用与功绩特征匹配的地舆封地是一种常用方法。西汉时，博望的地舆特征与张骞开通丝绸之路的功绩匹配，随封博望侯于南阳博望。

二、博望侯张骞

直接用博望做地名且很有名气的有三处。第一处在汉中平原东部，代表文明东移的博望状态。第二处在南阳盆地，是帝车治理之后的博望状态。第三处在安徽马鞍山，属于后期南阳博望人迁入扬州，为怀念家乡对天门地舆状态的应用。这里只讲前两个原始的应用。

文明东移有两条线路。一条是汉中平原沿汉水向东进入南阳盆地。另一条是汾渭谷地沿黄河向东进入中原。人口迁移主要在黄河流域。汾渭谷地和汉中向东出口处或出口之外的平原都具有博望的性质，而作为地名只有汉中张骞的家乡取名博望。从忽略了汾渭谷地文明东移这一主要特征分析，汉中博望的地名应该与张骞被封博望侯有关。

南阳盆地帝车经过之后的博望状态，应用在夏代或老子做伏藏时，也不排除张骞封地时一并命名的可能。

张骞西行，除政治、经济、文化交流外，还粗略掌握了西部地理特征，勾画出了西部地形图。同时为西部的统一作出了贡献。

汉武帝建元二年（前139年）张骞第一次出使西域，但不久就被匈奴俘虏。历时13年，在汉武帝元朔三年（前126年）他经过千辛万苦回到长安。于公元前123年，他被封为博望侯，封地于南阳博望邑。

张骞于公元前119年第二次出使西域，于公元前115年回国。曾派副使到达了身毒（印度），传说带回了印度金身佛像。

与之随行的白马一起留在了博望。博望修了金神庙，后改名白马寺。这里被当地称为中国最早接触佛教信息的道场。

张骞于第二次出使西域归国的第二年，公元前114年去世。汉代丧葬习俗有衣冠冢的葬法，所以两个博望都有墓葬存在，在人们心目中都是真的。

《汉书·诸侯王表》记载，汉高祖刘邦设“附益之法”限制诸侯。其中有“私出界罪”，还有监察机构，不经中央同意不得擅自离开封地。张骞必须去封地安享晚年。有封侯世袭制度，张骞死后安葬于封地的可能性很大。

在笔者眼中，张骞被封博望侯还有一个原因。匈奴是游牧民族，袭扰中原来无影去无踪，战时聚集，战后化整为零。任凭中原再强大，反击找不到目标。

张骞被俘后做了奴隶，13年的游牧生活，让他摸清了牧民迁徙的路线和草场的精确位置。张骞东归后标出路线，成就了卫青、霍去病舅甥二人征服匈奴的功绩。霍去病初次征战即率领800骁骑深入敌境数百里，所向披靡。官至大司马骠骑将军。传说霍去病杀了无数牧民，杀业深重，未善终。

匈奴被征服，打通了通往西域的道路。丝绸之路诞生。张骞的功绩与博望的状态相符，封为博望侯名副其实。让他在帝车经过之后的博望状态中颐养天年，这是皇上的恩赐。巧妙的是张骞出生地同样有博望的性质。大概这就是所谓的一方水土养一方人吧。

汉中张骞通西域雕塑

方城博望新建白马寺

三、冠军侯霍去病

在张骞被封博望侯的同时，取“功冠全军”之意，封霍去病为冠军侯。封地在邓州市张村镇冠军村。村西有霍去病墓，传说为衣冠冢。

霍去病的封地在帝车前进方向，处于争讼的时空点。争讼出现聚众，用勇冠三军的骠骑大将军驻守，具有威慑作用。帝车前进方向封给霍去病，治理之后的地舆封给张骞。一文一武，一个征战扩大疆域，一个守护博望。这是“斗为帝车，临治四乡”的又一次美妙应用。

这里有个关键点需要注意。在同一个地舆相对于不同应用角度有不同的结果，容易造成地名伏藏的混淆。

相对于帝车治理方向，冠军侯是征战平定一方的象征。相对于南阳盆地龙九子出生到成长的过程应用，这一地舆是龙鸟在窝中振翅“习”的状态。在中华地舆研究中需要分辨地名信息的相对性。

博望三元宫道观

四、火烧博望坡

三国时曹操南下，在南阳盆地北部天庭地舆建根据地，由夏侯惇镇守。曹操取了博望的地舆特征，做留守的中心位置。淯水航运是最好的粮道。天子的粮田是最好的补给。阡陌营北依托天国地舆，南为天子的粮田，是南下最佳的接力点。

隐山西边有个夏饷铺村，由夏侯惇粮饷转运存放地而得名，旁边还有大军帐村、小军帐村等。曹操按《孙子兵法》：“道、天、地、将、法”，校之以五计而索其情，势在必得。大有势如破竹的气势。

怎奈左辅星卧龙岗上住着一位待机而动的隐士诸葛亮。诸葛亮最擅长的就是应用北斗九星的运行规律。多年的隐居就是在储备能量。

因为诸葛亮恩师水镜先生早已为未来三国鼎

汉画《张骞通西域》

立布好了局，诸葛亮在等待时机的到来。水镜先生布的局含了南阳地舆玄机的应用，后面用一章作专题来讲。

诸葛亮早已看破了曹操的用意。何况博望与卧龙岗近在咫尺，掌握曹操的防御体系轻而易举。现场勘察应该是非常精细。诸葛亮初出茅庐自知难以服众，出山即献出一计，一把火烧掉博望城，直接抄了曹操的后路。以小战而最终带来“不战而屈人之兵”的效果，让诸葛亮一举成名，站稳了脚步。博望城也因此而成名。只是可惜了这座博望古城。博望真正神秘的状态却始终是谜。

博望现存的名胜古迹有敬德桥、一步二石三眼井、四步三孔桥、东阁遗址、三元宫遗址、古柘树等。笔者勘察了博望，走访了新建的三元宫道观，观内有新建的张骞祠。

五、“张骞通西域”汉画像石

1976年，在博望西部发现一完整西汉晚期墓葬，石条被生产队作为建筑材料使用。2005年，袁祖雨先生从一农户墙基中取出其中一块门楣收藏至今。袁先生对画面解读并命名为《张骞通西域》。

这个墓葬的墓主人身份已无法考证。袁先生通过对大量历史资料的查阅、比对，确定其中传达了从中原到伊拉克丝绸之路上的许多信息。其中包含胡人、汉人、大使车、汗血宝马、蒙古马、新疆虎等。

这块汉画像石出土于张骞封地，又是张骞后人活跃的西汉晚期。无论墓主人是否是大使身份，这个画面传达的丝绸之路的许多信息，带有对张骞功绩的敬仰之情。

按袁先生的话说：“诚愿不朽时代之不朽之人之不朽之事，在不朽之石上传之不朽。”《张骞通西域》汉画像石，同样传达了一个学者对传统文化不朽之信仰。

六、博望的地舆

帝车通过之后，是一个走向繁荣的状态，充满积极向上的正能量。清升浊降，正能量具有“清”的性质。与帝车行进方向的永清山相呼应，在帝车通过之后的范围应用了“清”的特性。

博望坡向东有一条南北走向的河流叫小清河。再向东方城缺口西侧有一条南北走向的河流叫大清河。两条清河划定了博望状态的范围，在两条清河之间展示天市垣的状态。帝车前进方向的永清山是治理目标，清河是治理结果。

天市垣是民间的聚集地。皇家具有祭祀的职能，民间只有祈福的权利。在民间的表现是占卜问卦。

从博望沿着去堵阳方城的古神道向东，遇到的第一条河流就是小清河，小清河与古神道交汇处有一个古村落，叫灵龟铺。灵龟在古代是用以占卜的大龟。这个地名具有占卜问卦的特征。

老百姓祈福追求的是风调雨顺、五谷丰登，是雷火丰卦。雷鸣闪电一并出现，是丰卦的卦象。君王举行祭祀，崇尚丰大。皇家的恩威和日中的阳光普照天下，民间不用担忧，只用日出而作日落而息即可。这就是太平盛世追求的状态。既然是丰卦，与灵龟相伴必然有丰的信息存在。

从灵龟铺沿古神道继续向东，与赵河交汇处有一岗叫圆岗，也叫秦岗，岗下有一地名叫丰山村。再向东就到了东部边界大清河。大清河与赵河相伴，最终在社旗汇合，成就了南阳四大名镇之首金社旗。湼水也叫赵河，为何出现两个赵河且都很有名气？前面已讲过，赵是玄牝之门的应用。

在唐河县湖阳镇，天市垣在地成形的浅山区，分水岭向北流出一条河流，叫清水河，清水河经唐河县城南部的祁仪乡向西，在上屯镇汇入唐河。小清河、大清河、清水河三条清河界定了博望状态的范围。这个范围是天市垣天、地、人三坟中，代表人的地舆。

太微垣皇家祭祀有覆釜山，天市垣民间筑台祈福有青台，青是东方的颜色。中间天子的粮田祈福有黄台，与蓬莱阁村相邻，黄是中心的颜色。微观的应用很精细，其中玄机不再一一详述。

在灵龟铺南两公里处有老君庄。老君庄发源一条小河叫珍珠河。珍珠河经桃园村向南流，沿途许多泉眼潭窝使水流逐步增大。老君庄虽不能证明老子进入南阳盆地居住在此，但老子做伏藏必然要来这里。在这里修道、传道，是一个很美妙的地方。

民间传说灵龟铺是因为水患，灵龟救了村民，人们为感恩灵龟而命名灵龟铺。这大概就是老子留下的神话故事。

清河、珍珠河汇合后称桐河。"桐"代表平整土地建设家园，属于南阳盆地昆仑下级的樊桐，是帝车治理后的盛况。道教在两河交汇处建了一座庙宇，称为泰山庙，今称高庙。

七、高庙

高庙地处小清河、珍珠河交汇处的西侧，在扶桑树东方分支主干上。相对于帝车与阳城，是东方的一道岭，所以称为东岳庙，也叫泰山庙。南阳知府前去泰山庙，称赞此庙堂之高，后人为纪念之，改名高庙。

高庙有许多神奇的地方。东汉刘秀二十八位大将，被封为二十八星宿，传说有两位与高庙有关，一位姓马，一位姓冯，东汉时这里叫马冯镇。

珍珠河出产河蚌，河蚌中多有珍珠。传说古代淡水珍珠主要来源于珍珠河，古称宛珠。据水利专家讲，珍珠河水温高于清水河。这也是河蚌适合寄生珍珠的原因之一。

桐河盛产鸭蛋，世称桐蛋。桐蛋与其他鸭蛋不同，蛋黄呈深红色，腌制则出油。当地宣传说桐蛋中人体所必需的13种氨基酸含量比其他鸭蛋高八倍多。现代科学从矿物质、微量元素、营养价值等考虑，认为桐蛋来自于珍珠河的地质特点。古人不这么看，古人眼中的桐河要从地舆特征探索。要说清楚桐河的妙处还真有点麻烦。若对出元好问先生留下的绝对，可以简化桐河玄机的解读。

八、元好问先生的绝对

元好问先生在镇平任县令时出了一个上联：五朵杏花遮山。这个上联很巧妙，五垛山、杏花山、遮山是三座相邻的山。汉字用于水系，偏旁加三点水，用于山岭偏旁加土或山。五垛山也叫五朵山。五朵是数量词，杏花是名词，遮是动词。既要地名对仗且地舆相邻，又要意义对仗，难度就出来了。看似简单的一个上联，700多年来竟然无人对出。传说元好问先生将答案刻在一通石碑之上，埋藏于遮山之下，至今没人找到。

元好问先生是山西忻州人，忻州在地舆中是天界进入人间的玄牝之门。有"天涯地角""大禹系舟山""地角枕流""天涯石鼓"等地名与神话故事。忻州的应用与南阳盆地淅川陶眼的应用其理相通，给元好问先生提供了有效的信息。

元好问先生曾在镇平、内乡、南阳三县任过县令，必然了解南阳盆地北部地舆特征。

五垛山在紫微垣是天庭的五帝内座，又是太微垣的中枢。从五垛山到扶桑树的龙脉，沿杏花山，经遮山到达扶桑树干春岭，遮山是龙九子之一。这个上联的三座山沿太微垣的龙脉，从五垛山到达帝车的车头。下联用紫微垣和帝车车尾的河流来对仗更合理。

从五垛山向东有一条河流叫排路河，从伏牛山经南召县城向南有一条河流叫黄鸭河。这两条河流汇入淯水，然后出天庭进入帝车。帝车尾部博望地舆的范围均属于清河。如此可以与元好问先生的上联一对：排路黄鸭清河。清在这里可以理解为动词。排路对五朵看似牵强，但排代表排队，可以理解为像一排排的黄鸭清理河道。黄鸭是龙九子之一是黄龙，代表帝车通过之后，诸侯在管理所辖的地舆。

五朵杏花遮山，排路黄鸭清河。对仗虽算不上太工整，但可以透出天市垣的地舆玄机。

小清河发源于九里山末端，属于紫微垣。在方城县赵河镇石寨村的北寨，相传在清咸丰年间，此地有一寺叫宝泉寺，上游及附近的雨水流经此处的一块大石头下时，发出像敲鼓一样的声音，故称石鼓泉。古人认为这里是小清河之发源地。石鼓是天地结合部的标志，代表这条水系从天庭进入民间。小清河流经博望镇的灵龟铺，在高庙与珍珠河汇合。

珍珠河古代曾叫洞川，也是通向洞天世界的暗示，那么源头老君庄必然是洞口所在。老君庄的老人们大都知道过去有老君庙，但年龄最大的也没有见过，也是听老辈人讲的，但他们坚信不疑。

龙子黄鸭的管理从天庭向桐河延伸，交汇处的高庙具有天地人相通的特性，又是一个玄牝之门的应用。小清河旁有三户寨的地名，与界中的三户意义相同。高庙河流汇聚处还有一条小河，命名小黄河，也在暗示中间黄龙的信息。黄鸭从天庭进入人间，排着队管理河道。这个景象与桐河养鸭的场景相同，体现了桐河鸭的高贵。桐河的鸭蛋在道家眼中的养生和药用价值，高于营养价值。

这样对出先生的上联，揭示了南阳盆地北部地舆特征的同时，也解释了桐河鸭蛋的玄机所在。尽管对仗不太工整，还是要感谢先生。

小清河珍珠河交汇

第三十六章 古代南阳盆地的经济特征

一、南阳盆地的历史框架

南阳盆地从大禹平水患定九州开始，被古人应用为一只断了四足无法移动的鳌龟，对中华地舆的稳定起定位作用。

夏禹时代应用南阳盆地作中心调和作用建都南阳，以南阳盆地的微观管理实现九州宏观调控。成为中华民族大融合之后的第一个文明中心。

随着中华文明的扩展，都城按统治地舆的范围选址，南阳已失去了政治中心的地位。

南阳这方土地具有小而肥的特征，最适合人类居住。在夏商周时期分封了申、吕、谢、郦、蓼、曾、鄀、许等许多诸侯国，先民们安居于此。

之后的两千年中，以南阳盆地的中心地位而成为兵家必争之地。每逢战乱，南阳盆地兵荒马乱，人民流离失所，人口减员事件频发，这片富饶的土地历遭荒芜。为了补充人口，从秦晋等地移民多次。让南阳盆地与秦晋汾渭谷地血脉相连。

南阳盆地四季分明、风调雨顺的地舆特征有利于农业发展，更有利于人类繁衍，人口增长迅速，战乱之后能够快速恢复稳定。南阳盆地特殊地舆出产的阴阳五行平衡的物产，备受商贾青睐。

在商贾眼中，南阳盆地资源丰富且品质极佳。特别是粮食、药材、蚕桑等再生资源，成为历代商贾们的“摇钱树”。南阳盆地是商贾们的聚宝盆。

二、南阳盆地的交通网络

南阳盆地虽是龟蛇盘结的紧凑型地舆特征，但通过鳌龟首尾及四足都有外出的通道。这些通道以水路为主，水旱结合四通八达，成为古代南北物资周转枢纽，古称南船北马。

首先将鳌龟首尾贯通的主要通道是淯水，伴随旱路，统称为夏路。这条夏路贯通南北，北通洛邑，南通荆襄。

其次是鳌龟的四只足伴随的古道。武当山伴随的汉水经郧关通向天国四川；圣垛山顺丹水经武关通向秦川。小顶山伴随方程缺口经昆阳通向中原；玉皇顶伴随的枣阳旱路通向汉口；盘古发源，伴随桐柏山的淮水，通向徐州。伏羲女娲两尾接触处的缝隙，沿比水进入古慎国。这八个缺口，与外界巧妙的连通，构成南阳盆地的荆襄古道。

三、古代的人文特征

每每进入太平盛世，南阳都会聚集全国各地的商贾。在南阳盆地水陆交汇的运输枢纽，都有各地商贾会馆，尤以山陕会馆最著名。清代仅南阳盆地就有十几处大型山陕会馆，其密集程度，堪称中华之最。秦晋商贾对南阳经济发展贡献最卓越。

前面讲过，南阳盆地居民表现的主要特征为中庸。那么秦晋居民是什么特征呢？

秦晋是中华民族进入文明时代的起始位置，属于伏羲画卦时代的北方地舆，具有先天地势坤、后天坎水的特性。秦晋居民不仅具有坤的忠厚，还具备上善若水的智慧。外表的忠厚给人以信任感，内在的聪慧更利于经济运作。在笔者眼中，最优秀的商人还属秦晋。遍地的山陕会馆就是一个有力的证据。

秦统一六国之后，南阳因战乱而荒芜。秦始皇迁不轨之民于南阳。不轨之民是指手工业者、小知识分子、破落贵族、不安分的自由民。看似一次荒芜地舆的流放，事实上是一次群英聚会，给南阳带来了先进的生产力，更注入了智慧的基因。移民迁移使得移民已融入南阳的文化氛围之中。南阳人的优势已不仅是经商的理念，而是发掘内部资源的技能。南阳人是有智慧但观念保守的群体。今南阳人自嘲为“小盆地意识”。

四、保护生态平衡

南阳盆地处于周边几个板块的夹缝中，由于喜马拉雅造山运动的继续，南阳盆地内部应力仍在增加中。在古人眼中，宏观角度这只鳌龟是一个鲜活的生命体。微观角度是羽人之居，寄生着扶桑树，养育着龙九子所化的九只鸟及他们的子民。

从道家理论角度，南阳盆地的稳定，标志着中华民族的稳定。要确保南阳盆地稳定，必须确保龟蛇盘结的状态不受侵害，这么一来，保护南阳自然环境当是首要任务。

拒绝环境破坏，首先，从矿产资源保护性开发开始，确保地貌环境的完整性。其次，慎重发展高能耗、高污染等大型企业。最后，逐步减少并停运矿产开发和高能耗、高污染企业。经济开发要保护非再生性资源，保护子孙后代的生存环境。

不出卖矿产资源，如何发展经济？古人早已留下信息告诉后人南阳盆地这个聚宝盆的玄妙。

五、原生态绿色食品

南阳盆地最大的资源是农副产品，取之不尽用之不竭。西汉时，南阳水利与关中郑国渠、成都都江堰齐名。南阳盆地早已成为皇家粮仓。南阳农副产品不仅是普通的使用价值，更多的是养生和药用价值。

特殊的地舆特征，与同类产品相比具有绝对优势。更利于养生的绿色食品，将是国人菜篮子的首选。南阳的农民不吃南方小麦，他们不知道原因，只知道南阳的小麦好吃。就拿红薯来说，春陵和蔓荆岗出产的相同品种的红薯，有不同口感和不同的养生价值。如果统一调配包装，一个篮子中有两种红薯，是一个可以走向国际市场的低成本产品。许多农作物或畜产品及中药资源，在南阳盆地不同的位置出产，具有许多奇妙的差异。这是一笔巨大的财富。又如退出耕作行业的南阳黄牛，用南阳产高蛋白植物饲养，牛肉的品质堪称牛肉之最。记得童年时代，生产队老牛不能耕地了，因牛肉品质好，宰杀后送到外贸部门换外汇。农民们少有机会吃到牛肉，但永远不会忘记老牛最后会流下眼泪。

古人认为，南阳盆地天、地、人相通，节气、阴阳、五行等特征明显，不同位置的农作物、水产品、飞鸟、昆虫等具有特殊的药用价值和养生价值。

结合道家文化平台框架中的地舆玄机，每个能量转换点都有特殊性质的农业产品。绿色食品与药材是南阳未来农业综合开发的主产业之一。

六、文化旅游

南阳盆地伏藏着老子“域中四大”的运行周期。包括天宫的奥秘、扶桑树的传奇、盘古开天地的运行周期，等等。

古代三个典型的应用案例贯通南阳盆地，可作为三个旅游线路，以此构建南阳文化旅游框架。

（一）应用夏禹“斗为帝车，运于中央，临治四乡”的理念，展示夏禹以南阳盆地的微观管理实现九州宏观调控的管理模式。包括帝车的运行状态，《周易》中讼、师、井、革、鼎的管理状态及治理前后的冠军与博望状态。

（二）从沽沱村与莲花池开始，沿着育水经汉水进入郧西天河。这是一条《周易》中复、姤、讼时空状态的运行周期。老子根据这一地域特征演绎了牛郎织女的神话故事，展示违背自然法则受到惩罚、天道恩泽给重新做人机会的人生道路。不仅是一个教育人民遵循自然规律的探索之旅，也是古代丝绸技术传播的丝绸之路。这条路线延伸到四川。

（三）南阳盆地是一只浮游于海内的神鳌，女娲断鳌足立四极让中华地舆稳定，老子用太子成道路让四足与中心及首尾连贯。明代又神话了龟蛇盘结的玄武神，让南阳盆地隐藏了治世之道。新野县令吴承恩写了《西游记》，又赋予了南阳盆地灵魂。其中深藏着儒释道文化的许多奥秘。这是一条道家哲学体系的演示之旅，是教育人民顺应自然的教育之旅。

构建南阳文化平台，笔者建议文史类、自然科学类等大学生，毕业前到南阳盆地实地勘察道家文化的应用。了解自己祖先的哲学体系，吸取中华民族历史智慧的营养。对于南阳经济而言也是一笔巨额的财富。

羡慕中华神秘国度的外国友人，世界道家文化爱好者，来中国必游南阳。

七、养生

南阳盆地处于亚热带向暖温带的过渡地带，属典型的季风性湿润气候，四季分明，阳光充足，雨量充沛。四周的环形山脉阻挡了南北冷暖气流的直接相遇。盆地气候寒暑变化过度均匀。

二十四节气的微妙变化，人体及万物都可以明显感觉到。万物在吐翠纳新的过程中，随着季节的变化与大自然同步。居住在南阳盆地，吃绿色时令食品，与大自然同步，新陈代谢平稳，延年益寿。

南阳阴阳五行平衡稳定，四季分明气候适宜，有利于人与自然同步。按《黄帝内经》的理念养生，提高居住环境的文化氛围，配合南阳先进的医疗技术优势，是国人回归大自然的最好去处。建立大规模养生养老基地，是南阳未来一大产业。

八、育人

南阳盆地具有天、地、人相通的地舆特性，孕育出了众多古圣先贤和杰出人才，如科圣张衡、医圣张仲景、智圣诸葛亮、商圣范蠡、谋圣姜子牙，还有许多近现代在各行业为人类作出贡献的人才。南阳四季分明的气候有利于大脑发育，深厚的文化内涵更有利于智慧的开发。发展国内一流的中高等教育基地是南阳的一大方向。在历届高考中，河南文理科状元频出南阳。南阳盆地具有教书育人的显著特点和优势。

在道家的能量转换点建学育人是古人常用的方法。古代流传下来的著名学堂选址大都接近洞天福地。笔者虽没有逐个现场勘察，但根据记载可以确定从唐宋开始一些著名书院，选址偏重洞天福地或宗教圣地。如白鹿洞书院在江西九江的庐山；嵩阳书院在河南中岳嵩山；岳麓书院在道教圣地湖南长沙岳麓山；石鼓书院在湖南衡阳石鼓山；茅山书院在江苏句容的茅山，等等。随着历史的更迭，名校也多有迁址的现象存在，能够传承下来的名校，大都没有脱离能量转换点的地舆范围。

按老子的哲学，南阳有几处适合教书育人的地舆，如鸭河工区、陶眼渠首、师岗永清山、乍岖葫芦山等。老子做伏藏隐藏了这些地方，但也留下了应用信息。笔者梦想这些地方未来能出现几所高档次的学府。凭空而建有困难，但合作也是一种方法。明代已建立了南阳盆地与北京城的呼应关系，今又有一江清水送北京。笔者梦想能和北京合作建学。

鸭河工区治世之门和孕育之门之间是南阳盆地北方潜龙勿用的时间段，是龙九子孕育成长的初级阶段，适合建一所自然科学类的大学，若与北京大学合作，可取名“伏龙园”。

陶眼也就是南水北调的渠首，与鸭河的地舆性质相同但用法不同。适合建一所政治体系的大学，若与中央党校结合，可命名“丹青园”。

永清山传播正能量，葫芦山传道授业解惑，乍岖有外力强制的信息，适合建文史哲学类和政法大学。若能与清华大学合作，名曰“清华园”，也是一件很美妙的事情。

在现场勘察中，鸭河工区笔者心仪的学府位置，有一所现代化的学校悄然拔地而起，叫南都实验中学。笔者怀着激动的心情寻访了这所学校的前生今世。

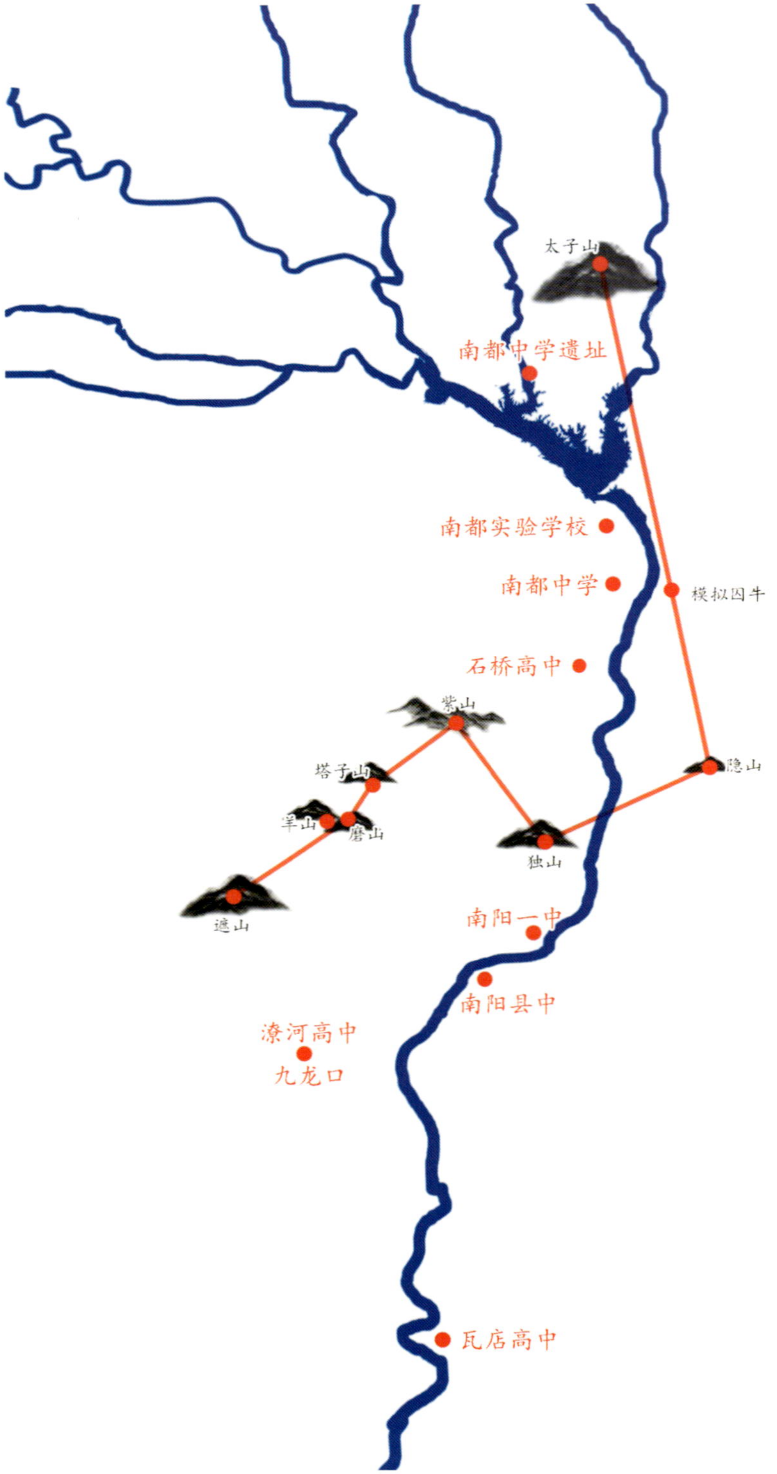

南阳中心区名校分布

九、南都中学与中心区名校

南阳中心区在关键点上的几所学校都成为南阳名校，南都中学经过抗日战争、民国动乱，时至今日又重新启航。

南阳一中是始建于1335年的宛南书院，1903年改书院为学堂，有“六百年书院、一百年学堂”之称。按道家的观点，因建在扶桑树的分叉上而成为名校。迁新址后没有脱离这一地舆，且移在淯水太极回旋的中心点，近年来成绩更突出。

与南阳一中太极回旋相对应的另一侧，于1980年在沙滩上建立了南阳县中。调任南阳县瓦店高中教导主任王文忠为校长。南阳县中一举成名，今教学质量与南阳一中齐名。

其他中心区附近几个关键点上的学校，也都小有名气。南阳县瓦店高中在紫微垣天子五百里粮田的中心太极回旋处，是笔者的母校。前几年，笔者的校友中有一句玩笑话：“南阳县乡镇的书记、镇长被瓦店高中的学生垄断了。”话有些夸张，笔者为此做了核查。周边每一个乡镇机关确实都有瓦店高中校友的身影。

潦河高中处于陶眼龙九子飞上扶桑树的九龙口附近，当然又是小有名气。石桥高中最典型，在帝车的中心上方，处于西鄂寺内。当年张衡读书于此，平子读书台就在石桥高中的大门外，必然是一个出人才的地方。

南都中学原址在南阳市区内的城隍庙（解放路与联合街交叉口）。城区共有八所中等学校，一中为省立中学，还有女子中学等。

南都实验学校的前身是南阳南召民主人士彭和卿于1932年创办的私立学校，南都中学。据相关消息介绍：“彭和卿曾在当时的政府任职，后来毅然弃政从教，走教育救国的路线，倾其家财，创办了南都中学”。

彭和卿是今鸭河工区皇路店镇人。彭家在清朝末年到民国时期，是方圆几百里闻名的世家。南都中学自建校以来，共招收13届学生，为社会培养学生1300多名。从南都中学走出的学生，有不少成为国家的栋梁之材，在民主革命和中华人民共和国建设时期，发挥了重要作用。如以彭清源、赵延年、马明龙为代表的中华人民共和国高层领导者，以王耀山、彭淮源、彭海源为代表的十几位院士，以及海内外许多优秀的专家学者。

1938年2月9日，日本轰炸南阳城后，南都中学迁到南召县刘村镇。刘村镇的选址是非常巧妙的，在太子山与孟山连线的中心点附近。这里是古代淯水出天宫的玄牝之门，是一个古镇。当地老人们介绍，传说彭家是大户人家，家里雇有专职阴阳先生，选址刘村镇的妙处应该是受道家高人指点过的。按道家地舆的理论，南都中学能够成名与刘村镇的地舆环境有必然联系。

上世纪60年代修鸭河口水库，刘村镇被淹没。按理说，刘村镇受自然环境的保护，不易遭受水、火、风等地质灾害的侵袭，起码建筑寿命会很长。但修水库后，出天宫进入天庭的玄牝之门被淹没，刘村镇迁移。不然出天宫玄牝之门的档次不亚于南阳一中及其他名校。

南都中学中途停办且一直没有后续有两个原因。首先，学校租用刘村镇大户的房产，没有固定的学校设施。战乱结束后中华人民共和国成立，因没有固定的学校设施而未启用。其次，水库淹没后搬迁，学校旧址也不复存在了。

笔者寻访到皇路店核桃园村彭家大院。村落位于淯水进入盆地的第一个大回旋，与莲花池、沽沱村为邻。坐向朝向这一回旋的中心，看来彭家选择基地的水平名不虚传。

恢复南都中学是许多南阳人的梦想。南都中学老校友发起倡议，于1997年在彭和卿家乡重建了南都中学。新建的南都中学不在核桃园村而在尹店村。询问方知彭家几兄弟各有宅院，彭和卿家排行老三，宅院在尹店村的李村。

在鸭河工区的支持下，以陈富成为代表的一批怀着赤子之心的企业家，用民办公助的方式合力兴建南都实验学校，2015年5月正式成立。南都实验中学，是按国家级示范性高中标准建设和配套的高级中学。学校占地1000亩，规划建筑面积10万平方米，绿化率达45%以上，总投资5亿元。目前投资达2.5亿，已初具规模，一所未来国内的名校正在悄然兴起。

南都实验学校背靠鸭河口水库，左扶淯水。处于淯水玄牝之门之畔，与莲花池、沽沱村东西相望。夏禹时代将此地舆应用为天地相通的结合部，老子做伏藏隐藏至今。神话的龙生九子从此诞生，淯水由此而来，莲花池温泉为新生龙子洗澡的汤泉。

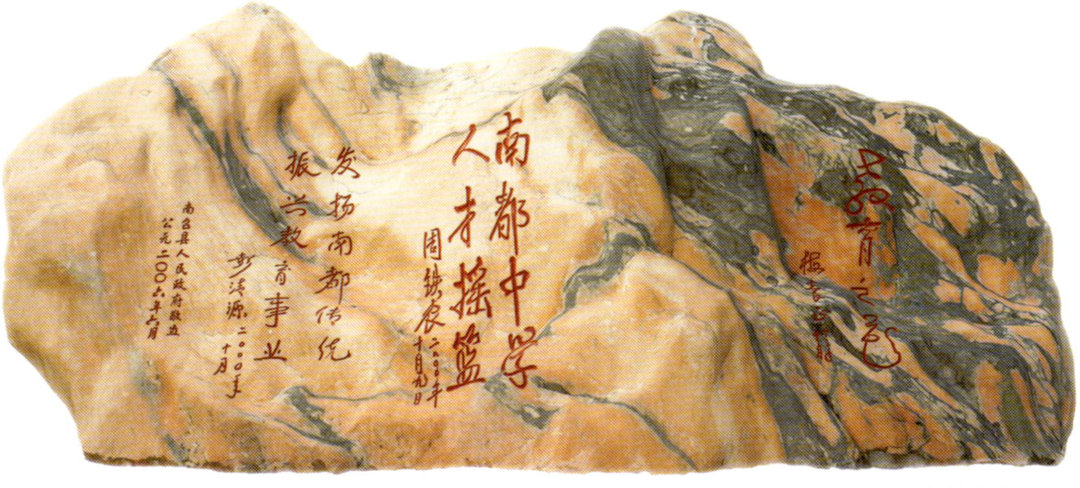

尹店村南都中学

南都实验中学

袁宝华题

如今，南都实验学校站在新的发展起点，陈富成董事长将带领全体师生以“办学为民，立德树人”为使命，以“创知名教育品牌，育祖国栋梁之材”为愿景，坚持“自强不息，志存高远”的校训，不断弘扬和传承“爱国、科学、实践、仁爱、创新”的南都精神（教育家彭和卿饮水思源的爱国精神，科圣张衡坚持真理的科学精神，商圣范蠡经世致用的实践精神，医圣张仲景崇德精术的仁爱精神，智圣诸葛亮融会贯通的创新精神），培养祖国栋梁之材，照亮孩子美好前程。

未来的南都教育集团坚持“以人为本，从严治校，创新发展，追求卓越”的办学理念，不是培养高分数的“机器”，而是要培养高素质的人才。学生们不仅要有健壮的体魄，更要有健全的人格，批量培养出有激情、有抱负、有担当的栋梁之材，这才是南都教育集团的发展方向。

南都实验学校位置特征

夏禹可以用南阳盆地调和天下，你们为何不可培养天下人才？南都实验中学要面向全国，面向世界，打造国内一流的教育基地和教育高地。

彭和卿“倾其家财”建南都中学的初衷：“教育救国，文化兴国”，如此也就圆了彭和卿先生的梦想。南都教育集团的兴起，不只是鸭河工区的责任，更是南阳人民的期盼。

就在本书即将付梓之时，陈富成董事长来电，激动地说：“出乎意料的惊喜，第一批学生毕业，参加高考679人，一本过线128人，二本过线511人。”

南都实验中学当年在录取学生时属于第四批招生序列，这个成绩可谓“低进高出”的飞跃。首战告捷，充分证明了教育理念和自然环境的优越性，当然也离不开团队的共同拼搏。随补此短文以贺之。

塑胶跑道操场

南都实验学校

十、现存商业遗址的历史见证

以淯水为中心，南阳盆地水域网络密布，在太极回旋的能量交汇处，聚集着各行各业的人群，成就了许许多多的古代名镇。古镇商贾云集，会馆是一个明显标志，南阳大多古镇都有山陕会馆。最著名的是南阳四大古镇，即金社旗、银石桥、铜瓦店、铁安皋。四大名镇不仅有山陕会馆，还有南方多省的会馆。周边如荆紫关、急滩、源潭、南新甸、侯集镇、鹿头镇、老河口等都有山陕会馆。古代的货运以水运为主，南阳盆地的水路汇聚于樊城。经过樊城沿汉水直达长江。南阳盆地最大的聚散地在樊城。南阳民间有一句经典的话，叫“下樊城”。小孩子尿床，大人们会说：咋整哩，又下樊城了。

古代规制很严格的，商贾们社会地位较高，许多建筑规制有士大夫阶层的特征。水路运输的船帮，虽也属商业，地位相对要低。船帮也有会馆，也有祭奠、娱乐，多取名平浪宫，追求风平浪静。水路疏通才有船运，内地供奉大禹者居多。

目前保存最完好的是社旗的山陕会馆，周边还有其他会馆、镖局、税局等。

其次保存最完整的是荆紫关的山陕会馆。其他大多有遗迹尚存。只有瓦店山陕会馆消失在1953年的洪水之中。

这里以社旗为例，一览清代商业的繁荣景象。

社旗古名赊旗，得名于光武帝刘秀在此“赊旗访将，起师反莽”，民间称赊店。社旗以七十二条街著名，生意煞是兴隆。如今七十二条古街保存完好，构成中原最大的清代建筑群。1965年，社旗镇从南阳县分离出来建县，周恩来总理亲自更名“赊旗”为“社旗”，寓意为“社会主义旗帜”。

社旗古镇最著名的是山陕会馆。山陕会馆集中展现了中国古代建筑艺术之精华，被誉为“天下第一会馆”。

社旗官方称山陕会馆有十之最：全国会馆之最、琉璃照壁之最、铁旗杆之最、戏楼之最、石雕艺术之最、木雕艺术之最、慈禧太后御笔亲书“龙”“虎”二字、全国清代民间刺绣珍品之最、会馆附属建筑道坊院之最、商业道德规则碑之最。

社旗山陕会馆三层院。最后一层是春秋楼，供奉关羽夜读春秋之像，于清咸丰七年（公元1857年）被捻军焚毁。关羽是武财神，各地山陕会馆大都供奉关羽夜读春秋之像，代表武威、正气、忠义、智慧等。

南阳有句民间谚语：“唐河有个塔，离天一丈八；南阳有个王府山，扒扒差差够着天；赊店有个春秋楼，半截还在天里头。”春秋楼被焚毁，2005年，在遗址上建起了关羽夜读春秋的雕像。

社旗山陕会馆第一层院

社旗山陕会馆第二层院

社旗山陕会馆

社旗山陕会馆第三层院

梦回古镇

伏牛山老界岭

癸

道家文化
经典应用实例

在中华地舆中分散传承着道家理论体系。这些理论应用于实践，便衍生出了精彩绝伦的道家文化。

第三十七章　汉画像石与地舆抽象图

一、南阳汉画馆

有学者提出，汉画像石天文星象图应该是《山海经》中的图像。

汉画像石收集的凌乱，图像多数不完整。笔者本不研究这一部分，身为南阳人，应为家乡做点贡献，就专程去了一趟汉画馆。原来曾去过汉画馆，只是走马观花，印象不深刻。这次抱着赤子之心，用心的读了一遍。这一读震惊不小，特别是那幅拼合完整的巨幅图像，堪称一绝。随加入这一章，简述笔者理解的一种思路，供研究者参考。

《山海经》是看图说话，图是在天成像在地成形的抽象图形。汉画像石中存在《山海经》的图像，但不是原始图像，而是地舆抽象出灵魂后的图形应用。

汉画像石是汉代雕刻在墓室，或祠堂四壁等场所的石刻壁画。在九州均有分布，最密集的地区主要分布在南阳盆地。汉画像石中的地舆抽象图是老子做伏藏之后，较早的应用，应用接近原始抽象图影像，具有较高的参考价值。

二、麒麟与天禄辟邪

走进南阳汉画馆迎面有一对神兽，人称天禄、辟邪。唐、宋、明都有记载，说有一对神兽在宗资墓前，膊上有“天禄、辟邪”四个字。

明代宗资墓附近发现有一对神兽，但没有这四个字，认为已被损坏。嘉靖七年，南阳知府杨应奎根据《汝帖》留下

南阳汉画馆

的拓本字样，在神兽膊上重新刻上“天禄、辟邪”四个字，立了碑，写了《石兽记》。从此，这对神兽成为公认的宗资墓前的天禄、辟邪。

另有记载说：南阳麒麟岗百里奚墓前有七块大石头，人称七星冢。墓前还有一对石麒麟。

麒麟岗和卧龙岗是同一道岗，是北斗九星的左辅星。后人祭奠百里奚用七星和麒麟，代表了对百里奚的高度评价，同时包含了麒麟岗的地舆特征。

宋代黄庭坚任叶县县尉时到南阳凭吊百里奚，这对石麒麟已经不在墓前。黄庭坚在《过百里大夫冢》诗中说：“客行感时节，况复思古人。何年一丘土，不见石麒麟。断碑略可读，大夫身霸秦……”

笔者走访了文物工作者，说汉画馆这两只神兽是从两个地方凑齐的。有“天禄”字样的来自宗资墓，在老城东北方向，今防爆厂附近。另一个没有字的来自麒麟岗，在城西。

宗资墓和麒麟岗都有神兽确定无疑了。杨应奎刻的字可以区分开来。两处的神兽具有相同的工艺，相同的造型，似乎来自同一个时代，传达着南阳两位名人的信息。

称为麒麟也好，神兽也好，它们有一个明显特征，就是有翼。道家作为神兽的是龙之九子，都是有翼的。道家将东南西北四个方位代表四象的四个龙子称为四灵。中间还有一位龙子麒麟，身在中宫。中宫与紫微垣相通，在天中央。麒麟身居天庭地位显赫。用这个灵兽是需要地位的。

在民间只能用到四象，这第五位灵兽麒麟，只有皇家可以用，起码也要是诸侯或朝中重臣。老百姓只能去皇家建的祭祀场所，祈求麒麟送子，代表皇家的恩赐。有说麒麟无角、独角、双角等且各有名字。其实只是性格不同，功用不同罢了。

汉画馆中的麒麟

三、镇馆之宝

南阳汉画馆“许阿瞿观舞赏乐”被选为南阳汉画馆镇馆之宝、国家一级文物。被选为镇馆之宝是因为墓志铭有死者身份，是全国独一无二有墓志铭的汉画像石，

该画像石于1973年出土于市郊三国时期一墓葬。有明确的纪年，即东汉建宁三年(公元170年)。墓志铭记述了许阿瞿年仅5岁不幸夭折和家人的哀悼。

从汉画像石内容看，许阿瞿的身份不是皇家王族，对死者死后的愿望只是歌舞升平的富贵生活。

瞿，下面是雉鸟，上面突出双目。

《说文》：“瞿，隼(sǔn)之视也。”相当于猎鹰。父母寄希望顶多是一位战将。死后没有进入星垣的资格，只是家庭富裕而已。

这块画像石出土时并非是许阿瞿的墓，而是在一座魏晋时代的墓葬中被作为墓顶来使用。这是古代石碑移位做建筑材料的第一个证据。

在古代，凿制和打磨石头难度大。因此，在一些墓葬或古建筑中出现对旧石的利用现象。多是后代利用前代废弃暴露的刻石，也有的将原画面用石灰涂盖。这种现象也是无法考证墓主人身份的原因之一。

1958年，大跃进兴修水利，全国人民是一家，各地大量的墓碑、记事碑都成了建筑材料。全国琳琅满目的石林顷刻间消失了。石碑成为远近大小桥梁、水库等水利工程的建筑材料。石碑已不能作为事发地的主要证据，除非有位置记载，否则只能作为辅助证据作参考来用。

旅游开发争夺名人的时代，用石碑作证据需要慎重。

南阳汉画馆镇馆之宝

四、引魂升天

汉画像石在内容上包括神话传说、典章制度、风土人情等各个方面。从墓葬位置分为门、墙和墓顶。门、墙多为招魂，门神、享乐等作用。墓顶多为引魂升天。

汉画像石主要代表生者对死者的精神寄托，希望死后或回归自然，或进入仙界，或希望死后像活着一样，有自己的领地，享有专权，继续享尽荣华富贵。死者牵扯群体很多，内容包含很广。可以说汉画像石的内容包含多家思想，是一部民俗百科全书。引魂升天应用了地舆抽象图的理论，所以出现与《山海经》内容近似的图象。主要应用位置在墓顶。

生者的期望，死者的地位决定了墓顶汉画像石的内容。

古代等级森严，王侯将相要通过玄牝之门返回天庭，进入紫微垣，即西王母的空间。这一部分有伏羲、女娲，有太子、庶子，表现为太阳鸟、月宫、三皇、五帝，还有贯通天地的扶桑树，等等。

地位稍低的要去太微垣，依然前呼后拥，地位显赫。

低级官僚只有到天市垣，有吃有喝，热闹非凡。

富商们追求荣华富贵，攀龙附凤。

老百姓死后没这待遇，只要衣食住行丰足就不错了。

在应用中，根据死者的地位和作者的理解，图像有所变化，但星象图形传达的地舆抽象思想不变。遗憾的是汉画像石大都没有对应的死者身份，推理得不到证实。本章就用几个典型的墓顶汉画，简述笔者的理解角度。

首先欣赏汉画馆中最大的一幅组合图像。

下面这一幅用九块石头拼接的图像，是汉画馆中最大、保存最完整、内容最丰富的珍品。

由于画面太大，反差太小，不易一目了然，容易被忽视。实际上这个组合才是镇馆之宝。笔者用摄影技巧将画面展示出来。

这是一幅包括天、地、人的画面。

首先南斗和北斗确定了天南地北的方位。左侧为天代表南方，右侧为地，代表北方。

逆行成仙

左右两个人物不是伏羲女娲，因为有太阳鸟的存在，是龙子。右侧的女性不是嫦娥，因为嫦娥与龙子是姊妹关系。这位女性只能是龙子的配偶。如此可以确定，南方为中女，代表离宫，北方为中男，代表坎宫。这是后天八卦的布局，是火水未济的状态。

道家认为，人形成胎儿出生，即从理想的地天泰状态转变为火水未济的状态，有生老病死之苦。需要通过炼丹术等取坎填离的方法，逆行返回地天泰的状态，返回虚空成为神仙。

天地之间是人，用了四象。这九块石头组成的巨幅画面，是墓穴的顶。遵循了“天九地八人六”的规制。四象分布与仰望天空的逆行顺序一致。

四象分布没有对应南北方向，人物也没有遵循前朱雀后玄武的常理，说明是在运行中。这是一个相对运行的自然状态，一正一反，代表顺行成人，逆行成仙。

四象围绕的中心是麒麟的位置，是通向北天极的玄牝之门。中间的人物代表死者。外圈火水未济状态代表顺行成人，内圈四象逆行代表逆行成仙。画面展示死者在火水未济状态下逆行成仙的运行状态。

贯穿整个画面的是扶桑树。扶桑树遍布天地之间。有学者认为是祥云。扶桑树在地成形为山脉，在天成像是祥云，似乎有些道理。仔细辨认，汉画中的祥云与扶桑树在绘画细节上是有区别的。祥云的云朵与扶桑树的叶子风格不同。另外扶桑树具有连续性，祥云多有中断。

马王堆一号墓“非衣”中与西王母相伴的是祥云，与东方帝相伴的是扶桑树和龙九子，可以看出明显区别。

这两幅画面来自网络截图，色彩有误差，但祥云与扶桑树的特征可以区分出来。

马王堆帛画的祥云

马王堆帛画的扶桑树

第三十九章 佛教应用道家文化案例

一、佛教的道场

佛教在中国传播选择道场，遵循道家地舆应用的理论。许多著名寺院都在中华地舆的玄牝之门处。佛教道场的选址与道教道场选址方法相同。

历史上最著名的是五台山之争。五台山是道家的紫府，是天帝家族的天宫在地成形的地舆。佛教在中国建道场，看中了道家的紫府，最终获得了这块宝地。孰是孰非，不是笔者的研究范畴。本章要讲的是佛家在中国的道场选址应用了中华地舆的理论。

女娲断鳌足立四极，四只鳌足是圣垛山、小顶山、武当山和枣阳的玉皇顶。龟尾是襄阳的九宫山，也叫龟山。只剩下龟头可以四处张望，所以龟头太子山也叫太子望。这些地舆都被玄武大帝成道路应用，佛教无处插足。

在南阳盆地，桐柏山上有太白顶，又名胎簪山，也叫大复山，是盘古形成初期的“鸡蛋”，像一个胎儿插在桐柏山上。桐柏山还是老子“域中四大”轮回往复的起始点。佛教看中了，在此建了寺院。听说是道教的道士改信佛教了，具体情况笔者没去做深入调查。

盘古破壳而出，黑白两界的转变，道教没应用，佛教应用了，玉皇顶阳面有白竹园寺，代表光明。阴面的黑沟，代表黑暗。黑沟的另一面建有黑明寺，代表黑与明的转变。

伏羲女娲两尾一开一合，形成南阳盆地，开合代表三界沟通的玄牝之门，这一开一合的呼应关系被佛教应用，建了香严寺和香山寺。

除以上之外，最经典最绝妙的有两个应用，一个是菩提禅师修道路建的两个寺院，另一个是天然禅师建的丹霞上下两院。本章以提禅师和天然禅师的建寺理念为例，阐述佛家道场如何应用道家文化，探索古人释道合一的应用。

二、菩提禅师修道路

菩提禅师的选址遵从了道家地舆应用思路，首先从天市垣最基础的七尖峰开始修炼，建了云堂禅寺，把自己看作一个普通老百姓，一步一个脚印地修炼，遵循的是渐悟的方法。通过修炼逐步进入士大夫阶层，然后去太微垣修炼，建了菩提寺，最终目标是进入天庭。

菩提寺建在杏花山，杏花山是进入天庭五帝内座五垛山的捷径。圣垛山在太微垣是储君，不在朝中。五垛山在朝中，菩提禅师选择了五垛山。五垛山被道教应用，菩提禅师巧妙地应用了杏花山。这证明菩提禅师的最终目标是进入天宫。

菩提寺山门外有“菩提禅师成道处”的洞穴，与之相伴的还有一个老虎洞。菩提禅师修道时，有老虎相伴的神话故事，故事与太子修道路上遇老虎的故事分毫不差，只是换了人名。

由此可以证明，菩提禅师引用了太子修道路的玄机，走了太子修道路的一条捷径。菩提禅师修成正果没有用成佛的字眼，而是用了成道。菩提祖师成道路与太子成道路异曲同工。

容易引起争议的是，释迦牟尼修道路也是太子进入民间修成正果的过程，中途也有猛兽滋扰。

五、龙九子与扶桑树

汉画表达的神话故事思想不是故事的本身，而是某种天象取象比类的展示。读汉画回归自然部分要用中华地舆抽象的视角。传达墓主人身份与引魂升天后的去处。

下面这两幅汉画都是墓顶石，专家命名《嫦娥奔月》和《牛郎织女》。两个神话故事都是南阳盆地地舆特征的写照。

综合前面所讲的老子的伏藏，南阳盆地的地舆特征表现为：扶桑树贯通天地；龙九子是九只鸦鹊落入盆地；月宫有蟾蜍、玉兔；月宫是织女们的家园；扶桑树在天成像是一只老苍龙等。老苍龙还代表玄牝之门，如老子骑虎、玄武神修炼骑虎、玄武神巡游骑龙等，龙、虎都代表玄牝之门。明白了这些，这两幅图就好解释了。

《嫦娥奔月》是受神话故事的影响。在笔者眼中，这位女子不是嫦娥，而是织女的老师嫘祖，因为有许多腿，是蚕多腿的信息。周边的曲线是一棵扶桑树，与之相伴的是龙九子。死者是一名蚕桑管理的官员或技师。龙九子搭建好了鹊桥，迎接女子回归天庭、月宫。

《牛郎织女》用法更抽象。扶桑树变为老苍龙，月宫和龙九子表现手法不同，但意义相同。

老苍龙脚下和上部是祥云符号。老苍龙头部和右下部，有扶桑树的特点。老苍龙代表扶桑树，也代表打开了玄牝之门。从人物发髻等特点看，死者同样是女子。牛是神牛，有迎接织女回归月宫的意思。

对于汉画像石，笔者不是专业研究，认识必然肤浅。列举这几例，给专业研究者提供一个思路，仅此而已。

嫦娥奔月（嫘祖回天庭）

牛郎织女

第三十八章 水镜先生与三国

一、得雄者王 得雌者伯

南阳衡山有二雉，在夏禹划分九州时已应用，老子做伏藏必然要应用这二雉。远古的原创故事在后期应用中被润饰是常有的事，大多由于政治需要或为达到某种目的而修改传说故事的。无论如何修改，都不脱离地舆特征，因为这是故事发生的根源。

衡山二雉的传说已被两次修改，夏禹最初是如何讲的这个故事已无据可查，如今能够听到的只有修改过的传说。但原始意图没有改变。

两次修改，一次是汉光武帝刘秀，另一次是三国时的司马徽，也称水镜先生。

“得雄者王，得雌者伯。” 首先是刘秀为了君权神授而附会的一种说法。

刘秀虽是汉室血统，但不是嫡传，而是旁系，当皇帝有点名不正言不顺，需要用“君权神授”的思想提高身价。于是就演绎了大量神话传说故事。这是古代皇帝常用的方法。好像不这样做，总觉得自己的政权不合法，总觉得有种偷偷摸摸的“窃国者”的身份。

流氓无赖出身的刘邦在起义时，就“制造”了大量的传说故事，借以表示自己至尊的天子身份。

例如高祖“斩白蟒”的故事。《史记》《汉书》中都有一定的记载。可见只要政治需要，历史可以这样写。

王莽撵刘秀没有正史记载，传说故事多是神话，在很大程度上反映的是人们对真善美的赞赏及对假恶丑的斥责，宣扬的是儒家思想，同时表明刘秀“君权神授”的天子身份。

王莽撵刘秀的民间传说，流传在南阳盆地到河北一线，基本上是刘秀征战的主线。故事结合了当地的地舆特点，是古代对地舆应用的典型案例。

在南阳盆地的传说，主要集中在盆地北部一线。故事主线揭示的地舆特征与北部星垣应用相一致。

传说故事看似荒诞不经，其实都在传达着许多传统文化的思想。

传说刘秀曾在雉衡山获雄雉，之后得了天下。

“得雄者王，得雌者伯。”传说较早，记载到唐代才有。

二、东汉的军校

东汉末年，出了一个刘备，与刘秀一样，运用了“得雄者王，得雌者伯”的传说。在东汉分崩离析之时，让汉室又延续了一段时间。就是历史上著名的魏、蜀、吴三国鼎立时代。

三国鼎立和刘备用二雉不是刘备的杰作，而是水镜先生设的一个局。水镜先生是一个传奇人物，他设的这个局只有他的三个得意门生知道，其他人皆被玩弄于股掌之间，包括孙权、刘备和曹操。

做学问不是写小说。有些推理听起来像小说。干脆就讲个故事吧，或者说也学着写一篇短篇小说。

司马徽

司马徽，字德操，又称水镜先生、好好先生，是一位和鬼谷子齐名的神秘人物。

建安三年（198年），荆州牧刘表设立学校，广泛寻求学识渊博的名家。请了一位有名的老师叫司马徽，就是水镜先生，在荆州襄阳建起了学校。相当于清末的云南陆军讲武堂，民国的黄埔军校，召集的全是国内一流的人才。

水镜先生开办的军校有三位最得意的学员，徐庶、诸葛亮和庞统。

徐庶

徐庶，字元直，颍川郡长社县人，在今河南许昌长葛东。徐庶出身寒门，儒家学子，讲孝道、讲义气，为人厚道忠诚，是一个可以灵活运用的棋子，自然成为牺牲品。他没有政治成就，成为孝子的典范。

庞统

庞统，字士元，号凤雏，汉时荆州襄阳人。

庞统喜欢评价人物，培养别人的名声，所以被他评价的人，都往往超过该人实际的才能。人们对此感到非常奇怪，于是去问庞统。

庞统说："方今天下大乱，正义之道逐渐衰退，善人少而恶人多，我想兴起这样的风俗以达到助长正道的目的，所以要宣扬好的榜样，改善世风，如果不这样做，善人会越来越少。十个人当中如果可以改善五个人，就可以将此事完成一半，进而达到教育世人的目的，使有志向的人可以自己勉励自己。这样难道不行吗？"

"文人相轻，自古而然。"庞统不然。庞统具有高尚的品质，是文人的楷模。

诸葛亮

诸葛亮，字孔明，号卧龙，也称伏龙，山东临沂市沂南县人。近代评价他是忠臣与智者的代表人物。座右铭是"鞠躬尽瘁、死而后已"。

诸葛亮3岁丧母，8岁丧父，与弟弟诸葛均一起跟随叔父诸葛玄。诸葛玄后来投奔荆州刘表。诸葛亮兄弟也来到了荆州襄阳。真是两个可怜的孩子。不幸中的万幸是有机会进入司马徽的学堂。

建安二年（197年），诸葛亮的叔父诸葛玄病逝，留下了可怜的兄弟二人。诸葛亮此时已16岁。东汉末年，是一个时髦追逐名利的时代。诸葛亮能做到的只有读书学习。

诸葛亮有幸在襄阳军校结识了国内的一批名流，包括庞德公、黄承彦、徐庶、庞统、崔州平等人。诸葛亮和庞统是其中年龄最小且最有才华的两个孩子。黄承彦还将自己才华出众的爱女黄月英许配给诸葛亮。

黄承彦说："听到你要选妻，我家中有一丑女，头发黄、皮肤黑，但才华可与你相配。"

丑女是黄承彦谦虚的说法。不过黑头发的民族，出了个黄头发，常人不太容易接受。要是现在，满街黄头发，黄月英保证是个一流美女，还不用花钱做头发。

笔者说的美女不仅是外貌，还有修养与智慧。一个菩萨境界的女子，流露出来的是菩萨的气质，你说美吗？即使她皮肤黑，黄头发。

三、水镜设局

水镜先生晓天文懂地舆，通达古今。他的家乡是夏启的都城阳翟，是一个人杰地灵的地方。刘秀追随者演绎的王莽撵刘秀的神话传说，许多都在阳翟南北一线，水镜先生最清楚刘秀"君权神授"的意图，更清楚"得二雉者得天下"的前因后果。

古代的文人有一个通病，就是守旧，不希望改朝换代，哪怕衣不蔽体、食不裹腹也不愿看到生灵涂炭。水镜先生用自己的智慧维护东汉的延续。但水镜先生瞧不起刘表的为人，暗自看中了刘备。

水镜先生打算让自己几个才华出众的学生，全力帮助刘备成大业，精心设计了一个局。

水镜先生具有“明于盛衰之道，通乎成败之数，审乎治乱之势，达乎去就之理”的本领。预知未来孙权与曹操各霸一方，有天堑相隔，隔江而持，都是不可战胜的。汉室气数将尽，让刘秀恢复汉室一统天下已是不可能的。只有占据四川天府之国，借助天堑可以提高自己的力量值，可保一方太平。山外魏、吴对抗必将顾及蜀国的存在，皆不敢轻举妄动。如此可构成三国鼎立的局面，从而实现汉室的延续。

水镜先生让已成年的徐庶去全力帮助刘备壮大，等待时机。然后给两个得意学生起了名号。诸葛亮年纪小，叫卧龙。水镜先生让诸葛亮找个地方先活下来，隐居待机而动。给庞统起了名号叫凤雏。庞统18岁已是成人，但不成熟，可以到江东先练练手。老师特别叮咛：记住千万不可太露锋芒。

水镜先生故弄玄虚的跟刘备讲了刘秀得二雉后得了天下的故事。刘备何许人也？聪明过人，一听就明白，自己和刘秀身世近似，得天下都不正宗。此事就暗记在心中。水镜先生算是悄悄埋下了一粒种子。

如此，徐庶先去创业开路。一雌一雄二雉就隐藏起来了。徐庶隐于朝，凤雏隐于市，卧龙隐于野。

水镜先生完成了设计，如此这般的吩咐弟子们如何操作，然后悠然自得的继续做自己的好好先生。

四、诸葛亮设计人生

诸葛亮叔父去世，可怜的兄弟二人没了依靠。干事业年龄尚小，只好找地方先安顿下来。从此开始了隐逸生活。

隐逸有真隐和假隐之分。诸葛亮遵照恩师水镜先生嘱托，以隐居为名先活下去，继续学习。待日后时机成熟，辅佐刘备大展宏图，待机而动。

隐逸选址是很讲究的。首先，人生目标是什么？要让目标容易找到自己。其次，位置要显出水平，能够提高自己的身价，还要便于掌握外面的时局发展。

水镜先生设的局是三国鼎立，诸葛亮的人生目标是辅佐刘备。隐居地必须让刘备能够找到。未来刘备无处容身只有投靠刘表。刘表疑心重，安置刘备去荆州边远小城新野的可能性较大。选址距新野近容易，但显出水平就难了。

诸葛亮和庞统被司马徽称为卧龙与凤雏。这一龙一凤来源于南阳雉衡山二雉。二雉化为济渎和淮渎，雄雉在北方，雌雉在南方。南阳盆地襄阳九宫山与南召太子山是龙凤对应关系。庞统在襄阳属南阳盆地南方，不需要到处跑。何况庞统不需要隐居，直接去了江东。诸葛亮应该去雄雉的方位北方，具体位置选哪里呢？

从诸葛亮辅佐刘备的战例可以看出，他时常运用古代星象在地成形的方法，占据他心中的战略要地。从他战术中可以看出，常常运用星象运行规律部署战术。可见诸葛亮先生的行动轨迹与星象有着密切关系。如此推断诸葛亮先生必然去与星垣应用有关的地方。

雉衡山或太子山是南阳盆地紫微垣的皇宫，去那里就不是伏龙了，直接是龙子，显得野心太大，不可取。诸葛亮自比管仲乐毅，好为梁父吟。那是在告诉世人，他的雄心壮志是做好辅佐大臣。不能去雉衡山或太子山，帝座也不能坐。代表三公九卿的九里山、三贤山等与二雉没有关系，何况地势险要，路险难寻。隐居山中那就成了真正的隐士了，当然不行了。诸葛亮直接选中了北方九星的左辅星。

后羿射日，东方帝的九个儿子被射下来落入南阳盆地。在盆地北部形成九座孤山。龙九子是后羿射落的九只鸟，有雉的特征。这九座孤山组成“北戴斗极”的星阵，是为皇上服务的“帝车”。

北斗七星勺子把处有左辅右弼，是辅佐大臣的性质。右弼星肉眼是能看到，是羊山。左辅星不容易看到，南阳盆地内左辅星的对应位置不是山，只是一道隆起的岗，古代没有统一的地名。

左辅星这道无名岗曾经出过一个有名的丞相百里奚。春秋时和管仲一个时代，并且与管仲齐名。百里奚放牛于此，归宿也在这里。诸葛亮就在百里奚墓的南面有潭水的地方建了茅庐，开荒种地，算是安顿了下来。诸葛亮自比管仲乐毅，但不敢提百里奚，不然就露馅了。

顺着左辅星这道无名岗向南，走蔓荆岗到新野百余华里且无障碍，骑马一天可轻松往返。站在岗上向东望，南阳城尽收眼底。

与龙九子有关的山都有山洞、山泉等，以示玄牝之门，可以互通。好多山上都有传说，说在洞中放两只鸭子或羊之类的动物，在其他山或洞能出来。卧龙岗上的卧龙潭，也有鸭子出入各山的传说。

这道岗之前没有地名的记载，只是一处平原上隆起的荒岗而已。没有名字的地方更适合隐居。这里距城市很近，便于寻找，也更便于了解外界的信息。

这道无名岗出了两个丞相，名气就大了。但起什么名字呢？百里奚称为“人中麒麟”。诸葛亮称为“人中之龙”。两位都是有名的辅佐大臣，都有左辅星命名的资格。后人把这道岗一分为二，两位丞相一人一半，谁也不得罪。南部叫卧龙岗，北部叫麒麟岗。从此，这道岗就没有再起统一的地名了。因在南阳城西，当代南阳人仍习惯称为西岗。

《隆中对》出自《三国志》，四川人陈寿在写《三国志》时，诸葛亮已去世多年。记述的《隆中对》给今天旅游开发吃祖先饭的时代带来了纷争。也不能怪陈寿，没有名字吗，他大概也没到过南阳，只知道南阳叫宛，左辅星是宛中隆起的岗。《说文》：“隆，丰大也。”又《玉篇》：“中央高也。”又《尔雅·释山》：“宛中隆。”《疏》：“山形中央蕴聚而高者名隆。”如此，隆起之中茅屋内的谈话叫《隆中对》也就合理了。

卧龙岗上卧龙潭

襄阳城外的九宫山是南阳盆地的朱雀之方，代表凤，凤雏庞统家就在附近。距离水镜先生的军校应该也很近。与九宫山西部相连的山中有隆中的地名，为诸葛亮隐居襄阳还是南阳带来了纷争。

古代选址都遵循道家地舆应用方法。例如以封地为氏，以功绩封地等，都遵循地舆特征的应用。即使平民百姓选村落或建房屋，也要找堪舆师指导。

庞统出去打工，将诸葛亮安排在家中托亲朋照料也是常理，不过这是当代平民的思维。千万别小看古代的才子，他们都精通天文地理。

襄阳其实有很多文化特色，其中水镜先生的军校，比起清末的云南陆军讲武堂、民国的黄埔军校等，档次要高的多。襄阳当时培养出一批名流，包括智圣诸葛亮，比诸葛亮躬耕更有意义。

五、徐庶去曹营

徐庶南下时因母亲被曹操所掳获，徐庶不得已辞别刘备进入曹营。徐庶进曹营不为曹操出主意，被后人演绎成为“身在曹营心在汉”的典故，而徐庶也成为孝子的典范被称赞。实际上徐庶去曹营起到了内应的作用。徐庶才华出众，人又仗义，说是奸细太难听，《三国演义》把他演绎成了孝子，虽然写的不太合理。

徐庶离开刘备时也是刘备急需人才的紧要关头。徐庶按水镜先生事先的安排，讲了得二雏得天下的典故。刘备对这一典故早有耳闻，在紧要关头真有二雏卧龙和凤雏存在，你说能不激动吗？凤雏在孙权帐下，但卧龙是闲人一个。好像是天赐良缘，刘备怎会失去这天赐机会？于是乎，就有了三顾茅庐的传奇。

徐庶离开刘备有一个典故。《三国演义》写道：

玄德哭曰：“元直去矣！吾将奈何？”凝泪而望，却被一树林隔断。玄德以鞭指曰：“吾欲尽伐此处树木。”众问何故。玄德曰：“因阻吾望徐元直之目也。”

在南阳盆地扶桑树树干的东面，即春陵的东侧，有一个徐庶岗，建有徐庶阁。徐庶离开新野去许昌走捷径，顺着春陵直插方城缺口。

徐庶阁旁的村庄叫刘岗，在唐河县张店镇，距离笔者的河南油田驻地只有20分钟的路程。据说徐庶岗规模宏大，河南油田初建时，地球物理公司有一支队伍还住在徐庶阁。

2016年夏天，笔者走访了被遗忘的徐庶岗。徐庶阁已彻底被毁，村民们在村旁建了简易的徐庶阁。村中老人岁数最大的78岁，只剩三个人。巧合的是在村口新建的徐庶阁旁遇到了三位老人。老人们有声有色地讲了刘备当年如何道别徐庶。

新建徐庶阁

绵阳河黑木河段

刘备送了一程又一程，送到今徐庶岗，已是跑了几十里路。送君千里终有一别，当下就在岗上设宴道别。饭后徐庶策马径直向许昌方向而去。

徐庶远去，岗下一片树林遮挡了刘备的视线。刘备令手下砍倒那片树林，木头全推倒在岗下的绵阳河里。听起来似乎是一个神话故事，但有一个证据表明了事件的真实性。

几位老人说，小时候在河里洗澡，经常见到朽木。木头因为碳化，里外全是黑色，当地人称为黑木，也有叫糊木。上世纪三年自然灾害时，颗粒不收，村民们到河里捡黑木烧火做饭，说黑木不起火焰，没柴烧只好烧黑木。

老人们说每次涨水，河里总要冲出黑木。这些年不涨水了，现在看不到了。他们肯定，下面还有很多。一位老人带领笔者来到绵阳河畔，指出了黑木出现的范围。

几位老人小时候都在徐庶岗改建的学校上学。徐庶阁在大跃进时遭到破坏。

六、二雉出山

徐庶离开刘备没有直接去曹营，反而去诸葛亮那里通报。徐庶告诉诸葛亮时机已成熟，这边按老师的计划已安排好了，很快刘备就要来请你出山，你做一下准备，剩下就看你的了。徐庶道别诸葛亮去了曹营。

刘备去茅庐请诸葛亮，诸葛亮故意避而不见，故弄玄虚一番，让关羽、张飞很有意见。关羽素质高不说话，张飞哪里耐得住性子，早就牢骚满腹提意见了。他们哪里知道刘备一心要得到二雉的心思？

诸葛亮很清楚，欲擒故纵事不过三，第三次必须要见的，不然就要错过最佳时机。这就是师徒合谋操作的一个经典传奇，三顾茅庐。

诸葛亮也没闲着，出山必须露一手。他得到徐庶传来的消息后，马上去勘察博望夏侯惇的布防，出山就来了个火烧博望坡，接着又烧了新野。诸葛亮一举成名，且让刘备佩服的五体投地。只是毁了南阳两座城池，让生灵涂炭。

刘备野心太大，一心称霸天下，决心得到凤雏，最终实现了愿望。庞统也是老师事先安排好的，献计占据四川，雄霸一方。雄才大略一下子就震住了刘备。因为刘备心中有数，三顾茅庐时诸葛亮说过："跨有荆、益，保其岩阻，西和诸戎，南抚夷越，外结好孙权，内修政理。"庞统的计谋迎合了刘备的战略思想。

庞统虽不露锋芒，但在曹操八十万大军压境时现了连环计，为周瑜火烧连营出了力。从此曹操失去了强势地位，给刘备的崛起带来了机会。诸葛亮设计谋留下了曹操的性命，也是遵照水镜先生三国鼎立布局而为。

庞统在进围雒县时率众攻城，不幸被流矢射中，英年早逝，时年三十六岁。这是水镜先生绝没有料到的。刘备悲痛万分，追赐庞统为关内侯，谥(shì)曰靖侯，亲自为其挑选墓地，葬于落凤坡。

七、鞠躬尽瘁 死而后已

水镜先生感慨说："诸葛亮虽得其主，不得其时。可惜了一个人才。诸葛亮的才华可保一代明君，但汉室气数已尽，为了汉室的延续，只有浪费了这个千古奇才。"

先胜而后战是诸葛亮的一贯作风，投靠刘备自然不例外，略施小计摇身一变，农夫成了军师。刘备对诸葛亮的信任，让诸葛亮感激不尽。

三国鼎立的目标实现了，诸葛亮也就实现了人生的梦想，治国的才华再次展示。最典型的是汉中小盆地，汉中是地舆形成初期天地人的中心位置，是"中"和"汉"象形字诞生的中心，汉中地名由此而来。诸葛先生以此作为天下调和中心，参照南阳召父杜母水利工程兴修水利，建立了一个

诸葛草庐

太平盛世。到此时，算是完成了水镜先生设计的三国鼎立的局。下一步如何把握，是诸葛亮自己的事。

当时的蜀国若持续发展，必将慢慢强大起来。但诸葛亮是一个臣，君之意要天下一统。蜀国天堑易守难攻，出去打仗天堑反而成了弊端，给养供给有困难，若做不到速战速决，对方守而不战，蜀军也会不战自败。

诸葛先生从小是个可怜的孩子，承蒙刘备看重，才不枉来人世一场。白帝城托孤，对先帝有承诺，不然死后如何面见先帝？再者，诸葛亮是一个将才，没有帝王的胸怀，先帝已去，没了主心骨。勉为其难，替小主做了主，超出了自己的能力。

诸葛亮不该犯这低级错误，做了先败而后战的事。哭着写了《出师表》，用“鞠躬尽瘁，死而后已”来安慰自己。岂不知丢了江山又如何面见先帝？

诸葛亮最后的决断一反常态，明知不可为而为之。是诸葛亮老年痴呆了？不是。这就是诸葛亮被人尊重的关键点。其一，感恩之心。为报恩而超出能力去做，明知是死路，也要走下去。其二，忠。为国尽忠，哪怕粉身碎骨。

岳飞当年路过卧龙岗，读完《出师表》体会到了诸葛亮的感恩之心与报国之心，联想到自己的处境，与诸葛亮近似，写下了“还我河山”四个字，挥洒了一代英杰报国之心的豪迈气势。

站在历史的角度看，早该实现的太平盛世，因他而推迟，更多的战事让民不聊生。当然这不只是诸葛亮的错，水镜先生也有责任。孰是孰非只有让历史评判。

对君来讲，诸葛亮是忠臣。他是中国传统文化中忠臣与智慧的代表人物。

八、紫山凤雏台

南阳紫山有个凤雏台遗址，有传说庞统隐居南阳紫山。听起来似乎有点道理，其实不然。并不是有个地名，有一通石碑，或有个祠堂、道观或寺院，就成了发源地。研究古人，必须要依据所处时代的文化背景，以当时的世界观与方法论看问题。

庞统没有隐居的经历，怎么会隐居紫山？没有隐居紫山，凤雏台何来？

“文人相轻，自古而然。”庞统赞赏别人的品质值得尊重，堪称文人楷模。紫山在九星中属于文曲星，后人在文曲星的方位建台祭奠庞统倒是合理的。就像武侯祠只是祭奠的地方，不是驻地，诸葛草庐是驻地，需要区分。

九、诸葛亮隐居地之争

紫山是后人祭奠凤雏，卧龙岗是否也是后人在左辅星祭奠左辅大臣呢？这里从星象应用的理论角度简要分析。

南阳卧龙岗和襄阳隆中争夺诸葛亮隐居地。南阳襄阳是坎离对应关系，也是龙凤的对应关系。卧龙应在北方，凤雏应在南方。但道家炼丹术中有一个经典的用法，叫抽坎填离。让坎去南方与离交合，坎上离下让火水未济状态变为水火既济状态，进一步达到地天泰的状态。从这一角度讲，诸葛亮是否隐居襄阳呢？

卧龙也叫伏龙，是潜龙勿用阶段，未成年。伏龙需要终日乾乾迅速成长，还不具备抽坎填离的条件。只有长大成人，才能去南方实现梦想，但那时又不需要去襄阳隆中了。诸葛亮羽翼丰满后，刘备请他出山去南方创业，此时才称得上抽坎填离。伏龙终于飞龙在天，实现了三国鼎立的梦想。诸葛亮一代智圣也未逃脱亢龙有悔的规律，最终还是丢了江山。

白居易一首《咏史》道出了玄机：

先生晦迹卧山林，三顾那逢圣主寻。
鱼到南阳方得水，龙飞天汉便为霖。
托孤既尽殷勤礼，报国还倾忠义心。
前后出师遗表在，令人一览泪沾襟。

白居易先生强调了先到盆地北方南阳得水，赞美了后去盆地南方天汉飞龙在天，感慨最终亢龙有悔的悲壮。

诸葛亮被称为智圣，选隐居地必然不会犯低级错误。无论从星象或地舆的角度，还是从《易》的角度，都会选址南阳卧龙岗。襄阳隆中是个不错的地方，用抽坎填离之法建祠堂祭奠诸葛亮的成就，传达道家文化玄机，或许就是始建者的初心。

南阳卧龙岗武侯祠初建于魏晋，盛于唐宋，距今有1800多年历史。刘禹锡有《陋室铭》：“南阳诸葛庐，西蜀子云亭。”李白《南都行》：“谁识卧龙客，长吟愁鬓斑。”杜甫、白居易也都有诗句赞赏。

蒲山周边的民间传说，也在为诸葛亮隐居地作旁证。传说按北斗七星加左辅右弼的九星布局，蒲山本不在这里。在诸葛亮出山之后，关羽征战至此，一刀劈了牛脖子，蒲山与丰山才跑到现在的位置。故事在为诸葛亮先生隐居左辅星作旁证。这必是知道玄机的世外高人修改了故事。

刘禹锡《陋室铭》

白居易《咏史》

李白《读诸葛武侯传》

杜甫《武侯庙》

诸子百家争鸣的时代，北半球以北纬30度线为主线的区域，东西方同时出现文明。这些文明有许多相似性，以至于后人研究历史时认为东西方文化有交流和融合的痕迹，争议颇多。

宗教出现后，传承中出现了一些观点。佛教有说法认为，菩萨在同一时代下凡转生在不同的地域给人间传法。道教则说，老子西行化胡，将东方文明传入西方。笔者查阅资料，在原始的佛经与道经中没有看到这一类的信息。笔者“言道而不言事”，从哲学角度看世界，客观、科学的看问题，不介入纷争。

从七尖峰到五垛山，是从普通百姓升为士大夫，进一步进入天庭的一条捷径。这条路与太子进入民间，从基础开始修炼，最终修成玄武神，具有相同的人生道路。太子的神话故事牵扯地点很多，是老子为了系统介绍南阳盆地地舆特征而精心演绎的。菩提禅师运用了太子修道路这一条主线，直接走了捷径。

这条路中间还有一个过渡点，是龙脉中心汇聚点火烧庙。加上火烧庙才构成天、地、人、道“域中四大”的轮回。杏花山代表“天”，七尖峰代表“地”，火烧庙代表“人”，五垛山代表天庭的“道”。

元好问先生大概读懂了菩提禅师的修道路，留下了一个谜题，出了“五朵杏花遮山”的上联，等待后人对出下联而解开菩提禅师修道路的玄机。下面从菩提禅师或太子修炼的基础位置七尖峰开始，来对元好问先生的上联。试解一下元好问先生的谜题。

杏花山菩提寺

三、对出元好问先生的绝对

七尖峰流向盆地一侧的水叫步河，进入盆地叫三夹河。桐柏山北部盘古山南部发源一条河流，叫鸿鸭河，其发源地今建有二郎山水库。鸿鸭河进入盆地后汇入三夹河。如此可以巧妙一对：“三夹鸿鸭步河”。夹代表限制，可作量词理解，三夹为三次限制。鸿鸭代表龙子，步看作动词。

龙脉中心汇聚点火烧庙，西为十里河，东为江水河，涧河上游与火烧庙相伴的一段叫界河。三条河相邻，紧密偎依在火烧庙左右。如此可以对出下联：“十里江水界河”。界为动词。

杏花山不用对了，直接用先生的上联：“五朵杏花遮山”。进入天庭，在紫微垣的中心地带，有前面已经对出的：“排路黄鸭清河”。

将这些对仗按龙脉走向连起来，展现了一条修道路。

三夹鸿鸭步河，十里江水界河。

五朵杏花遮山，排路黄鸭清河。

鸭是龙九子的象征，鸿鸭进入人间从基础开始修炼，三夹束缚着前进的道路，一步一步地前进。十里江水划定了边界，引导着前进的方向。五朵杏花遮挡着天庭神秘的大门。天庭排着长队的黄鸭，澄清了道路，引导着登天之路。顺水而行，即可回归天庭。

四、菩提寺

菩提寺主持僧介绍，传说菩提寺建在一条地下暗河之上，卧佛殿右侧有一暗洞可通往地下河道。传说菩提成道的洞穴与黑虎洞可以通向地下暗河，通过地下河进入卧佛殿，如今洞穴中间有塌方，无法贯通。

菩提寺中轴线是申山寅向，中轴线向东北方向延伸，发现面朝太子山和雉衡山。也就是说面朝盆地代表天宫的中心点。或者说面朝盆地北极星的方位。站在杏花山望太子山中间没有高山阻隔，清晰可见。

菩提寺环境特征表明，从杏花山进入天宫虽近在咫尺，但天宫若隐若现，似有杏花遮挡。顺着地下暗河而行，有龙子们的帮助，终将被接引到天宫。

菩提寺的玄机与元好问留下的谜题吻合。太子是龙子，走这条路有龙子们的接引。菩提禅师的身世没有记载，寺院传承的信息只知道他是唐代邓州人。菩提代表智慧、觉悟，菩提禅师意为觉悟的禅师。选择太子成道路，他极有可能出自名门。

五、太子望与龟驮碑

菩提寺山门前和大殿门外，各有一对龟驮碑，两龟相对回首望着大殿。龟驮碑座和石碑历代重修已不是原始的碑文。大雄宝殿前的一通碑，碑身是明代所刻，其他几通碑的碑文模糊，难辨碑刻时间。笔者邀请道兄袁祖雨做了鉴定，袁先生认为鳌龟的碑座均为唐代工艺。菩提寺建于唐代，应属于初建时的设施。

女娲断鳌足立四极，南阳盆地这只神鳌只有龟首可以举头张望，代表龟首的太子山地名又叫太子望。龟蛇盘结的状态来自伏羲女娲两尾缠绕神鳌，只在汉画中出现过。后期应用出自明代玄武神龟蛇盘结的形象。《西游记》菩提祖师讲给孙悟空的口诀中提到了龟蛇盘结。菩提寺这只龟驮碑出自唐代，没有蛇盘结但仍代表太子，鳌龟回首代表太子望着大殿。卧佛殿旁有洞穴，可以称为洞天福地。

菩提寺的建筑特征表明，这里的洞天福地可通往天宫。太子修成正果已在天宫。回首鳌龟代表太子在迎送修炼者成道。菩提禅师走了太子成道路，遵循逆行成仙的法则。有太子接应，最终修成正果。

这种唐代之前昂首且回首的龟驮碑极为罕见，是菩提寺的又一个玄机所在，可作为镇寺之宝。

望穿天涯是彼岸（摄影：马秀华）

六、华盖的护国之象

华盖星座属紫微垣，位于五帝内座与仙后座W形五星之间，在勾陈座天皇大帝星的头顶，其形状像一把伞。华盖并杠共十六星，古人认为华盖是天皇出行遮风挡雨的伞。这个伞雕龙画凤，星光灿烂，华丽无比。

华盖是一个工具，为皇家服务，其身份高贵，具有清高的气质。华盖外表华丽，在地成形应用具有护国之象。

南阳盆地紫微垣在地成形的华盖方位，在太子山西北方向的伏牛山分水岭南侧。

传说有五条龙来到这里，且留在了这里，后人称为留山。其中北部的三条龙叫大蟒垛、二莽垛和三莽垛。古称大留、二留和三留，留山也因此得名。东西方向有青龙山、白虎山构成三面环山的地貌。华盖是加工出来的，龙凤是刺绣上去的，所以有飞来五条龙的神话故事传承。

更神奇的是，侧面伞墙上有透气的窗子玲珑山，当地称为窟窿山。有伞就有蜘蛛结网，还有蜘蛛山的存在。

这个神秘的华盖周边都是独立的山垛，星罗棋布，似天上的星星。

民间有“八百里伏牛，五百里丹霞”的说法，赞扬华盖占据伏牛山巨大的地舆且霞光四射。

南召丹霞寺

七、丹霞寺与竹园寺

天然禅师修丹霞寺，直接进入天宫，应用的是顿悟的思路，有点清高。但他走的护国禅师的路线，选取了华盖星座，命名仙霞寺，后改名红霞寺，今名丹霞寺。

取名仙霞寺是应用了华盖华丽的特性，与丹霞地貌没有关系。周边也没有丹霞地貌。

天然禅师原本求学走仕途之路，受高人指点入了佛门。在命理学中，八字带华盖具有清高的气质，超人的智慧，天生与佛道有缘。笔者怀疑天然禅师命带华盖，天生就是佛家弟子，所以弃仕途入佛门，起名天然禅师。华盖命理去华盖地舆修炼是恰到好处的，丹霞上下两院皆取了华盖地舆。只是没有天然禅师生辰记载，已无法验证。

在南阳盆地北部九座孤山形成的帝车中，有一座古寺叫竹园寺，是丹霞寺的下院。这座古寺已被毁，竹园寺的村名还在。竹园寺在淯水东岸，与丰山隔河相望。

竹园寺的位置在帝车尾部，象形于插华盖伞柄的位置。古代伞柄都是用竹竿做的，取名就叫竹园寺。寺院种植大片竹林，山门石刻横额“竹园禅林”至今犹存。

金代著名诗人王渥写道：“霜落丰山白水收，翠华全在竹园头。”伞柄头上是华盖，也在暗示寺院应用华盖的玄机。

竹园寺留存下来的两根大殿石柱上的对联颇有禅理：

上联：先录功，后录过，功多过寡者，福赐并赏。

下联：首取德，次取才，德高才厚者，科第连登 。

这是为民之道，华盖服务于皇家，与天然禅师建护国寺的初衷相符。对联确立了做臣民的法则。

丹霞寺古刹

第四十章 探秘古神道

一、古神道

在南阳盆地四周环形山脉分水岭朝向盆地一侧，对应三垣星系的主要山岭，是夏禹时代广泛应用的祭祀场所。从夏禹建邑铸鼎祭祀开始，古人早已普及了神明崇拜。按道家星垣布局，神鳌身体主要部位，包括九州及扶桑树等都存在祭祀场所。古代的祭祀是生活的主要部分。人类无法抗拒自然灾害，就靠祭祀和顺应自然来维持生存环境的稳定。在各祭祀点之间，人们走出了一条条的捷径。这些民间去祭祀道场朝山拜神所走的道路，后人统称为古神道。

盆地内有纵横的主干道，贯通了“银河”与“扶桑树”。后人以盆地内扶桑树干即春岭的白岗山为龙脉汇聚点，加上盘古开天地的桐柏山主峰，相随而从的陶眼，反从为比的泌阳出口，夏禹变革、传道、祭祀打开冥界的大门，还有鳌龟的首尾及四足等，构成南阳盆地的祭祀格局。

沿着扶桑树贯通代表龙九子的九座孤山，加上太微垣、天市垣对应的邓、唐等祭祀点，构成南阳盆地的祭祀网络。这个网络有道路连通，构成一个以祭祀为主的古神道网络。

古神道网络以旱路为主，与经济发达后的水运商业码头不同步。古神道是靠步行跋山涉水走出的艰辛道路。

在古神道中，有许多过渡点，传达着夏禹的应用、道教的应用、佛教的应用以及后期历朝历代的应用信息，其主要表现是地舆特征、地名和神话故事。

二、老子的足迹

老子随王子朝进入南阳盆地，滞留在盆地北部“帝车”与天庭地舆的过渡地带，大部分属于鸭河工区的皇路店镇。王子朝去世后，复辟已没有可能，跟随王子朝的四大家族不乏高人，逃亡中选址必然遵从以地为氏的特征。寻找老子的足迹及王子朝后人和四大家族居住地，具有很高的研究价值。老子做伏藏的行走路线与临时居住地的寻找，对老子的伏藏同样具有较高的研究价值。对此笔者没有做更深入研究。

南阳盆地轮回起始点从桐柏山的胎簪山盘古孕育生命开始。从桐柏山进入盆地的尽处，向北第一道岭有一个祖师顶，山下有太子坡村，在传承着太子修道的神话故事，附近还有摞摞石。这个山头在枣阳玉皇顶与泌阳盘古山的中间，与之相伴的有佛教的桂泉寺与清泉寺，出山路口是淮源镇。这个位置笔者没有深入研究。

祖师顶到小顶山的中心位置叫比，是伏羲女娲两尾交合的接触点，有多处峡谷通道，笔者没有一一勘察。

继续向北，有一个房山，有太子与虎相伴的洞穴，有太子修道的故事传承，有摞摞石，有大批的凹穴岩画，还有黄石公修道于此的传说。

小顶山下有万寿宫，是供奉老子的道场。

北部从小顶山经太子山、五垛山、圣垛山到宝天曼山。中间紫微垣地势平缓，交通相对方便，山前山后都有道路。紫微垣祭祀点密集，有许多神话故事还需深入研究。

五垛山与圣垛山出玄牝之门有镇平二龙、内乡马山口，自古都是神秘的地方。涅水养育镇平人民，默河、湍河向南有覆釜山、师岗、陶眼。这一带笔者只讲了重点，中间还有许多微妙之处。

西部太微垣从五垛山、圣垛山开始向南，经香严寺到达武当山。本书以平原地带为主，西部浅山区石鼓镇、古均州等还有许多玄妙。从五垛山到武当山，玄武神行走路线都有神话故事暗示。如坐皇庙、荆紫关的武当山、岵山、三颤山等都有祖师经过或坐塌、或颤抖等神话故事。

武当山有隐仙崖，有老君洞，还未开发，遗迹尚存。这些地方都有可能是老子落脚的地方。

即使南召县皇后乡天宫内的应用，笔者也没有做细致的调查。深入研究都是不小的课题。

三、小顶山老君殿

小顶山下有一处神秘的地方，生长着一棵千年银杏树。当地道人说，这棵树距今大约有两千五百年到两千六百年的历史。这棵树直径两米，树荫遮盖面积一亩开外。古树生机勃勃，上面挂满了丰收的果实，似乎正值青春年华。银杏树大多雌雄相伴，才会结果，而这棵银杏树独立生长且果实累累。传说这棵千年银杏树的年龄与老子在南阳盆地是一个时期。或许是老子所栽，或许老子当年在树下传道。

这里过去曾叫万寿宫，大殿叫老君殿。炎热的天气，坐在道观门口的走廊里，没有任何夏天的气息，别有洞天的感觉。山门的对联迎合了这一隐蔽的处所：

道院无尘清风扫，

山门不锁白云封。

老君殿与老子同龄的银杏树

看门的是一群道姑，年龄最大的八十多岁，最小的七十多岁，个个慈眉善目，精神焕发。主管李道长是武当山玉虚宫百岁道长李成玉的徒弟。师傅让她到这里看门，今生的使命就是守护这个地方，等待缘分成熟。

这里似乎是道教秘传的宝地。是否老子勘察小顶山在这里居住传道？因为这里地势平缓，交通便利，藏风聚气。车可以开到银杏树下，但不到跟前根本看不到这棵大树。

这个地方是笔者心目中的老子传道地。从民间堪舆学的角度这里是一个藏风聚气的宝地，老子会选这里。黄石公跟踪老子的足迹曾在此勘察修道，后人将小顶山以黄石公命名，叫黄石山。老百姓说这里许愿最灵。无论老子是否在此传道，起码这里是一个老子的道场，这里在传承道家文化。

老君殿外有小老君堂、老君堂等村落，有许多神话故事在默默传承着周边地舆的玄妙。

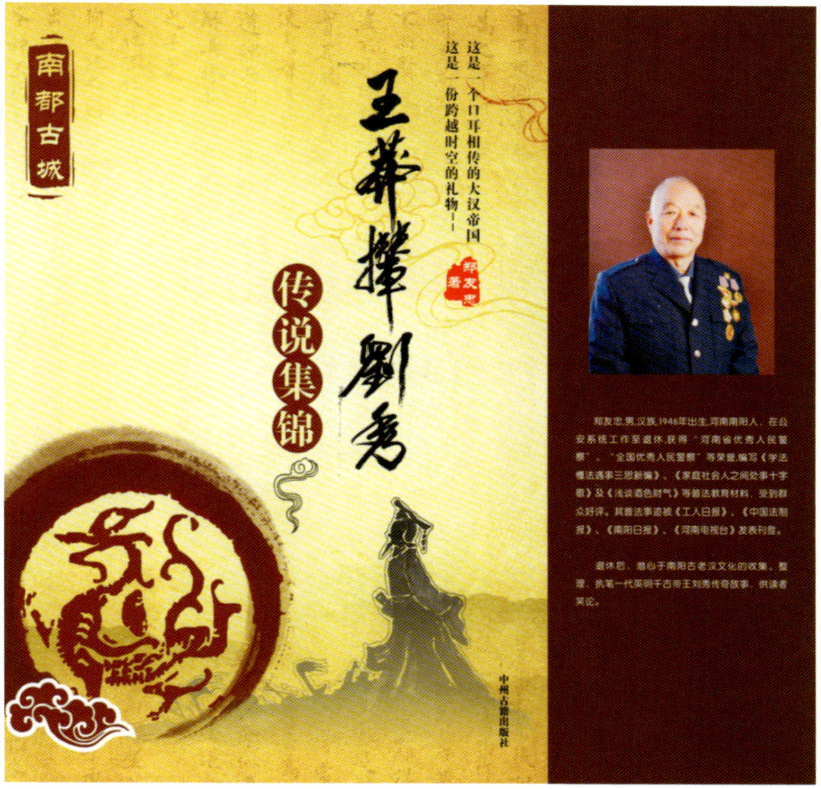

四、王莽撵刘秀

王莽撵刘秀的神话故事，传承路线主要沿着古神道延伸。夏禹时代祭祀的地方、老子留下的具有神奇特征的地方、人们走古神道歇脚的地方等，多数都有神奇的神话传说。古神道附近的山势、沟壑、巨石等，都被充分运用。就连昆虫、乌鸦，甚至树木、野草等都在帮助刘秀。个别故事也说刘秀曾做过坏事，最终得到了应有的报应。

探秘南阳盆地古神道要从几个方面入手：

1.星象对应点的对应位置寻找。

2.能量转换点的祭祀信息。

3.古地名追踪及内涵的分析。

4.神话故事的挖掘。

5.王莽撵刘秀神话故事主线的参考。

6.太子修道路故事发生地连贯起来贯通盆地。

7.牛郎织女的故事主线，从鸭河口沿淯水而行，然后顺汉江经丹江口到郧西天河，还有许多美妙的应用，有待深入发掘。

王莽撵刘秀的故事有一位叫郑友忠的退休老人已系统整理出版，并送给了笔者。老人家还在继续做更深入的挖掘，强调遵循自然规律的主线，用民间朴素的传说，宣扬中华民族生生不息的正能量。南阳有许多像郑友忠老先生那样的人物，在默默地挖掘并保护盆地的文化遗产。

家父一位学生叫齐英杰，也是笔者同乡。他创办了南阳文化网，创建了南阳文化资源数据库。还有"仿古寻踪"的民间公益团队、刘秀的民间研究团队、牛郎织女故事发源地的民间研究团队、挖掘楚汉文化的民间团队等许多民间爱好者，一直在坚持寻访、保护文化古迹，为民族文化的传承在默默地奉献。

多年来，民间故事整理一直有人在做，但整理零散，缺乏主线，缺少专业人士的指导。笔者说的主线贯穿，不是技术问题，民间学者不缺乏智慧。这个主线不可脱离地舆环境，应通过周边地舆的相互关联来贯穿，这是中华民族积极向上的正能量，是引领民族走向富强的灵魂，更是老子伏藏中散落的珍珠。文化脱离地舆环境就失去了灵魂，会对老子的伏藏带来损失。

五、摞摞石与女娲补天

女娲斩鳌足立四极，让南阳盆地这只神鳌永远固定。南阳盆地的稳定标志着中华地舆的稳定。

在南阳盆地周边的环形山脉中，与四极相伴的附近有许多孤立岩石的存在。民间称摞摞石，具有女娲补天遗留物的特征。摞摞石似天外飞来，或似悬浮于空中，或似插在崖壁上。道家在应用中把它们看作成熟散落的果实，似天界送入人间的种子。这种应用方法，以陕西秦岭翠华山的“山崩地貌”最形象，在老子西行中再讲。

针对南阳盆地的摞摞石特征，在古人眼中具有女娲补天之石的特点，或是补天之石，或是补天散落之石。扩大范围，在中华各地能找到许多这样的飞来之石。这些石头大都是砂岩，石质相同或相近。各地都有不同的神话故事，在讲述奇石的玄妙。

地质界解释，这些摞摞石来自于地壳运动，但形成因素不同。南阳盆地的飞来之石，来自于长期的剥蚀，让砂岩表面逐步脱落，硬度较大的部分残留下来，形成没有棱角表面光滑的石柱形、圆形等形状奇异的巨石。

南阳盆地直接用摞摞石做地名的就有三处。南召县四棵树乡摞摞石村相邻两个山头都有摞摞石，其中一个称为蒸馍石，是王莽撵刘秀的神话。飞来之石还有许多名称，如骆驼石、定南针等。方城房山的摞摞石由于晃动，底部被加固，失去了悬浮的特性，有点杞人忧天的感觉。湖北随县七尖峰的摞摞石依然在那里继续晃动。

在南阳盆地环形山脉中，只有武当山没有摞摞石。武当山的摞摞石去了哪里？明代修建武当山时就地取材，将摞摞石做了建筑材料。笔者在武当山勘察时多次被提问，龟驮碑巨石何来？在此给出答案，龟驮碑来自于就地取材的摞摞石。武当山龟驮碑不是按地位配置，从龟驮碑的分布可以侧面证明龟驮碑就地取材的可能性。

房山摞摞石

四棵树摞摞石

第四十一章 黄帝诞生地舆应用示例

一、老子归隐

老子完成了道家理论体系传承的使命，如释重负，终于可以隐居修道颐养天年了。

老子修道要进入伏牛深山，传说弟子们送他到南阳市西峡县向北进入伏牛山。进山车马不能前行只好返回，老子在此稍事停留，陆续与送行的弟子们道别，做最后的教诲。后人将回车传道的谷地叫回车川。当地传说送老子的弟子中有孔子，回车是孔子回车。入山口今有巨石，民间称是孔子回车的车马。如今的回车川内仍有老君村、老君洞村和孔子庙。

老子进入伏牛山腹地去了老君山。老子隐居正史没有记载，但当地老百姓却留下传说故事。周边地方志中多处提到老子隐居老君山。

老子隐居地选址为民间堪舆开辟了先河。黄石公追随老子的足迹实地勘察写了《青囊经》，成为民间堪舆的始祖。

老子如何选址隐居地？为何要西出函谷关？作为本卷书的收尾。

就在本卷书收尾之时，有缘结识了民生药业集团董事长徐海照先生。徐先生是洛阳市栾川人，想开发九皋山，做全民健康产业，为家乡作贡献，希望笔者深度解读一下九皋山。九皋山是豫州运行周期的起始端，九州不在本卷书的创作范围内，何况笔者还有许多部书的创作计划，为豫州写一部是力不从心的，但抽出一两日对九皋山做粗略勘察还是能做到的。

二、黄帝诞生地舆特征

中华宏观扶桑树向北分支，上面落着一只龙鸟，即五岳之中岳。象形龙九子之一的黄帝。黄帝以嵩山为依托管辖豫州的领地。这是“禹别九州”的视角。

嵩山从秦岭发脉经熊耳山向北延伸，在洛阳龙门过峡，行走到嵩山隆起立祖。这是民间堪舆按龙脉走向的解释。

道家地舆是按龙的生殖出玄牝之门应用。母体是女娲之尾部秦岭，沿伊河孕育一个生命体九皋山，在洛阳龙门出玄牝之门，代表龙九子之一的黄帝出生，从天界进入人间。

熊耳山两侧有两条河流，伊河和洛河。伊洛两河有着不同的性质。各自展示着中华文明的奥妙。

伏羲画卦时代，以四洛为四象的边界确定中心地舆，以此为基础画卦演河图洛书。洛河从洛南诞生到洛阳注入黄河，是河洛文明的东部边界。

伊河是文明东移的起始端。从汾渭谷地代表夏季的时间段开始，文明沿黄河流域向东推进。夏季阳气正盛为炎。文明东移诞生中岳嵩山，中心属土为黄色，称黄帝。中华文明从此开始扩展壮大，称炎黄子孙。按中国古人的习惯，被人们敬仰的人物以其功德匹配某位神仙下凡人间，炎黄各自都有对应的人物。

伊河古名鸾河。鸾河发源于秦岭末端老君山一线的分水岭，向北孕育代表中岳的龙子。鸾是一种与凤凰齐名的神鸟，是龙九子龙鸟的象征。鸾河代表孕育龙鸟的河流。

三、九皋山

皋的本意是沼泽边上的高地，太阳出来最先见到光明。但太阳还没有出来，属黎明前的时间段。

天有九重，地有九重，比地上的九重更早见到太阳，暗示已高于九重之巅进入天界，或者属于天地结合部。

九皋山象形一个在母体中的胎儿，是一个泰和饱和状态。科学的讲是一个能量汇聚的能量场。取象比类为种子即将冲破甲壳、婴儿已成熟即将诞生等状态。

胎儿成熟时是水火既济的状态，九皋山必然有上面为水，下面为火的特征或者应用。

《古嵩志》记载：北宋大理学家程明道先生云："九皋山颠有三池，相距各数武，水分紫、白、黑三色，冬夏不涸，悬崖石洞中，白蝙蝠大如鸭。"三个水池至今犹存，笔者勘察九皋山时遇到了修复这水池的看山人。他说，三个水池是三个龙池，黑龙池被填埋多年。前年他亲自挖开修复了黑龙池，还挖出了一条黑蛇和一只黑色青蛙。

紫是天界的颜色，象征天。按龙的分界状态，白天飞龙在天代表人，黑夜潜龙勿用代表地。还有白山黑水的说法，白山高出地面，象征一气空间的人，黑水向下运行象征地。紫、白、黑三色池塘象征天、地、人。这代表三界的水在山顶，是孕育生命的育水。

山下没有明显火的特征，如何称得上水火既济？有一个神话故事圆了这个应用。

传说武当山有位老道叫何老仙师，在九皋山修成正果，乘仙鹤上天成为神仙。武当山也是一个胎儿的状态，水火既济的应用非常完美（参照笔者2014年出版的《问道武当山读无字天书》）。何老仙师必然精通这一玄机，将自己居住地命名灶火沟，完成了九皋山水火既济状态的伏藏。

九皋山顶鹤鸣观

山顶的水通过水火既济的交合，在灶火沟渗出，世人称为"神水井"。老百姓说此水能治百病，修建了庙宇。

传说殷朝殷封王的太子名叫殷交，离开皇宫安逸的生活，在九皋山修炼成道，被玉帝封为"九皋祖师"。山顶有祖师庙。这位祖师爷和武当山的祖师爷不是一个人，但都是太子，都有龟蛇相伴。

九皋山有老君洞、水帘洞、九龙洞、白云洞等，传说有七十二个洞穴。道教选择洞天福地时漏掉了九皋山。

传说王莽撵刘秀到九皋山，刘秀无路可走之时一位道人指了一个洞穴，说叫银洞，可通往南阳。刘秀的军队从此洞去了南阳。老道怕王莽追赶，刘秀军队进去后堵了洞口。

四、鹤鸣

九皋山最著名的是鹤鸣的神话传说，所以也叫鸣皋山。

《诗经·小雅·鹤鸣》：

“鹤鸣于九皋，声闻于野。鱼潜在渊，或在于渚。乐彼之园，爰有树檀，其下维萚(tuò)。他山之石，可以为错。

鹤鸣于九皋，声闻于天。鱼在于渚，或潜在渊。乐彼之园，爰有树檀，其下维榖。他山之石，可以攻玉。”

这首诗在传达九皋山孕育黄帝地舆状态的玄妙。

仙鹤是天宫中的一品大员，是天帝的信使。仙鹤是延年益寿的象征，与苍松同寿，称松鹤延年。鹤鸣代表天界向人间传递延年益寿的信息。鸣声可通天地。

诗中暗示此时黄帝未进入人间，未出龙门属于潜龙勿用或见龙在田状态，进一步会或跃在渊。以檀树暗示此方净土具有高贵乐园的特性。树下以檀树的树皮落叶为营养，生长五谷百草，自然又是档次很高的作物。他山之石暗示不要拘泥于此山，与其他山配合，有更大的作用。他山之石为我用，我产百草引领健康。民生药业选址于此是很美妙的应用。

九皋山因鹤鸣而闻名于天下，自古帝王将相、名人雅士对九皋山情有独钟，留下许多美妙的故事。

九皋山下民生药业

五、仙鹤与神鹿

老百姓追求的是福、禄、寿。福禄寿在天界对应三位神仙，各自都有灵兽相伴。分别是蝙蝠（福）、鹿（禄）和仙鹤（寿）。天界送给人间必然福、禄、寿齐备，绝不仅仅是鹤鸣。那么蝙蝠和鹿鸣之声在哪里呢？

传说石洞中有白蝙蝠大如鸭，傍晚群出如白云，飞舞于天空，五更始归洞，呜呜有声。当地称为“九皋农蝠”。中华地舆中的蝙蝠没有鸭子那么大，明显又是一个神话，在传达“蝠”的声音信息存在。

刘秀从银洞通向南阳。南阳盆地有许多银洞，可以去任何想去的地方。南阳天宫中心地舆北部伏牛山南坡有银洞，向南进入雉衡山，雉衡山是早期的南岳衡山，上有二雉，属于龙九子的应用。五岳都是洞天福地，洞穴相通，雉衡山也有洞穴。王莽撵刘秀至雉衡山，刘秀听鹿鸣而提前起床躲过了王莽的追赶。后人将雉衡山也叫鹿鸣山。洞天世界洞穴相通，所以福、禄、寿的信息也是相通的。

鹤鸣声、蝙蝠飞行声、鹿鸣声，从天界向人间传达福禄寿的信息。既然洞天世界是相通的，龙九子管辖的九州都能接到这一信息。

雉衡山是南岳，二雉飞走化济淮。雉衡山代表龙凤两位龙子在天上未进入人间阶段。九皋山代表的黄帝也未出生，仍在天界，进入人间后为中岳嵩山。《诗经》中的《鹤鸣》与《鹿鸣》配合，传达了雉衡山和九皋山美妙的地舆关系。

六、鹿鸣

《诗经·小雅》首篇就是《鹿鸣》：

“呦呦鹿鸣，食野之苹。我有嘉宾，鼓瑟吹笙。吹笙鼓簧，承筐是将。人之好我，示我周行。

呦呦鹿鸣，食野之蒿。我有嘉宾，德音孔昭。视民不恌(tiāo)，君子是则是效。我有旨酒，嘉宾式燕以敖。

呦呦鹿鸣，食野之芩。我有嘉宾，鼓瑟鼓琴。鼓瑟鼓琴，和乐且湛。我有旨酒，以燕乐嘉宾之心。”

这是一首宴请嘉宾的诗。鹿鸣山在地成形是天宫。有贵宾通过洞天来造访，举行盛大宴会必是惊天动地的事情。以此抒情，来传达三界福、禄、寿的信息。

雉衡山代表天宫的龙、凤，九皋山代表天宫的黄帝。南、北、中三位未来的统治者相聚，规划天地定位状态下的太平盛世。以此视角重读《鹤鸣》与《鹿鸣》，更有深意。

学术界认为《小雅》产生于西周晚年到东迁以后。孔子修订了《诗经》。本卷书中用到《诗经》中一些对特殊地舆的描述，如《江有汜》《甘棠》《鸿雁》，包括本章的《鹤鸣》《鹿鸣》等都是应用地舆特征抒情，传达的信息与老子的伏藏完美契合。是否有必然联系？

《诗经》利用特殊地舆传达的思想抒情是不争的事实。古人远取诸物近取诸身，夏商周及之前一直在应用地舆特征。地舆规范应用的同步关系时常产生共鸣现象。探索地舆伏藏的智慧重新读《诗经》，是一个值得研究的课题。

七、伊河与伊尹

灶是做饭的炉灶，古代叫鼎。下面烧火，上面有水煮食物，支撑物是一只鼎。九皋山被何老仙师的神话暗示为一只鼎。用鼎做饭的始祖是伊尹。伊尹用“以鼎调羹”的理论来治理天下而名重于后人。老子总结为“治大国若烹小鲜”。其中是否有联系？

鸾河为何更名伊河？没有记载。《山海经》已记载了伊河。伊的造字本意和尹相同，象形手执权杖，是权力的象征。《说文》“尹，治也。”伊水孕育黄帝，同样也孕育权力，孕育治世之道。黄帝出生带有福、禄、寿的信息，同时也带有权力与生存之道等。

神话传说伊尹的母亲在伊水为奴采桑时所生，以伊水为名，所以叫伊尹。《列子·天瑞》称：“伊尹生乎空桑。”《墨子·尚贤》称：“伊尹为有莘氏女师仆。”有莘国与空桑位置已经失传，学术界考证存在争议。无论有莘国与空桑在哪里，伊尹的神话故事与九皋山结合可以传达地舆玄机的信息。

尹尹是汤药的始祖，伊尹的鼎不仅调和天下，还能做饭充饥、熬汤药治病养生。不知九皋山是否是神话中伊尹的鼎，但九皋山象形的鼎在被道家悄悄地应用。老百姓在神水井建庙取水治病，也暗藏了对伊尹鼎中“药汤”的崇拜。

八、鼎中炼丹老君洞

九皋山除鹤鸣被公认之外，其他都是暗藏的信息。似一个个哑谜，都在巧妙讲述地舆的玄妙，从而更增加了九皋山的神秘感。

水火既济状态是道家养生术中练内丹的核心内容。九皋山上有水，下有火，水与火交融的中心位置有一洞穴，叫老君洞。传说此洞为老子隐居炼丹之地。冬季洞外寒气袭人，洞内温暖如春。洞内洞外的温差，与人体内部炼内丹升温状态吻合。也暗示了九皋山是胎儿成熟后的水火既济状态。

炼外丹是需要容器的。灶火沟名称表明，底部是人工烧火。烧火是在容器下面，暗示了鼎的存在。神话老子炼丹处应用了这一地舆特征。

九、有莘与空桑

扶桑树向东分支诞生黄帝，这一分支应该是粗壮的。但过熊耳山之后山势变窄，若有若无。从嵩县到伊川县一线是扶桑树分支的理论山脉位置，事实上是一条谷地。形似树枝出现空洞。伊川谷地是否是传说的空桑呢？

空的造字本义是人工开凿或修建的居穴。传说伊尹的母亲化为空桑而生伊尹。空桑有人为因素。《吕氏春秋·本味》：“有侁(xiǎn)氏女子采桑得婴儿于空桑之中，献之其君，其君令烰(fú)人养之。”

中华扶桑树具有空桑地舆特征的不止一处，兖州、青州、徐州都有类似特征。并不能确定伊川谷地就是空桑。确定位置还需要更多信息支撑。

从地舆特征分析，黄帝的领地是豫州。龙是以乙辛为分界的《易》的状态。从东方乙开始，到西方辛结束。豫州西方边界是伊河。辛应处于豫州西部的伊川谷地。相对于五岳，辛处于嵩山与华山之间的地舆内。辛与莘字义相同，只是莘上面覆盖了草，增加了神秘色彩。

相对于九皋山是胎儿出生前甲向乙转化的时空点，属于阳气上升的状态。未来豫州生成后，收获的

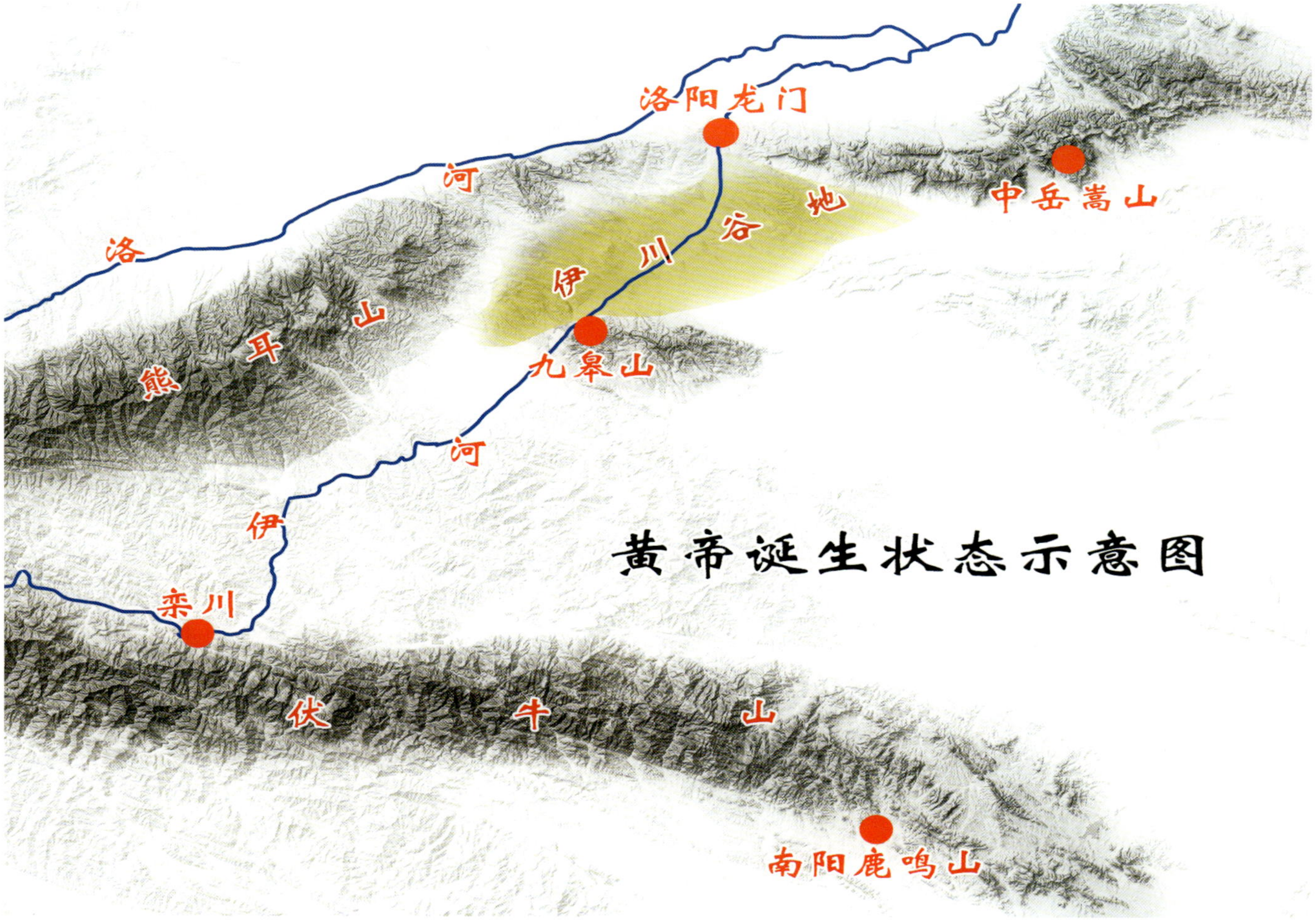

黄帝诞生状态示意图

季节才是辛的状态，属阴。阳中有阴，其中暗藏了未来的希望。最终豫州生成，伊川谷地相对于豫州成为辛的状态。但伊川谷地所有应用信息都是甲乙状态，辛又直观存在，所以叫有莘。

古代存在国前加“有”字的用法，如有穷、有熊、有苏、有虞、有崇等。

许多信息表明，带“有”的国名出自夏代或之前，应用特征与夏禹划九州赋予灵魂的地舆特征有密切联系。“有”的造字本义是手持肉食，有作为修饰词用的可能。研究这些国名应用理念是一个不小的课题，本书不作深入研究。

伊尹身世记载表明，空桑与有莘是同一位置。空桑或有莘地舆特征都不止一处，但空桑与有莘地舆特征并存，笔者只发现了伊川谷地。笔者并不确定伊川谷地是有莘国与空桑，只是从地舆应用角度给学术界提供理论参考。

十、龙门

胎儿成熟后，马上就要出生了。从一个世界进入另一个世界，要经过玄牝之门。

从九皋山顺伊河而下接近洛阳处有一个谷口，伊河穿谷口而过。这个谷口就是黄帝诞生的玄牝之门。

根据玄牝之门特征不同，地名应用也不同。按龙生殖特征应用多取名龙门，按治世之门特征应用多取名天门，小范围的应用多取名石门，也有混合应用，有多重特征等。在中华地舆中有许多龙门、天门、石门。大多是相对区域的玄牝之门应用。

洛阳黄帝出生的玄牝之门取名龙门。西侧山叫龙门山，东侧山叫香山，入山口有擂鼓台。擂鼓在天地结合部，是涂山氏呼唤大禹吃饭的信号。香山是龙子出生天女散花的花香。其中还有许多美妙的应用。

黄帝诞生地舆的治世之门和孕育之门相伴，顺伊河左右而行。还有神农送百草之门，出上汤、下汤，经鲁山扩散。三个玄牝之门分别以玉皇顶、景室山、石人山为依托，以天、地、人三路向豫州传达生存信息。还有一个女子的诞生，称汝州，与黄帝是一对龙凤关系等。本章只粗略讲其局部。

十一、豫州之花

九皋山顶有一块被遗弃的石头，年代不详，上有花纹，乍一看似一个铺首的图案，并不引起路人注意。仔细分辨且与周边地舆对比，图案似是黄帝诞生地舆的抽象图。下面的“钟”形似一个能量场，或是母体中的种子，代表九皋山。绽开的花瓣或是叶片，代表伊川谷地。出龙门向东延伸结出果实，代表中岳嵩山。《山海经》有多处提到类似地舆状态。如《海内经》：“有木，青叶紫茎，玄华黄实，百仞无枝，有九欘(zhú)，下有九枸，其实如麻，其叶如芒。大皞爰过，黄帝所为。”这个图案疑似《山海经》取象比类抽象出的地舆图，用一棵植物比类，称为建木。建木处于中心地带，立于天地之间，传说是黄帝出入天庭之路。笔者看到这块石头惊喜万分，叹曰：不虚此行。即兴命名——“豫州之花”。

九皋山东西走向，西侧与伊河相遇处与今民生药业为伴有花庙村。花庙来源信息失传，今庙址遗迹犹存。这是一座花神庙，与“豫州之花”必然有深层的渊源。笔者嘱咐民生药业，豫州的宝贝不可流落他乡。在本书面世之前，必须提前将这块石头保护起来。

第四十二章 老子隐逸伏牛山

一、老子隐逸

老子隐居面临的第一个问题是选址问题。去哪里呢？根据“域中四大”所藏的玄机，找一个安静且灵通的去处并不难。只是不能选宏观地舆的玄牝之门，因为那是古代皇家的专利。老子最终应用了藏风聚气的理念，选了去处。但他选在了哪里呢？

南阳盆地是中华调和中心，可直接进入昆仑三级的每一级。在古人眼中南阳盆地可通往三界。

伏羲女娲两尾卷曲一开一合形成南阳盆地，分开处“相随而从”，闭合处“反从为比”。相随而从有神农架和伏牛山呼应，是冲气而成的“三阳开泰”状态。老子主张“负阴抱阳冲气以为和”，神农架和伏牛山之间是首选。

神农架代表神农，是三皇之一，是神山，后人一般不敢直接涉足。伏牛山在秦岭，以农耕为主的中华民族，“秦”与“牛”是生产力的象征。背靠伏牛山，面朝神农架符合负阴抱阳的状态，老子毫不犹豫地选择了伏牛山南坡阳面。

伏牛山那么大，号称八百里伏牛山。老子住哪里呢？

《河南通志》卷七载：“老君山在卢氏县东南二百五十里，相传老子修道于此，上有丹灶、丹井。”

《南阳府志》：“老君山在内乡县北，突峰悬崖，隐现云表，世传老子修道于此，药灶、丹炉遗迹俱存。”《内乡县志》记载相同。

《卢氏县志》：“老子修炼于景室山，在治东南二百里许，老君仙山是也”。

《太平寰宇记》《拾遗记》等都有类似故事，但已加入了神话色彩。

地方志记载的老子隐居老君山来自于传说。老君山地名是皇家封老子为太上老君后，祭祀老子的产物。老君山原来叫景室山，属伏牛山主峰。

找到老子隐居地并不难。老子主张“居善地，心善渊”，按老子的方法，可以轻而易举地找到藏风聚气的场所。加上神话故事和地名的信息，将道和名二者合璧，即可进入众妙之门，从而找到老子的微妙应用。

老子最终被封为太上老君，成为神仙人物。伏牛顺理成章地成为老子的坐骑，伏牛山主峰的景室山改名老君山，成为皇家祭祀老子的道场。从此老子与青牛结下了不解之缘。

二、花开老界岭

伏牛山脉是秦岭延伸到河南省的一条重要山脉，西北东南走向，长200余千米，宽约40千米至70千米，是黄河流域与长江流域的分水岭，还是南北气候分界的山岭，也是南北文化的分界。伏牛山主峰进入河南的首端，古称老界岭。这一段有三大主峰，分别为老君山、犄角尖和玉皇顶，其中犄角尖象形伏牛的一只犄角，是最高峰，海拔2222.5米。由于伏牛山风景秀丽，自然资源丰富，当代开发了许多景区。

老界岭是秦岭主脉，到老君山突然隆起一座高峰，然后向南伸出一道岭，这道岭再次分支成合抱之势，左右似两条长龙并行。东侧长龙外侧峡谷河流叫蛇尾河，是进入伏牛山的主要道路。这条路穿越老界岭打通了一条隧道直达栾川，成为翻越老界岭的唯一通道，即311国道。西侧长龙外侧峡谷地势险要崎岖难行，今称伏牛大峡谷，伴随的河流叫长探河。两条长龙向南行走，相遇处也是对应两个峡谷汇合处，地名叫双龙镇。双龙也因此而得名。二龙合抱之势似一朵含苞待放的花蕾。

老君山这朵花长得非常俊秀，在花蕾的中心地带有老君洞的地名，有古代的庙宇，有老子隐居的传说。这里没有神话故事，似乎都是真实的写照。奇怪的是，周边所有山峰都有名字，唯独这两条合抱的山脉都没有名字。这个不合常理的现象似乎有人为因素在回避这一地舆。当代旅游开发称这一地舆叫老君洞景区。

这是一个藏风聚气之地，要了解这一地舆的玄机，需要用民间堪舆的知识来探索。在笔者眼中这朵花是民间堪舆的第一穴。因为黄石公结庐为庵研究老子的应用，即从研究这一结穴的奥妙开始，今有黄石庵村。老君洞的典型地舆特征可以作为民间堪舆的教材。

三、藏风聚气老君洞

古人认为，为长辈选择藏风聚气的葬身之处，是孝道所必须的条件。台湾有一部民间堪舆书叫《人子须知》，意思是身为人子必须要掌握这些知识。这是汉民族丧葬习俗和住宅选址的理念。风水是习俗，不是唯一。自古就有说法：“一德二命三风水，四集阴功五读书。”读者学点风水知识，对大自然科学运用，不可迷信，以免受负能量的蛊惑。

老界岭叫龙脉，老君山叫立祖，是老君洞的始祖山。向南伸出一道岭叫龙脉的发脉。两条龙叫左青龙，右白虎，是左右护沙。中间是结穴地，中间相伴的峡谷叫出水。这就是民间堪舆所讲的龙、穴、沙、水。

左右龙虎沙向内合抱处有洞穴，龙沙洞穴相伴的峡谷叫小洞沟，虎沙洞穴相伴的峡谷叫大洞沟。两侧洞穴相对，中间有一道山岭相隔，山岭尽处形似花子房。古人在象形花子房的位置建庙宇，地名叫大庙，庙宇今已不存在。大洞沟对面有老君庙遗址，地名叫庙门。看来古代的大庙规模庞大，占据了花子房的中心区域。大庙何时存在过已失传，留下的只有大庙的地名，从地名可以看出这一庙宇地位显赫。

大洞沟有老君洞，传说是老子隐居的洞穴。洞穴所在的小山，内部布满空洞且洞洞相连。站在山顶跺脚，如钟鼓之声。洞穴相邻有四个洞口，四个洞口可以互通，洞内宽敞明亮，冬暖夏凉。仔细品味，似乎在演示天、地、人、道的运行玄机。

老君洞交通便利，顺着峡谷可通往盆地平原地带。这里便于隐居，也便于生活。

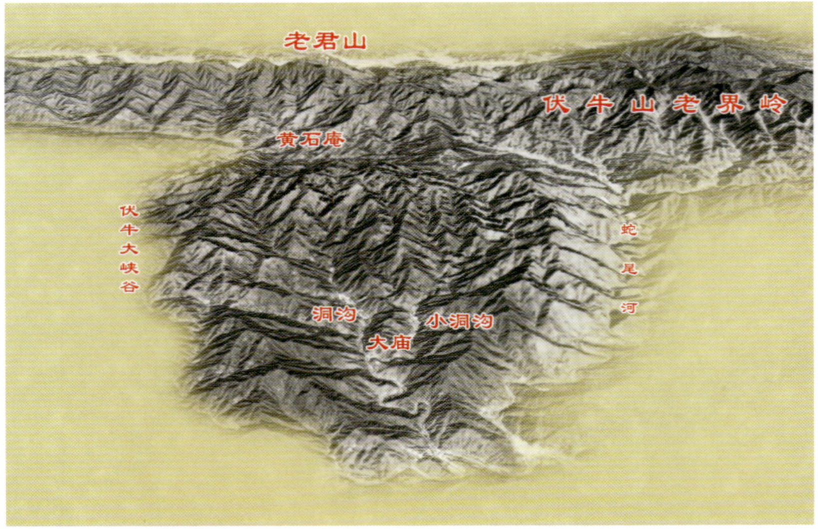

花开老君山——老君洞地貌

老君山下老君洞

四、羊道

老君洞对面有青牛洞和打铁洞。传说老子在此炼铁，铸造出铁瓦和铁椽子。羊是老子的运输工具，用羊驮着铁制品沿着山脊送往景室山修建庙宇。当地人称为羊道，这条路是古代翻阅老界岭的唯一道路。现代打通隧道修了公路，古代需要翻山越岭。陡峭的山崖，牛是过不去的，羊可以在山崖上行走自如。人赶着羊群成了老子的运输队伍。后来青羊成为陪伴老子的神物，又是一个伏藏的巧妙应用。

沿着羊道还有一个神奇的现象，沿途树木上生长柏树枝。这些柏枝的分支处和其他枝条没有区别，没有寄生的迹象。柏是树中之王，这王可以随便在其他树种上发芽，据说有神话故事，但已失传，需要植物学家们来研究。

西峡老君洞景区总经理程显超先生亲自带领笔者爬到山顶，找到了寄生柏树枝。笔者拍下了这一奇观。

后人纪念老子，皇家封神将老子封为太上老君。老子隐居地的始祖山（景室山）随改名老君山。老君山是皇家封禅祭祀的地方，规格很高。其他各地也有许多老君山，用法不同，各有玄妙。

老子最终离开了老君洞，但弟子们还在。羊道驮铁器在老君山修道观必是后人所谓。有记载说老君山上老君庙始建于北魏，铁椽铁瓦，以“铁顶”著称。

据传，皇家给老君山和老君洞各赐一口相同的大铁钟。老君山的铁钟至今犹存，老君洞的铁钟已被毁坏。

景室山更名老君山，当代又以老子隐居为主题，旅游开发已成规模。还有石人山等地名的变更已扰乱了老子伏藏的原始思想。玉皇顶、景室山和石人山是豫州诞生的应用，分别代表天、地、人。这三座山传承着豫州地舆的文化精髓，其历史地位远高于目前的应用。

寄生柏树

老界岭向南分支的羊道

老君山下黄石庵

栾川老君山

五、结庐为庵黄石公

黄石公是老子的伏藏传承中的人物。老子离开老君洞200年后，黄石公根据老子做伏藏和隐居地的地舆特征，结庐为庵实地勘察，寻找龙、穴、沙、水的特点，追求藏风聚气的应用，创立了民间堪舆。

民间堪舆师把黄石公敬为始祖。老界岭有黄石庵的地名。方城县小顶山又叫黄石山。方城县房山有黄石公隐居的神话故事在传承。都在传达黄石公曾生活在这一带的信息。

黄石公首先观察大自然的宏观构成状态，也就是《易》的状态，称为“化始”；然后勘察宏观状态对地舆的影响，称为“化机”；最后探索天地呼应状态对事物的影响，称为“化成”。传说黄石公创作了一部《青囊经》，成为民间堪舆的理论支撑。

黄石公以南阳盆地四条龙脉为基准，开始“化成”的应用。《青囊经》只是一个纲要，理论主要来自于《易》。后人研究民间堪舆，理论追溯到《青囊经》就到了尽头。再往前追，被神化为九天玄女所传。《易》的基础理论被河图洛书神化。九天玄女成为许多学派神话的始祖。

六、隐居修道

老子选择了虎沙的洞穴隐居修道。民间堪舆中龙虎沙是有凶险的。老子为何不选址花子房而选虎沙中的洞穴？

龙虎沙的洞穴象形龙口和虎口，是玄牝之门。玄牝之门具有两面性，有凶险亦有吉祥。选择虎沙的洞穴与老子传道图中老子与虎为伴的道理相同。何况有冬暖夏凉且宽敞明亮的天然洞穴居住，何必结庐为庵？

花子房是孕育种子的地方，是一个能量汇聚的能量场，具有孕的特性。老子在虎沙的洞穴中居住，在花子房天人合一的能量场打坐修炼更合理。老子经过修炼，意识到西部伏羲画卦诞生《易》是天、地、人的应用，而自己做的伏藏是天、地、人、道的应用，后人读地舆伏藏时必然会遇到理论的冲突。最终老子西出函谷关做了系统的修复工程。

七、函谷关

函谷关作为老子使命的转折点而成名。老子做伏藏分两个部分，南阳盆地的伏藏和西出函谷关的伏藏。强调函谷关是对老子伏藏有两个工程的暗示。

老子并不是《道德经》的原创，只是老子做了总结命了名。《道德经》也不是在函谷关所做。强调在函谷关做《道德经》，又演绎了紫气东来和老子骑青牛，同样是一个伏藏。是在强调函谷关是一个重要的标志性地舆。

老子不是真正的骑牛，天上也没有紫气。所谓天象是《易》的状态，古人取象比类思维的应用拿逻辑思维来解释，必然失之毫厘，谬以千里。

道家把紫色应用为天庭的颜色。东方帝天庭中的天宫在世界的东方，称为紫微宫。所谓的北天极，是世界东方的天中央，被道家理解为宇宙的中心。紫气东来是天降祥瑞的状态，把老子神话为太上老君，带着天庭降下的祥瑞，暗示东部伏藏已完成，西部伏羲画卦的增补润饰即将开始。老子最终在西部完成了中华民族最完整的一部《无字天书》。

《道德经》是老子留下的开启中华民族历史智慧的第一把钥匙。强调在函谷关所著，是在强调这把钥匙的重要性。

青牛和青羊是老子神话中的重要标志。牛为丑时，羊为未时。丑未是一个时间分界的对立关系。本书中讲了乙辛的时间对立关系是龙的状态，是龙的造字本意。以乙辛为界是黑夜和白昼的分界，是冬季和夏季的分界。

丑是阳气开始上升的时间段，未是阴气开始上升的时间段。牛郎织女的故事就是应用这一状态演绎的神话。

青是东方的颜色，代表太阳已经出来照耀着大地。强调老子骑青牛，代表道家文化虽处于潜龙勿用阶段，但阳气开始上升，势不可挡，老子的伏藏在未来必然要重现于世。

青羊处于阳气衰减，阴气上升的状态。暗示飞龙在天之后必然亢龙有悔。老子暗示的青羊应用在天国四川，进入飞龙在天之前走三阳开泰之路进入天国，是一个升华为纯阳状态的暗示。

青羊脱离了轮回已是纯阳的羊，不再是普通的羊，而是神羊。老子骑的青牛与牛郎养的牛相似，是神牛下凡。

以函谷关为坐标，作为东西分界点。出函谷关进入未羊的时间段，阴气上升，阳气开始下降。但极阳的状态脱离了轮回已升华为神仙。青牛、紫气是极阳的象征，暗示此时的老子已经是神仙。四川的青羊肆记载，老子与关令尹喜未来相约青羊肆，那是神仙的相邀。也暗示了老子西行是神仙的西行，是纯阳上升状态的正能量的成就。写这个故事的作者必是有智慧之人，或是老子伏藏的众多传承者之一，也许就是关令尹喜所为。

老子伏藏坐标函谷关